城市轨道交通专业培训系列教材

城市轨道交通
桥隧技术

上海申通地铁集团有限公司
轨 道 交 通 培 训 中 心　编著

中 国 铁 道 出 版 社

2 0 1 2 年 · 北 京

图书在版编目(CIP)数据

城市轨道交通桥隧技术/上海申通地铁集团有限公司轨道交通培训中心编著.—北京:中国铁道出版社,2012.10
城市轨道交通专业培训系列教材
ISBN 978-7-113-14262-9

Ⅰ.①城…　Ⅱ.①上…　Ⅲ.①城市铁路—铁路桥—技术培训—教材　②城市铁路—铁路隧道—技术培训—教材　Ⅳ.①U448.13　②U459.1

中国版本图书馆CIP数据核字(2012)第025143号

书　　名: 城市轨道交通专业培训系列教材
城市轨道交通桥隧技术

作　　者: 上海申通地铁集团有限公司轨道交通培训中心

策划编辑: 殷小燕
责任编辑: 殷小燕　**电话:** (010)51873147
封面设计: 崔丽芳
责任校对: 张玉华
责任印制: 陆　宁

出版发行: 中国铁道出版社(100054,北京市西城区右安门西街8号)
网　　址: http://www.tdpress.com
印　　刷: 三河市华丰印刷厂
版　　次: 2012年10月第1版　2012年10月第1次印刷
开　　本: 787 mm×960 mm　1/16　印张:18.25　字数:340千
印　　数: 1~3 000册
书　　号: ISBN 978-7-113-14262-9
定　　价: 35.00元

城市轨道交通专业培训系列教材

编辑委员会

城市轨道交通专业系列丛书

编　写　组

《城市轨道交通桥隧技术》
编 写 人 员

主　　编：朱　妍

副 主 编：姚纯洁

主　　审：王如路

编写人员：陈　君　葛庆峰　朱　毅　余占奎

孙晨曦　陈　辰

序

随着城市化进程的加快，城市“出行难”的社会问题越来越突出。在“以人为本、公交优先”方针指引下，城市轨道交通因运能大、速度快、安全准点、节约资源、保护环境等优点，日益成为广大市民出行的首选，深受市民欢迎。当前我国的城市轨道交通正处在大发展、大建设时期：北京、上海等大城市的轨道交通已率先由单线运营进入了网络化运营；其他城市的轨道交通网络化建设规划也在不断深化和完善。便捷的城市轨道交通运营网络在为市民带来出行便利的同时，也为轨道交通运营部门带来了新的管理课题。

城市轨道交通的自身特点决定了：一旦开通运营，就必须持续保持高度的安全性、可靠性和服务的人性化。网络化运营带来的客流迅猛增长，对客运组织和客运服务提出了高要求。城市轨道交通的发展需要有一大批专业人才，急需有一套能满足城市轨道交通网络化运营要求的人才培训教材。

这套《城市轨道交通专业培训系列教材》是以上海城市轨道交通十余年运营实践为基础并结合全国轨道交通发展状况，推出的面向国内、面向未来的教材。城市轨道交通多专业“联动”的要求决定了专业技术人才的“一专多能”要求，因此本“系列丛书”既是城市轨道交通各专业人员的入门和提升培训教材，也能满足非本专业人员对其他专业的业务进修。

坚持科学发展观，提高自主创新能力。把多年积累的地铁各专业运营管理与维护方面的经验及解决实际问题的思路和方法，由多位具有运营实践的专业技术人员提炼总结，汇编成书，期望能给轨道交通运营管理与维护人员以启迪和帮助。

“源于实践、高于实践”，“符合国情”是本套丛书的两大特点，不但可以满足当前运营管理培训的需要，也为今后的城市轨道交通网络化发展的管理提出了新的思考和知识点。随着城市轨道交通不断引进新技术，随着运营管理的要求越来越高，虽然书中阐述的技术和管理的基本原理是相同的，但是《城市轨道交通专业培训系列教材》必然还要在实践中不断补充实例、不断完善，希望本套丛书能真正成为技术和管理人员的“良师益友”。

编委会

2009 年 10 月

前　　言

随着我国国民经济的不断发展，各大城市的轨道交通建设均进入快速发展期，城市轨道交通运能大、能耗低、污染少、速度快、安全、准点的优点，使其成为深受人民欢迎的城市交通工具。北京、天津、上海、广州、深圳、南京、沈阳、成都、杭州、西安、苏州等20多个城市均在加紧进行轨道交通建设。

城市轨道交通是集线路、车辆、供电、通信信号、自动售检票、运营管理等专业工种于一体的综合系统，新工艺、新技术在城市轨道交通各个专业得到充分运用。城市轨道交通职业是新的职业工种，所以对从业职工的岗前培训、岗位培训以及技能考核，成为城市轨道交通职业教育的重要任务。

《城市轨道交通桥隧技术》作为轨道交通桥隧工技能培训教材，全书共分基本知识和职业技能两大部分。基本知识部分主要介绍桥隧建筑物的一般知识、基本组成结构、常用材料、专业术语、安全知识等技术管理知识。职业技能部分分别就桥梁及隧道两种建筑形式，主要介绍桥隧设施维护保养中使用的各种施工工艺及作业要求，桥隧设施的验收及质量评定要求等。

本书针对轨道交通行业中桥隧工职业标准进行编写，涵盖了桥隧工各等级的职业技能要求。本书作为一本面向城市轨道交通一线职工的教材，理论联系实际，通俗易懂，也适合具有一定专业基础知识的人员自学使用。

书在编写过程中得到上海申通地铁集团公司维护保障中心和工务公司领导的指导和大力支持，在此表示衷心感谢！此外，也得到了上海铁路局、上海隧道注浆公司、上海隧道设计院相关领导和专家的指导，在此一并表示感谢！

本书不仅是城市轨道交通职工培训教材，也可以作为城市轨道交通大专院校、职业学校学生的教学参考用书。

编　者

2012.1于上海

术　语

一、桥梁术语

桥梁构件　组成桥梁结构的最小单元，如一片梁、一个桥墩等。

桥梁部件　结构中同类构件的统称，如梁、桥墩等。

上部结构　桥梁支座以上跨越桥孔部分的总称。

下部结构　支承桥梁上部结构并将其荷载传递至地基的桥墩、桥台和基础的总称。

桥面系　上部结构中直接承受车辆、人群等荷载并将其传递到主梁（或主拱、主索）的整个桥面构造系统，包括桥面铺装、桥面板、纵梁、横梁及人行道等。

桥面铺装　用水泥混凝土等材料铺装在桥面上的保护层。

伸缩缝　为适应梁体胀缩变形对结构的影响而在梁端设置的间隙。

跨中挠度　桥梁结构或构件在荷载作用下跨中截面产生的竖向位移。

声屏障　一种专门设计的立于噪声源和受声点之间的声学障板。

普通桥梁　指跨度 25～35 m 的简支梁桥。

特殊桥梁　指除了标准简支梁以外的桥梁结构，如大跨度桥、钢梁桥、结合梁桥、系杆拱桥、斜拉桥等。

梁式桥　用梁或桁架梁作主要承重结构的桥梁。多孔梁桥的梁在桥墩上不连续的称为简支梁桥；在桥墩上连续的称为连续梁桥；在桥墩上连续，在桥孔内中断，线路在桥孔内过渡到另一根梁上的称为悬臂梁桥。

结合梁桥　以钢结构作为主梁，钢筋混凝土作为桥面板，通过剪力连接件连接的桥梁。

拱桥　以曲线形拱作为主体结构的桥梁。

斜拉桥　将主梁用拉索直接拉在桥塔上的桥梁，是由承压的塔、受拉的索和承弯的梁体组合起来的一种结构体系。

悬索桥　以通过索塔悬挂并锚固于两岸（或桥两端）的缆索（或钢链）作为上部结构主要承重构件的桥梁。

二、隧道术语

地下防水工程 指对工业与民用地下建筑工程、市政隧道、防护工程、地下铁道等建(构)筑物,进行防水设计、防水施工和维护管理等各项技术工作的工程实体。

防水等级 根据地下工程对防水的要求,确定结构主体允许渗漏水量的等级标准。

明挖法 从地表开挖基坑或基槽,修筑地下工程后,再用土石进行回填的施工方法。

暗挖法 不挖开地面,采用从作业井开始在地下开挖、支护、衬砌的方式修建隧道等地下工程结构的施工方法。

胶凝材料 用于配制混凝土的硅酸盐水泥与粉煤灰、磨细矿渣、硅粉等矿物掺合料的总称。

水胶比 混凝土配制时的用水量与胶凝材料总量之比。

初期支护 用矿山法进行暗挖法施工后,在岩体上喷射或浇筑防水混凝土所构成的第一次衬砌。

复合式衬砌 由围岩初期支护与内衬或地下连续墙与内衬共同组成的衬砌结构。

收敛变形 指圆形隧道成型后最大直径测量值与设计内径的差值。

错台 成型圆形隧道相邻管片接缝处的高差。

差异沉降 隧道建成后在整体道床上布点测量沉降,在小距离内产生不均匀沉降,对隧道结构造成损害,称为差异沉降。在实际工作中也表现为沉降曲线的斜率较大。

累计沉降 以隧道建成通车前的沉降值作为初始沉降值,运营到目前为止的沉降总值称为累计沉降。

盾构隧道 采用盾构掘进机全断面开挖,钢筋混凝土管片作为衬砌支护进行暗挖法施工的隧道。

壁后注浆 通过注浆设备将适量的化学浆液灌入管片外侧(与土体接触面)的施工方法。

双液微扰动注浆 采用注浆设备和注浆工艺,将适量的水泥水玻璃混合注入土层中并使其对地层的扰动降到最低的一种注浆方法。

密封垫 由工厂加工预制,粘贴于管片密封垫沟槽内,用于管片接缝防水的密封材料。

螺孔密封圈 为防止管片螺栓孔渗漏水而设置的密封垫圈。

锚喷支护　锚杆和钢筋网喷射混凝土联合使用的一种围岩支护形式。

地下连续墙　在地面以下用于支承建筑物荷载、截水防渗或挡土支护而构筑的连续墙体。

沉井　由刃脚、井壁隔墙等部分组成井筒，在筒内挖土使其下沉，达到设计高程后，进行混凝土封底。

逆筑结构　主要以地下连续墙兼作墙体作围护结构，以桩基作承重结构，自上而下进行顶板、各层楼板和底板施工的地下结构主体。

湿渍(渗迹)　地下混凝土结构工程背水内表面，呈现明显色泽变化的潮湿斑。

渗水　水从地下混凝土结构衬砌内表面渗出，在背水的墙壁上可观察到明显的流挂水膜范围。

水珠(垂珠)　悬垂在地下混凝土结构衬砌背水顶板(拱顶)的水珠，其滴落间隔时间超过 1 min 称水珠现象。

滴漏　地下混凝土结构衬砌背水顶板(拱顶)渗漏水的滴落速度，每分钟至少 1 滴，称为滴漏现象。

线漏(连续渗流)　指渗漏成线或喷水状态。

目　　录

第1章 桥隧工基础知识

1.1 轨道交通概论

1. 城市轨道交通的定义

城市轨道交通是改善城市交通状况最主要的一种交通方式,它能从根本上解决城市交通的瓶颈问题。轨道交通发达与否标志着一个城市的功能水平和经济、科技的实力。轨道交通给人民的日常生活和出行带来了便利,其快捷、经济、舒适的优越性,越来越受到人们的欢迎和推崇。

改革开放以前,我国仅有首都北京拥有运营的轨道交通——地铁。改革开放后从20世纪90年代初期,上海才开始轨道交通的建设,第一条轨道交通于1995年开通运营。进入本世纪后,上海的轨道交通进入了大规模高速度的发展时期,2011年运营里程已达425 km。按照规划安排到2020年,上海轨交将从目前的11条线425 km,增加到19条线877 km!

城市轨道交通工程设计必须符合一个城市的总体规划、轨道交通线网规划和轨道交通专业规划。同时,其建设规模、设备容量以及车辆段和停车场等的用地面积,应按预测远期(即建成通车后第25年)客流量和线路通过能力确定。对于可分期建设的工程和配置的装备,应分期扩建和增设。一般来说,一条线的分期实施,首期工程完成并投入运营的线路长度不宜小于12 km。另外,线路和车站的设计,应采取降低噪声、减少振动和减少对生态环境影响的措施,并应符合国家和地方现行的城市环境保护的有关规定。各系统排放的废气、废液、废渣应符合国家和地方现行的有关排放标准。

广义的城市轨道交通泛指以各种形式的导轨为导向的城市公共客运系统,包括地下铁道(metro, the underground, U-Bahn)、轻轨交通(light metro, light rail transit)、独轨交通(monorail)、有轨电车(tram, tramway)、自动导向交通(automated guided transit)、微型地铁(mini-metro)、胶轮地铁(rubber tyred metro)、索道(aerial tra mway)等类型。狭义的城市轨道交通系指在城市中修建的快速、大中运量用电力牵引采用钢轮钢轨的轨道交通,线路可在地下、地面或高架上敷设,是地铁与轻轨的通俗总称。

2. 城市轨道交通的运营

地铁设计应根据城市轨道交通规划和预测客流量,制定系统的运营概念,包括运营规模、运营模式和管理方式,明确在各种运营状态下,各子系统之间以及系统与人员组织之间的互相关系。地铁运营模式，应明确列车运行、调度指挥、运营辅助系统、维修保障系统和人员组织等内容，使系统功能和运营需求紧密结合。地铁的基本运营状态包含正常运营状态、非正常运营状态和紧急运营状态。系统运营必须在能够保证所有使用该系统的人员和乘客及系统设施安全的情况下实施。

地铁的设计运输能力应满足预测的远期单向高峰小时最大断面客流量的需要，地铁车辆的数量应按照初期运营需要进行配置，远、近期再根据客运量增长的需要增配。

在实际工作中，通常把速度分为 3 个不同的概念，即运行速度，技术速度和旅行速度。运行速度是在列车运行时间中扣除加减速附加时间和在站停车时间后计算所得，技术速度则是在列车运行时间中扣除在站停车时间后计算所得，旅行速度即指列车运送速度，它是列车在区段或线路内运行的平均速度。地铁列车的旅行速度一般不低于 35 km/h，列车的最高运行速度一般不超过 80 km/h。

地铁各设计年限的列车运行间隔应根据各设计年限预测客流量、列车编组及列车定员、系统服务水平、系统运输效率等因素综合确定。为保证地铁的服务水平，宜采用高密度、短编组组织运行，高峰时段初期列车运行间隔不宜大于 6 min。

地铁线路必须为全封闭形式，同时列车必须在安全防护系统的监护下运行。一般情况下，列车宜配一名司机驾驶或监控列车运行。

地铁应设运营控制中心，根据城市轨道交通线网的情况，每个中心可控制一条或数条线路。控制中心应有对列车运行、供电等系统运行进行集中监控的能力。地铁车站应设车站控制室，对列车运行和车站设备进行监视控制。

3. 城市轨道交通的线路和轨道

城市轨道交通的线路按其在运营中的作用，可分为正线、辅助线和车场线。正线指载客列车运行的贯通线路，辅助线指为保证正常运行和实现列车合理调度而设置的线路，包括折返线、渡线、联络线、停车线、出入线、安全线等，车场线指场区作业的线路。另外，还有试车线，是对车辆进行动态性能试验的线路，其线路标准通常应与正线一致。

地铁线路应为右侧行车的双线线路，并应采用 1 435 mm 标准轨矩。轨距是指轨面以下规定距离处，左右两股钢轨轨头内侧之间的最短距离。采用 1 435 mm 标准轨距，可以方便与铁路相互配合，更好地利用我国铁路的技术、设备。

在线路的末端一般要设置车挡，分为固定式和滑动式两种，以防止列车停车滑行时滑出轨道。

路基面或结构面以上的线路部分成为轨道结构。它由钢轨、扣件、轨枕和道床等组成，其中道床一般分为两类：一类是整体道床，指用混凝土等材料灌筑的道床；另一类是碎石道床，指用一定规格的碎石铺设的道床。

由于列车高强度地反复作用，使得轨道结构经常会出现各类病害，所以轨道结构是工务养护的重点对象之一。

4. 城市轨道交通的主体结构

城市轨道交通的主体结构工程包括：地下车站、隧道区间、高架车站、高架区间和道床路基等等。根据国家规定，其设计使用年限要求达到 100 年，也即在一般维护条件下保证工程正常使用的最低时段为 100 年。

区间隧道按施工方法可分为盾构法隧道、矿山法隧道、明挖法、暗挖法及沉管法等等，按形状可分为矩形、圆形、双圆形等隧道形式。地铁中的圆形隧道多采用盾构法施工，矩形隧道多采用浅埋暗挖或明挖施工。矩形隧道内轮廓与区间隧道建筑限界接近，内部净空可以得到充分利用；圆形和双圆隧道具有结构受力合理、线路纵向坡度，平面曲线半径变化不会改变断面形状、对内净空利用的影响少等特点。

高架桥梁可分为梁式桥、拱桥、钢构桥、缆索体系桥及组合体系桥等。梁式桥作为承重结构主要是以它的抗弯能力来承受荷载的，是在竖直平面内以拱作为上部结构主要承重构件的桥梁；刚构桥介于梁式桥和拱桥之间，它作为承重结构同时以它的抗弯和抗压能力来承受荷载；缆索体系桥主要包括斜拉桥和悬索桥，这两种桥型是大跨度桥梁优先考虑的桥型；将各种桥型进行混合，就是组合体系桥，在上海城轨交通中，目前有连续刚构和系杆拱桥两类。

地铁车站可分为岛式站台和侧式站台两类。岛式站台是指两条轨道线分别铺设于乘客乘降平台二侧的车站站台形式，侧式站台是仅供一条轨道线乘客乘降平台的车站站台形式，两类站台都具有进出站的功能。另外，也有混合式站台。

5. 城市轨道交通的供电

在地铁列车运行过程中，电能从牵引变电所经馈电线送到接触网、再从接触网通过地铁列车的受电弓送到电动列车、再经过走行轨道、回流线回到牵引变电所。由接触网、馈电线、轨道和回流线组成的供电网总称为牵引网，接触网是牵引网中最主要的组成部分，其作用是沿地铁路线上方架设，通过与电力机车受电弓接触，将电能传送给电力机车。

接触网的悬挂类型是接触网系统的核心。目前主要有柔性悬挂系统和刚性悬挂系统。

柔性悬挂系统根据不同的使用场合和性能要求有不同的形式。一般在地面、高架和车辆段采用腕臂与软横跨相结合的悬挂形式，隧道部分采用弹性支架悬挂形式。刚性悬挂系统是指特定的导电体（接触网）受流过程中在受电弓的作用下基本不变形，一般用于隧道段，主要采用具有相应刚度的汇流排与接触线组成。

牵引变电所通过接触网向电动列车供电。每个牵引变电所仅对其两侧的区间供电，地铁牵引变电所向接触网供电主要方式为双边供电。

地铁接触网在每个牵引变电所附近断开，分为两个供电分区，每个供电分区也成为一个供电臂，如电动列车只从所在供电臂同时从相邻两个牵引变电所获得电源，则称为双边供电。单边供电时，若有故障，其范围小，牵引变电所内的保护也较简单，但电动列车所需牵引电流全部由一边流过牵引网，牵引网电压降和电能损耗相对就小，但有故障时，范围也较大，保护较复杂。

每个接触网分区均有相邻两个牵引变电所并联供电，即采用双边供电，以减少牵引网电压降和电能损耗。在正常双边供电时，在牵引站馈线开关内设置双边联跳保护装置，一旦接触网发生短路故障，靠近短路故障点的牵引站触发保护动作，馈线开关迅速跳闸，与此同时联动跳开另一侧牵引站的相应馈线开关，及时切除故障。当某一牵引站故障时，该故障站退出运行，此时该段接触网就改为单边供电。或可通过闭合故障牵引站处接触网的联络隔离闸刀，实施越区供电。在越区供电方式下运行，供电区域扩大，牵引变电站的负荷增大，线路损耗增大，因此视情况要适当减少同时处在该供电区段的电功列车数。另外，一旦接触网发生短路故障，其保护动作灵敏度降低。因此，越区供电只是在牵引变电站故障情况下运行的一种特殊运行方式。

6. 城市轨道交通的信号

信号系统应满足轨道交通行车组织和运营管理的需要，保证列车运行安全、提高行车效率、改善运营人员的工作条件，其工程设计应满足大运量、高密度行车和不同列车编组的运营要求。

信号系统应具有高可靠性和高可用性，所采用的主要设备与器材应符合国家现行有关标准的规定或已通过省部级鉴定；从国外引进的设备必须符合得到中方认可的国际标准。信号系统中凡涉及行车安全的设备、电路或系统必须工作可靠，并符合“故障导向安全”原则。信号系统必须满足在最大牵引负回流工作环境下的抗干扰能力，并应具有良好的电磁兼容性。

信号系统应有联锁设备以及列车自动控制系统（ATC）组成。ATC 包含三个子系统：列车自动监控（ATS）子系统，列车自动保护（ATP）子系统和列车自动运行（ATO）子系统。

7. 城市轨道交通的人民防空设计

城市轨道交通兼顾人民防空应贯彻平时交通为主兼顾人民防空需要的原则，必须统一规划，同步设计，轨道交通工程应纳入人民防空防护工程体系。

城市轨道交通兼顾人民防空设计，应达到防护标准及技术要求，应在不影响平时使用和增加较少投资的条件下，充分利用平时已有的结构强度，对出入口、通风口等关键部位，参照现行人防工程有关设计规范和标准，增加防护设施和防护措施，包括采用防护功能平战转换技术措施。

城市轨道交通战时应起到保障人员转移和物资运输的安全功能；车站是城市

人民防空工程网络的结点，应能作为人员紧急掩蔽部或临时物资库。

兼顾人民防空设计范围应包括：地下车站、地下区间、地下车辆存放库、地下主变电所等相关地下设施。城市轨道交通的防核武器抗力等级不应低于6级，地下车站、地下区间防化等级不应低于丁级，地下车辆存放库、地下主变电所无防化要求。各地下车站和区间宜按同一级别设防，个别车站覆土较厚，在平时荷载作用下，经战时荷载作用验算，已达到更高的抗力等级，结构抗力等级可相应提高一级。

1.2　桥隧建筑限界

限界是指列车沿固定的轨道安全运行时，所需要的空间尺寸。城市轨道交通车辆在隧道内或高架上运行，一方面，隧道或高架要有足够的空间，可供车辆通行并配置线路结构、通信、信号、供电、给排水等设备；另一方面，为了确保列车安全运行，凡接近城市轨道交通线路的各种建筑物及设备，必须与线路保持一定的距离。因此，地铁限界主要分为车辆限界、设备限界和建筑限界三类。受电弓限界或受流器限界是车辆限界的组成部分，接触轨限界属于设备限界的辅助限界。限界越大，安全度越高，工程量和工程投资业随之增加。因此，合理限界的确定，既要考虑保证列车运行的安全，又要考虑系统建设成本。

车辆限界是车辆在正常运行状态下形成的最大动态包络线。车辆限界是根据车辆的轮廓尺寸，考虑其弹簧挠度、各项间隙、磨耗、误差等技术参数的影响，对车辆在运行中可能出现的最大横向和竖向的偏移进行分析计算确定的。直线地段车辆限界分为隧道内车辆限界和高架或地面线车辆限界，高架或地面线车辆限界应在隧道内车辆限界基础上，另加当地最大风荷载引起的横向和竖向偏移量。

设备限界是在车辆限界的基础上，考虑轨道的轨距、水平、方向、高低等在某些地段上出现最大容许误差，引起车辆的附加偏移量，以及在设计、施工、列车运行中不可预计的因素在内的安全预留量。设备限界是一条轮廓线，所有固定设备以及土木工程的任何部分都不得侵入此轮廓线内，它是保证城市轨道交通系统中的列车等移动设备在运营过程中的安全所需要的限界。

直线地段设备限界是在直线地段车辆限界外扩大一定安全间隙后形成：车体肩部横向向外扩大100 mm，边梁下端横向向外扩大30 mm，接触轨横向向外扩大185 mm，车体竖向加高60 mm，受电弓竖向加高50 mm，车下悬挂物下降50 mm。

转向架部件最低设备限界离规定面净距：A型车为25 mm，B型车为15 mm。

曲线地段设备限界应在直线地段设备限界基础上，按平面曲线不同半径、过超高或欠超高引起的横向和竖向偏移量，以及车辆、轨道参数等因素计算确定。

建筑限界是指在行车隧道和高架桥等结构物的最小横断面所形成的有效轮廓

线基础上，再考虑其施工误差、测量误差、结构变形等因素，为满足固定设备和管线安装的需要而必须的限界。当建筑限界侧面和顶面没有设备或管线时，建筑限界和设备限界之间的间隙不宜小于 200 mm，困难条件下不得小于 100 mm。

相邻的双线，当两线间无墙、柱及其他设备时，两设备限界之间的安全间隙不得小于 100 mm。

建筑限界中不包括测量误差、施工误差、结构沉降、位移变形等因素。

建筑限界是一个与线路中心线垂直的横断面。高度由钢轨顶面算起，横向尺寸由线路中心线算起。

1. 基本建筑限界

单线直线基本建筑限界半宽为 2 440 mm。这是由于最大级超限货物装载限界的半宽为 2 225 mm，加上货物横向移动 170.5 mm，再加上 44.5 mm 的安全量而得出的。

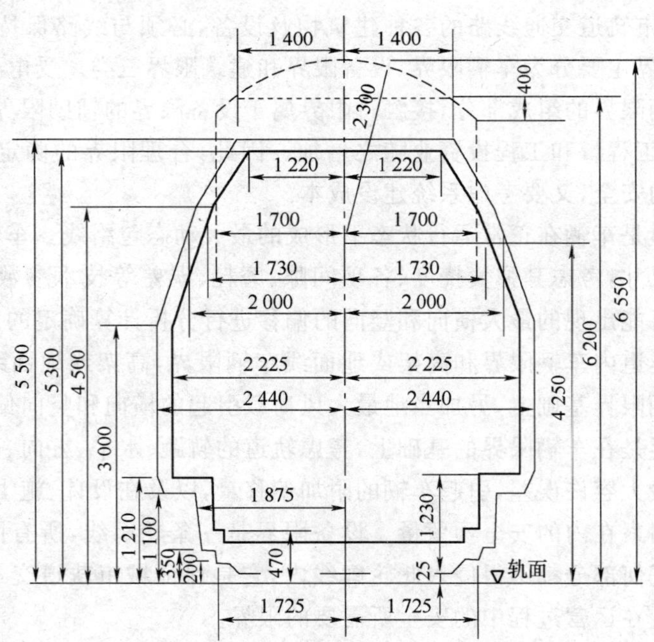

图注：——— 基本建筑限界(建限—1)；

——— 最大级超限货物装载限界；

— — — 适用于电力机车牵引的线路的跨线桥、天桥及雨棚等建筑物；

------ 电力机车牵引的线路的跨线桥在困难条件下的最小高度。

图 1.1　基本建筑限界(尺寸：mm)

基本建筑限界高度为 5 500 mm，这是由于最大级超限货物装载限界高度为

5 300 mm,加上货物向上振动偏移量 46.5 mm,再加上安全量 153.5 mm 而得出的。

进入桥隧维修时,施工机械和脚手架等均不得侵入基本建筑限界(曲线上为按规定加宽后的限界),以保证行车和人员安全。

2. 曲线上的基本建筑限界

机车车辆在曲线上运行时,转向架中心点可以随曲线的弯度转动,但转向架上的车体是一个刚性整体,因而车体两端突出于曲线外侧,中间部分向曲线内侧偏移,同时由于曲线内外侧都需要进行加宽。其加宽值计算公式如下:

曲线内侧加宽(mm)

$$W_1=\frac{40\ 500}{R}+\frac{H}{1\ 500}\cdot h$$

曲线外侧加宽(mm)

$$W_2=\frac{44\ 000}{R}$$

式中　R——曲线半径(m);

H——自轨面算起的机车车辆或列车装载高度(mm);

h——外轨超高(mm)。

3. 桥隧建筑限界

桥隧建筑限界是桥梁、隧道建筑物不得侵入的国家规定的轮廓尺寸线,目的在于确保机车车辆和超限装载货物安全顺利地通过桥隧建筑物。

明挖法施工形成的矩形隧道,其单洞单线隧道建筑界限宽度为 4 000 mm,高度为 4 300 mm(如图 1.2(a))。圆形隧道限界如图 1.2(b)所示。

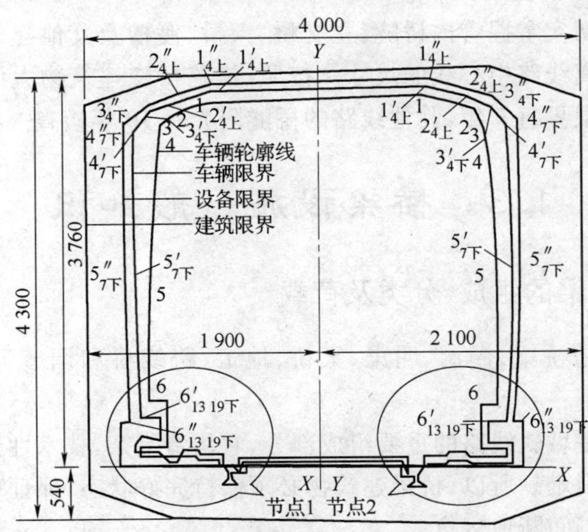

图 1.2(a)　区间直线段矩形隧道限界(尺寸:mm)

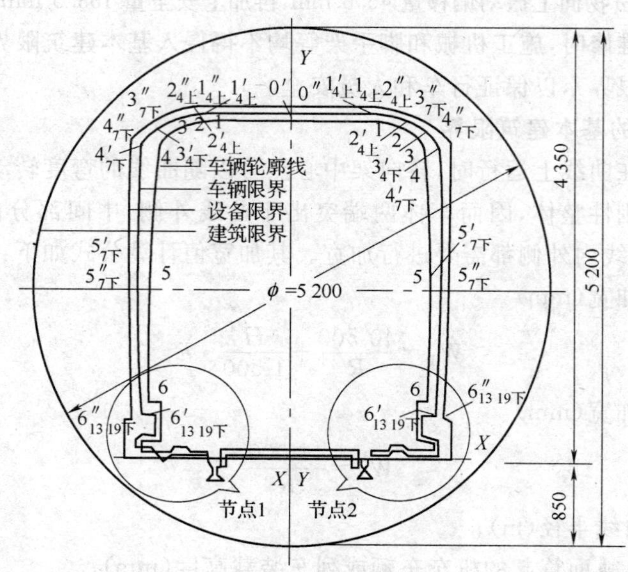

图 1.2(b) 圆形隧道限界(尺寸:mm)

桥梁建筑限界较基本建筑限界稍大,可以在两者之间安装照明、通讯以及信号设备。新建及修复、改建桥梁的净空均应满足桥梁建筑限界的要求。

位于曲线上的下承桁梁及半穿式梁,其横断面的净空,需要加宽的数值,除与前述曲线半径、外轨超高和车辆长度有关外,尚与梁长有关。

4. 限界的检查和管理

有关部门应切实掌握管内桥隧、立交桥、天桥、渡槽及其他建筑物的精确实测断面和各部分距离线路中心线的尺寸。按照《铁路桥隧建筑物大维修规则》规定,重要线路的桥隧限界每 5 年,其他线路的桥隧限界每 10 年检查一次。

1.3 桥梁设施一般知识

1.3.1 城轨桥梁的组成、分类及荷载

桥梁建筑物是桥梁、涵洞、明渠、天桥、地道、跨线桥和调节河流建筑物等的总称。

桥梁建筑物是城轨线路的重要组成部分,它构造复杂,技术性强,造价高,故加固和修复都比较困难。所以,桥梁建筑物必须保持完好状态,保证列车按规定的速度,安全、平稳和不间断地运行。

1. 桥梁的组成

桥梁由上部结构(即桥跨结构)、下部结构、防护设备和调节河流建筑物组成。

上部结构包括桥面、梁和支座;下部结构包括桥墩、桥台和基础。

防护设备包括护锥、护岸、护基和护底,调节河流建筑物包括导流堤、丁坝和梨形堤。

2. 桥梁的分类

(1)按桥梁长度分类

① 特大桥:桥长500 m以上。

② 大桥:桥长100 m以上至500 m。

③ 中桥:桥长20 m以上至100 m。

④ 小桥:桥长20 m及以下。

(2)按桥跨材质分类

① 钢桥:梁拱材料为钢。

② 圬工桥:梁拱材料为石、砖、混凝土、钢筋混凝土。

③ 混合桥:一座桥上有两种以上不同的材质。一般指同时使用钢材与钢筋混凝土。

④ 木桥:梁拱材料为木。

(3)按桥面位置分类

① 上承式桥:桥面位于桥跨的顶部。

② 下承式桥:桥面位于两主梁(桁梁或板梁)或两拱肋之间。

下承式又分为穿式桥和半穿式桥,桥面上方有横向联接系者称为穿式桥,桥面上方无横向联接系者称为半穿式桥。

③ 中承式桥:桥面系设置在桥跨主要承重结构(桁架、拱肋、主梁等)中部的桥梁,称为中承式桥。

(4)按桥梁结构的体系分类

① 梁式桥:桥跨结构和墩台间设有支座。支座仅能传递垂直反力和水平反力。

梁式桥又可分为:简支梁桥、连续梁桥、悬臂梁桥。

② 拱式桥:桥跨结构为拱。

拱桥又可按结构分为:无铰拱、双铰拱和三铰拱;按有无外推力分为:有推力拱和无推力拱。

③ 刚架桥:墩台(支柱)与桥跨连成刚性整体(不设支座)。

④ 悬索桥:桥跨结构主要承载部分由柔性的主缆来承担。

⑤ 斜拉桥：斜拉索在垂直荷载下承受拉力并传至主塔上。

⑥ 组合体系：桥跨同时具有几个体系的特征。譬如 T 型刚构、连续刚构、系杆拱等等。

(5)按跨越能否活动分类

① 固定桥：不能开合。

② 开合桥：可以开合。

(6)按跨越的障碍分类

① 跨河桥：跨越河流、湖泊。

② 跨线桥：跨越铁路、公路。

③ 高架桥：跨越深谷、低地。

3. 桥涵荷载

桥涵荷载是指桥涵结构设计所应考虑的各种可能出现的荷载统称。按照《铁路桥涵设计基本规范》(TB 10002.1—2005)的规定：桥涵荷载可以分为主力、附加力和特殊荷载。

主力是正常的、经常发生的或时常重复出现的，又可分为恒载和活载。

恒载一般指结构自重、土压力、静水压力及浮力、预加应力等，其大小和作用点一般是固定不变的，故称恒载。

活载主要指列车重量以及列车运动引起的荷载，一般指列车重量、冲击力、离心力、人行道荷载等。

附加力是偶然作用的荷载，其最大值并不经常出现，而各种附加力同时出现最大值的机会就更少。

特殊荷载是在特殊情况下作用的荷载，往往是暂时的或灾害性的，如船只或排筏撞击力等等。

在进行桥涵设计时，应根据结构的特性，按照表 1.1 所列的荷载，按其可能的最不利情况进行验算。

表 1.1 桥涵荷载

荷载分类		荷载名称
主力	恒载	结构构件及附属设备自重
		预加力
		混凝土收缩和徐变的影响
		土压力
		静水压力及水浮力
		基础变位的影响

续上表

荷载分类		荷载名称
主力	活载	列车竖向静活载
		公路活载(需要时考虑)
		列车竖向动力作用
		长钢轨纵向水平力(伸缩力和挠曲力)
		离心力
		横向摇摆力
		活载土压力
		人行道人行荷载
附加力		制动力或牵引力
		风力
		流水压力
		冰压力
		温度变化的作用
		冻胀力
特殊荷载		列车脱轨荷载
		船只或排筏的撞击力
		汽车撞击力
		施工临时荷载
		地震力
		长钢轨断轨力

注:1. 如杆件的主要用途为承受某种附加力,则在计算此杆件时,该附加力应按主力考虑;
2. 流水压力不与冰压力组合,两者也不与制动力或牵引力组合;
3. 船只或排筏的撞击力、汽车撞击力以及长钢轨断轨力,只计算其中的一种荷载与主力相组合,不与其他附加力组合;
4. 列车脱轨荷载只与主力中恒载相结合,不与主力中活载和其他附加力组合;
5. 地震力与其他荷载的组合见国家现行《铁路工程抗震设计规范》(GBJ111)的规定;
6. 长钢轨纵向力及其与制动力或牵引力等的组合,按《新建铁路桥上无缝线路设计暂行规定》有关规定办理。

1.3.2　桥梁结构类型简介

1. 梁式桥

梁式桥作为承重结构主要是以它的抗弯能力来承受荷载的。梁式桥在竖向荷载作用下,支承处仅产生竖向反力。

梁式桥又可分为简支梁桥和连续梁桥。一段梁体只在两端有支撑物，并且在一端作为固定端，另一端作为活动端，称为简支梁(如图1.3所示，其中三角形代表固定端，圆形代表活动端)。

简支梁属静定结构。

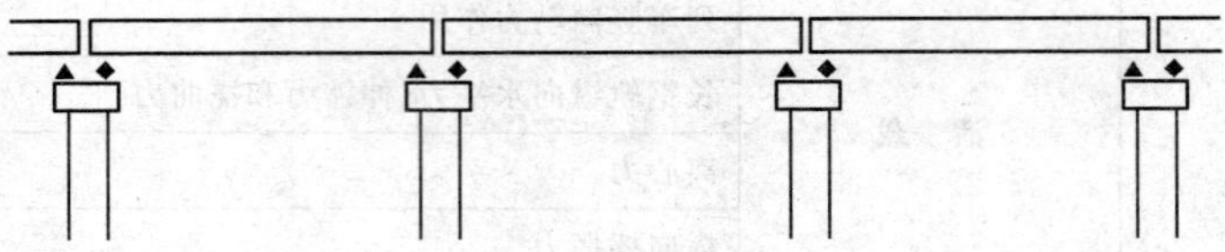

图1.3　简支梁的图示

一段梁体连续跨越三个或三个以上的支撑物，称为连续梁。一般，连续梁在中墩处布置一个固定支座，其他墩上布置活动支座(如图1.4所示)。我们把每一个桥洞称为“一跨”或“一孔”，而把从一端梁缝到另一端梁缝之间的若干跨称为“一联”。

连续梁属超静定静定结构。

相较于简支梁，连续梁具有伸缩缝少、噪声小、行车平稳、挠度小的特点，同时对地基不均匀沉降也较为敏感。

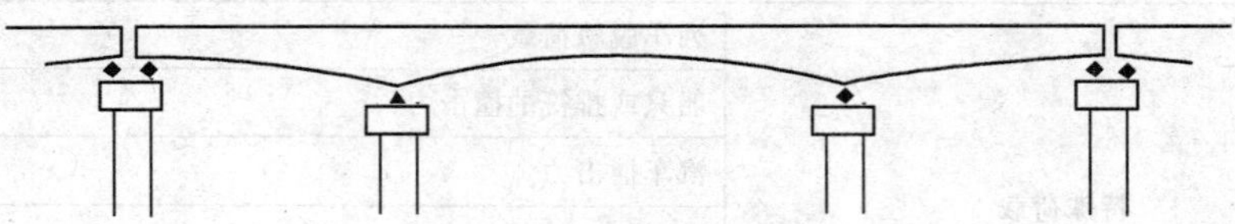

图1.4　连续梁的图示

2. 拱桥

拱桥是我国广泛使用而又历史悠久的一种桥梁形式。拱桥在竖向荷载作用下，两端支撑处除有竖向反力外，还产生水平推力，正是这个水平推力，使拱内产生轴向压力，并大大减小了跨中弯矩，使它的主拱截面材料强度得到充分发挥，跨越能力增大。也正是这个推力，使修建拱桥时要有较庞大的墩、台和良好的地基。根据理论推算，混凝土拱桥的极限跨度可达500 m左右，钢拱桥的极限跨度可达1 200 m。

由于拱主要是承受压力的结构，因而，可以充分利用抗拉性能差而抗压性能好的圬工材料(石料、混凝土、砖等)来建造拱桥，这种由圬工材料建造的拱桥，也称为圬工拱桥。这种拱桥具有就地取材、节省钢材和水泥，结构简单、有利于普及、承载潜力大、养护费用少等优点，因此在我国修建得比较多。

为了减小拱的截面尺寸，减小拱的质量，在混凝土拱中，配置有受力钢筋的，称之为钢筋混凝土拱桥。在钢筋混凝土拱桥中，截面的拉应力主要由受拉钢筋承受。

这样，桥跨结构的工程数量可相应减少，有效地提高了拱桥的经济性能，扩大了拱桥的使用范围。同时，钢筋混凝土拱桥在建筑艺术上也容易处理，它可以通过选择合理的拱式体系及突出结构上的线条来达到美的效果。

拱桥的主要缺点是：由于它是一种推力结构，支承拱的墩台和地基必须承受拱端的强大推力，因而修建拱桥要求有良好的地基；对于多孔连续拱桥，为防止其中一孔破坏而影响全桥，还要采取特殊的措施，或设置单向推力墩以承受不平衡的推力；在平原区修建拱桥，由于建筑高度较大，使桥两头的接线工程量增大，也使桥面纵坡加大，对行车不利；混凝土拱桥施工需要劳动力较多，建桥时间较长等。

(1)拱桥的基本组成

根据行车道的位置，拱桥的桥跨结构可以做成上承式、下承式或中承式 3 种类型，如图 1.5 所示。

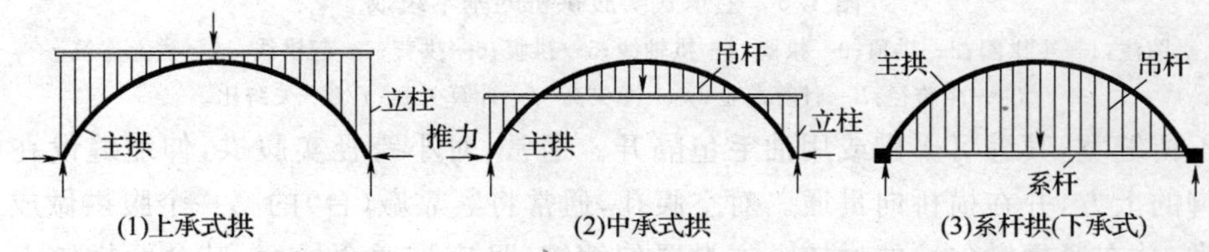

图 1.5 拱桥按桥跨结构分类

一般的上承式拱桥，桥跨结构是由主拱圈(肋、箱)简称主拱及拱上建筑(又称拱上结构)所构成。主拱圈(肋、箱)是主要承载构件，承受桥上的全部荷载，并通过它把荷载传递给墩台及基础。由于主拱圈是曲线形，一般情况下车辆无法直接在弧面上行驶，所以在行车道系与主拱圈之间需要有传递荷载的构件和填充物，这些主拱圈以上的行车道系和传载构件或填充物统称为拱上建筑。拱上建筑可做成实腹式或空腹式，相应称为实腹式拱桥或空腹式拱桥。图 1.6 表示出了拱桥的主要组成部分、主要尺寸和名称。

对于普通型上承式拱桥，主拱圈是主要承重结构，拱上建筑主要起传递荷载的作用，但在外荷载作用下，也存在不同程度的主拱与拱上建筑的联合作用。在设计计算时，其计算图式必须与实际受力情况相符，否则将出现拱上建筑开裂，影响桥梁安全使用。要保证受力计算与实际情况相符，就必须采用可行的构造措施，在拱上建筑上设置伸缩缝与变形缝正是缘于此。

在荷载作用、材料收缩机温度变化等影响下，主拱圈将产生上升或下降，拱上建筑也将随之变形。除简支腹孔可适应主拱变形外，其余型式拱上结构都将因主拱变形而产生局部变形，当其与墩、台整体相连时，则拱上建筑受墩、台约束而不能自由变形，从而因产生过大的拉应力而开裂。为避免开裂，需将拱上建筑与墩、台分开，即设置伸缩缝或变形缝。伸缩缝宽 2～3 cm，其缝内需填料防水填料；变形

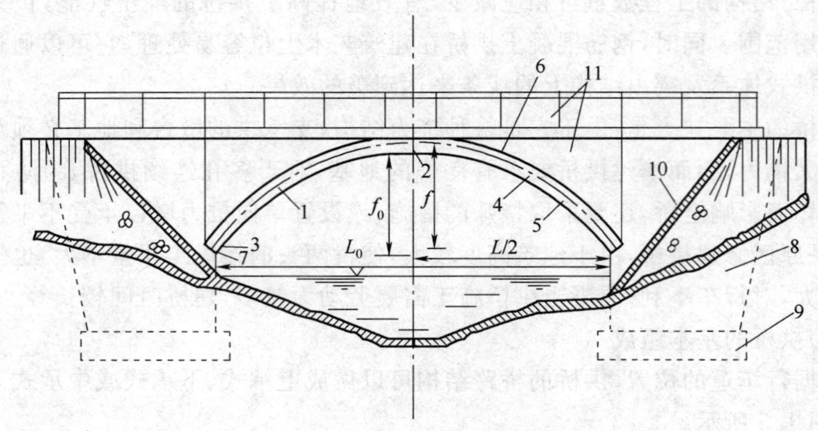

图 1.6 上承式实腹拱桥的基本组成

图注：1—主拱圈；2—拱顶；3—拱脚；4—拱轴线；5—拱腹；6—拱背；7—起拱线；11—拱上建筑；L_0—净跨径；L—计算跨径；f_0—净矢高；f—计算矢高；f/L—矢跨比。

缝不留缝宽，其缝可干砌或用油毛毡隔开。通常，对小跨径实腹拱，伸缩缝设在两拱脚的上方，并在横桥向贯通。对空腹孔，通常将紧靠墩（台）的第一个腹拱做成三铰拱，并在紧靠墩（台）的拱铰上方设置伸缩缝，且应贯通全桥宽，其余两拱铰上方设置变形缝。

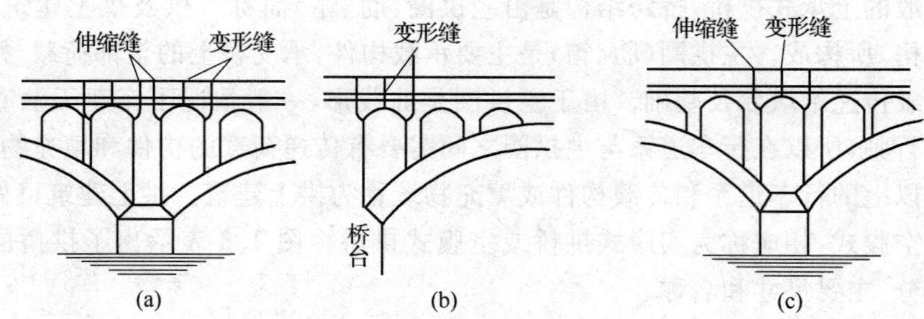

图 1.7 腹拱与墩（台）的连接

拱桥的下部结构包括桥墩、桥台和基础，用以支承桥跨结构，将桥跨结构的全部荷载传至地基。桥台还起与两岸路堤相连接的作用，使路桥形成一个协调的整体。

(2)拱桥的分类

拱桥的型式多种多样，构造各有差异，可以按照不同的方式来进行分类。例如：

按照主拱圈（肋、箱）所使用的建筑材料可以分为圬工拱桥、钢筋混凝土拱桥及钢拱桥等；

按照拱上建筑的形式可以分为实腹式拱桥及空腹式拱桥；

按照拱轴线的形式，可将拱桥分为圆弧拱桥、抛物线拱桥、悬链线拱桥等；

按照桥面的位置可分为上承式拱桥、下承式拱桥和中承式拱桥；

按照有无水平推力，可分为有推力拱桥和无推力拱桥等。

(3)拱桥的体系

① 简单体系的拱桥

简单体系的拱桥，可以做成上承式的、下承式的(无系杆拱)或中承式的，均为有推力拱。

在简单体系的拱桥中，上承式拱桥的拱上建筑或中、下承式拱桥的拱下悬吊结构(统称为行车道系结构)，不与主拱一起承受荷载。桥上的全部荷载由主拱单独承受，它们是桥跨结构的主要承重构件。拱的水平推力直接由墩台或基础承受。

按照主拱的静力特点，简单体系的拱桥又可以分成如下的三种，如图1.8所示。

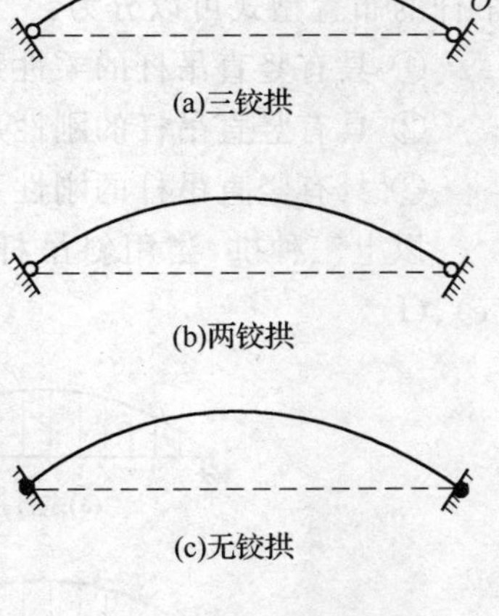

图1.8 拱圈的静力图式

• 三铰拱

属外部静定结构。由于温度变化、支座沉陷等原因引起的变形不会在拱内产生附加内力，计算时无需考虑体系弹性变形对内力的影响。当地基条件不良，又需要采用拱式桥梁时，可以采用三铰拱。但由于铰的存在，使其结构复杂，施工较困难，维护费用增高。而且，减小了结构的整体刚度，降低了抗震能力。又由于拱的挠度曲线在顶铰处有转折，对行车不利。因此，三铰拱一般较少采用。

• 两铰拱

属外部一次超静定结构。由于取消了拱顶铰，使结构整体刚度较三铰拱大。在墩台基础可能发生位移的情况下或坦拱中采用，较之无铰拱可以减小基础位移、温度变化、混凝土收缩和徐变等引起的附加内力。

• 无铰拱

属外部三次超静定结构。在自重及外荷载作用下，拱内的弯矩分布比两铰拱均匀，材料用量省。由于无铰，结构的整体刚度大，构造简单，施工方便，维护费用少，因此在实际中使用最广泛。但由于无铰拱的超静定次数高，温度变化、材料收缩、结构变形、特别是墩台位移会在拱内产生较大的附加内力，所以无铰拱一般希望修建在地基良好的条件下，这使它的使用范围受到一定限制。不过，随着跨径的增大,附加内力的影响要相对地减小,因而无铰拱仍是国内外拱桥上采用最多的一种构造形式。

② 组合体系的拱桥

在拱式桥跨结构中,行车系的行车道梁与拱组合,共同受力,称为组合体系的拱桥。

由于行车系与主拱的组合方式不同,其静力图式也不同。组合拱可分为无推力的和有推力的两类。同样,组合拱可以做成上承式的或下承式的。常用的有以下几种型式:

• 无推力的组合体系拱

拱的推力由系杆承受,墩台不承受水平推力。根据拱肋和系杆的刚度大小及吊杆的布置型式可以分为:

① 具有竖直吊杆的柔性系杆刚性拱——称系杆拱,如图 1.9(a);

② 具有竖直吊杆的刚性系杆柔性拱——称蓝格尔拱,如图 1.9(b);

③ 具有竖直吊杆的刚性系杆刚性拱——称洛泽拱,如图 1.9(c);

以上三种拱,当用斜吊杆来代替竖直吊杆时,称为尼尔森拱,如图 1.9(d)、(e)、(f)。

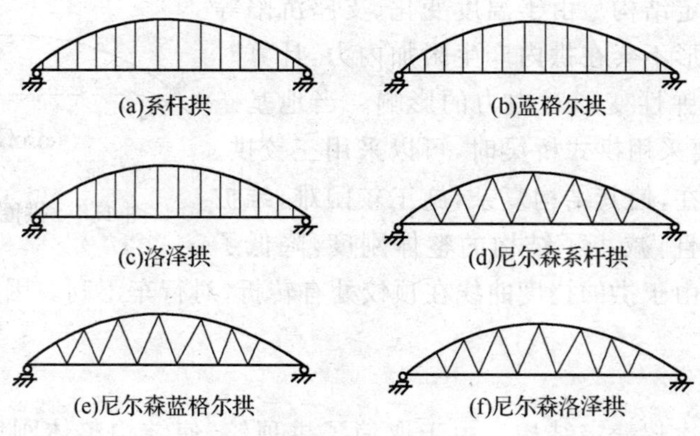

图 1.9 无推力的组合体系拱

• 有推力拱的组合体系拱

此种组合体系拱没有系杆,由单独的梁和拱共同受力,拱的推力仍由墩台承受。图 1.10(a)是刚性梁柔性拱(倒蓝格尔拱);图 1.10(b)是刚性梁刚性拱(倒洛泽拱)。

(4)拱轴线的选择与确定

拱轴线是指主拱圈截面形心的连线,它与外荷载无关。压力线是指在荷载作用下,各截面合力的作用点的连线。

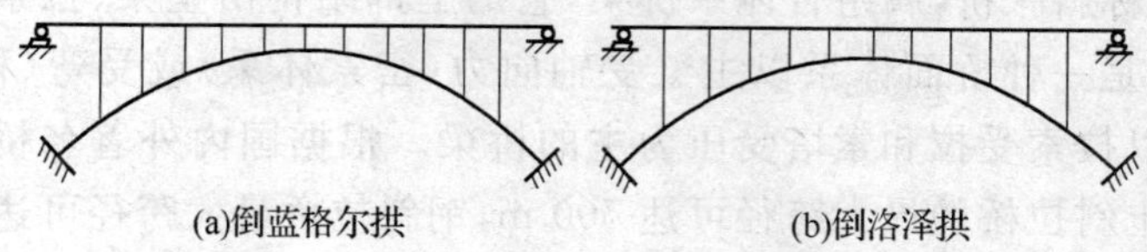

图 1.10　有推力的组合体系拱

拱轴线的形状直接影响主拱截面内力分布与大小，选择拱轴线的原则，也就是尽可能降低由于荷载产生的弯矩值。最理想的拱轴线是与拱上各种荷载的压力线相吻合，这时主拱截面上只有轴向压力，而无弯矩及剪力作用，应力均匀，能充分利用材料强度和圬工材料的良好抗压性能，我们把这样的拱轴线称为合理拱轴线。但事实上不可能获得这样的拱轴线，因为主拱受到恒载、活载、温度变化和材料收缩等作用，当恒载压力线与拱轴线吻合时，在活载作用下其压力线与拱轴线就不再吻合了，又因为相应于活载的各种不同布置，压力线也是各不相同。根据混凝土拱恒载比重大的特点，实际上一般采用恒载压力线作为拱轴线（设计拱轴线）。恒载比重越大，这种选择就越合理。

选择拱轴线时，除了考虑主拱受力有利以外，还应该考虑外形美观、施工简便等因素。

3. 刚构桥

刚构桥介于梁式桥和拱桥之间，它作为承重结构同时以它的抗弯和抗压能力来承受荷载。刚构桥相较于梁式桥最大的区别，在于它的梁体和桥墩是直接刚接，而不是像梁式桥那样通过支座来连接，如图 1.11 所示。

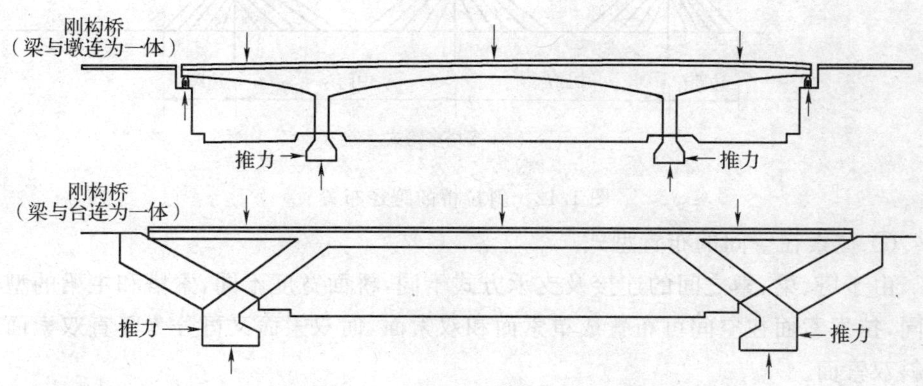

图 1.11　刚构桥的图示

4. 缆索体系桥

（1）斜拉桥（图 1.12～图 1.17）

斜拉桥又称斜张桥，属组合体系桥梁，它的上部结构由主梁、拉索和索塔三种构件组成。它是一种桥面体系以主梁受轴向力（密索体系）或受弯（稀索体系）为主、支承体系以拉索受拉和索塔受压为主的桥梁。根据国内外著名桥梁专家的研究分析，混凝土斜拉桥的最大跨径可达 700 m，钢斜拉桥最大跨径可达 1 300 m，结合梁斜拉桥（主梁为钢－混凝土结合梁）最大跨径可达 1 000 m。混凝土斜拉桥经济合理的跨径在 200～500 m。

① 跨径布置

与索塔布置相配合，现代斜拉桥最典型的跨径布置有两种：即双塔三跨式和独塔双跨式。在特殊情况下也可布置成独塔单跨式、双塔单跨式及多塔多跨式等等。

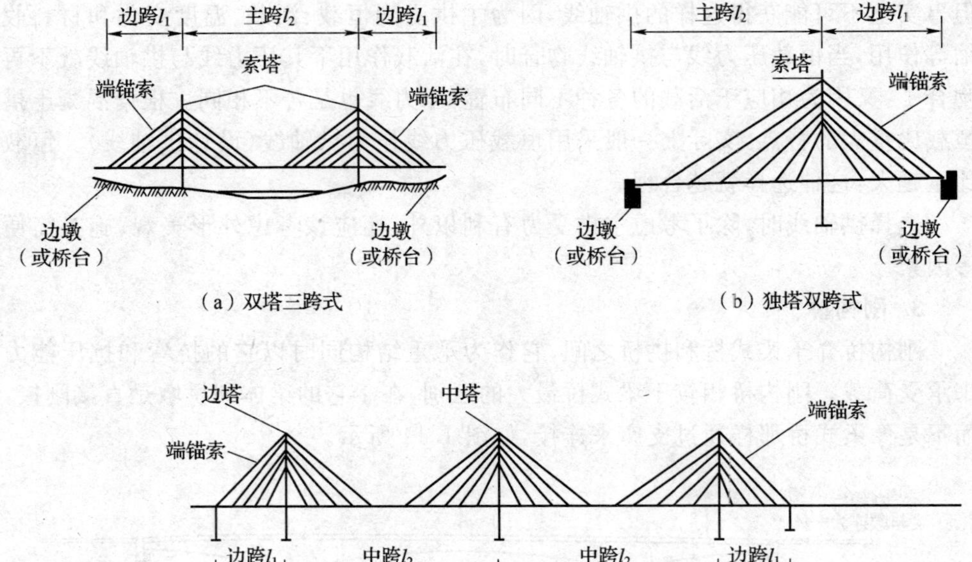

图 1.12 斜拉桥的跨径布置

② 拉索在空间的布置型式

由于塔、梁、索之间的连接及支承方式不同，桥面宽度不同，索塔和主梁的型式不同，拉索索面在空间可布置成单索面和双索面，而双索面又可分为竖直双索面和倾斜双索面。

③ 拉索在索面内的布置型式

拉索在索面内的布置应根据设计总体构思、受力情况及美学要求等因素确定，常选用以下三种基本型式：辐射形、竖琴形及扇形。

④ 拉索索距

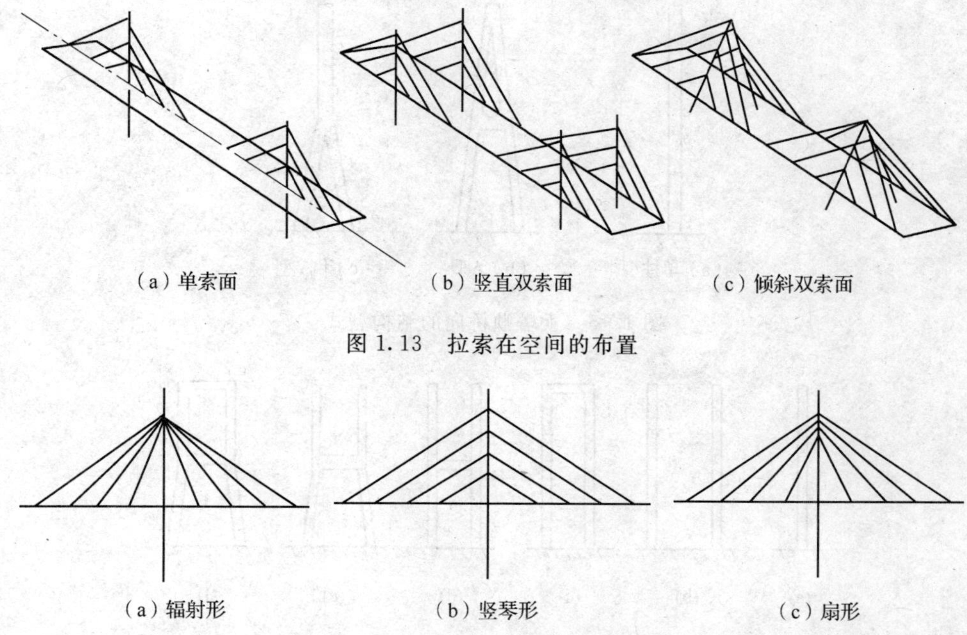

（a）单索面　（b）竖直双索面　（c）倾斜双索面

图 1.13　拉索在空间的布置

（a）辐射形　（b）竖琴形　（c）扇形

图 1.14　拉索在索面内的布置

拉索索距是指索面内相邻两根拉索的间距。索面内拉索根数多则索距小，拉索根数少则索距大。

索面内拉索根数的多少有一个发展过程。早期斜拉桥采用拉索根数少儿刚性大的稀索布置，索距达 15～30 m（混凝土主梁）或 30～50 m（钢主梁），相应的斜拉桥跨径也不大。稀索布置的主要优点是拉索索力易于调整到设计预期值。但由于索距大，主梁的弯矩和剪力也较大，因而需要较大的主梁高度。拉索索力相对也较大，使架设和施工较困难，拉索锚固构造也较复杂，其附近还需作大规模的补强，耗材较多。

随着斜拉桥的发展，为方便施工，减少风振危险，适应施工吊装能力及张拉条件，目前斜拉桥都趋向于索面内多根拉索布置，即拉索由早期的稀索型发展到现在的密索型布置。索面内拉索根数多，使主梁由受弯为主向受轴向力为主转变，主梁弯矩的减少使梁高降低，这样不仅取得了较好的经济效益，也大大改善了结构的动力性能，提高了结构的抗风、抗震能力，并使斜拉桥的造型更加柔细轻巧。

⑤ 索塔的结构型式

索塔在顺桥向的型式有单柱型、A 型及倒 Y 型等几种。

索塔在横桥向的型式有单柱型、双柱型、门形、H 形、梯形、A 形、倒 V 形、倒 Y 形、菱形（包括宝石花形）等。

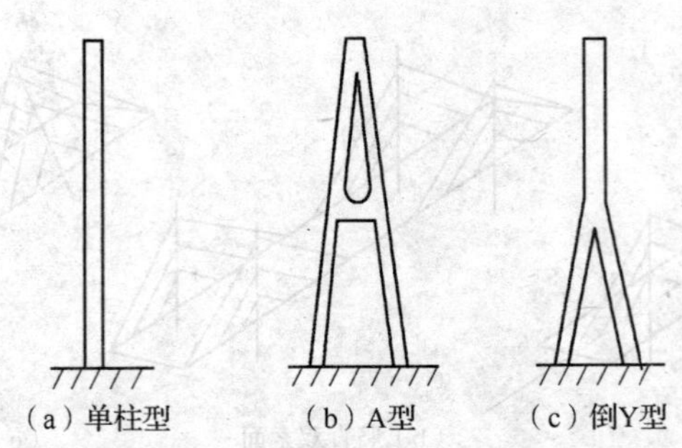

图 1.15　索塔顺桥向的结构型式

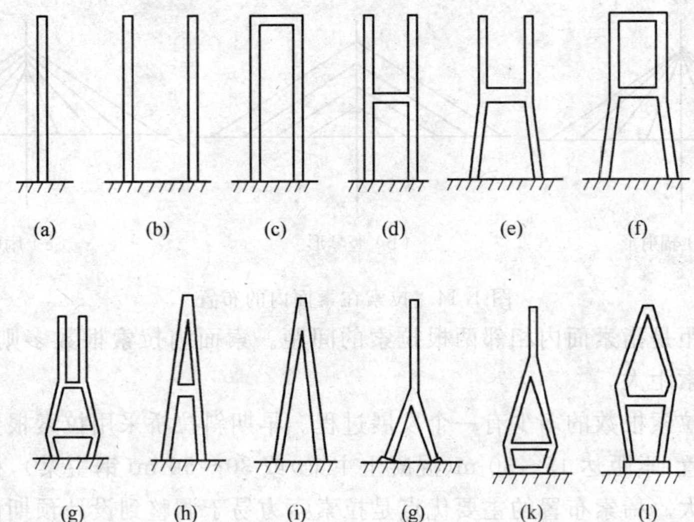

图 1.16　索塔横桥向的结构型式

柱式塔柱构造简单，但承受横向水平荷载的能力较差。其中单柱型都用于单索面，双柱型则用于双索面。门形索塔在两塔柱之间设有横梁，抵抗横向水平荷载的能力较强，一般用于桥面宽度不大的双索面斜拉桥。A 形、倒 Y 形、菱形索塔横向刚度大，但构造复杂，施工难度较大，既适用于单索面，也适用于双索面，多用于大跨径斜拉桥中。

⑥ 斜拉桥的结构体系

斜拉桥是由上部结构的主梁、拉索、索塔及下部结构的桥墩、桥台 4 种基本构件组成的组合体系桥梁。斜拉桥的结构体系可以根据主梁、拉索、索塔和桥墩的不同结合方式形成四种不同的结构体系，分别是：塔墩固结、塔梁分离（漂浮体系）；塔墩固结、塔梁分离（半漂浮体系）；塔梁固结、塔墩分离（塔梁固结体系）；主梁、索塔、桥墩三者互为固结(刚构体系)。

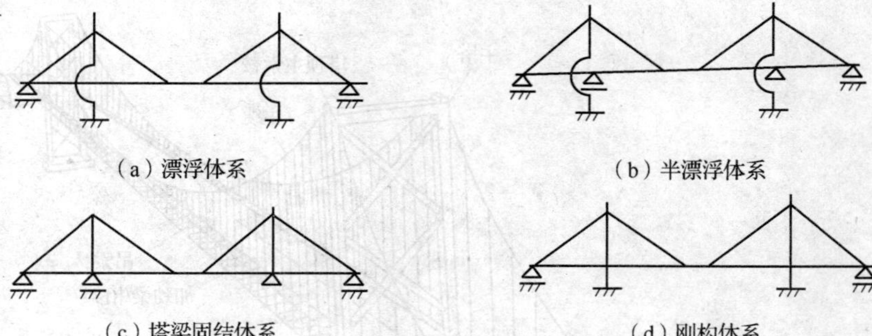

(a) 漂浮体系　(b) 半漂浮体系

(c) 塔梁固结体系　(d) 刚构体系

图 1.17　斜拉桥的结构体系

(2)悬索桥(图 1.18～图 1.22)

① 悬索桥的组成

悬索桥是由主缆、加劲梁、主塔、锚碇、吊索、鞍座等构件构成的柔性悬吊体系。悬索桥的主要承重构件是悬索,它主要承受拉力,一般用抗拉强度高的钢材(钢丝、钢绞线、钢缆等)制作。由于悬索桥可以充分利用材料的强度,并具有用料省、自重轻的特点,因此悬索桥是1 000 m以上几乎是唯一可选桥型;300～1 000 m之间采用钢加劲梁也可与斜拉桥竞争。悬索桥的主要缺点是刚度小,在荷载作用下容易产生较大的挠度和振动,需注意采取相应的措施。

② 悬索桥主缆锚固方式

地锚式:主缆拉力依靠锚固体传递给地基,要求地基有较大承载力。

自锚式:主缆拉力水平分力直接传递给加劲梁(轴向压力)承受;竖直分力(较小)由端支点承受。适宜:跨度不大、软土地基、城市桥等。

③ 悬索桥的孔跨布置形式

单跨:适于边跨建筑高度小、曲线边跨。由于边跨主缆的垂度较小对荷载变形有利,架设主缆时索鞍预偏量较大,如1 385 m江阴大桥。

三跨:最常见,结构特性比较合理。

两跨:(单边跨)一岸建筑高度小或曲线边跨时。如1 377 m青马大桥。

多跨:因中间桥塔和两边桥塔的塔高不同导致主缆垂度偏大,悬索桥整体刚度降低,非均布活载下塔顶变位及加劲梁挠曲变形和弯矩较大;固有振动频率降低。故中塔必须加大刚度(4柱立体桥塔)或者减小主缆垂跨比。

5. 组合体系桥

将以上各种桥型进行混合,就是组合体系桥。在上海城轨交通中,目前有连续刚构和系杆拱桥两类。

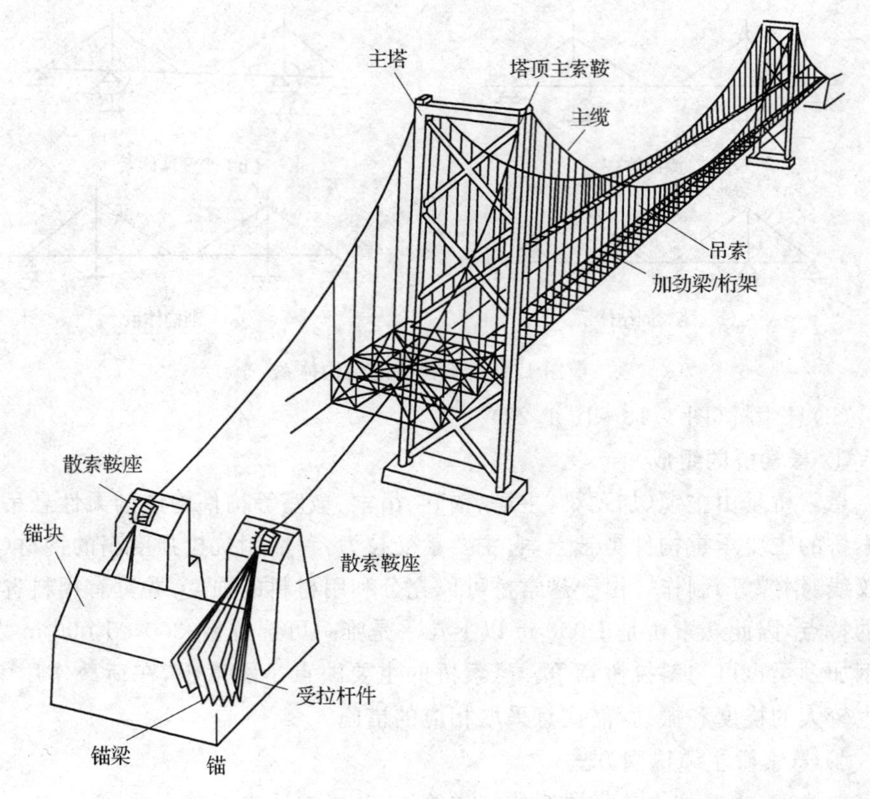

图 1.18　悬索桥的组成

图 1.19　悬索桥

连续刚构，也即连续梁的梁体与桥墩之间直接刚接，不设支座。目前上海城轨中，仅有中山西路桥一处连续刚构。

在拱的两端设置拉索或者梁(称为系杆或系梁)等，使得水平力互相平衡，这样的拱称为无推力拱，也称为系杆拱，适用于地基较差的桥位。目前上海城轨交通共有 4 座系杆拱桥，分别是 3 号线苏州河桥(小彩虹桥)、11 号线蕴藻浜桥、3 号线漕溪路桥(大彩虹桥)和 6 号线赵家沟桥。

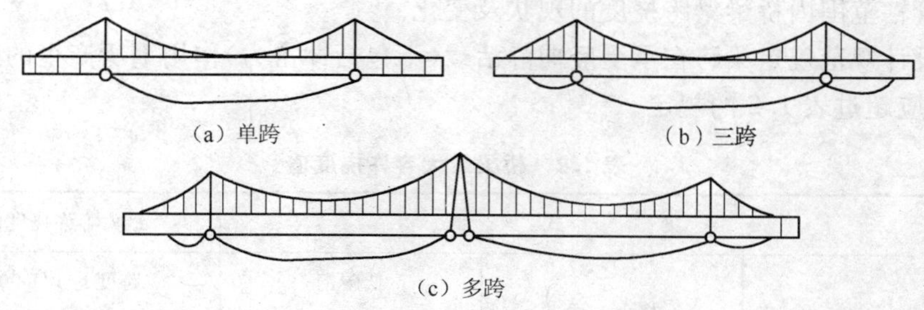

图 1.20　悬索桥的孔跨布置形式

图 1.21　上海地铁 3 号线中山西路桥
80 m+112 m+80 m=272 m
三跨预应力混凝土薄壁墩连续刚构桥

图 1.22　上海地铁 3 号线苏州河桥(小彩虹桥)
跨度 25 m+64 m+25 m 中承式系杆拱桥

1.3.3　梁跨结构概述

梁跨结构系指桥梁承担荷载横越空间的部分。它包括梁跨与支座两个部分。按材质分，主要分为钢结构和圬工结构。从工务养护角度出发对钢结构梁最重要的问题是防止钢材锈蚀、防治构件裂纹及保持钉栓连接的紧密完好；对圬工梁拱的主要要求是圬工质量密实，排水设备有效完好、防止钢筋锈蚀、防治裂纹病害。

梁体的刚度指梁跨结构受荷载后抵抗弯曲变形的能力。梁跨结构的刚度又分为竖向刚度和横向刚度两类。

竖向刚度也称挠度，是指梁跨结构在竖向荷载作用下产生弯曲的下垂度。一般所说的挠度系指梁跨的弹性挠度，即当活载离去后可以自动恢复的竖向变形，故不包括梁跨由于自身重量而产生的恒载挠度。

挠度是检验桥跨结构综合技术状态的一个重要指标，工务部门应切实掌握和了解管辖范围内桥梁梁跨挠度的现状及变化。

设计规范规定梁跨在承受竖向静活载(不包括冲击力)作用下所产生的弹性挠度,不应超过表 1.2 的规定。

表 1.2 桥梁最大容许挠度值

梁式			最大容许挠度值
钢梁	桁梁	低碳钢	跨度的 1/1 000
		低合金钢	跨度的 1/900
	板梁	低碳钢	跨度的 1/800
		低合金钢	跨度的 1/700
混凝土梁	普通钢筋混凝土梁及预应力混凝土梁		跨度的 1/800
	低高度钢筋混凝土梁及低高度预应力混凝土梁		跨度的 1/1 000
悬臂梁桥的悬臂梁端			悬臂长度的 1/1 000

横向刚度为保证钢梁的横向刚度,其宽跨比不得小于 1/20。

1.3.4 支座概述

1. 桥梁支座分类

桥梁支座是连接桥梁上部结构和下部结构的重要构件,其主要功能是将上部结构承受的各种荷载传递给墩台,并能适应上部结构由于荷载、温度变化、混凝土收缩等产生的变形(水平位移及转角),使上部结构的实际受力情况符合设计要求。

支座可分别按变形的可能性,所用的材料或结构形式三种方法分类:

按支座变形可能性分为固定支座、单向活动支座和多向活动支座。

按支座用材料分为钢支座、聚四氟乙烯支座、橡胶支座、混凝土支座和铅支座。

按支座的结构形式分为弧形支座、摇轴支座、辊轴支座、板式橡胶支座、四氟板式橡胶支座、盆式橡胶支座、球形支座等,其中使用最普遍的应该是板式橡胶支座和盆式橡胶支座。

2. 板式橡胶支座的构造

板式橡胶支座通常由多层橡胶与薄钢板镶嵌、粘合、硫化而成。支座在竖直荷载作用下,嵌入橡胶片之间的钢板将约束橡胶的侧向膨胀,使垂直变形相应减小,从而提高了支座的竖向刚度,而支座的水平位移仅与支座橡胶的净厚有关。为防止薄钢板的锈蚀,在板式橡胶支座的上、下面及四周均有橡胶保护层。板式橡胶支座具有构造简单、安全方便、节省钢材、价格低廉、养护简便、易于更换等特点。板式橡胶支座有足够的竖向刚度以承受垂直荷载，且能将上部结构的压力可靠地传递给墩台；有良好的弹性以适应梁端的转动；有较大的剪切变形以满足上部构造的水平位移；有良好的防震作用，可减少动载对桥跨结构与墩台的冲击作用。板式橡胶支座按其形状可分为矩形板式橡胶支座或圆形板式橡胶支座。

为减小板式橡胶支座摩擦力，在板式橡胶支座顶面粘结一层聚四氟乙烯板，构成聚四氟乙烯滑板式橡胶支座。聚四氟乙烯滑板式橡胶支座简称四氟滑板式支座，是在普通板式橡胶支座上按照支座尺寸大小粘覆一层厚 2～4 mm 的聚四氟乙烯板而成，除具有普通板式橡胶支座的竖向刚度与弹性变形，且能承受垂直荷载及适应梁端转动外，利用聚四氟乙烯板与梁底不锈钢板间的低摩擦系数（$\mu_f \leqslant 0.08$）可使桥梁上部构造水平位移不受限制。可在跨度大于 30 m 的大跨度桥梁、简支梁连续板桥和多跨连续梁桥作活动支座使用。

3. 盆式橡胶支座的构造

盆式橡胶支座是钢构件与橡胶、聚四氟乙烯板等材料组合而成的新型桥梁支座。它具有承载能力大、水平位移量大、转动灵活等特点，广泛应用在大型公路、铁路桥梁建设上。盆式橡胶支座分为双向（多向）活动支座、单向活动支座和固定支座等。双向（多向）活动支座具有竖向承载，竖向转动和多向滑动性能，代号为 SX，单向活动支座具有竖向承载，竖向转动和单一方向滑动性能，代号 DX，固定支座具有竖向承载和竖向转动性能，代号 GD。

双向（多向）活动支座和单向活动支座由上座板（包括顶板和不锈钢滑板）、聚四氟乙烯滑板、中间钢板、密封圈、底盆、地脚螺栓和防尘罩等组成。单向活动支座沿活动方向还设有导向挡块，固定支座由上座板、密封圈、橡胶板、底盆、地脚螺栓和防尘罩组成。

1.3.5 轨道梁常见截面初步知识

目前轨道梁主要采用的截面主要有 T 形截面、箱形截面和 U 形截面，矩形截面已基本弃用。

1. T 形截面

T 梁是我国最广泛采用的梁式。无论是公路桥还是铁路桥，以前绝大部分的梁都采用 T 型梁，当然大部分是简支梁。T 梁材料几何分布与结构受力配合得最好，混凝土面积集中在受压区，受拉区仅仅是为设置预应力束的马蹄块，跨中剪力小、腹板很薄，到支座附近随着剪力增加而加厚。施工一般工厂预制，用架桥机（国内施工单位一般都有）吊装就位，非常简洁方便。

它的缺点是横向刚度和抗扭刚度比较差，横向整体性也差，必须加强横隔板以及梁间现浇湿接头以期改善；对平面线型的适应性差，在曲线上一般采用折线平分中矢布置，景观较差。T梁由于材料相对比较集中，所以刚度稍微小一点。

为增强梁的跨越能力，常常采用施加预应力的方法，若要在T梁上设计施加预应力，则需加出下马蹄，以提供足够的预应力筋布置空间。为使结构的承载能力更强，预应力筋常常曲线布置，同时为了保证施工质量，预应力梁一般都先在工厂预制，再运往施工现场吊装。

2. 箱形截面

箱梁是目前国内轨道交通高架采用最多的梁式之一。它的特点是建筑高度适中，力学性能好（竖向刚度、横向刚度和抗扭刚度都好），整体性好，特别适用于曲线梁桥。它既可用于标准区段，也可用于变宽、道岔区段，平面上适应性比较强；既适宜做简支梁，也可做连续梁。箱梁外观线形比较流畅、美观，设计和施工经验比较成熟。它的缺点是建筑高度较大，断面空间利用不佳。

在箱形截面中，我们把由顶板、底板和边腹板围成的每一个闭环，称作一个"箱"；每一个"箱"内再由中腹板分成若干"室"。如图1.23所示。

3. U形截面

U梁是种新颖的非常有特点的梁，优点非常突出。与前述两种上承式结构相比，U梁可以大大降低自桥面至梁底的高度，比普通箱梁可以低1.2 m左右，其断面空间可以充分利用。当桥下净空受限制时，特别是在立交枢纽中，能有效降低线路及车站的高度，从而减少占地面积，节省大量土石方数量，取得较好经济效益。所以槽型梁是在立交桥的方案比选中具有一定优势的桥梁形式，特别是在铁路干线上更为突出。

与下承式钢梁相比，有节省钢材、养护方便等优点。随着环保要求的提高、人性化设计的提倡，在槽型梁的主梁翼缘下可以安装管线；轨道交通车辆行驶于槽型梁两腹板中间，轮轨走行系统的噪声受到两侧主梁上翼缘及腹板阻隔，在一定程度上减少了车辆噪声对周围环境的影响；两侧主梁能防止出轨列车倾覆下落，给行车安全提供了可靠的保证；顶板还可以作为紧急逃生通道，使乘客的生命安全更有保障。这些优点日益受到重视，因此U梁在现代城市轨道交通中逐渐得到新的应用。

U梁的传力体系：车辆荷载作用在桥面板上，荷载通过桥面板传给横梁，再由横梁传给主梁。主梁实际承受下端受拉荷载，对混凝土结构而言，这是不利的受力状态。荷载除引起主梁的弯曲外，还会引起主梁的扭转，存在弯扭效应，这种开口截面抗扭刚度小，受力复杂。设计一般需布置三向预应力，与上承式梁相比存在构造复杂、自重大、施工繁琐等缺点。不过，随着近些年来的研究与实践，这些缺点已基本被克服。

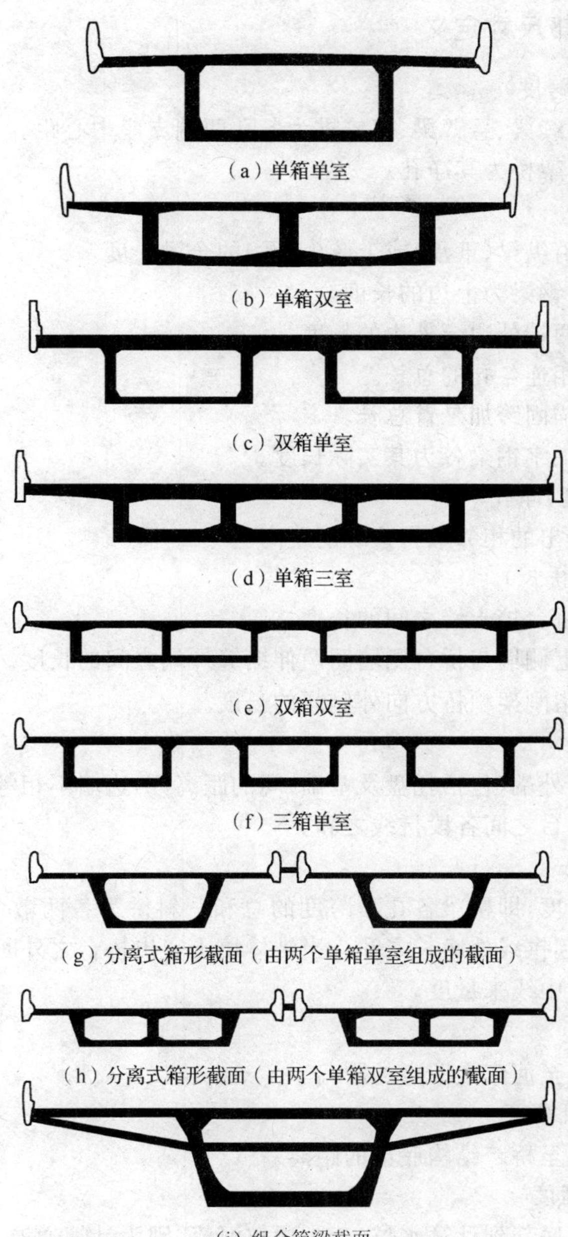

（a）单箱单室

（b）单箱双室

（c）双箱单室

（d）单箱三室

（e）双箱双室

（f）三箱单室

（g）分离式箱形截面（由两个单箱单室组成的截面）

（h）分离式箱形截面（由两个单箱双室组成的截面）

（i）组合箱梁截面

图1.23　箱梁的箱与室

1.3.6 桥梁各部尺寸定义

1. 跨度(计算跨度)

(1)简支梁、连续梁、悬臂梁、双铰拱为各孔两端支座中心距。

(2)无铰拱、刚架桥为其净孔。

2. 梁的全长

(1)钢桁梁为沿纵梁(下承)或上弦(上承)的全梁长度。

(2)板梁、工字钢梁为上边的长度。

(3)圬工梁为两端外边至外边的长度。

(4)连续梁为相连各孔的总长。

(5)悬臂梁为锚固跨加悬臂总长。

(6)扣轨梁和工字钢梁各为其实际长度。

3. 梁的净跨度(净孔)

沿计算水位量出的相邻墩台边缘的距离。

4. 桥梁长度(桥长)

(1)梁桥系指桥台挡土墙之间的长度。

(2)拱桥系指上侧墙与桥台侧墙间两伸缩缝外端之间的长度。

(3)刚架桥系指刚架顺桥方向外侧间的长度。

5. 桥梁全长

指两桥台边墙外端(包括托盘及基础)间的距离,两边墙不相等时以短边计;曲线桥为中心线上墩台之间各段折线之和。

6. 桥孔总长

指桥梁排水宽度,即桥梁各孔净跨度的总和。斜桥为各两墩台间的垂直距离之和;拱桥为各孔起拱线处净长之和。当锥体填土突出桥台之外时,则改沿计算水位与低水位之间的中线来量度。

7. 桥梁高度

由桥面的轨底至河床最凹点的距离。

8. 桥梁的建筑高度

由桥面的轨底至桥跨结构底部的距离。

9. 桥下净空高度

由桥跨结构的底部到计算水位(若为通航河流,则为计算通航水位)的距离;跨线桥为桥跨结构底部至下线路轨顶或路面的高度。

1.3.7 涵渠类型及尺寸定义

涵洞、明渠、渡槽、倒虹吸管统称为涵渠。

涵洞由洞身、基础、进出口建筑物(即端墙或翼墙等)以及导流堤、截水墙、缓流井、上下游吊沟等调节河流建筑物组成。

1. 涵洞的分类

(1)按结构形式分:拱涵、管涵、箱涵等;

(2)按水力特性分:有压涵、无压涵;

(3)按孔数分:单孔、双孔、多孔等。

各式涵洞的长度应视其净高(或内径)h 而定:

$h=1.0$ m,长度不宜超过 15 m;

$h=1.25$ m,长度不宜超过 25 m;

$h\geqslant1.5$ m,长度不受限制。

当采用 0.75 m 孔径(仅用于无淤积地区的灌溉涵),长度不宜超过 10 m。

2. 涵渠有关尺寸定义

(1)涵渠的净孔

① 拱涵为起拱线间的水平距离。

② 箱涵为涵内水平距离。

③ 管涵为内径(卵形或扁圆形的为水平方向最大径)。

④ 明渠为墩台间净距。

(2)涵渠的全长

① 涵洞的全长即涵洞的轴长,包括端墙在内。

② 明渠的全长为边墙间横向宽度,以长边计。

(3)涵渠净孔高

① 基顶至涵洞内顶面的距离,内外高度不等值时取最小值。

② 圆涵为内径。

③明渠为轨底至基础顶面的距离。

(4)涵洞净空高度

涵洞净空高度指洞内顶点至计算水位的距离。

1.4　隧道设施一般知识

上海地铁自 1995 年 4 月建成第一条地铁线路并投入试运营以来,在随后的 16 年里,建设速度不断加快,建设规模也日益加大。截止至 2011 年 6 月,已形成运营线路 12 条、运营里程 425 km、车站 284 座的网络规模,上海已成为中国乃至世界城市轨道交通运营规模最大的城市之一。随着上海市新一轮轨道交通建设规划的出台,未来 10 年内包括地铁隧道在内的轨道交通工程建设规模还将进一步扩大。在现有线路中，地下线长度约290 km，约占整个路网长度的 67.4%以上。在地下线路中区间隧道多以圆形盾构法隧道形式为主，在既有运营和在建线路中，通过市区的线路大都属于地下线路，基本上采用盾构法施工。由此，排摸盾构法隧道病害种类，分析其产生的原因，通过大量试验总结病害治理方法并形成规范性技术文件，对确保隧道结构和运营安全，具有非常重要的意义。

1.4.1　盾构法隧道基础知识

区间隧道是连接两个地下车站之间的建筑物，工程投资所占份额较大，是确保地铁列车在地下安全通行的重要保障。

区间隧道一般有矩形、拱形、圆形、多圆形及椭圆等断面型式。上海地铁目前仅采用矩形、圆形、双圆形断面形式。

矩形断面分单跨、双跨两种，其内轮廓与区间隧道建筑限界接近，便于顶板上敷设城市地下管网设施；圆形断面型式，具有结构受力合理、线路纵向坡度，平面曲线半径变化不会改变断面形状、对内净空利用的影响少等特点。目前上海的地铁单圆区间隧道内径均为 5.5 m，管片厚度 350 mm；双圆隧道最大外直径 10.9 m，管片厚度 300 mm。双圆盾构的使用在有效利用地下空间，减少施工周期等方面取得一定优势。

盾构法修建的圆形断面隧道衬砌结构，可分为单层和双层衬砌。单层衬砌，是在盾尾内一次拼装组成的，施工中起到支撑围岩和承受盾构推力的作用，成环后成为永久性结构；双层衬砌，包括一次衬砌和二次衬砌，一次衬砌的结构与单层衬砌相同，二次衬砌通常是用来提高结构的刚度、加强管片防水和防锈的能力。

现有的上海地铁盾构隧道全部为单层管片衬砌。单层衬砌，一般采用施工迅速、安装容易的预制装配式管片结构。

管片按材料可分为钢筋混凝土、钢、铸铁以及由几种材料组合而成的复合管片。在区间隧道的特殊地段，如集水井、需要开口的衬砌环或预计将承受特殊荷载的地段，一般采用钢或铸铁管片。

我国相关规范要求，两条单线区间隧道之间，当隧道连贯长度大于 600 m 时，应设置联络通道，并在通道两端设双向开启的甲级防火门。

联络通道的位置一般处于各段区间隧道的中间段，由于地铁建设常常采用“高站位，低区间”的方法，中间段通常也为线路最低处。在实际工程中，常将其与地下泵站的建设结合起来，采用合并建设的模式。如图 1.24 所示。

表 1.3　管片类型及对比

管片名称	特　　点	存　在　问　题
钢筋混凝土管片	① 成本低、使用最多； ② 耐久性好	① 厚度大，致使掘削面大； ② 重量大、运输、组装需要手工操作、易损伤
球墨混凝土管片	① 强度好、耐久性好，制作精度高； ② 与混凝土管片相比，重量轻、掘削面小； ③ 承受特殊合作的地点可选用特殊构造； ④ 耐久性好	① 成本高； ② 焊接困难
钢管片	① 重量轻、组装运输容易； ② 可任意按照加固材、加固容易； ③ 中小盾构隧道中使用多	① 容易变形； ② 耐腐蚀性差
复合管片	管片洗混凝土和钢板有效复合构造，与钢筋混凝土管片相比厚度小	① 钢板的抗腐蚀性差； ② 接头构造复杂

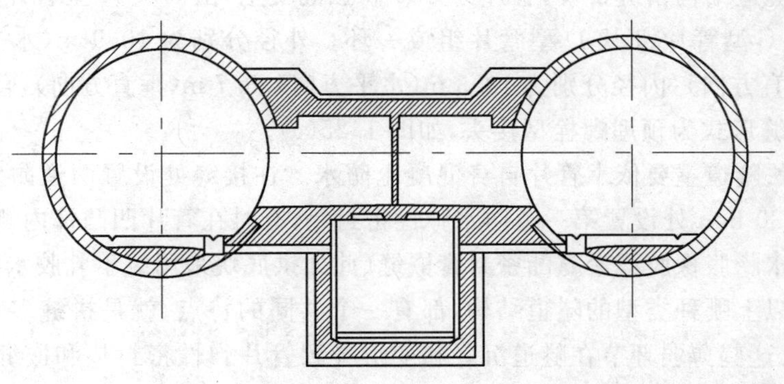

图 1.24　通道与泵站合建形式

1.4.2　盾构法隧道结构类型介绍

上海地铁盾构隧道有单圆和双圆隧道之分，按其拼装方式可分为通缝拼装和错缝拼装，如图 1.25 所示。就单圆隧道而言其管片厚度 350 mm，内径为 5 500 mm，管片为 C55 高强混凝土，抗渗等级≥P10，一般隧道衬砌环由 6 块管片拼装而成，即由一块小封顶块 F、两块邻接块 L、两块标准块 B 和一块大拱底块组成，如图 1.25(a)。大拱底块布置两条对称的三角肋，在靠近隧道外弧面设弹性密封垫槽，内弧面设嵌缝槽。在衬砌接缝构造设计中，考虑到软土地层的特性，便于在环间传递一定的剪力，控制环间踏步，同时方便管片拼装时定位，在环缝和纵缝上均设计成凹凸榫槽;也有在管片纵缝上设置塑料定位棒的。目前,隧道常用的螺栓连接有以下 3 种型式:弯螺栓、直螺栓和斜螺栓。通常环向管片间以 2 根 M30 的环向螺栓压密相连,纵向环间以 17 根纵向螺栓相连。

错缝拼装与通缝拼装略有不同,其拼装方式是隔环相同,拱底块不设三角肋,在道床底部有一条纵缝,6 块管片所对应圆心角分别为 20°、2×68.75°、3×67.5°,如图 1.25(b)。错缝隧道的纵向刚度通常要比通缝隧道的刚度大。

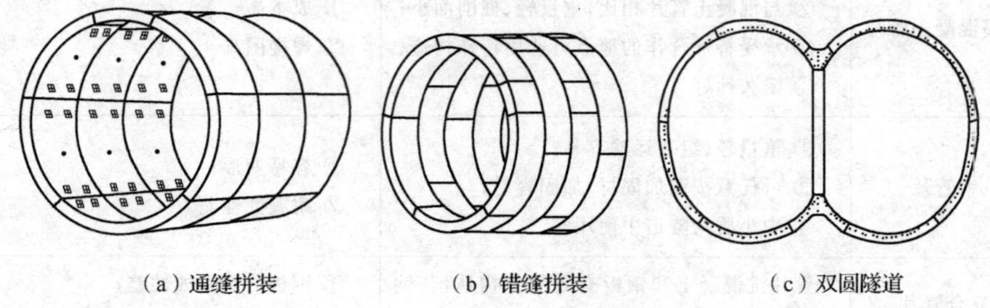

图 1.25 通缝拼装和错缝拼装隧道

双圆隧道结构错缝拼装,管片为 C50 高强混凝土,由 8 块 A 型管片、1 块 B 型管片、1 块 C 型管片、1 块 D 型管片组成一环。外径分别为 10.9 m(水平方向)和 6.3 m(垂直方向),内径分别为 10.3 m(水平方向)、5.7 m(垂直方向),管片厚度为 0.3 m,接缝形式为预埋螺栓型接头,如图 1.25(c)。

盾构法隧道主要依靠管片自身混凝土防水。在接缝处设置两道防水,在距离管片外侧 30 mm 处设置第一道防水弹性密封垫,有时在管片凹凸榫内侧设置第二道防水遇水膨胀橡胶或聚氨酯密封膏嵌缝(此处拱底块采用氯丁乳胶水泥嵌缝)。

无论以上哪种类型的隧道结构,都有一个共同的特点,就是拼缝多、螺栓孔及注浆孔多,这些薄弱环节在隧道沉降和变形导致管片弹性密封垫和嵌缝材料失效后,最后都成为渗漏水等病害的多发部位。如图 1.26 所示。

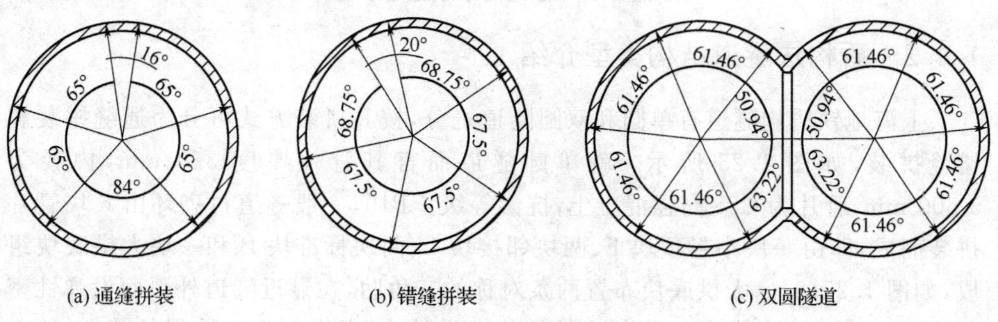

图 1.26 整环隧道构成

1.4.3　明挖法隧道基础知识

明挖法适用于市郊施工场地开阔，软岩和土体等环境场地中，它的优点是进度快、工作面大，便于机械和大量劳动力投入，但也存在破坏环境生态，影响交通，带来尘土和噪声污染等缺点。

明挖法隧道常用围护结构的形式按制作方式如图1.27所示。

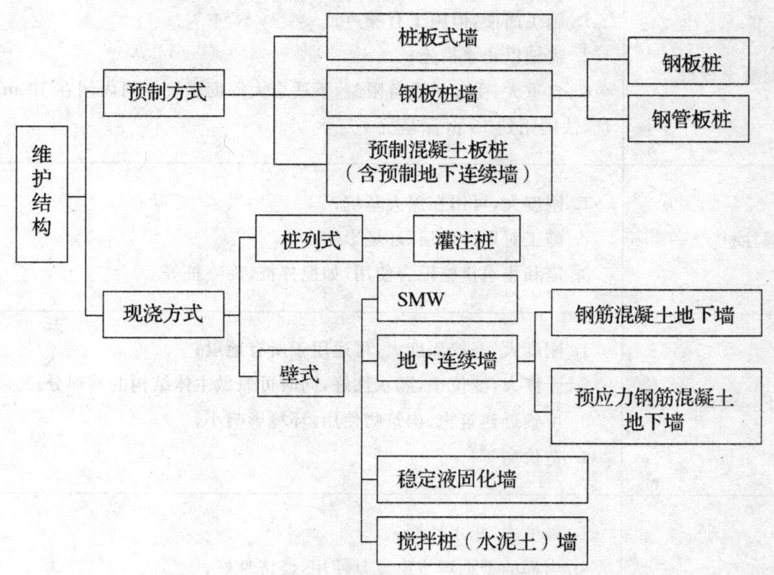

图1.27　明挖法隧道常用围护结构的形式

上述各类围护结构的特点如表1.4所示。

表1.4　各类围护结构的特点

类　型	特　点
桩板式墙	1. H钢的间距在1.2～1.5 m； 2. 造价低，施工简单，有障碍物时可改变间距； 3. 止水性差，地下水位高的地方不适用，坑壁不稳的地方不适用； 4. 开挖深度上海达到6 m左右，无支撑，而日本用于开挖深度10 m以内的基坑(有支撑)
钢板桩墙	1. 成品制作，可反复使用； 2. 施工简便，但施工有噪声； 3. 刚度小，变形大，与多道支撑结合，在软弱土层中也可采用； 4. 新的时候治水性尚好，如有漏水现象，需增加防水措施

续上表

类　型	特　　点
钢管桩	1. 截面刚度大于钢板桩，在软弱土层中开挖深度可大，在日本开挖深度达 30 m； 2. 需有防水措施相配合
预制混凝土板桩	1. 施工简便，但施工有噪声； 2. 需辅以止水措施； 3. 自重大，受起吊设备限制，不适合大深度基坑。国内用在 10 m 以内的基坑，法国用到 15 m 深基坑
灌注桩	1. 刚度大，可用在深大基坑； 2. 施工对周边地层、环境影响小； 3. 需和止水措施配合使用，如搅拌桩、旋喷桩等
地下连续墙	1. 刚度大，开挖深度大，可适用于所有地层； 2. 强度大，变位小，隔水性好，同时可兼做主体结构的一部分； 3. 可临近建筑物、构筑物使用，环境影响小； 4. 造价高
SMW 工法	1. 强度大，止水性好； 2. 内插的型钢可拔出反复使用，经济性好； 3. 上海地区用得不多。“上海环球世界”使用时，开挖深度 8.65 m。具有较好发展前景
稳定液固化墙	国内尚未使用，日本应用较广
水泥土搅拌桩挡墙	1. 无支撑，墙体止水性好，造价低； 2. 墙体变位大

1.4.4　地下连续墙简介

地下连续墙，又称地下连续壁或连续地中壁。它是在地面上用特殊的挖槽设备，沿着深开挖工程的周边（例如地下结构物的边墙），在泥浆护壁的情况下，开挖一条狭长的深槽，在槽内放置钢筋笼并浇灌水下混凝土，筑成一段钢筋混凝土墙段。然后将若干墙段连接成整体，形成一条连续的地下墙体。地下连续墙适用于地下工程的主体结构、支护结构以及复合式衬砌的初期支护，可供截水防渗或挡土承重之用。

地下连续墙用作地铁车站基坑的围护结构，主要有两类形式：一类是预制钢筋混凝土的连续墙；另一类是现浇钢筋混凝土连续墙。目前，我国大多采用现浇的钢筋混凝土连续墙。用作围护结构的地下连续墙，又可分为：仅作为基坑的临时围护结构；既是临时围护结构又作为永久结构的边墙，即所谓单层墙；作为永久结构边墙一部分的重合墙和复合墙。由于地下连续墙的作用不同，所以，它和主体机构的连接方式也就不同。

地下连续墙具有刚度大、抗渗性能好、无振动、无噪声的特点，并能紧靠建筑物边缘施工。地下连续墙作为地铁车站神经坑的挡土围护结构，施工时对周围的环境影响小，适宜在城区建筑密集群内施工。如图 1.28 所示。

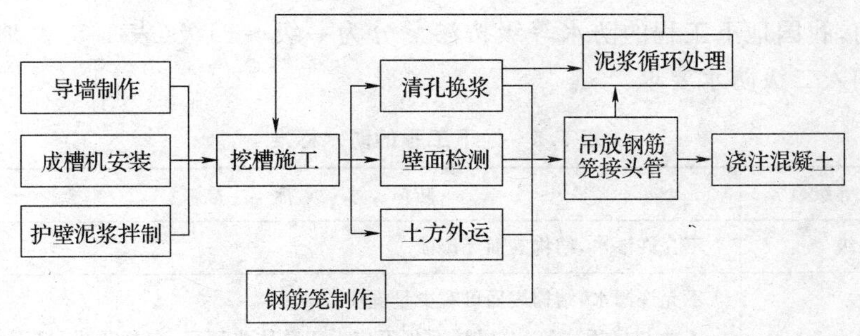

图 1.28　地下连续墙施工流程

地下连续墙技术要求主要有：

(1)地下连续墙应采用防水混凝土，胶凝材料用量：采用卵石时不得少于 380 kg/m³，采用碎石时不得少于 400 kg/m³，坍落度宜为 180～200 mm。

(2)地下连续墙施工时，混凝土应按每一个单元槽段留置一组抗压强度试件，每五个单元槽段留置一组抗渗试件。

(3)叠合墙结构的地下连续墙与内衬结构连接处，应凿毛并清洗干净，必要时应作特殊防水处理。

(4)单元槽段接缝不宜设在拐角处；采用复合式衬砌时，墙体与内衬接缝宜相互错开。

(5)地下连续墙如有裂缝、孔洞、露筋等缺陷，应采用聚合物水泥砂浆及时修补；地下连续墙槽段接缝如有渗漏，应采用注浆等方式进行封堵或引排。

(6)地下连续墙分项工程检验批的抽检数量，应按连续墙每 10 个槽段抽查 1 个槽段。

1.4.5 隧道防水设防要求

1. 地下结构防水要求

渗漏水会影响结构的耐久性，导致结构产生不均匀沉降，危机行车安全，影响设备的正常使用，所以，防水对于地下工程的功能是非常重要的。长期以来，我国地下工程的防水遵循“防、排、截、堵相结合”的综合治理原则。但是，地铁工程一般处于市中心，采用上述设计原则会对城市地下水的平衡带来极为不利的影响，所以，地铁工程的防水原则为“以防为主、多道设防、因地制宜、综合治理”。而作为养护维修单位，在日常养护工作中要遵循“逢漏必堵，逢损必固，逢沉必注”的指导原则。

目前，我国地下工程的防水等级按渗漏分为一级～四级（表 1.5）。地铁隧道工程应纳入二级防水要求。

表 1.5 地下工程的防水标准

防水等级	防　水　标　准
一级	不允许渗水，结构表面无湿渍
二级	不允许漏水，结构表面可有少量湿渍； 工业与民用建筑：总湿渍面积不应大于总防水面积（包括顶板、墙面、地面）的 1/1 000；任意 100 m^2 防水面积上的湿渍不超过 2 处，单个湿渍的最大面积不大于 0.1 m^2； 其他地下工程：总湿渍面积不应大于总防水面积的 2/1 000；任意 100 m^2 防水面积上的湿渍不超过 3 处，单个湿渍的最大面积不大于 0.2 m^2；其中，隧道工程还要求平均渗漏量不大于 0.05 L/(m^2 · d)，任意 100 m^2 防水面积上的渗水量不大于 0.15 L/ (m^2 · d)
三级	有少量漏水点，不得有线流和漏泥砂； 任意 100 m^2 防水面积上的漏水或湿渍点数不超过 7 处，单个漏水点的最大漏水量不大于 2.5 L/d，单个湿渍的最大面积不大于 0.3 m^2
四级	有漏水点，不得有线流和漏泥砂； 整个工程平均漏水量不大于 2 L/(m^2 · d)；任意 100 m^2 防水面积上的平均漏水量不大于 4 L/(m^2 · d)

明挖法和暗挖法地下工程的防水设防要求，应分别按表 1.6 和表 1.7 选用。

不同的场所适用不同的防水等级（表 1.8）。一般来说，地铁车站及设备集中的地方其防水等级均为一级。区间及其他隧道结构不得有线流和漏泥沙，当有少量漏水点时，昼夜的漏水量不得大于 0.5 L/m^2，即介于二级和三级之间。

表1.6 明挖法地下工程防水设防要求

工程部位		主体结构							施工缝							后浇带					变形缝、诱导缝					
防水措施		防水混凝土	防水卷材	防水涂料	塑料防水板	膨润土防水材料	防水砂浆	金属防水板	遇水膨胀止水条(胶	外贴式止水带	中埋式止水带	外抹防水砂浆	外涂防水涂料	水泥基渗透结晶型防水涂料	预埋注浆管	补偿收缩混凝土	外贴式止水带	预埋注浆管	遇水膨胀止水条(胶)	防水密封材料	中埋式止水带	外贴式止水带	可卸式止水带	防水密封材料	外贴防水卷材	外涂防水涂料
防水等级	一级	应选	应选1～2种						应选2种							应选	应选2种				应选	应选1～2种				
	二级	应选	应选1种						应选1～2种							应选	应选1～2种				应选	应选1～2种				
	三级	应选	宜选1种						宜选1～2种							应选	宜选1～2种				应选	宜选1～2种				
	四级	宜选	—						宜选1种							应选	宜选1种				应选	宜选1种				

表1.7 暗挖法地下工程防水设防要求

工程部位		初砌结构						内衬砌施工缝						内衬砌变形缝、诱导缝			
防水措施		防水混凝土	防水卷材	防水涂料	塑料防水板	防水砂浆	金属防水层	遇水膨胀止水条(胶	外贴式止水带	中埋式止水带	防水密封材料	水泥基渗透结晶型防水涂料	预埋注浆管	中埋式止水带	外贴式止水带	可卸式止水带	防水密封材料
防水等级	一级	必选	应选1至2种					应选1至2种						应选	应选1至2种		
	二级	应选	应选1种					应选1种						应选	应选1种		
	三级	宜选	宜选1种					宜选1种						应选	宜选1种		
	四级	宜选	宜选1种					宜选1种						应选	宜选1种		

表 1.8 不同防水等级的适用范围

防水等级	适用范围
一级	人员长期停留的场所;因有少量湿迹会使物品变质、失效的贮物场所及严重影响设备正常运转和危机工程安全运营的部位;极重要的战备工程
二级	人员经常活动的场所,在有少量湿迹情况下不会使物品变质、失效的贮物场所及基本不影响设备正常运转和工程安全运营的部位;重要的战备工程
三级	人员临时活动的场所,一般战备工程
四级	对渗漏水无严格要求的工程

2. 盾构隧道的防水体系

盾构隧道防水采用结构"自身防水为主,多道防线,综合处理"的原则。根据我国国家标准《地下防水工程质量验收规范》(GB 50208—2002)中的二级防水等级执行。

盾构隧道的防水体系由管片自防水、管片外防水防腐涂层和管片接缝处理组成。

(1)管片自防水

结构自防水是首选的防水措施,主要通过采用防水混凝土及严密的施工工艺来保证管片质量,以达到防水效果采用防水效果。管片混凝土强度等级 C50～C55,抗渗标号可达 S8～S12 以上。如图 1.29 所示。

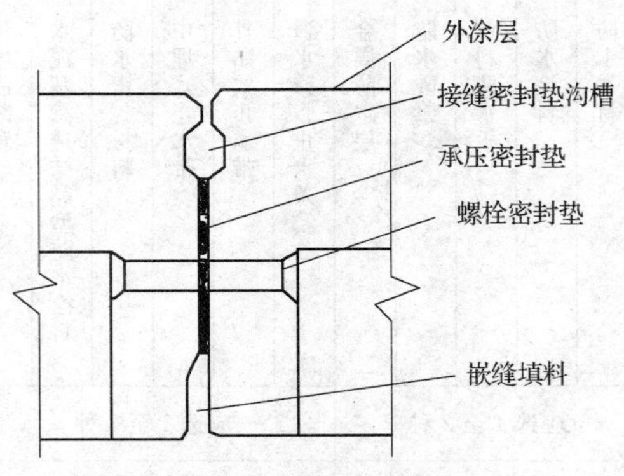

图 1.29 管片防水层各部位置图

(2)管片外防水防腐涂层

管片的外弧面均涂双组份聚氨脂涂料防水防腐。施涂工作在管片预制厂进行。技术要求:

① 涂层在盾尾密封圈钢丝刷与钢板的挤压磨损下不损坏、不渗水。

② 在管片弧面的混凝土裂缝宽度达到0.3 mm时，仍能抗0.6 MPa水压。

③ 涂层的耐腐蚀性、耐侵蚀性、耐久性好。

④ 涂层具有防迷流的功能。

⑤ 除管片背面外，还应涂抹于接缝环形密封圈外侧的混凝土上。

地铁2号线、4号线仅过江段外涂防水层。

(3) 管片接缝处理

为了使管片接缝保持永久的弹性状态和具有足够的承压能力，以适应隧道长期处于"蠕动"状态而产生接缝的张开和错动，保证管片接缝的防水效果，采取以下措施：

① 在环、纵缝中设丁晴软木弹性衬垫

在管片的纵缝中各设置1.5 mm厚、宽度为75 mm的丁腈软木衬垫；环缝传力衬垫厚3 mm（变形缝处6 mm），宽度130 mm。环缝密封垫衬需要有足够的承压能力和弹性复原能力，以承受均布盾构千斤顶的顶力，防止管片顶碎。纵缝密封衬垫不仅有填缝隙的作用，还能对局部应力起缓解作用。

② 在环、纵缝的预留沟槽中嵌填弹性橡胶密封垫

弹性橡胶密封垫由三元乙丙橡胶与遇水膨胀橡胶条（表面需涂缓膨剂）复合而成，是接缝防水的第一道防线。遇水膨胀橡胶止水条在工厂预制成框形，在施工现场粘贴到管片环、纵缝的凹槽中。

弹性密封垫应符合下列规定：

• 密封垫选型在盾构千斤顶顶力作用下必须仍保持其弹性变形能力；

• 密封垫在长期压应力的作用下，应限制其塑性变形量（永久压缩变形≤25%）；

• 密封垫在长期水压作用下，当环缝纵缝达到预定的张开量（3～10 mm）时仍能满足止水要求；

• 压应力与压缩变形的关系应是环缝张开0 mm，对密封材料的压缩力小于千斤顶最大顶力；

• 弹性密封垫材料的技术性能指标应符合表1.9。

表1.9 弹性密封垫材料的技术性能指标

性　能	氯丁橡胶	水膨胀橡胶
硬　度	45±5～65±5	35±5～50±5
伸长率(%)	450～700	450～600
扯断强度(MPa)	8～14	4～8
恒定压缩永久变形(%)	≤20～28	≤25

续上表

性　　能	氯丁橡胶	水膨胀橡胶
老化系数	≥0.85	≥0.85
防霉等级	1～2	1～2
吸水膨胀率(%)		150～350

• 弹性密封垫应设计成框形，但如果密封垫厚度小于 6 mm，应制作成卷带状。

对于管片环拼装，封顶管片拼装采用纵向插入方式时，弹性密封垫表面宜衬入限制其拉长的尼龙线或帆布。

③ 嵌缝防水

在管片内侧嵌缝槽内设置构成接缝防水的第二道防线。嵌缝范围：进出洞 20～30 环；联络通道两侧各 5～10 m；在变形量大的衬砌环进行了整环嵌填，其余区段则在拱顶 450 mm 范围内及到封顶块接缝处嵌填。

④ 注浆孔、螺孔密封

注浆孔、螺孔防水是衬砌接缝防水的一项重要措施。设计采用橡胶密封圈(遇水膨胀橡胶类)，利用其压密和膨胀双重作用来满足注浆孔、螺孔的防水要求。

⑤ 衬砌环和开挖土体之间的环向空隙注浆

施工时应向盾尾和衬砌管片间的环向空隙进行及时、连续、足量、均匀的注浆。

⑥ 管片螺栓热浸锌防锈处理

管片螺栓、垫片等钢材在施工安装前进行热浸锌防锈处理。

3. 联络通道的防水设计

(1)联络通道的防水设计原则及防水等级要求

联络通道的防水设计应遵循“以防为主、因地制宜综合治理、防排结合”的原则。可允对渗漏水进行引排。

确立钢筋混凝土结构自防水体系，即以结构自防为根本，加强钢筋混凝土结构的抗裂、防渗能力，改善钢混凝土结构的工作环境，进一步提高其耐久性；同时以施工缝等接缝防水为重点，辅以附加防水层加强水。

通常将盾构隧道的联络通道视为隧道的一部分，此其防水等级和盾构隧道一样均按防水等级二级标准行防水设计。

(2)混凝土自防水

要求采用高性能混凝土，混凝土抗渗等级应根据联络通道的具体埋深，按《地下工程防水技术规范》GB 50108—2009 的有关规定选定。特别需要指出的是，暗挖法施工时，通道顶部通常为拱形。而拱顶部分的混凝土浇筑困难，浇筑结束后又无法振捣，因此在工程实践中，除了通过补注浆外，施工单位多采用无振捣(或自流平)混凝土。

(3)联络通道附加防水层

塑料防水板加土工布(滤除泥沙)制成的外侧缓冲层与内侧保护层,组成外包复合防水层。

注意在卷材内侧预留疏水盲管,引流由于塑料防水板局部破损造成的渗漏水,避免对内衬结构造成损害。

当外包防水层施工困难时,也可以选择在内衬结构内侧的全包防水。内侧伞包防水通常使用防水砂浆进行刚性防水。刚性防水材料通常选择可在潮湿基面施工的聚合物类、水泥基结品渗透类等防水砂浆或涂料。如图 1.30 所示。

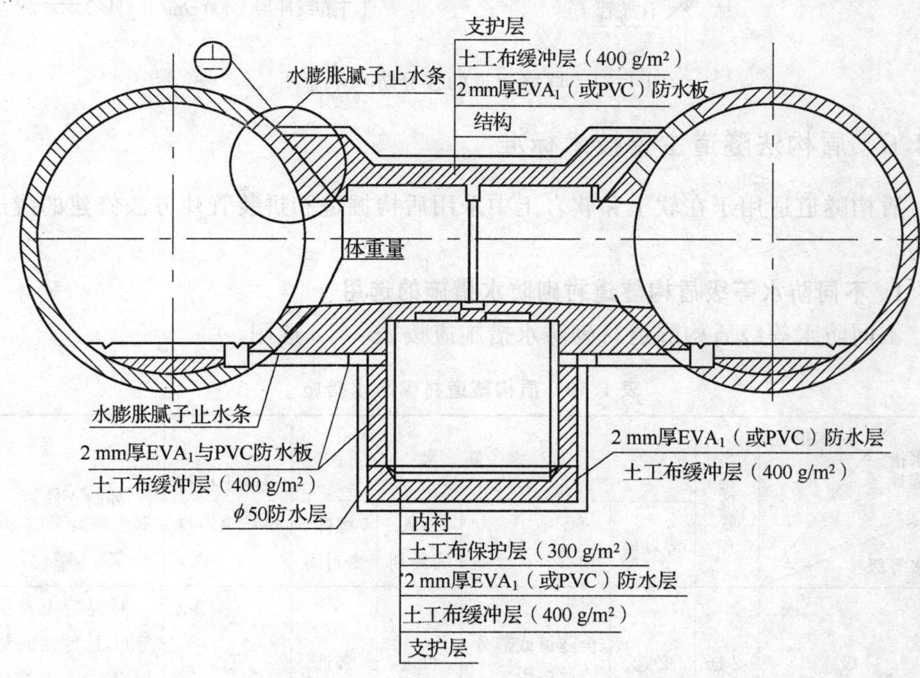

图 1.30　外侧全包防水示意图

(4)联络通道的接缝防水

联络通道的施工缝防水关键主要在通道结构与隧道钢管片之间的接缝。由于通道结构的钢筋与钢管片是焊接连接的,可以不考虑结构的变形,因此可采用预埋注浆管,待结构稳定后,灌注亲水性环氧浆液止水防漏,同时也可补强结构。值得注意的是:通道的初次衬砌钢管片的接缝也要采取措施防水,则一旦渗漏,会给内衬结构的施工带来不良影响而这道止水仅为施工阶段服务,因此采用遇水膨胀止水条或密封胶即可。如图 1.31 所示。

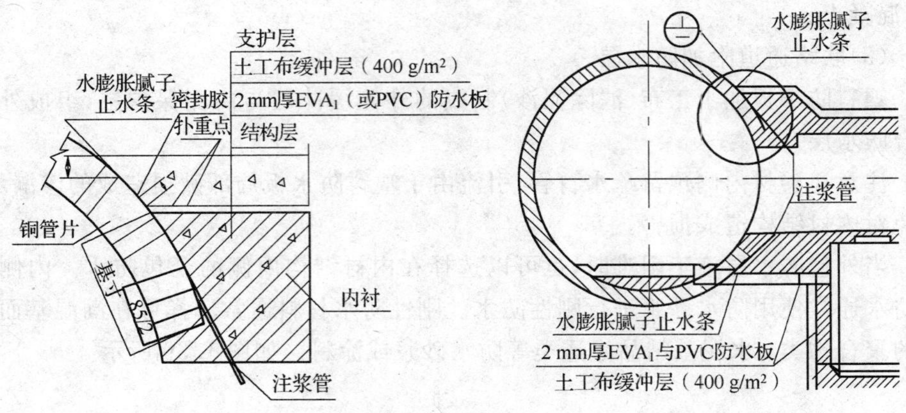

图 1.31　联络通道的接缝防水示意图

1.4.6　盾构法隧道主要技术标准

盾构隧道适用于在软土和软岩土中采用盾构掘进和拼装管片方法修建的隧道结构。

1. 不同防水等级盾构隧道衬砌防水措施的选用

不同防水等级盾构隧道衬砌防水措施应按表 1.10 选用。

表 1.10　盾构隧道衬砌防水措施

防水措施选择（防水措施 / 防水等级）	高精度管片	接缝防水				混凝土内衬或其他内衬	外防水涂料
		密封垫	嵌缝	注入密封剂	螺孔密封圈		
一级	必选	必选	全隧道或部分区段应选	可选	必选	宜选	对混凝土有中等以上腐蚀的地层应选，在非腐蚀地层宜选
二级	必选	必选	部分区段宜选	可选	必选	局部宜选	对混凝土有中等以上腐蚀的地层宜选
三级	应选	必选	部分区段宜选	—	应选	—	对混凝土有中等以上腐蚀的地层宜选
四级	可选	宜选	可选取	—	—	—	—

2. 钢筋混凝土管片的质量应符合的规定

(1)混凝土抗压强度和抗渗压力以及混凝土氯离子扩散系数应符合设计要求；

(2)表面应平整，无缺棱、掉角、麻面和露筋；

(3)现场管片如产生 10 mm×15 mm 以上面积的混凝土剥落、碎裂，应采用与管片混凝土同等或以上抗压强度的早强、高强砂浆或特种混凝土修补。

3. 盾构隧道衬砌的钢筋混凝土管片接缝应符合的规定

(1)管片至少应设置一道密封垫沟槽，粘贴密封垫前应将槽内清理干净；

(2)密封垫应粘贴牢固，平整、粘贴位置正确，不得有起鼓、超长和缺口现象；

(3)管片拼装前应逐块对粘贴的密封垫进行检查，如密封垫有所损坏，应进行更换。如有嵌缝防水作业工序，应在隧道基本稳定后进行；

(4)管片连接螺栓与螺栓孔之间应按设计设置螺栓孔密封圈。必要时，螺栓孔与螺栓间应采取封堵措施。

4. 盾构隧道衬砌的嵌缝作业应符合的规定

(1)根据盾构施工方法和隧道的稳定性确定嵌缝作业开始的时间；

(2)嵌缝槽表面应平整、干净、干燥，如有缺损应采用与管片混凝土强度等级相同的聚合物水泥砂浆修补；

(3)嵌缝材料嵌填应密实、连续、饱满，粘结牢固。

5. 盾构隧道工程的抽检标准

盾构隧道分项工程检验批的抽检数量，管片拼装及接缝防水应按每连续 20 环抽查 3 环，隧道与竖井及连接通道的接头应全数检查。

1.5　钢筋混凝土基础知识

1. 混凝土概述

桥隧工程所用的混凝土是素混凝土，是以水泥、水和粗细集料(碎石或卵石、砂子)为原料，按一定的配比，经拌和捣实成型，养护硬化后得到的一种人造石材。有时为了改善或提高混凝土的某些性能，可以在拌料时加入适量的外加剂。

混凝土是现代实用范围最广的主要建筑材料，它具有许多优点：抗压强度高，而且随着组织成分的改变，可以使混凝土具有不同的物理力学性能，满足工程上的不同需求。新拌混凝土具有可塑性，可以制成任何形状的构件或结构物，砂、石料可就地取材，节约费用，耐久性好维修费用少，耐火性好等等。当然，混凝土也有自重大，干燥后容易收缩，抗拉、抗剪强度低等缺点。

2. 钢筋混凝土概述

如前所述，普通混凝土的抗压强度很高，高强度混凝土抗压强度可达 60～

100 MPa,但它的抗拉强度仅为抗压强度的 1/8～1/17。梁、板等受弯构件或结构物承受荷载时,局部区域产生中心受拉或弯曲受拉,致使混凝土断裂。为了克服上述缺陷,在混凝土构件或结构物的受拉区,配置一定数量的钢筋来承受拉力,使混凝土和钢筋共同受力,发挥其各自具有的特长,从而使构件或结构物既能受压,又能受拉,这种配有钢筋的混凝土,叫钢筋混凝土。

钢筋混凝土构件中,混凝土和钢筋两种不同性能的材料,之所以能够共同工作,是因为两者之间存在着粘着力。

粘着力由以下因素组成:

(1)由于混凝土收缩将钢筋握裹而产生的摩擦作用;

(2)在钢筋和混凝土表面分子互相胶着的作用;

(3)接触表面上凹凸不平的机械咬合作用。

此外,钢筋和混凝土两种材料的线膨胀系数大致相同(钢筋约为 1.18×10^{-5},混凝土约为 1×10^{-5}),当外界温度变化而引起热胀冷缩时,不会破坏两者之间的粘结。钢筋有混凝土保护层,正常情况下不会发生锈蚀,因而能与混凝土较永久地结合在一起共同工作。

3. 预应力混凝土概述

普通钢筋混凝土结构较之素混凝土结构具有很大的优越性,但仍存在两个缺点:

(1)由于混凝土抗拉性能差,当每延米伸长 0.1～0.15 mm 时,已达到其抗拉极限强度,开始出现裂纹,此时钢筋的拉应力只有约 3 kPa。如果荷载继续增加,裂缝宽度则继续加大。当裂缝宽度超过 0.2～0.3 mm 时,水气和雨水渗透,可使钢筋锈蚀,影响结构的耐久性,但这时钢筋的拉应力也只有 10 kPa。由于裂缝过早出现,因而普通钢筋混凝土结构中不能有效地发挥高强度等级混凝土的作用。

(2)自重大。由于不能应用高强材料,结构自重必然大。特别是结构物跨度大时,自重比例太大,使其适用范围大受限制。

由此可见,用钢筋代替混凝土承受拉力,并没有彻底解决混凝土抗拉性差的问题。

预应力混凝土结构的出现,解决了上述矛盾。预应力混凝土结构就是对抗压强度高而抗拉强度很低的混凝土结构,在承受荷载之前,预先人为的造成受压状态(所谓预应力)。当结构承受荷载后,受拉区混凝土的拉伸变形首先与压缩变形相抵消,以后随着荷载的增加,才继续被拉伸。一般情况,如果结构物或构件设计合理,不致出现裂纹或仅有很细的裂纹。

混凝土结构预加应力的主要方法是:张拉钢筋使之伸长,然后把钢筋两端锚固于混凝土中,造成钢筋受拉而大部分混凝土受压的预应力状态。

预应力混凝土结构与普通钢筋混凝土相比，大大推迟了裂纹出现的时间，可以而且必须使用高强材料，明显具有以下优点：

(1)提高了结构的抗裂能力，同时增加了结构的耐久性和刚度。结构在使用阶段，受拉区混凝土可不发生拉应力，不产生裂纹，同时高标号混凝土抗渗性好，钢筋不易锈蚀，自然提高了结构的耐久性。预加应力通常造成结构的反向变形，因而结构的刚度大，变形小。

(2)节约材料减轻自重，由于使用了高强度钢筋和高标号混凝土，在相同荷载下，构件截面尺寸大为减小，不仅节约材料且可减轻自重，为建造大跨度结构物提供了条件。

此外还可以提高构件的抗剪性能和耐疲劳性能等等。从而扩大了应用范围。由于预应力混凝土施工需要较多的机械设备和较高的操作技术，故适合于工厂化的大批量生产，对零星的、个别的构件生产是不经济的。

桥梁上使用的预应力混凝土强度等级一般不低于 C50。

4. 混凝土的材料

(1)水泥

水泥的品种很多，目前在工程中大量使用的为硅酸盐水泥、普通硅酸盐水泥、矿渣硅酸盐水泥、火山灰质硅酸盐水泥、粉煤灰硅酸盐水泥等。有特殊需要时，使用特种水泥。

硅酸盐水泥俗称纯熟料水泥，国际上称波特兰水泥。我国目前生产的标号有 C40.5、C40.5R、C50.5、C50.5R、C60.5R、C70.5R 7 个等级。其特点有：

① 强度等级高。

② 快硬、早强。一般 3 d 的抗压强度可达 28 d 强度的 50%～57%，7 d 可达 73%～78%。

③ 抗冻性好，耐磨性和不透水性强。

④ 水化热高，耐腐蚀性差。

普通硅酸盐水泥简称普通水泥，其特点与硅酸盐水泥无根本区别，但性能有改变。普通水泥适应性比较好，无特殊要求的工程都可使用。我国生产的普通水泥有 C25.5、C30.5、C40.5、C50.5、C50.5R、C60.5、C60.5R、C70.5R 等 9 个标号。其特点相较硅酸盐水泥有：

① 早期强度增进率略有减少。

② 抗冻性、耐磨性少有下降。

③ 低温凝结时间有所延长。

④ 抗硫酸盐侵蚀能力有提高。

矿渣硅酸盐水泥简称矿渣水泥。其特点有：

① 抗硫酸盐侵蚀性好。

② 水化热低、耐热性好。

③ 早期强度低,后期强度增加快。

④ 抗冻性和保水性差。

⑤ 干缩率及泌水性大。

⑥ 蒸汽养生效果好。

火山灰质硅酸盐水泥简称火山灰水泥。目前我国生产的火山灰水泥标号有225、275、325、425、525 等 5 种。

粉煤灰硅酸盐水泥简称粉煤灰水泥。目前其强度等级有 C25.5、C30.5、C35.5、C40.5、C40.5R、C50.5、C50.5R 等 7 种。粉煤灰水泥的特点有:

① 水化热低。

② 干缩率小,流动性好。

③ 抗硫酸盐侵蚀性好。

④ 早期强度低,抗冻性差,后期强度发展快。

⑤ 抗碳化性能差。

常见的特种水泥有快硬硅酸盐水泥(简称快硬水泥)。快硬水泥的标号有C30.5、C35.5、C40.5 三种。这种水泥适用于要求早期强度高的工程、紧急抢修工程、低温施工的工程和制作高强度等级混凝土预制构件等。快硬水泥须特别注意防潮,自出厂至使用不宜超过 1 个月,否则应重新进行检验,合格者方能使用。

早强硫铝酸盐水泥也是一种常见的特种水泥。它是我国 20 世纪 70 年代末开发的一种新品种水泥。它的强度等级以 3 d 抗压强度表示,分为 C40.5、C50.5、C60.5 三种。其特点有:

① 早期强度高,增进率远超过快硬硅酸盐水泥,在标准条件下,水泥胶砂软练抗压强度 12 h 可达 30～40 MPa,3 d 达到等级标准。特别适用于抢修工程。

② 有微膨胀和低收缩性能,有良好的抗裂性和抗渗性。

③ 适合冬季和负温施工,有较好的抗冻性。

④ 缺点是凝结时间快、耐热性差。

水泥品种应根据混凝土建筑物所处的环境条件和工程需要按表 1.11 选用。

表 1.11 常用水泥使用范围

	硅酸盐水泥	普通水泥	矿渣水泥	火山灰水泥	粉煤灰水泥	快硬水泥	早强硫铝酸盐水泥
一般环境	★	★	○	○	○	○	○
干燥环境	★	★	○	×	×	○	★
潮湿或水下	○	○	★	★	★	○	★

续上表

	硅酸盐水泥	普通水泥	矿渣水泥	火山灰水泥	粉煤灰水泥	快硬水泥	早强硫铝酸盐水泥
浇筑大体积	▽	○	★	★	★	×	×
快硬高强	★	○	▽	▽	▽	★	★
要求耐冻	★	★	○	×	▽	★	★
要求抗渗	○	★	▽	★	★	○	★
要求耐磨	★	★	○	×	▽	★	★
要求耐腐蚀	根据侵蚀性介质种类浓度等具体条件，按有关规定或通过试验选用						

注：★优先使用；○可以使用；▽不宜使用；×不得使用。

水泥的主要技术特性有：

① 强度(标号)

水泥的强度是其最重要的技术特性之一，是确定水泥标号的指标，也是选用水泥的主要依据。决定水泥强度的因素很多，主要有水泥的矿物成分、颗粒细度、硬化时的温度湿度、硬化龄期、水灰比等。

测定水泥强度采用软练法：将水泥和标准砂按1∶2.5的比例混合，加入规定数量的水，按规定方法做成4 cm×4 cm×16 cm的试件，在标准条件下养护，分别测定3 d、7 d和28 d的抗压和抗折强度。当3 d和7 d强度满足规定要求时，就以其28 d的抗压强度来确定水泥的标号。快硬水泥、早强硫铝酸盐水泥则测定1 d和3 d的强度。并以3 d强度来测定标号。

② 细度

水泥粉磨的细度，对水泥的性质有很大影响。一般来说，水泥颗粒越细，水化作用越快，凝结硬化越快，强度特别是早期强度越高。但是，水泥颗粒越细，越容易吸收空气中的水分而预先水化，在储存时活性下降。水泥越细，在大气中风化变质也越快，在运输、贮藏过程中容易受潮降低强度。

③ 凝结时间

水泥的凝结时间对混凝土的施工有重要意义。分初凝和终凝。初凝为水泥加水拌和至水泥浆失去可塑性的时间；终凝为水泥加水拌和至水泥浆完全失去可塑性开始具有强度的时间。为了保证混凝土或砂浆的搅拌、运输、浇灌或砌筑有足够的时间，水泥的初凝时间不能过快；施工结束后，要求混凝土或砂浆尽快硬结具有强度，故水泥的终凝时间不能太迟。现行国家标准规定硅酸盐水泥初凝时间不得早于45 min，终凝时间不得迟于12 h。

④ 水化热

在水泥凝结硬化中，放出大量的热，叫做水化热。放热过程延续很长时间，但大部分热量是在早期，特别是最初 3 d 释放出。水泥的矿物成分中，铝酸三钙放热量最多也最快，硅酸三钙次之，硅酸二钙放热量最少也最慢。冬季或低温施工的混凝土，水化热可以减缓混凝土温度降低的速度，有利于混凝土硬化。对桥梁墩台、基础等大体积混凝土施工，由于水化热积聚在内部不易散发，内外温差所引起的应力，可是混凝土产生裂纹，应采取降温措施或使用低水化热水泥来解决。

⑤ 体积安定性

水泥在硬化过程中，体积变化是否均匀的性质称为体积安定性。

引起安定性不良的主要原因是水泥中含有过多的游离石灰和氧化镁，遇水熟化极缓慢，当水泥浆具有强度后它能在其中继续熟化，产生剧烈的不均匀的体积膨胀，引起硬化水泥浆体开裂。此外，若水泥中的石膏过多，在水泥硬化后，可能生成水化硫铝酸钙，体积膨胀，也会造成硬化水泥体开裂。

体积变化的安定性，是水泥的重要性质，因此水泥在使用前，必须按国家标准，进行该项鉴定。

⑥ 耐腐蚀性

水泥经水化作用后，生成的氢氧化钙以及各种硅酸钙、铝酸钙等化合物，都在一定程度上溶于水，使水泥受到溶蚀。同时氢氧化钙是碱性物质，一切酸类和能溶于水的盐类等，都对水泥有腐蚀作用。一般动水比静水腐蚀性大，软水比硬水腐蚀大，水温高时腐蚀性大。此外，糖类、油脂类和强碱等对水泥的使用都是有害的。

⑦ 硬化收缩

水泥拌和后再空气中硬化，体积会产生收缩，其收缩大小与水泥的矿物成分、细度、水灰比等因素有关。熟料中铝酸三钙的收缩最大。颗粒越细，收缩越大；水灰比大，收缩也大。干燥过程越快，收缩越严重。湿胀值约为干缩值的 1/2。因此，在硬化初期必须加强养护，保持湿度和温度，使其不致干燥过快，以减少收缩，防止干裂。

水泥标号的选用宜遵循以下原则：

① 水泥标号应根据所配制混凝土的强度等级选定。一般，对于 C28 等级以下的混凝土，水泥标号与混凝土之比，可为 1.2～2.2；对于 C28 及以上等级的混凝土，则以 1.0～1.5 为宜。

② 钢筋混凝土和有耐冻、抗磨、抗渗要求的混凝土，不应采用低于 C30.5 等级的水泥。

③ 大体积混凝土如不掺用活性或填充性的混合材料时，不宜使用高于 C30.5 的普通水泥。

④ 混凝土冬季施工宜选用标号较高、硬化较快、水化热较高、耐冻性能较好的硫铝酸盐水泥、硅酸盐水泥或普通水泥。

混凝土夏季施工应采用水化热较低的水泥。

⑤ 水下混凝土用水泥，其标号与混凝土等级之比，不宜小于1.5，并不得低于C25.5。

⑥ 预应力混凝土应优先采用不低于C30.5的快硬水泥，或不低于C40.5的硅酸盐水泥、普通水泥。不得使用火山灰水泥及粉煤灰水泥。

⑦ 防水混凝土宜优先选用普通水泥、火山灰或粉煤灰水泥及硫铝酸盐水泥；采用矿渣水泥时，应加入减少其泌水性的外加剂。如需掺用混合材料，水泥标号不得低于C40.5。

⑧ 喷射混凝土宜采用硅酸盐水泥、普通水泥和硫铝酸盐水泥；条件不具时，也可采用矿渣水泥。水泥标号不得低于C30.5。

⑨ 特细砂混凝土宜采用标号高于C40.5的硅酸盐水泥、普通水泥或矿渣水泥。

水泥的运输、储存及逾期处理需要注意：

① 水泥在运输、贮存过程中，须妥善保管，不得受潮。装运水泥的车船，应有棚盖。

② 运到工地(厂)的水泥，应有供应单位提供的出厂试验报告单，并按水泥品种、标号和出厂编号进行检查验收。

③ 储存水泥的仓库，应设在地势较高处，周围应设排水沟。

水泥应按品种、标号、批号等合理分堆存放，其堆垛高度，不宜超过1.5～2 m。堆垛应架离地面20 cm以上，距离墙壁亦应保持20～30 cm，或留一过道。

水泥不得露天堆放。如临时隔夜堆放，也必须上盖下垫。

袋装水泥在装卸、搬移过程中，严禁抛掷。

④ 使用水泥应做到先到先用，防止长期积压。

⑤ 根据试验，一般硅酸盐水泥，在正常干燥环境中存放3个月，强度降低10%～20%；存放6个月，强度降低15%～30%；存放一年强度降低40%左右。对出厂逾3个月的水泥或受潮结块者，均应经过鉴定，按鉴定结果降低标号使用或完全报废。

(2)水

拌制和养护混凝土用的水，应符合下列规定：

① 水中不应含有影响水泥正常凝结与硬化的有害杂质或油脂、糖类等。

② 污水、pH值小于4的酸性水和含硫酸盐量(按硫酸根计)超过水重1%的水，均不得使用。

③ 海水不得用以拌制、养护钢筋混凝土和预应力混凝土，以免对钢筋造成腐蚀。

④ 饮用的水，可作拌制和养护混凝土之用。

(3)细骨料(砂)

拌和混凝土用的砂，大多是天然砂，主要用来填充混凝土中石子的空隙，河砂、海砂颗粒比较圆滑，拌制混凝土时和易性较好，但与水泥浆的粘结力不如山砂。但山砂的和易性差且颗粒中常含有粘土、有机杂质及粉末，故不如河砂、海砂洁净。

按照平均颗粒直径(简称粒径)的大小，可将细骨料分为粗、中、细三级，如表1.12所示。混凝土用砂的颗粒直径在0.15～0.5 mm之间。

表 1.12　砂的粗细分类

类　别	平均粒径(mm)	类　别	平均粒径(mm)
粗　砂	＞0.5	细　砂	0.25～0.35
中　砂	0.35～0.5	特细砂	＜0.25

我们把砂石中各粒径大小颗粒的分布混合情况，称为砂石级配。一般来说，较好的级配应当是：空隙率小，总表面积小，有较适宜的细颗粒以满足和易性的要求。好的级配，可以节约水泥用量并有利于配置出质量较高的混凝土。砂石级配一般是按规定方法用标准筛进行筛分试验确定的。天然砂的级配要求应符合表1.13的规定。

表 1.13　天然砂的级配范围与分类

分　类	筛　孔　净　孔(mm)						
	10.0	5.0	2.5	1.25	0.63	0.315	0.16
	累计筛余百分率(%)						
Ⅰ区砂	0	0～10	5～35	35～65	71～85	80～95	90～100
Ⅱ区砂	0	0～10	0～25	10～50	41～70	70～92	90～100
Ⅲ区砂	0	0～10	0～15	0～25	16～40	55～85	90～100

注：表内所列累计筛余百分率(%)，除5 mm和0.63 mm筛外，允许稍微超出分区界限，但其总量不得大于5%。

另外，天然砂所含有害物质不应超过表1.14的限制规定。砂中泥土杂物过多时，应将砂在清水中淘洗或用洗砂机冲洗。对于有机物质，用清水不易洗掉时，可用石灰水冲洗。淘洗时，应注意不把砂中的细小颗粒大量冲掉，以免影响砂的颗粒级配。

表 1.14　天然砂有害物质含量限值

项　　目	≥300 号混凝土	<300 号混凝土
泥污含量以冲洗法试验，按重量计，不大于(%)	3	5
硫化物及硫酸盐含量折算为 SO_3，按重量计，不大于(%)	1	
云母含量，按重量计，不大于(%)	1	
轻物质(比重小于 2，如煤，贝壳)，按重量计，不大于(%)	1	
有机质含量(用比色法试验)	颜色不应深于标准色。如深于标准色，应以砂浆进行强度对比试验加以复核	

注：1. 砂中不应有粘土团块存在；
2. 用于有耐冻、抗渗要求的混凝土中的砂，应符合大于或等于 C28 混凝土用砂的技术要求。

(4)粗骨料(石子)

混凝土中凡粒径大于 5 mm 的骨料称为粗骨料。一般采用质地坚硬耐久的碎石或卵石，或者两者的混合物。

碎石颗粒多棱角，表面粗糙，与水泥砂浆的粘结力较强，但表面积大、空隙率较大，水泥浆用量较多。卵石表面光滑，空隙率小，不透水性好，制成混凝土和易性较好，但与水泥砂浆粘结力稍差。故高等级混凝土宜用碎石。

混凝土用石子的技术条件主要有以下要求：

① 碎石或卵石的岩石强度(边长等于或大于 5 cm 的立方体或直径与高均等于 5 cm 的圆柱体岩石试件，在饱和含水状态下的抗压极限强度)与混凝土设计强度等级之比，当混凝土大于或等于 C28 时，不应小于 200%；当混凝土小于 C28 时，不应小于 150%，并不应小于 30 MPa。

② 粗骨料的最低冻融循环次数应符合表 1.15 的规定。

表 1.15　粗骨料的最低冻融循环次数

混凝土所处的气候条件	处在水位变化范围内的或处在浸湿范围内的混凝土	暴露在空气中，遭受湿空气影响，但不在浸湿范围内的混凝土
严寒地区	10	7
寒冷地区	7	5
温和地区	5	不作规定

注：1. 严寒地区系指最冷月份里的月平均气温低于－15 ℃的地区；温和地区系指最冷月份里的月平均气温在－5 ℃以上的地区；寒冷地区则界于上述两地区之间。
2. 表中所列 10、7、5 次，系指按硫酸钠法进行快速耐冻性试验所应通过的循环次数。当按该法试验不合格时，可再作直接冻融试验，并以此作结论。其相应的耐冻循环次数应各位 50、35、25 次。
3. 通过循环试验后，如粗骨料质(重)量损失不超过 10%；即认为合格。
4. 当粗骨料没有达到本表规定的最低耐冻循环次数，但直接在混凝土试验中表现出有足够的耐冻性时，可根据情况接纳使用。
5. 粗骨料的吸水率小于 0.5%时，除严寒地区外，一般可不再作耐冻性试验。

③ 粗骨料中的有害物质含量应符合表 1.16 的规定。

表 1.16 粗骨料有害物质含量限值

项　　目	≥300 号混凝土	<300 号混凝土
针状及片状颗粒含量按重量计，不大于(%)	10	10
泥污粉尘含量以冲洗法试验，按重量计，不大于(%)	1	2
硫化物及硫酸盐含量折算为 SO_3，按重量计，不大于(%)	1	1
有机质含量(用比色法试验)	颜色不应深于标准色。如深于标准色，应以混凝土进行强度对比试验加以复核	

注：1. 对于有耐冻要求的混凝土，所用的粗骨料应符合大于或等于 C28 混凝土的技术要求。

2. 粗骨料在开采、轧制、运输和堆放过程中，不得混有粘土团块或有机杂质，颗粒表面不得附有粘土包覆层，并严禁混进经过煅烧的白云石块或石灰石块。

3. 凡颗粒长度大于所属粒级平均粒径的 2.5 倍者称为针状颗粒；厚度小于平均粒径 0.4 倍者成为片状颗粒。平均粒径指该粒径上下限粒径的平均值。

4. 当怀疑碎石或卵石中因含有无定形二氧化硅而可能引起碱同骨料反应时，应根据混凝土的使用条件，进行专门试验，确定是否可用。

④ 粗骨料的颗粒级配，一般要求如表 1.17 所示。

表 1.17 粗骨料的颗粒级配

筛孔尺寸	5 mm	1/2 最大粒径	最大粒径
累计筛余量(以重量%计)	90～100	30～60	0～5

大于或等于 C28 的混凝土或有耐冻、抗渗等要求的混凝土，以及混凝土数量较大的工程，宜将粗骨料按粒径尺寸适当分成 2～3 级，施工时按级配要求分别计量，拌制混凝土。

⑤ 粗骨料的最大粒径不得超过板厚的 1/2 和结构截面最小尺寸的 1/4；同时也不得大于钢筋间最小净距的 3/4，最大粒径不得超过 100 mm。

水下混凝土用的粗骨料最大粒径，不应大于导管内径的 1/4 或钢筋净距的1/4(仅有单层钢筋时，则最大粒径可等于钢筋净距的 1/3)，也不宜大于 60 mm。

喷射混凝土和砌体工程用的小石子混凝土，粗骨料粒径不得大于 20 mm。

防水混凝土用的粗骨料粒径不宜大于 40 mm。

5. 混凝土的配合比

混凝土的配合比(质量比)，是指混凝土各组成材料之间用量的比例关系。一般以水泥∶砂∶石表示，以水泥为基数 1，同时必须注明水灰比。若掺用外加剂，其含量以水泥质量的百分率表示。

6. 混凝土的外加剂

为改善混凝土的技术性能，满足工程的某方面的特殊需要，提高质量，加速工程进度，节约水泥，可以拌制混凝土或砂浆时适当掺入各种类型的化学外加剂或混合材料。

外加剂按其对混凝土的不同作用，分为早强剂、减水剂、引气剂、防水剂、防冻剂、速凝剂和缓凝剂。

各种外加剂都必须是经过鉴定的产品。无论是固体、液体或者粘膏状态的外加剂，到达工地均应有适当的包装或容器，并标明其名称、用途、有效物质含量和产品合格证书。

各种外加剂在工地应分类分批妥善存放，防止变质。使用前应进行试验，确定其性质、溶液配置方法和最佳产量。

(1)减水剂

减水剂的作用在于可以使水泥颗粒均匀分散在混凝土中，使水泥水化作业完全，减少用水量，增加混凝土流动性，改善和易性，大幅度提高混凝土强度，节约水泥。

减水剂按其减水用水量，增加混凝土流动性，改善和易性，大幅度提高混凝土强度，节约水泥。

最常用的减水剂有木质素磺酸钙(M型)、磺化酸焦油(TRB)、糖蜜类(ST)等。

(2)早强剂

早强剂的作用是加快混凝土的凝结硬化，提高混凝土的早期强度，以满足提前拆模、缩短养护周期、加快工程进度以及寒冷地区冬季施工等需要。

常用的早强剂有：氯化钠($NaCl$)、氯化钙($CaCl_2$)、硫酸钠(Na_2SO_4)、硫酸钙($CaSO_4$)、三乙醇胺(简称TEA)等。

氯盐类早强剂的另一个作用是能降低水的冰点，有利于冬季施工。但氯盐掺得过多，会引起钢筋锈蚀。硫酸盐类早强剂和三乙醇胺均对钢筋无腐蚀作用。

(3)速凝剂(或称促凝剂)

速凝剂与早强剂的区别在于能更快地使水泥凝结硬化。主要用于喷射混凝土或喷射砂浆工程。在工程的堵漏、修补等急需尽快凝结的条件下，也常使用速凝剂。速凝剂的掺量必须严格控制。过量掺用会导致凝结延缓和大幅降低混凝土的后期强度。

常用的速凝剂有：711型速凝剂、红星1型速凝剂、782型速凝剂、TS速凝剂。

(4)缓凝剂

缓凝剂的作用是推迟混凝土的凝结时间。如在大体积混凝土施工中，为了减少水化热，降低混凝土温度，需要缓凝；夏季施工中满足工程某些工艺要求也需要缓凝。缓凝剂分为有减水效果的减水缓凝剂和无减水效果的、只起推迟凝结时间的缓凝剂两种。

(5)防冻剂

防冻剂的主要作用是可以降低冰点，使水泥在负温下仍能继续水化，提高混凝土的早期强度，抵抗水结冰产生的膨胀应力，减少混凝土拌和用水量等。

常用的防冻剂有亚硝酸钠、氯化钙、氯化钠、碳酸钙、硫酸钠、氯化铵、氨水、尿素等。

(6)加气剂

在混凝土中掺入加气剂，能使其内部产生无数的微小气泡，以增加水泥浆体积和减少砂石之间的摩擦力，从而改善了混凝土的和易性，减少拌和用水量，提高了混凝土抗渗和抗冻融循环的能力，适用于灌筑配筋较密的构件以及水工结构。

目前使用的加气剂有：松香热聚物加气剂、松香皂加气剂、铝粉加气剂等。使用加气剂要严格控制掺量，使混凝土含气量控制在3%～5%以内，过多则会降低混凝土的强度。

7. 混凝土基本性质

(1)和易性

和易性是指混凝土拌和物的流动性、粘聚性。和易性好的混凝土拌和物在运输过程中不容易发生离析现象，而且便于灌筑捣实，分布均匀，易于充满模板的各部分，牢固地粘结着钢筋，稠稀适度，不产生蜂窝麻面等不良现象。因此，和易性是混凝土工程施工的重要指标之一。测定混凝土和易性的方法有两种，对塑性混凝土拌和物用塌落度测定，对于半干硬性或干硬性混凝土拌和物，用工作度来测定。

影响混凝土和易性主要是水泥浆含量多少及其稠度，以及与此有关的因素如水灰比、水泥品种、细度、含沙率、粗骨料表面光滑与否等。此外，在拌和物中，掺入某些外加剂，能显著改善混凝土的和易性。

(2)密实度与耐久性

混凝土的密实度是指一定体积混凝土中，固体物质填充的程度，所含空隙的程度。施工中可以通过恰当的用水量、水灰比、良好的砂石级配，正确有效的施工方法，获得密实度高的混凝土，它是混凝土质量优劣的又一衡量标准。混凝土的密实度几乎与混凝土所有主要技术性能，如强度、抗渗性、抗冻性、耐久性、传热性都有密切的关系。

耐久性是指混凝土在周围环境长期的物理化学侵蚀下，保持其强度的能力。耐久性包括抗渗性、抗冻性、抗化学侵蚀性、抗磨性等。

抗渗性直接影响着混凝土的抗侵蚀性、抗冻性，和对钢筋的锈蚀。因而直接影响着建筑物的耐久性。

抗化学侵蚀性：混凝土受侵蚀性介质的侵害，因介质的化学性质而异。常见的有：硫酸盐侵蚀、水和酸性水侵蚀、海水侵蚀、碱类侵蚀。

抗冻性：混凝土在饱和水状态下能够经受多次冻融交替作用而不破坏，同时也不严重降低强度的性能。抗冻性的强弱，主要取决于混凝土的密实度、孔隙的形状和分布。

碳化：空气中的二氧化碳和混凝土中水泥水化生成物发生作用，生成碳酸钙和水，并使混凝土收缩，甚至表面产生裂纹。

影响混凝土耐久性的因素很多，如水泥品种和用量、水灰比、掺和的附加剂、骨料的质量和级配、施工方法等等。如前所述，主要与其本身的密实度有关。

(3)强度

混凝土强度的主要指标是混凝土的抗压强度。混凝土的其他强度如抗拉、抗弯、抗剪都不大，而且都随其抗压强度不同而不同。所以，混凝土是一种脆性材料，耐压不耐拉。

抗压强度是将混凝土拌和物制成边长为 20 cm 的立方体试件，在标准条件下(温度 20 ℃±3 ℃，相对湿度在 90%以上)，养护 28 d，进行抗压试验测定的。以其抗压极限强度为标准。如采用非标准尺寸的试件时，应换算成标准试件的强度。换算系数分别是：

- 边长为 10 cm 立方体试件……0.90；
- 边长为 15 cm 立方体试件……0.95；
- 尺寸为ϕ 15×30 cm 的圆柱体试件……1.20。

混凝土的抗压强度主要取决于水泥标号与水灰比。水泥标号越高、水灰比越小，混凝土的强度就越高。而骨料的强度与级配，砂石比率，混凝土的施工条件(拌和与捣固)，以及混凝土硬化时的温度、湿度(养护条件)等都对混凝土的抗压强度有直接关系。

(4)变形

混凝土有两种变形，一种是因为温度和湿度变化而引起的变形，如湿胀干缩、热胀冷缩的体积变形；另一种是在荷载作用下的变形，如徐变、弹塑性变形等。

混凝土收缩：混凝土收缩主要是由于硬化水泥浆中的凝胶体逐渐干燥引起的。它与水泥品种、水泥用量和单位用水量有关。矿渣水泥收缩大、高标号水泥收缩大，水泥用量多或单位用水量多收缩大。混凝土收缩有利裹紧钢筋，但在预应力混凝土中造成钢筋应力损失。有些构件，由于内外收缩差别大，会引起裂缝或翘曲。

热胀冷缩：混凝土的温度膨胀系数为 0.000 01，即温度升高或降低 1 ℃，每米膨胀或收缩 0.001 mm，温度变化对大体积混凝土极为不利。在混凝土硬化初期，水泥会放出大量的水化热，在大体积混凝土中，如无降温措施，混凝土内部温度增高甚至可达 50 ℃～70 ℃，同时混凝土外部随气温降低而收缩，外部混凝土产生很大的拉应力，使混凝土表面产生裂缝。所以灌筑大体积混凝土应采用水化热低的水泥，同时采取内部降温外部保温的措施，以减小温度变形，防止裂缝的产生。

考虑到混凝土干燥收缩和温度胀缩的危害，所以纵长的结构物如涵洞、挡土墙等，都应设置伸缩缝。

混凝土徐变：混凝土在恒载作用下产生随时间而增长的塑性变形叫混凝土的徐变。发生徐变的原因很复杂，它与水泥中残留水分和凝胶体在混凝土受力时缓慢地在孔隙中流动有关。一般情况是应力越大，徐变越大；水泥用量大，徐变大；用水越多，徐变越大；硬化时湿度越小，徐变越大，硬化初期徐变大，随着龄期延长逐渐减小。为了减小徐变，应采取在设计尽量避免出现过高压应力，施工中避免过早承受荷载，尽可能降低水灰比，减少水泥用量等。

8. 混凝土的拌制

混凝土应使用机械拌制。对塌落度大于 5 cm 的零小工程，经施工负责人同意，也可用人工拌制。

(1)机械拌制

① 工作前应仔细检查和保养拌制机械及供水计量，保证状态良好。使用时，先开动空车试运转，搅拌筒达到正常转速后，才能向筒中投料。

② 对砂、石应分别过磅，不能用装车容积来换算重量。水泥以整袋为准，如用散装水泥，则应每次称量，严格掌握配合比。砂、石的含水率要经常测量，根据含水率变化，调整配合比。混凝土材料按重量的配量偏差不得超过表 1.18 的规定。

表 1.18 混凝土材料的配量偏差(%)

材 料 名 称	拌制方式	
	工地	工厂或搅拌站
水泥和干燥状态的混合料	±2	±1
粗、细骨料	±3	±2
水、外加剂溶液	±1	±1

③ 投料顺序及方法

投料顺序应以提高混凝土质量为前提，同时要注意减少扬尘改善环境，减少集料对叶片的磨损以及减少混凝土拌和物与搅拌筒的粘结等要求。投料顺序有一次投料及两次投料两种。

一次投料法是将各种材料和水几乎同时投放到搅拌筒内的方法。通常是先装砂，再水泥，最后是石子、水和外加剂，这样使水泥夹在砂石中间，减少扬尘，且不易过多的粘附在筒壁上。

二次投料法是先将砂、水泥、水、减水剂投入搅拌筒里拌和成砂浆，再加入石子拌制成混凝土拌和物的方法。也叫水泥裹砂法。一开始就使水泥颗粒充分分散，并使砂浆拌和均匀，投入石子后易被砂浆包裹，有利于提高混凝土强度，减少搅拌机叶片磨损。但此法工艺复杂，砂浆易粘筒壁。

此外，每次装料应符合搅拌机容量，不宜超装，考虑到拌和第一盘时搅拌筒壁上会粘附一些水泥浆，因此应多装一些水泥和水，或少装一些石子。

④ 混凝土应搅拌均匀，颜色一致。自全部材料装入搅拌筒起，至开始卸料止，搅拌的最短时间不得小于表1.19的规定。

表1.19　混凝土的最短搅拌时间(min)

坍落度(cm)	自落式搅拌机容积(L)				强制式搅拌机容积(L)
	≤400	≤800	≤1 200	≤2 400	≤1 500
<1	2.0	2.5		1	2.5
1～7	1.0	1.5	2.0	2.5	1.5
>7	1.0	1.0	1.5	2.0	1.5

注：用自落式搅拌机拌制细砂、机制砂的混凝土时，应酌量延长拌和时间。

(2)人工拌制

用人工拌制混凝土时，应在铁板或其他不渗水的平板上，先将水泥和砂干拌至少两遍再倒入石子干拌一遍，然后逐渐加入定量的水，湿拌三遍，拌到颜色完全一致为止。

9. 混凝土的运输

(1)混凝土搅拌好后，应尽快送往灌筑地点。在运输过程中不应发生离析、漏浆、严重泌水及塌落度损失过多等现象。如运至灌筑地点的混凝土有离析现象时，必须在灌筑前进行二次搅拌，但不得再次加水。

(2)运送混凝土工具的内壁应平整光滑，不吸水、漏水、粘附的混凝土结块应经常清除。冬季施工，为保证混凝土不受冻，必要时应对运送工具加盖保温。

(3)混凝土的运输能力应与拌制和灌筑能力相适应。混凝土的运输延续时间不宜超过表1.20的规定。当运输时间过长时，应采取措施，使混凝土灌筑时的塌落度仍能满足灌筑和振捣的需要。

表1.20　混凝土的允许延续运输时间

从搅拌机倾出时的混凝土温度(℃)	允许延续运输时间(min)	从搅拌机倾出时的混凝土温度(℃)	允许延续运输时间(min)
20～30	45	5～9	90
10～19	60		

注：1. 本表适用于初凝时间不早于1小时的水泥拌制的混凝土。如果快硬水泥，其允许延续运输时间，应根据水泥性能及施工条件另定；

2. 如掺用外加剂与混合材料，延续运输时间，根据试验确定。

(4)运输混凝土的行车道轨应力求平顺，在模板、支架上铺设轨道时，必须保证其发生变形和位移。

(5)运输混凝土最常用工具是手推铁斗车、手推翻斗车、机动小翻斗车等。用水推车运输混凝土时，路面或车道板面的纵坡不宜大于15%，并应随时清扫，保持平整。

用吊斗(罐)运输混凝土时，吊斗(罐)出口到承接面间的高度以1.5 m为宜，且不得超过2 m。吊斗(罐)底部的卸料活门，应开启方便，并不得漏浆。

(6)混凝土在倒装、分配或倾注时，应采用漏斗、串筒或滑槽等类器具(木制器具需内衬铁皮)。

10. 混凝土的灌筑

(1)灌筑前的检查

① 检查施工组织，包括人力、材料、机具设备等的配备情况以及工作台、运输道、脚手架等的安全情况。

② 检查基底处理情况，并按照规定填写好检查记录。

③ 检查 、钢筋、预埋铁件等。

④ 清除模板内和钢筋上泥污、木屑等，清除积水，嵌塞模板缝隙，对木模板作好充分湿润。

(2)灌筑时的自由倾落高度

为保证混凝土不发生离析，应尽量降低灌筑时的自由倾落高度，一般不宜超过2 m。超过时应采用溜槽、串筒、漏斗等器具或通过模板上预留的孔口灌筑。

(3)混凝土应分层进行灌筑，灌层厚度应根据拌制能力、运输条件、灌筑速度、振捣能力等决定，但不宜超过表1.21的规定。

表1.21 混凝土灌筑层厚度

振捣方法	灌筑层厚度(cin)	振捣方法	灌筑层厚度(cin)
插入式振动器	振动器作用部分长度的1.25倍	附着式振动器	30
表面振动器 ① 无筋或配筋稀疏的结构 ② 配筋密列的结构	 25 15	人工捣实	20

注:混凝土灌筑层的厚度，系数捣实后的厚度。

(4)间歇灌筑

混凝土的灌筑宜连续进行。如必须间断，间断时间应根据环境温度、水泥品种、水灰比、外加剂类型等条件通过试验确定。当无试验资料时，对不掺外加剂的混凝土，间歇时间不宜超过2 h；当温度高到30 ℃左右时，可减到1.5 h；当温度低到10 ℃左右时，可延至2.5 h。否则应按施工接缝(中断)处理。

灌筑工作中断时，应在前层接缝面上，根据需要埋入接茬的片石、钢筋或型钢，并使其体积露出混凝土外一半。

(5)施工缝的处理

当混凝土灌筑的间歇时间超过规定时，需待前层混凝土获得不少于1.2 MPa的抗压强度后，才允许在其表面上继续灌筑新混凝土。首先应凿除施工接缝面上的水泥砂浆薄膜和松动的石子或松弱的混凝土层，并以压力水冲洗干净，充分湿润而不存积水。接续灌筑前，宜在施工缝表面先铺一层厚约1.5 cm且与混凝土灰砂比相同而水灰比略小的水泥砂浆，或铺一层厚30 cm较新灌混凝土少10%粗骨料的混凝土后，再接灌新层混凝土。(竖向结合而可涂刷水灰比为0.3左右的纯水泥浆一层)

施工接缝处的混凝土应加强振捣，使新旧层紧密结合。

在旧混凝土的施工接缝面上灌筑混凝土时，处理方法与以上相同。

(6)竖向结构的灌筑

对墙或柱、墩竖向结构灌筑混凝土时，灌筑速度不宜过快。

在灌筑与柱、墩或墙整体连接(即不设施工接缝)的梁或板时，应待柱、墩或墙的混凝土灌完并初步沉实1～2 h(但不得超过允许间歇时间)后，再灌筑梁或板。

(7)灌筑中注意事项

① 在混凝土灌筑过程中，如表面出现析水时，应采取减少混凝土用水量、降低混凝土塌落度量等措施予以消除。对已析出的浮水(清水)，应在不扰动已灌筑混凝土的条件下及时排除，但不得将水引向横板边缘或从横板缝隙中放出。

② 混凝土灌筑施工中应设专人检查横板、支架、钢筋、预埋件如预留孔等的状态，发现变形，应及时予以整修。

11. 混凝土的振捣

混凝土的振捣方式有机械振捣和人工振捣两种，有条件时应一律采用机械振捣。

(1)振捣操作要求

① 整个振捣应做到上、下、左、右没有遗漏的地方，对模板拐角和钢筋密集的地方，尤应注意捣好。

② 分层水平灌筑时，振捣新的一层，均应插入已灌的混凝土，力求上下层次紧密结合。

③ 振动器在一个位置的振捣延续时间，应保证混凝土获得足够的密实度，但又不能振动过量，以免产生粗粒石子下沉，灰浆上升，产生离析现象。掌握合适的

振动时间,可获得最佳的密实度。其主要象征是:拌和物不再下沉,顶面摊平,并在表面开始泛浆。

④ 在无条件使用振动器时,方可使用人工捣固密实。应用足够的人员和齐全的捣插工具如钢针、钢铲等。在钢筋密集的地方,还应左右摆动,使混凝土填充钢筋周围。靠近横板的地方,用钢铲插捣,将灰浆插出,以获得光洁的混凝土表面。

(2)振捣机械简介

最常用为插入式振动器、表面振动器及外部振动器,预制场地也有振动台。

① 插入式振动器

普遍使用的是软轴棒式振动器。操作时振动器应一次垂直地插入混凝土内,拔出时速度要缓慢,使混凝土填满振动棒所造成的孔洞,相邻两个插入位置的距离不得大于作用半径(R)的 1.5 倍。

作用半径应根据各种拌和物的实际情况而定,大体上对于塑性混凝土,约在 30～40 cm,对于干硬性混凝土,约在 20～30 cm。

② 表面振捣器

亦称平板振动器,适用振捣大块面层或板的混凝土。依次进行振捣,定时定向移动,前后左右位置要搭接 3～5 cm。

③ 外部振动器

亦称附着式振动器,适用于断面较小、钢筋密集的结构。使用时附在模板外面,模板支架须有足够的坚固性。

④ 振动台

适用于装配式混凝土构件。具有较高的生产能力。振捣时,应尽可能将模板放在振动台中央,这样能使各部分振捣均匀。当构件厚度大于 20 cm 时,宜将混凝土分层装入每层厚不大于 20 cm。一般当模型内混凝土成一水平面。出现一层薄灰浆并不再冒气泡时即振捣好了。

12. 混凝土的养护

混凝土灌筑后,其硬结和增长强度的过程,就是水和水泥产生水化作用的过程。而水化作用必须在适当的温度和湿度条件下才能完成。如果空气干燥,气候炎热,就会使混凝土中的水分蒸发过快,出现脱水现象,表面脱皮或起砂,甚至内部也会松散、干缩和裂纹,降低强度,破坏耐久性。因此混凝土的养护,保证其强度的正常发展,非常重要。

(1)浇水养护

① 混凝土灌筑完毕 10～12 h 以内,就要加以覆盖并浇水,遇炎热或风干天气或灌筑干硬性、半干硬性混凝土以及快硬性混凝土,则应在灌筑后 1～2 h,即行覆

盖并浇水。

② 混凝土的外露面，可用清洁的草帘（袋）、混砂等覆盖，但不得污染或损伤混凝土表面。

③ 木模的外露面，应经常浇水，保持湿润，拆模后也应立即覆盖并浇水。使用钢模板时应浇水降温。

④ 当气温低于+5 ℃时，混凝土应严密覆盖，保温保湿，但不得浇水。气温保持在+5 ℃以上时，仍应及时浇水养护。

⑤ 浇水养护期限：根据水泥品种和空气的相对湿度而定。

⑥ 浇水次数：以能保持混凝土湿润为度。一般条件下当气温高于15 ℃时，最初三天，白天每隔2 h浇水一次，夜间至少浇水两次；三天以后每昼夜至少浇水四次。如气候干燥，还应适当增加浇水次数。

⑦ 防止水流影响：当混凝土结构与流动的地表水或地下水接触时，为防止水流冲刷，应采取防水措施，如临时排水、堵塞水流、设置围堰等。一般情况下，此项措施至少应延续到混凝土达到设计强度50%以上，并不应少于7 d；当环境水具有侵蚀性作用时，至少应延续到混凝土达到设计强度70%以上，并不应少于10 d。

（2）喷洒塑料薄膜养护

喷洒塑料薄膜养护是将塑料养护液喷洒在混凝土表面上，几分钟后便可结成一层塑料薄膜，使被养护的混凝土与空气隔绝，有效地防止混凝土中水分蒸发，在不覆盖不浇水的情况下，达到养护的目的。这种方法适用于大面积混凝土施工或缺水养护的困难地带。

塑料养护液有LP-37养护液、过氯乙烯养护液。喷涂养护液的设备为空压机、储存养护液的钢容罐、软管及喷枪等。也有用电动喷涂机的。每公斤养护液喷2.5 m^2为宜。当空压机的工作压力为0.4～0.5 MPa，容罐工作压力为0.2～0.3 MPa时，每min可喷洒15～20 m^2。

必须保护薄膜完整，不得损坏破裂，禁止在养护构件上行走或硬物碰撞，发现损坏应及时修补。塑料薄膜养护，28d混凝土强度偏低8%左右，由于塑料养护液成膜很薄，起不到隔热防寒作用，故夏季要采取防晒措施不少于24h，否则容易发生丝状裂纹。冬季施工，不宜采用此法。

13. 混凝土的拆模

混凝土必须达到一定强度才能拆模。拆模过早，混凝土没有达到足够的强度，在自重或外力作用下会发生裂纹、变形或断裂；拆模过迟，则会影响模板的周转。因此拆模工作应按下列规定进行：

（1）不承重的侧面模板，一般宜在使混凝土强度达到2.5 MPa以上方可拆模，见表1.22。以保证其表面及棱角不因拆模而受损。

表 1.22 混凝土强度达到 2.5 MPa 所需时间(d)

水泥品种	水泥标号	混凝土标号(28 d 强度)	混凝土平均硬化温度℃					
			5	10	15	20	25	30
普通水泥	≥225	≤150	4.5	3	2.5	2	1.5	1
	≥325	≥200	3	2.5	2	1.5	1	1
	≥425	≥250	2	2	1.5	1.5	1	1
矿渣水泥或火山灰质水泥	≥225	≤150	6	4.5	3.5	2.5	2	1.5
	≥425	≥200	4	3	2.5	2	1.5	1

(2)承重的底面模板应在混凝土强度足以安全地承受其结构自身重力和外加施工荷载时方可拆模。拆模时混凝土按设计强度的百分率不得低于下列规定：

① 跨度 $L\leqslant 2$ m 的板或拱 50%；

② 跨度 $2<L\leqslant 8$ m 的板或拱 70%；

③ 跨度 $L\leqslant 8$ m 的梁 70%；

④ 跨度 $L>8$ m 的各种结构(梁、板、拱)100%；

⑤ 悬臂梁、悬臂板跨度 $L\leqslant 2$ m 70%；$L>2$ m 100%。

混凝土达到设计强度 50%、70%、100%所需时间见表 1.23。若采用加快混凝土硬化措施进行快速脱模时，不受表 1.20 限制，但混凝土不得低于规定强度。

表 1.23 混凝土强度达到 50%、70%、100%所需时间(d)

水泥品种	水泥标号	需达到混凝土强度(%)	混凝土平均硬化温度(℃)					
			5	10	15	20	25	30
			混凝土达到强度所需天数					
普通水泥	225～325	50%	12	8	7	6	5	4
	425～525		9	6	5.5	4.5	4	3
矿渣水泥或火山灰质水泥	225～325		22	14	10	8	7	6
	425 以上		18	12	9	7	6	5
普通水泥	225～325	70%	24	16	12	10	9	8
	425～525		20	12	9	7.5	7	6
矿渣水泥或火山灰质水泥	225～325		36	22	15	14	11	9
	425 以上		30	20	14	13	10	8
普通水泥	225～325	100%	40	35	28	27	22	20
	425～525		40	35	28	24	20	16
矿渣水泥或火山灰质水泥	225～325		60	40	28	26	25	21
	425 以上		66	40	28	25	24	19

(3)跨度大于8 m的不承受施工荷载的预制梁,拆除底面承重模板时的混凝土强度可减至设计强度的70%。

(4)拆除拱架、拱圈及跨度大于8 m的梁式结构的模板时,应根据设计要求的程序和技术措施进行。整个结构状态应事先进行检查,确认一切正常后,方可予以拆除。

(5)拆模工作应自上而下进行,不应使混凝土受损伤,并减少模板破损。

利用吊车拆卸模板时,必须使模板与混凝土完全脱落后方可吊运。

(6)拆除临时埋设在混凝土中的木塞和其他部件时,应采取措施防止混凝土受到损伤。

(7)拆除模板时,不应影响混凝土的继续养护工作。拆模后的建筑物,应在混凝土获得100%设计强度后,方可承受全部设计荷载。

(8)模板及支架的拆除情况和混凝土构件的检查情况应记录在工程日志簿内。

14. 冬季混凝土施工概述

混凝土的强度增长,是由于水泥的水化作用,而温度对水化作用影响很大。温度高,水化热作用进展迅速,混凝土的强度增长就快。而在低温下混凝土强度增长要比常温下慢得多。当温度降到0 ℃以下时,水泥的水化作用就基本停止;当温度低于−3 ℃时,混凝土中90%以上的水结冰,这时混凝土的砂、石、水泥和冰就成为一种互不起作用的混合物,强度无法增长。同时由于冻冰后体积膨胀,混凝土将发生不同程度的破坏。(注:硫铝酸盐水泥混凝土情况不同,在负温下强度仍不断增长,但速度减缓)

试验证明,混凝土受冻后的危害程度,与受冻的时间早晚及混凝土的水灰比有关。遭冻的时间越早,水灰比越大,其强度损失越大,反之则损失小。混凝土强度达到某一数值后,混凝土再受冻时,其后期强度损失在5%以内,这时的强度就是临界抗冻强度,掌握临界抗冻强度对防止混凝土早期受冻,制定冬期施工措施是很必要的。

(1)一般规定

当工地昼夜平均气温低于+5 ℃(每天6 h、14 h及21 h测定室外温度的平均值)或最低气温低于−3 ℃时,混凝土工程应按冬期施工办理。

冬期施工的混凝土,在遭受冻结之前,其强度(临界抗冻强度)不应低于设计标号的30%,也不得低于5 MPa。在充水冻融条件下使用的混凝土,开始受冻时的强度不得低于设计标号的70%。

有条件时,桥隧及其附属工程宜避免在冬期施工。必须进行冬期施工的工程,应在事前做好准备,如掌握工地的冬季气象资料、备好砂石料并保持干燥以及备好防寒材料、机具等。

(2)混凝土养护或施工方法选择

混凝土冬期施工的养护方法较多，桥隧大维修工程常用的方法有：蓄热法、低温早强混凝土法及暖棚法等。

蓄热法是以保温覆盖为主，利用水泥水化热，并根据需要适当将水和砂石预热，满足热工计算要求的养护方法。当建筑物体积较小，或气温较低时可采用双层模板内加保温材料的措施。

低温早强混凝土法包括掺氯盐，掺亚硝酸钠和掺硫酸钠复合早强剂等措施。

暖棚法指对结构物采取加盖，设帐棚，铺篾席等方法使其与外部环境一定程度上隔绝，从而达到保暖的效果。

(3)混凝土的配合比

一般优先采用快硬和水化热较高的水泥。对大体积混凝土应注意避免因水化热过高而导致产生裂缝。

宜选用较小的水灰比和较低的塌落度，以减少拌和用水。

(4)混凝土的拌制及运输

在冬季条件下拌制混凝土，砂石骨料的温度均应保持在0 ℃以上，拌和用水应不低于5 ℃。必要时，应先将拌和水加热。当加热水不能满足拌和温度时，可再将砂、石均匀加热。片石混凝土用的片石亦应预热。水泥不得直接加热，可以使用前运入室内，以提高其温度。

水及砂石骨料的加热温度可根据灌筑温度及混凝土在拌和、运输、灌筑时的热量散失综合考虑，通过实际试拌结果确定。最高加热温度，不应高于表1.24的规定。

表1.24 水、砂、石料及混凝土的允许加热温度

水泥种类	最高允许加热温度(℃)		
	装入拌和机时		卸出拌和机时
	水	砂、石	
矿渣、火山灰及325普通水泥	80 ℃	60 ℃	40 ℃
硅酸盐及≥425号普通水泥	80 ℃	60 ℃	35 ℃

当混凝土塌落度因加热影响而减小，或发生水泥速凝现象时，材料加热温度和混凝土拌和物的温度应适当降低。

水可用蒸汽或其他方式加热，砂石料可用热坑、地炉、或封闭的蒸汽管加热。当直接通入蒸汽加热时，应注意含水量变化。

拌和设备均应适当防寒，宜设置在温度不低于10 ℃的厂房或暖棚内。拌制混凝土前应用热水洗刷搅拌机鼓筒，并应注意将残留的水或冰块排净。

拌和时间应较常温施工适当延长，一般延长50%。

混凝土的运输时间应缩短。运输的盛器应有适当防寒措施。

(5)混凝土的灌筑

冬期施工混凝土的灌筑温度，应根据具体保温方法通过热工计算确定，但在任何情况下均不得低于5 ℃。细部截面结构的灌筑温度不宜低于10 ℃。

混凝土灌筑面(接合面)的清理准备工作，应按新旧混凝土接缝，或在间歇时间超过规定的已硬化的混凝土表面上继续灌筑新混凝土的规定处理。接合面的状态和温度应与混凝土施工方法相适应。当用蓄热法、低温早强混凝土法或其他不对混凝土加热的方法施工时，如在计算的养护期内混凝土不致冻结，对于非冻胀性土壤或旧混凝土可以不加热直接灌筑混凝土。当混凝土进行加热养护时，加热开始后混凝土和地基接触处的温度不得低于2 ℃。

采用冻结法开挖的基底，要防止灌筑混凝土中途基底融化沉落或漏水，视具体情况采用隔热处理(如超挖0.2 m，换填干砂或卵石或再加铺油毡等)，如基底在冻结线以下，也可采用灌筑一层冷混凝土(掺盐量较大)的办法。

混凝土层尽量连续灌筑，避免间断。分层厚度应不少于20 cm，并应采用机械振捣。混凝土相邻两层的灌筑间隙时间，不应超过水泥的初凝时间。

当环境温度低于−10 ℃时，在灌筑混凝土前，应将直径大于或等于25 cm的钢筋和大型金属埋件加热至正温。模板及钢筋上附着的冰雪须全部清除。

用人工加热养护的整个结构，当混凝土的加热温度在40 ℃以上时，应适当安排混凝土的灌筑顺序及结构中施工接缝位置，以防止在结构中产生有害的温度应力。

(6)混凝土的养护

所采用的保温措施，应能保证混凝土在温度下降到0 ℃以前，获得规定的临界抗冻强度。养护期间，如遇气温意外下降，必须及时采用防冻措施。

模板必须严密拼合，模板外面宜铺贴防水层如塑料薄膜等，以免保温材料受潮。

对建筑物的隅角及边棱部分应加强覆盖保温；对建筑物迎风面，应采取适当防风措施。

与新灌筑混凝土接触的旧混凝土部分暴露在冷空气中时，应对距接灌面1.5 m范围内的外露表面，适当防寒保温。对于从混凝土中伸出的外露钢筋或其他钢铁预埋件，应在长为1.0 m范围内防寒保温。

混凝土灌筑完毕后，应立即防寒保温。在铺设保温材料时，应先铺设防水隔离层，以免损伤或污染新灌筑的混凝土表面。

位于基坑中的混凝土，如地下水位较高，待顶面混凝土初凝后，可用放水养护的方法，作为保温措施。但当基坑水位超出混凝土面的高度小于结冰的厚度时，不得采用此法。

解冻回暖后，如低温早强水泥未达到设计强度，应在气温升至 5 ℃后进行浇水养护。

(7)混凝土的拆模

当混凝土已达到拆模强度要求，并符合临界抗冻强度的规定后，方可进行拆模。

混凝土与外界空气的温差在 10 ℃以上时，拆模后应暂时覆盖混凝土的外露面。此项温差在任何情况下均不得大于 15 ℃。

人工加热养护的混凝土，养护完毕后，外界气温如尚在零下，应在混凝土冷却至 5 ℃以下后，方可拆除模板和保温层。

(8)混凝土的质量检查

冬季施工时，除按一般混凝土的质量检查进行检查外，尚须作以下检测：

① 在混凝土拌制和灌筑期间，应测定水和砂、石装入搅拌机时的温度、混凝土搅拌和灌筑的温度。每个工作班至少检测 4 次。同时还应记录气温、风力、雨雪、晴阴等情况，以备查考。

② 在混凝土养护期间，采用蓄热法养护或低温早强混凝土时，在灌筑 3 天内应随时检测混凝土的温度，以后可根据气温及结构情况定时检测，每昼夜不少于 2 次。

室外温度及环境温度，每昼夜至少检测 3 次。

③ 在结构的隅角、细薄部分、突出及迎风部分，均需留置测温孔，测温孔均应编号并绘制测温孔布置图。

测量混凝土温度时，温度计不应受外界气温影响，并应在测温孔内至少留置 3 min。

冬期施工养护的混凝土温度，应在保温条件最差的部分观测；采用蓄热法养护或低温早强混凝土时，测温孔可设在与模板相接触的混凝土层中，深度为 5～10 cm。采用人工加热时，应设在离热源较远处或出气口附近。厚大结构中，应在表面孔及深孔内分别测温。

④ 冬期施工的试件，除按规定制作标准养护试件外，还应根据建筑物养护、拆模和承受荷载的需要，制作施工检查试件，据以查明强度发展情况。施工检查试件的养护条件应与建筑物相同。

⑤ 混凝土冬期施工的各项检测、检查结果以及养护方法、时间、温度、保温情况等资料，均应有详细记录。

15. 喷射混凝土概述

喷射混凝土是借助于喷射机，利用压缩空气，将按一定比例配合的混凝土干料或湿料与速凝剂，以高速通过管道和喷嘴，喷射到受喷面(岩石壁面、旧建筑物、模板)上，凝结硬化而成的一种混凝土。

喷射混凝土具有速凝、早强、粘结力强和抗渗力好等特点。施工时不用模板。它能与岩层或旧建筑物紧密结合，与岩层或旧建筑物连成整体，提高其稳定性和强度，防止岩层风化坍塌，因而可减薄衬砌厚度，减少岩石挖掘量，加速施工进度。

此项技术，在我国修筑铁路隧道、矿山井巷，以及地下工程中已大量采用。20世纪80年代以后又广泛应用于轨道桥梁、隧道的加固和修理工作。

喷射混凝土的原材料有：

(1)水泥：常用普通硅酸盐水泥、快硬硫铝酸盐水泥。

(2)细骨料：中砂或粗、中混合砂，含水量宜控制在5%～7%，过小时混合料会产生分离，喷出粉尘大，过大时混合料易堵塞管路。

(3)粗骨料：坚硬耐久的卵石和碎石均可，以卵石为好。粒径应小于输料管道内径的1/3～2/5。颗粒级配应控制在大于15 mm的不超过15%，5～7 mm的25%～40%，使用前应进行筛洗。

(4)外加剂：有速凝剂、减水剂、早强剂等。但应注意与所用水泥相适应。普通硅酸盐水泥掺红星1号、711型、782型速凝剂2%～4%；快硬硫铝酸盐水泥掺用TS速凝剂。该速凝剂对硫铝酸盐水泥具有很好的速凝效果。

喷射混凝土的配合比，应符合强度和喷射工艺要求，可按经验选择后通过试验确定。一般可取：

- 灰骨比1∶4～1∶5；
- 水灰比0.4～0.5；
- 砂率45%～60%。

速凝剂掺量应通过实验确定，一般为水泥质量的2%～4%。锚杆灌浆用的水泥砂浆配合比，宜为灰骨比1∶0.5～1∶1；水灰比0.38～0.45，亦可用铁道部科学研究院研制的吸水式锚固包来锚固锚杆。

喷射混凝土中水泥与水接触时间短，为使水泥充分水化，需加强养护。在混凝土终凝后2 h，应即开始洒水养护。养护日期不得少于14天，每日洒水次数以能保持混凝土充分湿润为度。

在锚杆及钢筋网施工中因注意：

① 锚杆宜采用16锰或5号钢钢筋，也可采用3号钢钢筋，直径16～22 mm，长度一般为2.0～3.5 m，系统布置的锚杆，间距不宜超过锚杆长度的1/2。锚杆眼孔宜比锚杆直径大15～20 mm。

② 钢筋网一般采用3号钢钢筋，直径10～12 mm，网格间距一般为15～25 cm，保护层厚度不小于2 cm。

③ 灌筑锚杆用的砂浆应拌和均匀，随拌随用，孔眼在灌浆前应用风吹净；灌浆时应从孔底开始，连续均匀地进行。用吸水式锚固包锚固锚杆将更为方便迅速。

④ 作锚杆用的钢筋，应在安装前除锈矫直；安装位置宜居孔眼中心，钢筋插入深度不得小于设计要求的90%，安装后不得敲击、碰撞。

⑤ 当岩层面有可能松动脱落时，宜先喷一层混凝土后，再进行锚杆施工。

1.6 技术管理知识

1.6.1 预算编制

1. 建筑工程计价特点

建筑工程，即建筑产品，是建筑业的物质成果。基本建设各部门均以建设工程为对象进行生产、管理、使用。建筑产品在经济范畴里，和其他行业生产的产品一样，具有商品的属性，需要计价。但其计价的特点与其他商品有所不同，主要区别在于建筑产品的计价是一项预测行为，价格需预先计算。如估算、概算、预算等。

2. 建筑产品的分类

(1)按建筑产品对象划分

按建筑产品对象可以划分为以下三类。

① 土木工程。包括铁路工程、公路工程、桥梁工程、水利工程、港口工程、航空工程、通讯工程、地下工程等。

② 市政工程。包括燃气工程、给水工程、排水工程、城市交通建设、城市集中供热工程、园林绿化工程、道路工程。

③ 建筑安装工程。包括工业建筑与厂房(其中含专用窑炉、矿井)、农业生产用房、动力部门生产用房、运输仓储用房、住宅建筑、公共建筑(其中包括商业服务用房、文教科研部门用房、卫生托幼福利事业用房、交通邮电部门用房、以及行政用房)。此外还包括以上建筑物内的生产和生活用设备的安装。

(2)按工程建设项目的组成划分

为便于对建设工程管理和确定建筑产品价格，将建设项目的整体根据其组成进行科学的分解，划分为若干个单项工程、单位工程、分部工程、分项工程、子项工程。

① 建设项目。一个具体的基本建设工程，通常就是一个建设项目。一般是指在一个场地或几个场地上，按照一个设计意图，在一个总体设计或初步设计范围内，进行施工的各个项目的总和。在工业建设中，建设一个工厂就是一个建设项目；在民用建设中，一般以一个学校、一所医院等为一个建设项目。

建筑产品在其初步设计阶段以建设项目为对象编制总概算，竣工验收后编制工程竣工决算。

② 单项工程。单项工程是指在一个建设项目中,具有独立的设计文件,竣工后可以独立发挥生产能力或效益的工程。它是建设项目的组成部分。如工业建设中的各个车间、办公楼、食堂、住宅等,民用工程中,如学校的教学楼、图书馆、实验楼、食堂等各自成为一个单项工程。

单项工程按其最终用途不同分成许多种类。如工业建设项目中的单项工程分为:主要工程项目(如生产某种产品的车间)、附属生产工程项目(如为生产车间维修服务的机修车间)、公用工程项目(如给排水工程)、服务项目(如食堂、浴室)等。

单项工程建筑产品的价格,是由编制单项工程综合概预算或投标价来确定的。

③ 单位工程。单位工程是竣工后一般不能独立发挥生产能力或效益,但具有独立设计,可以独立组织施工的工程。它是单项工程的组成部分。按照单项工程的构成,可以分解为建筑工程和设备及其安装工程两类。而每一类中又可按专业性质及作用不同分解为若干个单位工程。如一个生产车间的厂房修建、电气照明、给水排水、工业管道安装、机械设备安装、电气设备安装等,都是单项工程中所包括的不同性质工程内容的单位工程。

单位工程一般是进行工程成本核算的对象。在预算结算制中,单位工程产品价格是由编制单位工程施工图预算这一特殊方式来确定的。在招投标制中,单位工程产品价格是由投标单位根据工程量清单报价的方式确定的。

④ 分部工程。分部工程是单位工程的组成部分。按照工程部位、设备种类和型号、工种和结构的不同,可将一个单位工程分解为若干个分部工程。如房屋的土建工程,按其不同的工种、不同的结构和部位可分为土石方工程、砌筑工程、钢筋及混凝土工程、门窗工程、装饰工程等。单位工程还可以再分为子分部工程,如装饰工程可分为楼地面工程、天棚工程等。

⑤ 分项工程。分项工程是分部工程的组成部分。按照不同的施工方法、不同的材料、不同的内容,可将一个分部工程分解为若干个分项工程。如砌筑工程(分部工程),可分为砖墙、毛石墙等分项工程。

⑥ 子项工程。子项工程(子目)是分项工程的组成部分,是工程中最小的单元体。如砖墙分项工程可分为240砖外墙、365砖外墙等。子项工程是计算工、料、机械及资金消耗的最基本的构造要素。单位估价表中的单价大多是以子项工程为对象计算的。

3. 建筑产品及生产特点

建筑产品在经济范畴里,和其他工农业产品一样,具有商品的属性。但从其产品及生产的特点看,却具有与一般商品不同的特点,具体表现在以下几方面。

(1)建筑产品的固定性

工程项目都是根据需要和特定条件由建设单位选址建造的,建设地点和设计方案确定后，工程项目的位置便固定下来。当建筑产品全部完成后，施工单位将产品就地不动移交给使用单位。产品的固定性决定了生产的流动性，劳动者不但要在施工工程各个部位移动工作，而且随着施工任务的完成又将转向另一新的工程。产品的固定性，使工程建设地点的气象、工程地质、水文地质和技术经济条件，直接影响工程的设计、施工和成本。

(2)建筑产品的单件性

建筑产品的固定性，导致了建筑产品必须单件设计、单件施工、单独定价。建筑产品是根据它们各自的功能和建设单位的特定要求，在特定条件下单独设计的。因而建筑产品形式多样，各具特色，其每项工程都有不同的规模、结构、造型、等级和装饰，需要选用不同的材料和设备。即使同一类工程，各个单件也有差别。由于建造地点和设计的不同，必须采用不同的施工方法，单独组织施工。因此，每个项目的劳动力、材料、施工机械和动力燃料消耗各不相同，工程成本差异很大，必须单独定价。

(3)工程建设露天作业

建筑产品的固定性，加之体形庞大，其生产一般在露天进行。受自然条件、季节性影响较大。这会引起产品设计的某些内容和施工方法的变动，也会造成防雨、防寒等费用的增加，影响到工程的造价。

(4)建筑产品生产周期长

建筑产品生产过程要经过勘察、设计、施工、安装等很多环节，涉及面广，协作关系复杂。施工企业内部要进行多工种综合作业，工序繁多，往往长期大量地投入人力、物力、财力，因而建筑产品生产周期长。由于建筑产品价格受时间的制约，价格因素变化大。如国家经济体制改革出现的一些新的费用项目，材料设备价格的调整等，都会直接影响建筑产品的价格。

总之，上述特点决定了建筑产品不宜简单的规定统一价格，而必须借助编制工程概预算或招标标底、投标报价等特殊的计价程序给每个建筑产品单独定价，以确定它的合理价格。

4. 建筑产品价格

(1)建筑产品价值

价值是价格的基础。商品的价值用货币形态表现出来，就是价格。按照马克思的再生产理论，社会产品的价值组成应该包括物化劳动、活劳动消耗和新创造的价值，即 C(不变资本)＋V(可变资本)＋M(剩余价值)三部分。建筑产品是商品，其价值同样应由三部分组成：①建造过程中所消耗的生产资料的价值(C)，其中包括建筑材料、燃料等劳动对象的耗费和建筑机械等劳动手段的耗费；②劳动者为满足个人需要的生活资料所创造的价值(V)，它表现为建筑职工的工资；③劳动者为社会和国家提供的剩余产品的价值(M),它的价值表现为利润等。

(2)建筑产品成本项目

为了便于建筑产品成本的比较和分析考核,根据建筑产品的特点,建筑产品生产费用一般可按照经济用途分类。

建筑工程成本项目由人工费、材料费、施工机械使用费、措施费、企业管理费和规费组成。

(3)建筑产品的计价特点

由于建筑产品自身的特点,需采用特殊的计价方式单独定价。其定价的基本原理是将最基本的工程项目作为假定产品计算出单位工程造价。所谓假定产品,是指消耗量定额中或工 程量清单中所规定的工程项目,它们是最基本的分项或子项工程。他们与完整的工程项目不同,无独立存在的意义,只是建筑安装工程的一种因素,是为了确定建筑安装单位工程产品价格而分解出来的一种假定产品。

确定单位工程建筑产品价格,首先确定单位假定产品(分项或子项工程)的人工、材料、机械台班消耗指标(定额),再用货币形式计算单位假定产品的价格(单价),作为建筑产品计价基础。然后根据施工图纸及工程量计算规则分别计算出各工程项目的工程量,再分别乘以工程单价,计算出建筑产品的直接费用成本,并以直接成本为基础计算出间接费成本。最后再计算利润和税金,汇总后构成建筑产品的完全价格。也可以根据工程量清单和综合单价计算工程费用。综合单价包括除规费、税金以外的全部费用。

5. 建筑工程计价

(1)基本建设预算的概念

基本建设预算(简称建设预算),是基本建设设计文件的重要组成部分,它是根据不同设计阶段的具体内容,国家规定的定额、指标和各项费用取费标准,预先计算和确定每项新建、扩建、改建和重建工程,从筹建至竣工验收全过程所需投资额的经济文件。它是国家对基本建设进行科学管理和监督的重要手段之一。

建筑安装工程概算和预算是建设预算的重要组成部分。它是根据不同设计阶段的具体内容,国家规定的定额、指标和各项费用取费标准,预先计算和确定基本建设中建筑安装工程部分所需要的全部投资额的文件。

建设预算所确定的每一个建设项目、单项工程或其中单位工程的投资额,实质上就是相应工程的计划价格。在实际工作中称为概算造价或预算造价。在基本建设中,用编制基本建设预算的方法来确定基建产品的计划价格,是由建筑工业产品及生产不同于一般工业的技术经济特点和社会主义商品经济规律所决定的。

(2)基本建设预算的分类及作用

根据我国的设计、概预算文件编制和管理方法,并结合建设工程概预算编制的顺序做如下分类。

① 投资估算

投资估算，一般是指在项目建议书或可行性研究阶段，建设单位向国家或主管部门申请基本建设投资时，为了确定建设项目的投资总额而编制的经济文件。它是国家或主管部门审批或确定基本建设投资计划的重要文件。投资估算主要根据估算指标、概算指标或类似工程预(决)算等资料进行编制。

② 设计概算

设计概算，是指在初步设计或扩大初步设计阶段，由设计单位根据初步设计图纸、概算定额或概算指标，设备预算价格，各项费用的定额或取费标准，建设地区的自然、技术经济条件等资料，预先计算建设项目由筹建至竣工验收、交付使用全部建设费用的经济文件。

设计概算的主要作用是：

国家确定和控制建设项目总投资的依据。未经规定的程序批准，不能突破总概算的这一限额。

编制基本建设计划的依据。每个建设项目，只有当初步设计和概算文件被批准后，才能列入基本建设计划。

进行设计概算、施工图预算和竣工决算，"三算"对比的基础。

实行投资包干和招标承包制的依据，也是银行办理工程贷款和结算，以及实行财政监督的重要依据。

考核设计方案的经济合理性，选择最优设计方案的重要依据。利用概算对设计方案进行经济性比较，是提高设计质量的重要手段之一。

③ 修正概算

修正概算，是指当采用三阶段设计时，在技术设计阶段，随着设计内容的具体化，建设规模、结构性质、设备类型和数量等方面内容与初步设计可能有出入，为此，设计单位应对投资进行具体核算，对初步设计的概算进行修正而形成的经济文件。

修正概算的作用与设计概算基本相同。一般情况下，修正概算不应超过原批准的设计概算。

④ 施工图预算

施工图预算是指在施工图设计阶段，设计全部完成并经过会审，单位工程开工之前，设计咨询或施工单位根据施工图纸，施工组织设计，预算定额或规范，人材机单价和各项费用取费标准，建设地区的自然、技术经济条件等资料，预先计算和确定单项工程和单位工程全部建设费用的经济文件。

施工图预算的主要作用是：

确定建筑安装工程预算造价的具体文件。

签订建筑安装工程施工合同、实行工程预算包干、进行工程竣工结算的依据。

银行借贷工程价款的依据。

施工企业加强经营管理，搞好经济核算，实行对施工预算和施工图预算“两算对比”的基础，也是施工企业编制经营计划、进行施工准备的依据。

建设单位编制标底和施工单位编制报价文件的依据。

⑤ 施工预算

施工预算是指施工阶段，在施工图预算的控制下，施工单位根据施工图计算的分项工程量、施工定额、单位工程施工组织设计等资料，通过工料分析，计算和确定拟建工程所需的人工、材料、机械台班消耗量及其相应费用的技术经济文件。

施工预算的主要作用是：

施工企业对单位工程实行计划管理，编制施工作业计划的依据。

施工队向班组签发施工任务单，实行班组经济核算，考核单位用工；限额领料的依据。

班组推行全优综合奖励制度，实行按劳分配的依据。

施工企业开展经济活动分析，进行“两算”对比的依据。

⑥ 工程结算

工程结算，是指一个单项工程、单位工程、分部工程或分项工程完工，并经建设单位及有关部门验收或验收点交后，施工企业根据合同规定，按照施工时现场实际情况记录、设计变更通知书、现场签证、预算定额、工程量清单、人工材料机械单价和各项费用取费标准等资料，向建设单位办理结算工程价款并取得收入。它是用以补偿施工过程中的资金耗费，确定施工盈亏的经济文件。

工程结算一般有定期结算、阶段结算、竣工结算等方式。其作用是：

施工企业取得货币收入，用以补偿资金耗费的依据。

进行成本控制和分析的依据。

⑦ 竣工决算

竣工决算是指在竣工验收阶段，当一个建设项目完工并经验收后，建设单位编制的从筹建到竣工验收、交付使用全过程实际支付的建设费用的经济文件。其内容由文字说明和决策报表两部分组成。

竣工决算的主要作用是：

国家或主管部门验收小组验收时的依据。

全面反映基本建设经济效果、核定新增固定资产和流动资产价值、办理交付使用的依据。

综上所述，建设预算的各项技术经济文件均以价值形态贯穿整个基本建设过程之中，如图 1.32 所示。

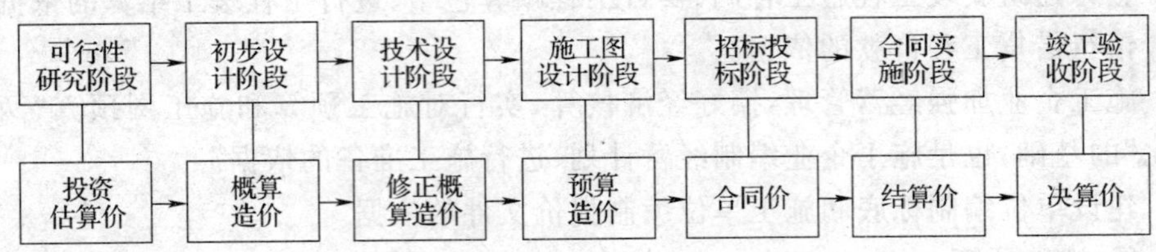

图 1.32 建筑工程计价过程

估算、概算、预算、结算、决算从申请建设项目，确定和控制基本建设投资，到确定基建产品计划价格，进行基本建设经济管理和施工企业经济核算，最后以决算形成企、事业单位的固定资产。总之，这些经济文件反映了基本建设中的主要经济活动。在一定意义上说，它们是基本建设经济活动的血液，这是一个有机的整体，缺一不可。

6. 建筑定额

(1)定额的概念

在建设过程中，完成某一分项工程或结构构件的生产，必须消耗一定数量的劳动力、材料、机械台班和资金。这些消耗是随着生产的技术组织条件的变化而变化的，它应反映出一定时期的社会劳动生产率水平。

定额是指在正常的施工条件、先进合理的施工工艺和施工组织的条件下，采用科学的方法制定每完成一定计量单位的质量合格产品所必须消耗的人工、材料、机械设备及其价值的数量标准。正常的施工条件、先进合理的施工工艺和施工组织，就是指生产过程按生产工艺和施工验收规范操作，施工条件完善，劳动组织合理，机械运转正常，材料储备合理。在这样的条件下，采用科学的方法对完成单位产品进行的定员(定工日)、定质(定质量)、定量(定数量)、定价(定资金)，同时还规定了应完成的工作内容，达到的质量标准和安全要求等等。

实行定额的目的，是为了力求用最少的人力、物力和财力，生产出符合质量标准的合格建筑产品，取得最好的经济效益。定额既是使建筑安装活动中的计划、设计、施工、安装各项工作取得最佳经济效益的有效工具和杠杆，又是衡量、考核上述工作经济效益的尺度。它在企业管理中占有十分重要的地位。当前正在进行建筑业全行业改革，改革的关键是推行投资包干制和招标承包制，其中签订投资包干协议，计算招标标底和投标报价，签订总包和分包合同，以及企业内部实行的各种形式的承包责任制，都必须以各种定额为主要依据。随着改革的深入和发展，定额作为企业科学管理的基础，必将进一步得到完善和提高。

定额作为加强企业经营管理、组织施工、决定分配的工具，主要作用表现为：它既是建设系统作为计划管理、宏观调控、确定工程造价、对设计方案进行技术经济评价、贯彻按劳分配原则、实行经济核算的依据，也是衡量劳动生产率的尺度，还是总结、分析和改进施工方法的重要手段。

(2)定额的性质

定额具有科学性、系统性、统一性、指导性、群众性、稳定性和时效性等性质。

(3)定额的分类

建筑工程定额的种类很多，按其内容、形式、用途等不同，可以作如下分类。

按生产要素分类：劳动定额、材料消耗定额和机械台班使用定额。

按定额用途分类：基础定额、企业定额、消耗量定额(或预算定额)、概算定额、概算指标和估算指标。

按定额单位和执行范围分类：全国统一定额、专业专用和专业通用定额、地方统一定额、企业补充定额、临时定额。

按专业和费用分类：建筑工程定额、安装工程定额、其他工程和费用定额、间接费定额。

定额的形式、内容和种类是根据生产建设的需要而制定的，不同的定额及其在使用中的作用也不完全一样，但它们之间是相互联系的，在实际工作中有时需要相互配合使用。

7. 基础定额

建筑工程中绝大部分的定额编制工作都是在基础定额的基础上进行的。所谓基础定额，是指建筑工程中，按照生产要素，在规定的正常施工条件和合理的劳动组织、合理使用材料及机械等条件下，完成单位合格产品所必须消耗的人工、材料、机械台班的数量标准。它由劳动定额、材料消耗定额、机械台班定额组成。

按照国家建设行政主管部门的要求，应规范建筑安装工程造价项目内容、工程项目划分、计量单位和工程量计算规则。编制建筑工程人工、材料、机械消耗量的基础定额，供确定标底和投标报价时参考，并作为宏观调控的手段。劳动力、材料、机械等价格由市场调节，同时要引导施工企业编制自己的定额，自主投标报价。

(1)劳动消耗定额

劳动消耗定额简称劳动定额或人工定额，它规定在一定生产技术组织条件下，完成单位合格产品所必需的劳动消耗量的标准。这个标准是国家和企业对工人在单位时间内完成的产品数量、质量的综合要求。它表示建筑安装工人劳动生产率的一个先进合理指标。

全国统一劳动定额与企业内部劳动定额在水平上具有一定的差别。企业应以全国统一劳动定额或地区统一劳动定额为标准结合单位实际情况，制定符合本企业实际的企业内部劳动定额，不能完全照搬照套。

劳动定额按其表现形式有时间定额和产量定额两种。

(2)材料消耗定额

材料消耗定额是指在节约与合理使用材料的条件下，生产单位合格产品所必须消耗的一定规格的建筑材料、半成品或配件的数量标准。它包括材料的净用量和必要的工艺性损耗数量。

材料消耗定额不仅是实行经济核算，保证材料合理使用的有效措施，而且是确定材料需用量，编制材料计划的基础；同时也是定额承包或限额领料、考核和分析材料利用情况的依据。

(3)机械台班消耗定额

机械台班消耗定额，简称机械台班定额。它是指施工机械在正常的施工条件下，合理均衡地组织劳动和使用机械时，该机械在单位时间内的生产效率。按其表现形式不同，机械台班定额也可以分为机械时间定额和机械产量定额两种。

8. 企业定额

(1)企业定额概念

企业定额是施工企业根据本企业的施工技术和管理水平，以及有关工程造价资料制定的，并供本企业使用的人工、材料和机械台班消耗量标准。

企业定额是直接用于建筑施工管理中的一种定额。它由劳动定额、材料消耗定额、施工机械台班使用定额三部分组成。

(2)企业定额的作用

① 企业定额是供建筑施工企业编制施工预算；

② 企业定额是编制项目管理实施规划或施工组织设计的依据；

③ 企业定额是建筑企业内部搞经济核算的依据；

④ 企业定额是与工程队或班组签发任务单的依据；

⑤ 企业定额是供计件工资和超额奖励计算的依据；

⑥ 企业定额是作为限额领料和节约材料奖励的依据；

⑦ 企业定额是编制消耗量定额和单位估价表的基础。

(3)企业定额的组成

企业定额一般由文字说明、定额项目表及附录三部分组成。

9. 消耗量定额

(1)消耗量定额概念

消耗量定额是由建设行政主管部门根据合理的施工组织设计，正常施工条件制定的，生产一个规定计量单位工程合格产品所需人工、材料、机械台班的社会平均消耗量标准。

消耗量定额是由国家或其授权单位统一组织编制和颁发的一种法令性指标。

有关部门必须严格遵守执行，不得任意变动。消耗量定额中的各项指标是国家允许建筑企业在完成工程任务时工料消耗的最高限额，也是国家提供的物质资料和建设资金的最高限额，从而使建筑工程有一个统一核算尺度，对基本建设实行计划管理和有效的经济监督，也是保证建筑工程施工质量的重要手段。统一的消耗量定额是一种社会的平均消耗，是一个综合性的定额，它适合一般的设计和施工情况。对一些设计和施工变化多，影响工程造价较大，往往与消耗量定额不相符的项目，消耗量定额规定可以根据设计和施工的具体情况进行换算，使消耗量定额在统一原则下，又具有必要的灵活性。

(2)消耗量定额的作用

① 消耗量定额是编制建筑工程预算，确定工程造价，进行工程竣工结算的依据；

② 消耗量定额是编制招标标底，投标报价的基础资料；

③ 消耗量定额是建筑企业贯彻经济核算制，考核工程成本的依据；

④ 消耗量定额是编制地区价目表和概算定额的基础；

⑤ 消耗量定额是设计单位对设计方案进行技术经济分析比较的依据。

综上所述，消耗量定额在基本建设中，对合理确定工程造价，推行以招标承包为中心的经济责任制，实行基本建设投资监督管理、控制建设资金的合理使用、促进企业经济核算、改善预算工作等均有重大作用。

(3) 消耗量定额的编制原则

消耗量定额的编制工作，实质上是一种标准的制定。在编制时应根据国家对经济建设的要求，贯彻勤俭建国的方针，坚持既要结合历年定额水平，也要照顾现实情况，还要考虑发展趋势，使消耗量定额符合客观实际。消耗量定额的编制应遵循以下原则：

① 定额水平“平均合理”

在现有社会生产条件下，在平均劳动熟练程度和平均劳动强度下，完成建筑产品所需的劳动时间，是确定消耗量定额水平的主要依据。作为确定建筑产品价格的消耗量定额，应遵循价值规律的要求，按照产品生产中所消耗的社会必要劳动时间来确定其水平，即社会平均水平。对于采用新技术、新结构、新材料的定额项目，既要考虑提高劳动生产率水平的影响，也要考虑施工企业由此而多付出的生产消耗，做到合理可行。

消耗量定额的编制基础是基础定额，但两者是有区别的。因消耗量定额包含着更多的可变因素，因此它需要保留合理的水平幅度差。另一个区别，两者的确定原则是不相同的，消耗量定额是社会平均水平，而基础定额是平均先进水平。

② 内容形式简明适用

消耗量定额的内容和形式，即能满足不同用途的需要，具有多方面的适用性。又要简单明了，易于掌握和应用。两者有联系又有区别，简明性应满足适用性的要求。

贯彻简明适用原则，有利于简化预算的编制工作，简化建筑产品的计价程序，便于群众参加经营管理，便于经济核算。为此，定额项目的划分要以结构构件和分项工程为基础，主要的项目、常用的项目应齐全，要把已经成熟推广的新技术、新结构、新材料、新工艺的新项目编进定额，使消耗量定额满足预算、结算、清单报价和经济核算的需要。对次要项目，适当综合、扩大，细算粗编。

贯彻简明适用原则，还应注意计量单位的选择，使工程量计算合理和简化。同时为了稳定定额水平，统一考核尺度和简化工作，除了变化较多和影响造价较大的因素允许换算外，定额要尽量少留活口，减少换算工作量，而又有利于维护定额的严肃性。

③“集中领导”和“分级管理”

集中领导就是由中央主管部门归口，根据国家方针政策和发展经济的要求，对消耗量定额统一制定编制原则和编制方法，统一编制和颁发全国统一基础定额，颁发统一的实施条例和制度等，使建筑产品具有统一的计价依据。

分级管理是在集中领导下，各地区可在管辖范围内，根据各自的特点，依据规定的编制原则，在全国统一基础定额的基础上，对地区性项目和尚未在全国普遍推行的新项目，可由地区主管部门组织编补充定额，颁发补充性的条例制度，并对消耗量定额实行经常性管理。

(4)消耗量定额的编制依据

① 现行的企业定额和全国统一建筑工程基础定额；

② 现行的设计规范，施工及验收规范、质量评定标准和安全操作规程；

③ 通用标准图集和定型设计图纸，有代表性的设计图纸和图集；

④ 新技术、新结构、新材料和先进经验资料；

⑤ 有关科学试验、技术测定、统计分析资料，这是确定定额水平的重要依据；

⑥ 现行的人工工资水平、材料价格和施工机械台班单价；

⑦ 现行的消耗量定额及其编制的基础资料和有代表性的补充单位估价表。

10. 计价规范

随着我国建设市场的快速发展，招标投标制、合同制的逐步推行，以及加入世界贸易组织（WTO）与国际惯例接轨等要求，工程造价计价依据改革不断深化。为改革工程造价计价方法，推行工程量清单计价，建设部标准定额研究所受建设部标准定额司的委托，于 2002 年 2 月 28 日开始组织有关部门和地区工程造价专家编制了《建设工程工程量清单计价规范》（以下简称“计价规范”），经建设部批准为国家标准，于 2003 年 7 月 1 日正式实施。

(1)实行工程量清单计价的目的和意义

① 实行工程量清单计价，是工程造价深化改革的产物。长期以来，我国发承包计价、定价以工程消耗量定额作为主要依据。为了适应建设市场改革的要求，针对工程消耗量定额编制和使用中存在的问题，1992 年，提出了"控制量、指导价、竞争费"的改革措施，工程造价管理由静态管理模式逐步转变为动态管理模式。其中对工程消耗量定额改革的主要思路和原则是：将工程消耗量定额中的人工、材料、机械的消耗量和相应的单价分离，即"量价分离"。人、材、机的消耗量是国家根据有关规范、标准以及社会的平均水平来确定的。控制量目的就是保证工程质量，指导价就是要逐步走向市场形成价格，这一措施在我国实行社会主义市场经济初期起到了积极的作用。但随着建设市场化进程的发展，这种做法仍然难以改变工程消耗量定额中国家指令性的状况，难以满足招标投标和评标的要求。因为，控制的量是反映的社会平均消耗水平，不能准确地反映各个企业的实际消耗量，不能全面地体现企业技术装备水平、管理水平和劳动生产率，还不能充分体现市场公平竞争。工程量清单计价将改革以工程消耗量定额为计价依据的计价模式。

② 实行工程量清单计价是规范建设市场秩序，适应社会主义市场经济发展的需要。工程造价是工程建设的核心内容，也是建设市场运行的核心内容，建设市场上存在许多不规范行为，大多与工程造价有关。过去的工程消耗量定额在工程发包与承包工程计价中调节双方利益、反映市场价格等方面显得滞后，特别是在公开、公平、公正竞争方面，缺乏合理完善的机制，甚至出现了一些漏洞。实现建设市场的良性发展除了法律法规和行政监管以外，发挥市场规律中"竞争"和"价格"的作用是治本之策。工程量清单计价是市场形成工程造价的主要形式，工程量清单计价有利于发挥企业自主报价的能力。实现政府定价到市场定价的转变，有利于规范业主在招标中的行为，有效改变招标单位在招标中盲目压价的行为，从而真正体现公开、公平、公正的原则，反映市场经济规律。

③ 实行工程量清单计价，是促进建设市场有序竞争和企业健康发展的需要。采用工程量清单计价模式招标投标，对发包单位，由于工程量清单是招标文件的组成部分，招标单位必须编制出准确的工程量清单，并承担相应的风险，促进招标单位提高管理水平。由于工程量清单是公开的，将避免工程招标中的弄虚作假、暗箱操作等不规范行为。对承包企业，采用工程量清单报价，必须对单位工程成本、利润进行分析，统筹考虑，精心选择施工方案，并根据企业的定额合理确定人工、材料、施工机械等要素的投入与配置，优化组合，合理控制现场费用和施工技术措施费用，确定投标价。改变过去过分依赖国家发布定额的状况，企业根据自身的条件编制出自己的企业定额。

工程量清单计价的实行，有利于规范建设市场计价行为，规范建设市场秩序，促进建设市场有序竞争；有利于控制建设项目投资，合理利用资源；有利于促进技术进步，提高劳动生产率；有利于提高造价工程师的素质，使其成为懂技术、懂经济、懂管理的全面发展的复合型人才。

④ 实行工程量清单计价，有利于我国工程造价管理政府职能的转变。按照政府部门真正履行起"经济调节，市场监管、社会管理和公共服务"职能的要求，对工程造价政府管理的模式要相应改变。将推行政府宏观调控、企业自主报价、市场竞争形成价格、社会全面监督的工程造价管理思路。实行工程量清单计价，将会有利于我国工程造价管理政府职能的转变，由过去政府控制的指令性定额转变为制定适应市场经济规律需要的工程量清单计价方法，由过去行政直接干预转变为对工程造价依法监管，有效地强化政府对工程造价的宏观调控。

⑤ 实行工程量清单计价是适应我国加入世界贸易组织，融入世界大市场的需要。随着我国改革开放的进一步加快，中国经济日益融入全球市场，特别是我国加入世界贸易组织（WTO）后，行业壁垒下降，建设市场将进一步对外开放。国外的企业及投资的项目越来越多地进入国内市场，我国企业走出国门在海外投资和经营的项目也在增加。为了适应这种对外开放建设市场的要求，就必须与国际通行的计价方法相适应，为建设市场主体创造一个与国际惯例接轨的市场竞争环境。工程量清单计价是国际通行的计价做法，在我国实行工程量清单计价，有利于提高国内建设各方主体参与国际化竞争的能力，有利于提高工程建设的管理水平。

(2)"计价规范"编制的指导思想和原则

根据建设部令第107号《建筑工程施工发包与承包计价管理办法》，结合我国工程造价管理现状，总结有关省市工程量清单试点的经验，参照国际上有关工程量清单计价通行的做法，编制中遵循的指导思想是按照政府宏观调控、市场竞争形成价格的要求，创造公平、公正、公开竞争的环境，以建立全国统一的、有序的建筑市场，既要与国际惯例接轨，又要考虑我国的实际。

编制工作除了遵循上述指导思想外，主要坚持以下原则。

① 政府宏观调控、企业自主报价、市场竞争形成价格的原则。按照政府宏观调控、市场竞争形成价格的指导思想，为规范发包方与承包方计价行为，确定了工程量清单计价的原则、方法和必须遵守的规则，包括统一项目编码、项目名称、计量单位、工程量计算规则等。留给企业自主报价，参与市场竞争的空间，将属于企业性质的施工方法、施工措施和人工、材料、机械的消耗量水平、取费等由企业来确定，给企业充分选择的权利，以促进生产力的发展。

② 与现行消耗量定额既有机结合又有所区别的原则。"计价规范"在编制过

程中，以现行的"全国统一工程消耗量定额"为基础，特别是项目划分、计量单位、工程量计算规则等方面，尽可能多地与定额衔接。原因主要是消耗量定额是我国经过几十年实践的总结，这些内容具有一定的科学性和实用性。与工程消耗量定额有所区别的主要原因是消耗量定额是按照计划经济的要求制订发布贯彻执行的，其中有许多不适应"计价规范"编制指导思想之处，主要表现在：a. 定额项目是国家规定以工序为划分项目的原则；b. 施工工艺、施工方法是根据大多数企业的施工方法综合取定的；c. 人工、材料、机械消耗量是根据社会平均水平综合测定的；d. 取费标准是根据不同地区平均测算的。因此企业报价时就会表现为平均主义，企业不能结合项目具体情况、自身技术管理水平自主报价，不能充分调动企业加强管理的积极性。

③ 既考虑我国工程造价管理的现状，又尽可能与国际惯例接轨的原则。"计价规范"要根据我国当前工程建设市场发展的形势，逐步解决定额计价中与当前工程建设市场不相适应的因素，适应我国社会主义市场经济发展的需要，适应与国际接轨的需要，积极稳妥地推行工程量清单计价。因此，在编制中，既借鉴了世界银行、菲迪克(FIDIC)、英联邦国家以及香港等的一些做法，同时也结合了我国现阶段的具体情况。如实体项目的设置方面，就结合了当前按专业设置的一些情况，有关名词尽量沿用国内习惯。

(3)"计价规范"的主要内容

工程量清单计价方法，是建设工程招标投标中，招标人按照国家统一的工程量计算规则提供工程数量，由投标人依据工程量清单自主报价，并按照经评审低价中标的工程造价计价方式。

① 工程量清单，是表现拟建工程的分部分项工程项目、措施项目、其他项目名称和相应数量的明细清单。由招标人按照"计价规范"附录中统一的项目编码、项目名称、计量单位和工程量计算规则进行编制，包括分部分项工程量清单、措施项目清单和其他项目清单。

② 工程量清单计价，是指投标人完成由招标人提供的工程量清单所需的全部费用，包括分部分项工程费、措施项目费、其他项目费和规费、税金。

③ 工程量清单计价采用综合单价计价。综合单价是指完成规定计量单位项目所需的人工费、材料费、机械使用费、管理费、利润，并考虑风险因素。

"计价规范"包括正文和附录两大部分，两者具有同等效力。正文共五章，包括总则、术语、工程量清单编制、工程量清单计价、工程量清单及其计价格式等内容，分别就"计价规范"的适用范围、遵循的原则、编制工程量清单应遵循的规则、工程量清单计价活动的规则、工程量清单及其计价格式作了明确规定。

附录包括：附录 A 建筑工程工程量清单项目及计算规则；附录 B 装饰装修工

程工程量清单项目及计算规则;附录C安装工程工程量清单项目及计算规则;附录D市政工程工程量清单项目及计算规则;附录E园林绿化工程工程量清单项目及计算规则。附录中包括项目编码、项目名称、项目特征、计量单位、工程量计算规则和工程内容,其中项目编码、项目名称、计量单位、工程量计算规则作为四统一的内容,要求招标人在编制工程量清单时必须执行。

(4)"计价规范"的特点

① 强制性

强制性主要表现在如下两方面:一是由建设主管部门按照强制性国家标准的要求批准颁布,规定全部使用国有资金,或国有资金投资为主的大中型建设工程,应按计价规范规定执行;二是明确工程量清单是招标文件的组成部分,并规定了招标人在编制工程量清单时,必须遵守的规则,做到四统一,即统一项目编码、统一项目名称、统一计量单位、统一工程量计算规则。

② 实用性

附录中工程量清单项目及计算规则的项目名称,表现的是工程实体项目,项目名称明确清晰,工程量计算规则简洁明了,特别还列有项目特征和工程内容。易于编制工程量清单时确定具体项目名称和投标报价。

③ 竞争性

竞争性主要表现在两个方面:一是"计价规范"中的措施项目,在工程量清单中只列"措施项目"一栏,具体采用什么措施,如模板、脚手架、临时设施、施工排水等详细内容由投标人根据企业的施工组织设计,视具体情况报价。因为这些项目在各个企业间各有不同,是企业竞争项目,是留给企业竞争的空间。二是"计价规范"中人工、材料和施工机械没有具体的消耗量,投标企业可以依据企业的定额和市场价格信息,也可以参照建设行政主管部门发布的社会平均消耗量定额进行报价。"计价规范"将报价权交给了企业。

④ 通用性

采用工程量清单计价将与国际惯例接轨,符合工程量计算方法标准化,工程量计算规则统一化,工程造价确定市场化的要求。

11. 建筑工程费用项目构成和计算方法

建筑工程费由直接费、间接费、利润和税金组成。建筑工程费用项目(适用于定额计价)组成,如图1.33所示。

(1)直接费

直接费是指在工程施工过程中,直接耗费的构成工程实体和有助于工程形成的各项费用。直接费由直接工程费和措施费组成。

① 直接工程费

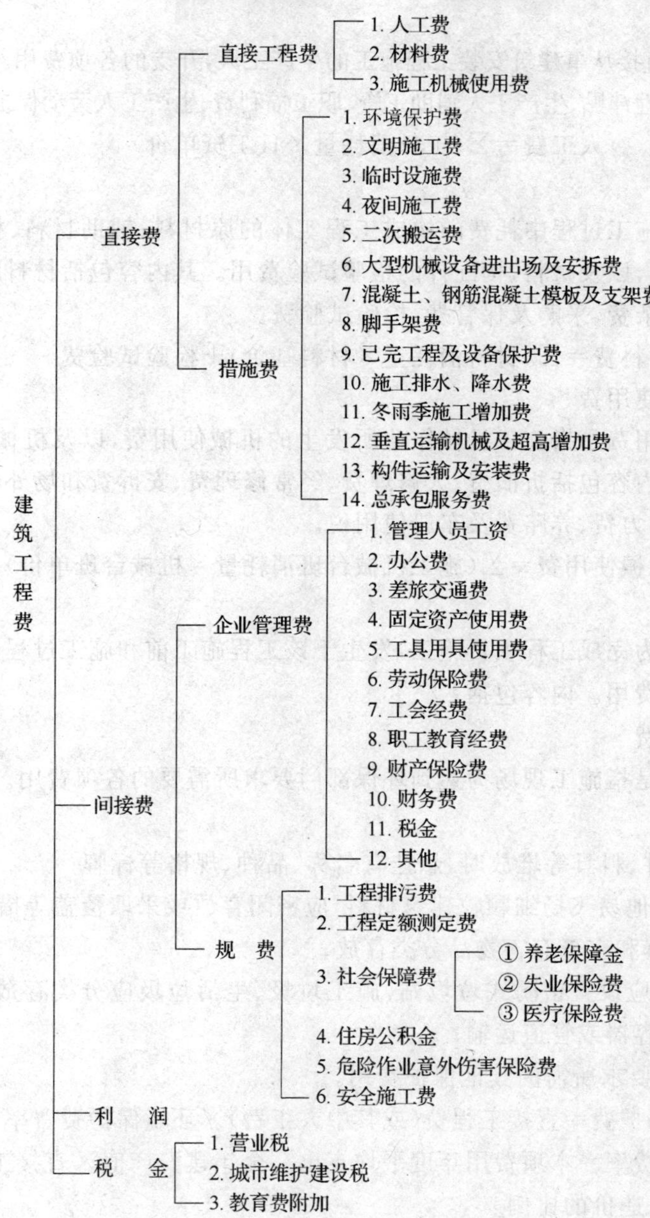

图 1.33 建筑工程费用项目组成表

直接工程费是指施工过程中耗费的构成工程实体的各项费用，包括人工费、材料费、施工机械使用费，即

$$直接工程费＝人工费＋材料费＋施工机械使用费$$

• 人工费

人工费是指直接从事建筑安装工程施工的生产工人,开支的各项费用。其内容包括基本工资、工资性津贴、生产工人辅助工资、职工福利费、生产工人劳动保护费。

人工费＝∑(工日消耗量×日工资单价)

• 材料费

材料费是指施工过程中耗费的构成工程实体的原材料、辅助材料、构配件、零件、半成品的费用,以及材料、构配件的检验试验费用。其内容包括材料原价(或供应价格)、材料运杂费、采购及保管费、检验试验费。

材料费＝∑(材料消耗量×材料基价)＋检验试验费

• 施工机械使用费

施工机械使用费是指施工机械作业所发生的机械使用费,以及机械安拆费和场外运输费。其内容包括折旧费、大修理费、经常修理费、安拆费和场外运输费、机上人工费、燃料动力费、养路费及车船使用税。

施工机械使用费＝∑(施工机械台班消耗量×机械台班单价)

② 措施费

措施费是指为完成工程项目施工,发生于该工程施工前和施工过程中,非工程实体项目的措施费用。内容包括:

• 环境保护费

环境保护费是指施工现场为达到环保部门要求所需要的各项费用。环境保护费内容包括:

a. 材料、构件、料具等堆放时,悬挂有名称、品种、规格等标牌;

b. 水泥和其他易飞扬细颗粒建筑材料,应密闭存放或采取覆盖等措施;

c. 易燃、易爆和有毒有害物品分类存放;

d. 施工现场应设置密闭式垃圾站,施工垃圾、生活垃圾应分类存放。施工垃圾必须采用相应容器或管道运输;

e. 环保部门要求所需的其他保护费用。

环境保护费＝直接工程费(或其中人工费)×环境保护费费率

环境保护费费率＝本项费用年度平均支出/[全年建安产值×直接工程费(或其中人工费)占总造价的比例]

• 文明施工费

文明施工费是指施工现场文明施工所需要的各项费用。文明施工费内容包括:

a. 施工现场围挡。现场采用封闭围挡,高度不小于1.8 m;围挡材料可采用彩色钢板、定型钢板、砖、混凝土砌块等墙体;

b. 在进门处悬挂工程概况、管理人员名单及监督电话、安全生产、文明施工、消防保卫五板，施工现场总平面图等；

c. 现场出入的大门，应设有本企业标识或企业标识；

d. 场容场貌要求，道路畅通，排水沟、排水设施通畅，工地地面硬化处理，绿化等；

e. 宣传栏等其他有特殊要求的文明施工做法，即

文明施工费＝直接工程费(或其中人工费)×文明施工费费率

文明施工费费率＝本项费用年度平均支出/[全年建安产值×直接工程费(或其中人工费)占总造价的比例]

• 临时设施费

临时设施费是指施工企业，为进行建筑工程施工所必须搭设的生活和生产用的临时建筑物、构筑物和其他临时设施费用等。

临时设施包括：临时宿舍，文化福利及公用事业房屋与构筑物、仓库、办公室、加工厂，以及规定范围内道路、水、电、管线等临时设施和小型临时设施。水、电、路供至单体工程中心 50 m 半径范围内，并设水电表。不能按要求提供的，另行单独计算费用。

现场办公生活设施的具体要求：

a. 施工现场办公、生活区与作业区分开设置，保持安全距离。

b. 工地办公室、现场宿舍、食堂、厕所、饮水、休息场所符合卫生和安全要求。

c. 按照 TN-S 系统要求配备五芯电缆、四芯电缆和三芯电缆；按要求架设临时用电线路的电杆、横担、瓷夹、瓷瓶等，或电缆埋地的地沟；对靠近施工现场的外电线路，设置木质、塑料等绝缘体的防护设施。

d. 按三级配电要求，配备总配电箱、分配电箱、开关箱三类标准电箱。开关箱应符合一机、一箱、一闸、一漏。三类电箱中的各类电器应是合格品，按两级保护的要求，选取符合容量要求和质量合格的总配电箱和开关箱中的漏电保护器。施工现场保护零线的重复接地应不少于三处。

e. 施工现场生活用水及施工用水符合使用要求。

临时设施费用包括临时设施的搭设、维修、拆除费或摊销费。

临时设施费＝(周转使用临建费＋一次性使用临建费)×(1＋其他临时设施所占比例)

其中：

① 周转使用临建费：∑[临建面积(平方米)×每平方米造价/(使用年限×365×利用率)×工期(天)]＋一次性拆除费

② 一次性使用临建费＝∑临建面积(平方米)×每平方米造价×(1－残值率)＋

一次性拆除费

③ 其他临时设施所占比例＝其他临时设施费/（周转使用临建费＋一次性使用临建费）或临时设施费＝直接工程费（或其中人工费）×临时设施费费率

临时设施费费率＝本项费用年度平均支出/［全年建安产值×直接工程费（或其中人工费）占总造价的比例］

• 夜间施工费

夜间施工费是指因夜间施工所发生的夜班补助费、夜间施工降效、夜间施工照明设备摊销及照明用电等费用。

夜间施工增加费＝（一合同工期（天）/定额工期（天））×（直接工程费中的人工费合计/平均日工资单价）×每工日夜间施工费开支

• 二次搬运费

二次搬运费是指因施工场地狭小等特殊情况，而发生的二次搬运费用。若确因场地狭窄，按经过批准的施工组织设计，必须在施工现场之外存放材料或必须在施工现场采用立体架构形式存放材料时，其由场外至场内的运输费用或立体架构所发生的搭设费用，按实计算。

二次搬运费＝直接工程费（或其中人工费）×二次搬运费费率

二次搬运费费率＝年平均二次搬运费开支额/［全年建安产值×直接工程费（或其中人工费）占总造价的比例］

• 大型机械设备进出场及安拆费

大型机械设备进出场及安拆费，是指机械整体或分体，自停放场地运至施工现场，或由一个施工地点运至另一个施工地点，所发生的机械进出场运输转移费用及机械在施工现场进行安装、拆卸所需的人工费、材料费、机械费、试运转费和安装所需的辅助设施的费用。

大型机械设备进出场及安拆费＝一次进出场及安拆费×年平均安拆次数/年工作台班

• 混凝土、钢筋混凝土模板及支架费

混凝土、钢筋混凝土模板及支架费，是指混凝土施工过程中需要的各种钢模板、木模板、支架等的支、拆、运输费用及模板、支架的摊销（或租赁）费用。

a. 模板及支架费＝模板摊销量×模板价格＋支、拆、运输费

摊销量＝一次使用量×（1＋施工损耗）×［1＋（周转次数－1）×补损率－（1－补损率）×50%］/周转次数

b. 租赁费＝模板使用量×使用日期×租赁价格＋支、拆、运输费

• 脚手架费

脚手架费是指施工需要的各种脚手架搭、拆、运输费用及脚手架的摊销（或租

赁)费用。

a. 脚手架搭拆费＝脚手架摊销量×脚手架价格＋搭、拆、运输费

b. 脚手架摊销量＝[单位一次使用量×(残值率)/耐用期(天)]×一次使用期(天)

c. 租赁费＝脚手架每日租金×搭设周期＋搭、拆、运输费

• 已完工程及设备保护费

已完工程及设备保护费是指竣工验收前，对已完工程及设备进行保护所需的费用。

已完工程及设备保护费＝成品保护所需机械费＋材料费＋人工费

• 施工排水、降水费

施工排水、降水费是指为确保工程在正常条件下施工，采取各种排水、降水措施降低地下水位所发生的各种费用。

排水降水费＝∑排水降水机械台班费×排水降水周期＋排水降水使用材料费、人工费

• 冬雨季施工增加费

冬雨季施工增加费是指在冬雨季施工期间，为保证工程质量，采取保温、防护措施所增加的费用，以及因工效和机械作业效率降低所增加的费用。

a. 冬季施工增加费＝拟建工程合同工期内冬季施工采取保温措施所需的人工费＋材料费＋人工降效费＋施工机械降效费＋施工规范规定的技术措施费

b. 雨季施工增加费＝拟建工程合同工期内雨季施工采取防护及排水措施所需的人工费＋材料费＋人工降效费＋施工机械降效费

冬雨季施工增加费:a.＋b. 或冬雨季施工增加费－直接工程费(或其中人工费)×冬雨季施工增加费费率

冬雨季施工增加费费率＝本项费用年度平均支出/[全年建安产值×直接工程费(或其中人工费)占总造价的比例]

• 垂直运输机械及超高增加费

垂直运输机械及超高增加费，是指工程施工需要的垂直运输机械使用费和建筑物高度超过 20 m 时，人工、机械降效等所增加的费用。

a. 垂直运输机械费＝机械消耗数量×机械台班单价

b. 超高增加费＝人工降效＋机械降效

◇人工降效＝建筑物±0.00 m 以上全部人工消耗数量×降效系数×人工单价

◇机械降效＝建筑物±0.00 m 以上全部机械(除垂直运输机械所含机械)消耗数量×降效系数×相应机械台班单价

• 构件运输及安装费

构件运输及安装费是指混凝土、金属构件、门窗等自堆放地或构件加工厂至施工吊装点的运输费用，以及混凝土、金属构件的吊装费用。

a. 构件运输费＝构件装卸费＋构件运输材料费＋运输机械消耗数量×机械台班单价

b. 构件安装费＝构件安装人工费＋构件安装材料费＋构件安装机械消耗数量×机械台班单价＋构件制作费(或成品构件费)＋构件灌缝费

• 总承包服务费

总承包服务费是指为配合、协调招标人进行的工程分包和材料采购所需的费用。

总承包服务费按相应规定计取。

1. 间接费

间接费是指建筑安装企业，组织施工生产和经营管理的费用，以及政府和有关权力部门规定必须缴纳费用的总称。间接费由企业管理费和规费组成。

(1)企业管理费

企业管理费是指建筑安装企业，组织施工生产和经营管理所需费用。企业管理费包括如下内容。

① 管理人员工资

管理人员工资是指管理人员的基本工资、工资性补贴、职工福利费、劳动保护费等。

② 办公费

办公费是指企业办公用的文具、纸张、账表、印刷、邮电、书报、会议、水电、烧水和集体取暖(包括现场临时宿舍取暖)用煤等费用。

③ 差旅交通费

差旅交通费是指职工因公出差、调动工作的差旅费、住勤补助费，市内交通费和误餐补助费，职工探亲路费，劳动力招募费，职工离退休、退职一次性路费，工伤人员就医路费，工地转移费及管理部门使用的交通工具油料、燃料、养路费及牌照费等。

④ 固定资产使用费

固定资产使用费，是指管理和试验部门及附属生产单位使用的属于固定资产的房屋、设备仪器等的折旧、大修、维修或租赁费。

⑤ 工具用具使用费

工具用具使用费，是指管理部门使用的不属于固定资产的工具、器具、家具、交通工具和检验、试验、测绘、消防用具等的购置、维修和摊销费。

⑥ 劳动保险费

劳动保险费，是指由企业支付离退休职工的易地安家补助费、职工退职金、六个月以上的病假人员工资、职工死亡丧葬补助费、抚恤费、按规定支付给离休干部的各项经费。

⑦ 工会经费

工会经费是指企业按职工工资总额计提的工会经费。

⑧ 职工教育经费

职工教育经费，是指企业为职工学习先进技术和提高文化水平，按职工工资总额计提的费用。

⑨ 财产保险费

财产保险费是指施工管理用财产、车辆保险。

⑩ 财务费

财务费是指企业为筹集资金而发生的各种费用。

⑪ 税金

税金是指企业按规定缴纳的房产税、车船使用税、土地使用税、印花税等。

⑫ 其他

其他包括技术转让费、技术开发费、业务招待费、绿化费、广告费、公证费、法律顾问费、审计费、咨询费等。

企业管理费＝(直接工程费＋措施费)×企业管理费费率

企业管理费费率计算公式如下：

a. 以直接费为计算基础。

企业管理费费率＝[生产工人年平均管理费/(年有效施工天数×人工单价)]×人工费占直接费比例

b. 以人工费和机械费合计为计算基础。

企业管理费费率＝生产工人年平均管理费/[年有效施工天数×(人工单价＋每日机械使用费)]

c. 以人工费为计算基础。

企业管理费费率＝生产工人年平均管理费/(年有效施工天数×人工单价)

(2)规费

规费是指政府和有关权力部门规定必须缴纳的费用。规费包括下述内容。

1)工程排污费

工程排污费是指施工现场按规定缴纳的工程排污费。

2)工程定额测定费

工程定额测定费是指按规定缴纳工程造价(定额)管理部门的定额测定费。

3)社会保障费

① 养老保障金是指企业按省财政厅、省建设厅鲁财综[2003]25号文件的规定标准为职工缴纳的养老保障金。

② 失业保险费是指企业按照国家规定标准为职工缴纳的失业保险费。

③ 医疗保险费是指企业按照规定标准为职工缴纳的基本医疗保险费。

4)住房公积金

住房公积金是指企业按规定标准为职工缴纳的住房公积金。

5)危险作业意外伤害保险

危险作业意外伤害保险是指按照建筑法规定，企业为从事危险作业的建筑安装施工人员支付的意外伤害保险费。

6)安全施工费

安全施工费是指按《建设工程安全生产管理条例》规定，为保证施工现场安全施工所必需的各项费用。

安全施工费内容包括接料平台、上下脚手架人行通道(斜道)、一般防护、防护围栏、消防安全防护、临边洞口交叉高处作业防护、安全警示标志牌及其他必要的安全措施。

① 接料平台安全要求:脚手架横向外侧1～2 m处的部位，从底部随脚手架同步搭设，包括架杆、扣件、脚手架、拉结短管、基础垫板和钢底座;在脚手架横向1～2 m处的部位，在建筑物层间地板处用两根型钢外挑，形成外挑平台，包括两根型钢、预埋件、斜拉钢丝绳、平台底座垫板、平台进(出)料口门以及周边两道水平栏杆。

② 上下脚手架人行通道(斜道)安全要求。多层建筑施工随脚手架搭设的上下脚手架的斜道，一般成"之"字形。

③ 一般防护包括安全网(水平网、密目式立网)、安全帽、安全带。

④ 通道棚内容包括杆架、扣件、脚手板。

⑤ 防护围栏包括建筑物作业周边防护栏杆，施工电梯和物料提升机吊篮升降处防护栏杆，配电箱和固位使用的施工机械周边围栏、防护棚，基坑周边防护栏杆以及上下人斜道防护栏杆。

⑥ 消防安全防护包括灭火器、砂箱、消防水桶、消防铁锹(钩)、高层建筑物安装消防水管(钢管、软管)、加压泵等。

⑦ 楼板、屋面、阳台等临边防护安全要求。用密目式安全立网全封闭，作业层另加两边防护栏杆和18 cm高的踢脚板。

⑧ 通道口防护安全要求。设防护棚，防护棚应为不小于5 cm厚的木板或两道相距50 cm的竹笆。两侧应沿栏杆架，用密目式安全网封闭。

⑨ 预留洞口防护安全要求。用木板全封闭;短边超过1.5 m长的洞口，除封闭外四周还应设有防护栏杆。

⑩ 电梯井口防护安全要求。设置定型化、工具化、标准化的防护门；在电梯井内每隔两层(不大于10 mm)设置一道安全平网。

⑪ 楼梯边防护安全要求。设1.2 m高的定型化、工具化、标准化的防护栏杆，18 cm高的踢脚板。

⑫ 垂直方向交叉作业防护，包括设置防护隔离棚或其他设施。

⑬ 高空作业防护安全要求。有悬挂安全带的悬索或其他设施；有操作平台；有上下的梯子或其他形式的通道。

⑭ 安全警示标志牌设置要求。危险部位悬挂安全警示牌、各类建筑材料及废弃物堆放标志牌。

⑮ 其他必要的安全措施，包括各种应急救援预案的编制、培训和有关器材的配置及检修等费用等，即

规费＝(直接费＋企业管理费＋利润)×规费费率

规费费率应根据本地区典型工程发承包价的分析资料综合取定。规费计算中所需的数据有：

① 每万元发承包价中人工费含量和机械费含量。

② 人工费占直接费的比例。

③ 每万元发承包价中所含规费缴纳标准的各项基数。

规费费率的计算公式如下：

① 以直接费为计算基础。

规费费率＝[∑规费缴纳标准×每万元发承包价计算基数/每万元发承包价中的人工费含量]×人工费占直接费的比例

② 以人工费和机械费合计为计算基础。

规费费率＝∑[规费缴纳标准×每万元发承包价计算基数/每万元发承包价中的人工费含量和机械费含量]

③ 以人工费为计算基础。

规费费率＝∑[规费缴纳标准×每万元发承包价计算基数/每万元发承包价中的人工费含量]

2. 利润

利润是指施工企业完成所承包工程获得的盈利。费用定额规定的利润率是按拟建单位工程类别确定的，即按其建筑性质、规模大小、施工难易程度等因素实施差别利率。建筑业企业可依据本企业经营管理水平和建筑市场供求情况，自行确定本企业的利润水平。

利润＝(直接工程费＋措施费)×利润率

利润率＝典型工程利润/(典型工程直接工程费＋措施费)

3. 税金

税金是指国家税法规定的应计入建筑工程造价内的营业税、城市维护建设税及教育费附加(简称两税一费)。国家为了集中必要的资金,保证重点建设,加强基本建设管理,控制固定资产投资规模,对各施工企业承包工程的收入征收营业税,对承建工程单位征收城市建设维护税和教育费附加。该费用由工程承包人代收,并按规定及时足额交纳给工程所在地的税务部门。

税金=税前造价(含利润)×税率

1.6.2 施工图基础知识

土木工程施工图主要包括建筑施工图和结构施工图等。

1. 建筑施工图

• 施工图概括

建筑施工图首页图是建筑施工图的第一张图样,主要内容包括图样目录、设计总说明、工程做法表和门窗表。

• 图样目录

图样目录说明工程由哪几类专业图样组成,各专业图样的名称、张数和图纸顺序,以便查阅图样。

• 设计总说明

设计总说明是对图样中无法表达清楚的内容用文字加以详细的说明,其主要内容有:建设工程概况、建筑设计依据、所选用的标准图集的代号、建筑装修、构造的要求,以及设计人员对施工单位的要求。

• 工程做法表

工程做法表主要是对建筑各部位构造做法用表格的形式加以详细说明。在表中对各施工部位的名称、做法等详细表达清楚,如采用标准图集中的做法,应注明所采用标准图集的代号,做法编号,如有改变,在备注中说明。

• 门窗表

门窗表是对建筑物上所有不同类型的门窗统计后列成的表格,以备施工、预算需要。在门窗表中应反映门窗的类型、大小、所选用的标准图集及其类型编号,如有特殊要求,应在备注中加以说明。

• 建筑总平面图

将新建工程四周一定范围内的新建、拟建、原有和拆除的建筑物、构筑物连同其周围的地形、地物状况用水平投影方法和相应的图例所画出的工程图样,即为总平面图。主要是表示新建房屋的位置、朝向、与原有建筑物的关系,以及周围道路、绿化和给水、排水、供电条件等方面的情况。总平面图中一般应表示如下内容:

① 新建建筑物所处的地形。如地形变化较大，应画出相应的等高线。

② 新建建筑物的位置，总平面图中应详细地绘出其定位方式。

③ 相邻原有建筑物、拆除建筑物的位置或范围。

④ 附近的地形、地物等，如道路、河流、水沟、池塘、土坡等。应注明道路的起点、变坡、转折点、终点以及道路中心线的高程、坡向等。

⑤ 指北针或风向频率玫瑰图。在总平面图中通常画有带指北针的风向频率玫瑰图（风玫瑰），用来表示该地区常年的风向频率和房屋的朝向。

⑥ 绿化规划和管道布置。因总平面图所反映的范围较大，常用的比例为1∶500、1∶1 000、1∶2 000、1∶5 000等。

2. 建筑平面图

建筑平面图是用一个假想的水平剖切平面沿略高于窗台的位置剖切房屋，移去上面部分，剩余部分向水平面做正投影，所得的水平剖面图，称为建筑平面图，简称平面图。建筑平面图反映新建建筑的平面形状、房间的位置、大小、相互关系、墙体的位置、厚度、材料、柱的截面形状与尺寸大小，门窗的位置及类型。是施工时放线、砌墙、安装门窗、室内外装修及编制工程预算的重要依据，是建筑施工中的重要图样。

一般情况下，房屋有几层，就应画几个平面图，并在图的下方注写相应的图名。多层建筑的平面图一般由底层平面图、标准层平面图、顶层平面图，屋顶平面图组成。

建筑平面图常用的比例是1∶50，1∶100或1∶200，其中1∶100使用最多。

建筑平面图的图示内容：

① 表示所有轴线及其编号、以及墙、柱、墩的位置、尺寸。

② 表示出所有房间的名称及其门窗的位置、编号与大小。

③ 注出室内外的有关尺寸及室内楼地面的高程。

④ 表示电梯、楼梯的位置及楼梯上下行方向及主要尺寸。

⑤ 表示阳台、雨篷、台阶、斜坡，烟道、通风道、管井，消防梯、雨水管、散水、排水沟、花池等位置及尺寸。

⑥ 画出室内设备，如卫生器具、水池、工作台、隔断及重要设备的位置、形状。

⑦ 表示地下室、地坑、地沟，墙上预留洞、高窗等位置尺寸。

⑧ 在底层平面图上还应该画出剖面图的剖切符号及编号。

⑨ 标注有关部位的详图索引符号。

⑩ 底层平面图左下方或右下方画出指北针。

⑪ 屋顶平面图上一般应表示出：女儿墙、檐沟、屋面坡度、分水线与雨水口、变形缝、楼梯间、水箱间、天窗、上人孔、消防梯及其他构筑物、索引符号等。

(1)建筑平面图的识读

• 底层平面图的识读

下面以某住宅楼底层平面图为例说明平面图的读图方法。如图 1.34 所示。

① 了解平面图的图名、比例。从图中可知该图为底层平面图,比例 1∶100。

② 了解建筑的朝向。从指北针得知该住宅楼是座北朝南的方向。

③ 了解建筑的平面布置。该住宅楼横向定位轴线 13 根,纵向定位轴线 6 根,共有两个单元,每单元两户,其户型相同,每户住宅有南、北两个卧室,一个客厅(阳面)、一间厨房、一个卫生间,一个阳台(凹阳台)、楼梯间有两个管道井。A 轴线外面 750 mm×600 mm 的小方格表示室外空调机的搁板。

④ 了解建筑平面图上的尺寸。建筑平面图上标注的尺寸均为未经装饰的结构断面尺寸。

建筑平面图上的尺寸分为内部尺寸和外部尺寸。

内部尺寸:说明房间的净空大小和室内的门窗洞、孔洞、墙厚和固定设备(如厕所、盥洗室等)的大小位置。如图中 D1、D2(洞 1、洞 2)距离 E 轴线为 1 000 mm,D3(洞 3)距离门边为 1 000 mm,卫生间隔墙距离①轴线 2 400 mm,这些都是定位尺寸。

外部尺寸:为了便于施工读图,平面图下方及左侧应注写三道尺寸,如有不同时,其他方向也应标注。这三道尺寸从里向外分别是:

第一道尺寸:表示建筑物外墙门窗洞口等各细部位置的大小及定位尺寸。如 A 轴线墙上 C-6 的洞宽是 2 800 mm,B 轴线上 C-5 的洞宽是 2 100 mm,两窗洞间的距离(750+750) mm=1 500 mm,而两 C-6 洞间的距离为(1 075+1 075) mm=2 150 mm。

第二道尺寸:表示定位轴线之间的尺寸。相邻横向定位轴线之间的尺寸称为开间,相邻纵向定位轴线之间的尺寸称为进深。本图中客厅的开间为 4 950 mm,进深为 5 100 mm,阳面卧室的开间为 3 600 mm,进深为 5 100 mm。

第三道尺寸:表示建筑物外墙轮廓的总尺寸,从一端外墙边到另一端外墙边的总长和总宽,如图中建筑总长是 34 700 mm,总宽 15 200 mm。

⑤ 了解建筑中各组成部分的高程情况。在平面图中,对于建筑物各组成部分,如地面、楼面、楼梯平台面、室外台阶面、阳台地面等处,应分别注明高程,这些高程均采用相对高程(小数点后保留 3 位小数),如有坡度时,应注明坡度方向和坡度值,该建筑物室内地面高程为±0.000,室外地面高程为-1.200 m,表明了室内外地面的高度差值为 1.200 m。

⑥ 了解门窗的位置及编号。为了便于读图,在建筑平面图中门采用代号 M 表示、窗采用代号 C 表示,并加编号以便区分。如图中的 C-1、M-1 等。在读图时

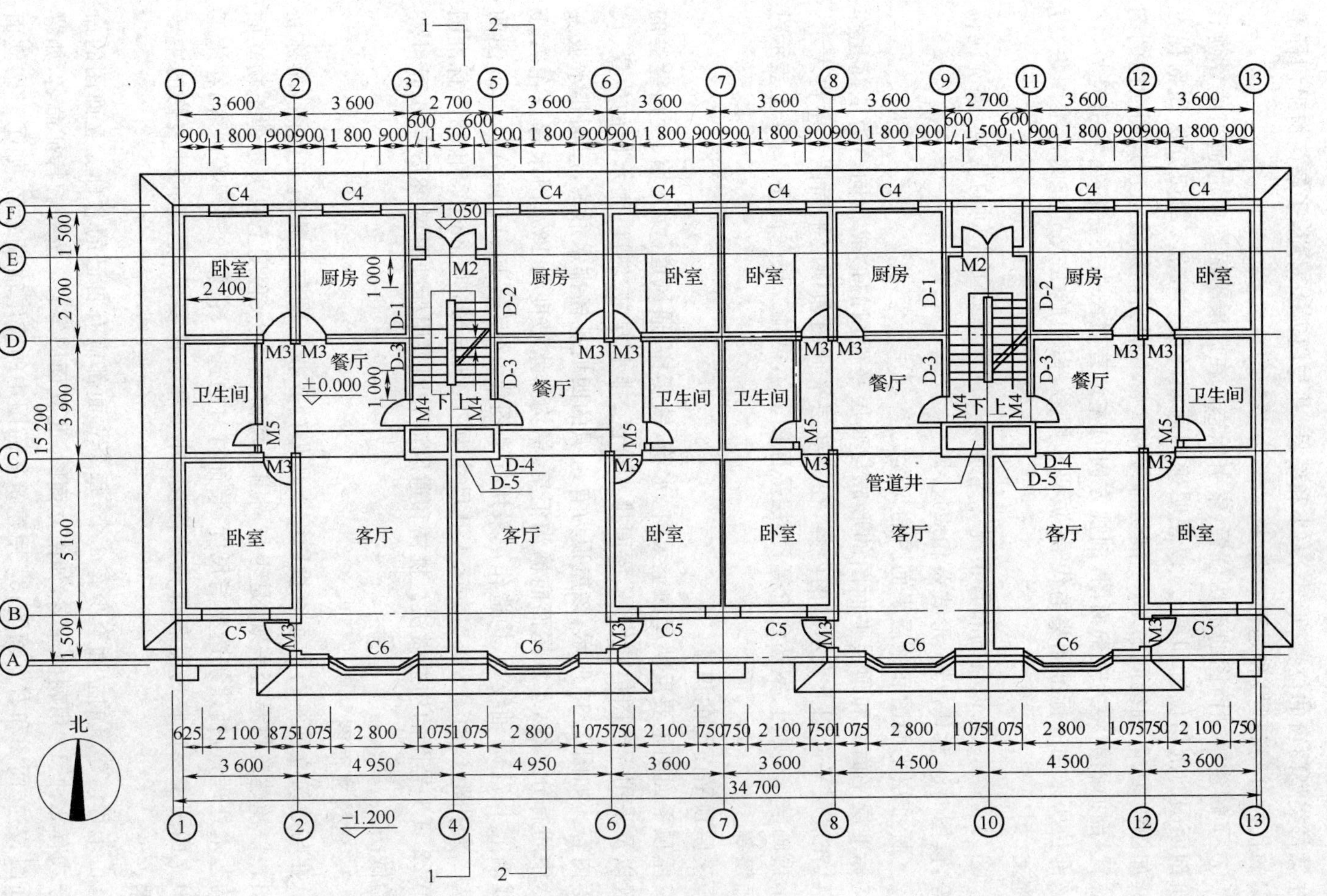

图 1.34　底层平面图(尺寸:mm)

应注意每类型门窗的位置、形式、大小和编号，并与门窗表对应，了解门窗采用标准图集的代号、门窗型号和是否有备注。

⑦ 了解建筑剖面图的剖切位置、索引标志。在底层平面图中的适当位置画有建筑剖面图的剖切位置和编号，以便明确剖面图的剖切位置、剖切方法和剖视方向。如图中④、⑤轴线间的 1—1 剖切符号和 2—2 剖切符号，表示建筑剖面图的剖切位置，剖面图类型为全剖面图，剖视方向向左。有时图中还标注出索引符号，注明该部位所采用的标准图集的代号、页码和图号，以便施工人员查阅标准图集，方便施工。

⑧ 了解各专业设备的布置情况。建筑物内的设备如卫生间的便池、盥洗池位置等，读图时注意其位置、形式及相应尺寸。

• 标准层平面图和顶层平面图的识读

标准层平面图和顶层平面图的形成与底层平面图的形成相同。为了简化作图，已在底层平面图上表示过的内容，在标准层平面图和顶层平面图上不再表示，如不再画散水、明沟、室外台阶等；顶层平面图上不再画二层平面图 1.34 上表示过的雨篷等。

• 屋顶平面图的识读

屋顶平面图主要反映屋面上天窗、水箱、铁爬梯、通风道、女儿墙、变形缝等的位置以及采用标准图集的代号、屋面排水分区、排水方向、坡度、雨水口的位置、尺寸等内容。如图 1.35 所示，该屋顶为有组织的四坡挑檐排水形式，屋面排水坡度 2%，中间有分水线，水从屋面向檐沟汇集，檐沟排水坡度为 1%，雨水管设在 A、F 轴线墙上 1、7、13 轴线处，构造作法采用标准图集 98J5 第 10、14 页 A、1、4、5 图的做法。人孔距 C 轴线 2 050 mm，人孔尺寸为 700 mm×600 mm，采用 98J5 标准图集第 22 页 1 号图的构造做法。挑檐和通风道分别采用标准图集 98J5 第 6 页和 23 页的做法。

3. 建筑立面图

在与建筑立面平行的垂直投影面上所做的正投影图称为建筑立面图，简称立面图。一幢建筑物是否美观，是否与周围环境协调，很大程度上取决于建筑物立面上的艺术处理，包括建筑造型与尺度、装饰材料的选用、色彩的选用等内容，在施工图中立面图主要反映房屋各部位的高度、外貌和装修要求，是建筑外装修的主要依据。

由于每幢建筑的立面至少有 3 个，每个立面都应有自己的名称。立面图的命名方式有 3 种：1. 用朝向命名，如南立面图、北立面图等；2. 按外貌特征命名，如背立面图、左立面图和右立面图；3. 用建筑平面图中的首尾轴线命名，如①－⑦立面图，⑦－①立面图等。每套施工图只能采用其中的一种方式命名。

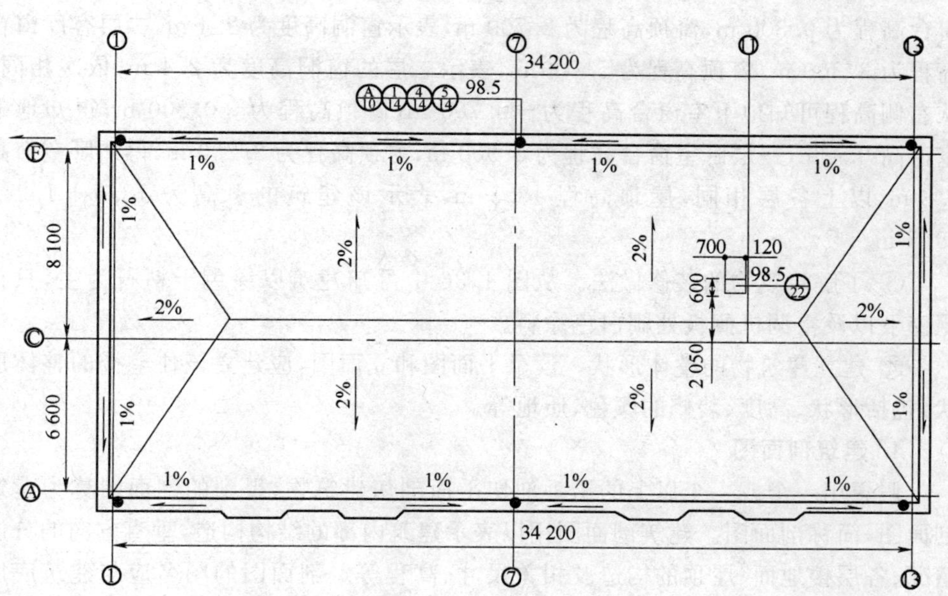

图 1.35 屋顶平面图(尺寸:mm)

(1)建筑立面图的图示内容

① 画出从建筑物外可以看见的室外地面线,房屋的勒脚、台阶、花池、门、窗、雨篷、阳台、室外楼梯、墙体外边线、檐口、屋顶、雨水管、墙面分格线等内容。

② 注出建筑物立面上的主要高程。如室外地面的高程、台阶表面的高程、各层门窗洞口的高程、阳台、雨篷、女儿墙顶、屋顶水箱间及楼梯间屋顶的高程。

③ 注出建筑物两端的定位轴线及其编号。

④ 注出需要详图表示的索引符号。

⑤ 用文字说明外墙面装修的材料及其做法。如立面图局部需画详图时应标注详图的索引符号。

(2)立面图的识读

下面以图 1.36 所示某住宅楼正立面图为例说明立面图的读图方法。

① 从正立面图上了解该建筑的外貌形状,并与平面图对照深入了解屋面、名称、雨篷、台阶等细部形状及位置。从图中可知,该住宅楼为六层,客厅窗为外飘窗,窗下墙呈八字形,相邻两户客厅的窗下墙之间装有空调室外机的搁板,每两卧室窗上方也装有室外空调机搁板。屋面为平屋面。

② 从立面图上了解建筑的高度。从图中看到,在立面图的左侧和右侧都注有

高程，从左侧高程可知室外地面高程为－1.200 m，室内高程为±0.000，一层客厅窗台高程为0.300 m，窗顶高程为2.700 m，表示窗洞高度为2.4 m，二层客厅窗台高程为3.300 m，窗顶高程为5.700 m，表示二层的窗洞高度为2.4 m，依次相同。从右侧高程可知地下室窗台高程为－0.700 m，窗顶高程为－0.300 m，得知地下室窗高0.4 m，一层卧室窗台高程为0.900 m，窗顶高程为2.700 m，得知卧室窗高1.8 m，以上各层相同，屋顶高程18.5 m，表示该建筑的总高为18.5＋1.2＝19.7 m。

③ 了解建筑物的装修做法。从图1.36中可知建筑以绿色干粘石为主，只在飘窗下以及空调机搁板处刷白色涂料。

④ 建立建筑物的整体形状。读了平面图和立面图，应建立该住宅楼的整体形状，包括形状、高度、装修的颜色、质地等。

4. 建筑剖面图

假想用一个或一个以上的铅垂剖切平面剖切建筑物，得到的剖面图称为建筑剖面图，简称剖面图。建筑剖面图用以表示建筑内部的结构构造，垂直方向的分层情况、各层楼地面、屋顶的构造及相关尺寸、高程等。剖面图的图名应与建筑底层平面图的剖切符号一致。

(1)剖面图的图示内容

① 表示被剖切到的墙、梁及其定位轴线。

② 表示室内底层地面、各层楼面、屋顶、门窗、楼梯、阳台、雨篷、防潮层、踢脚板、室外地面、散水、明沟及室内外装修等剖切到和可见的内容。

③ 标注尺寸和高程。剖面图中应标注相应的高程与尺寸。高程:应标注被剖切到的外墙门窗口的高程，室外地面的高程，檐口、墙顶的高程，以及各层楼地面的高程。尺寸:应标注门窗洞口高度、层间高度和建筑总高三道尺寸，室内还应注出内墙体上门窗洞口的高度以及内部设施的定位和定形尺寸。

④ 表示楼地面、屋顶各层的构造。一般用引出线说明楼地面、屋顶的构造做法。如果另画详图或已有说明，则在剖面图中用索引符号引出说明。

(2)剖面图的识读

如图1.37所示，为该住宅楼的2－2剖面图，现以图1.37为例说明剖面图的识读方法。

① 先了解剖面图的剖切位置与编号，从底层平面图1.34，上可以看到2－2剖面图的剖切位置在⑤－⑥轴线之间，断开位置从客厅、餐厅到厨房，切断了客厅的飘窗和厨房的外窗。

② 了解被剖切到的墙体、楼板和屋顶，从图1.37中看到，被剖切到的墙体有A轴线墙体、D轴线墙体和F轴线的墙体及其上的窗洞。屋面排水坡度为2%，以

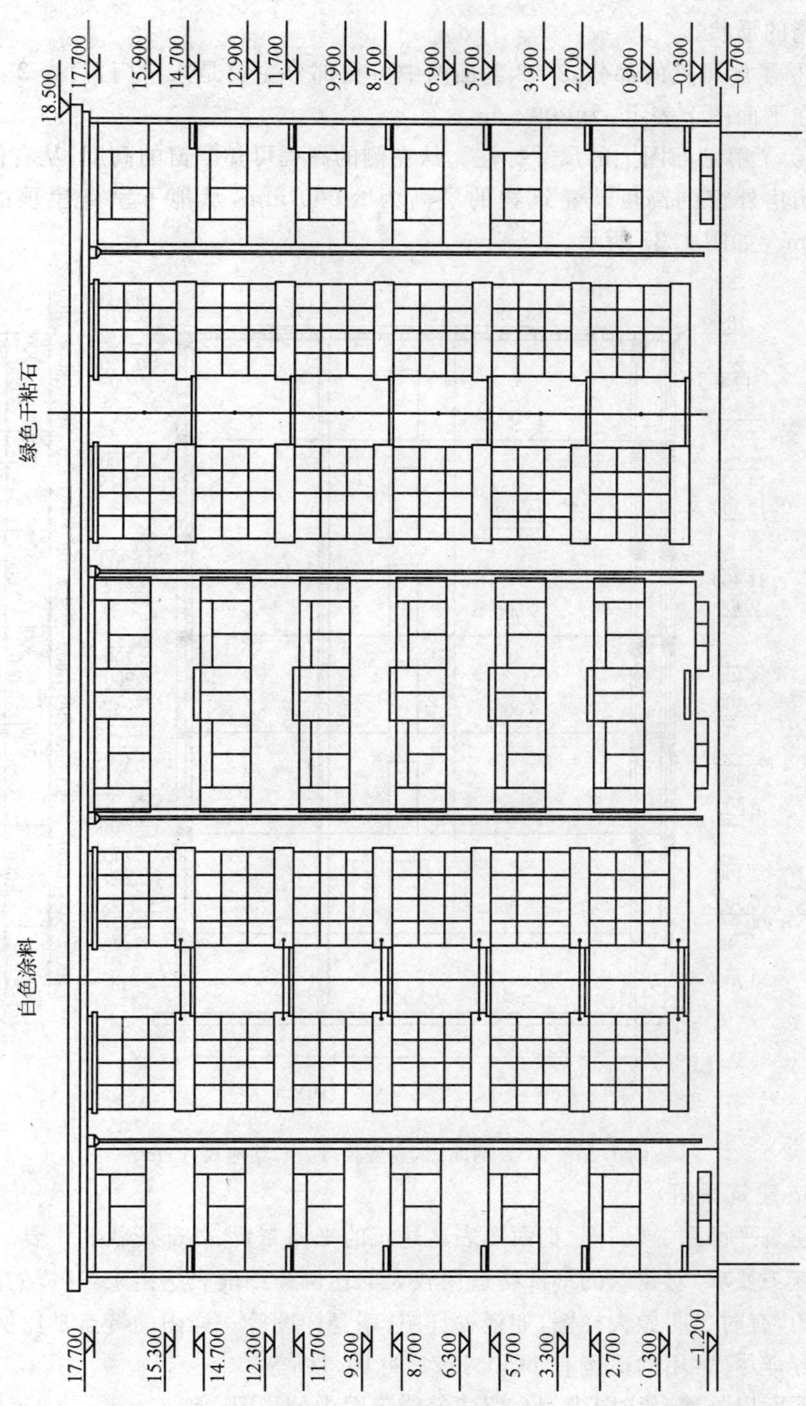

图 1.36　正立面图(尺寸:m)

及挑檐的形状。

③ 了解可见的部分，2－2 剖面图中可见部分主要是入户门，门高 2 100 mm，门宽在平面图上表示，为 900 mm。

④ 了解剖面图上的尺寸标注。从左侧的高程可知飘窗的高度，从右侧的高程可知厨房外窗的高度。建筑物的层高为 3 000 mm，从地下室到屋顶的高度为 20.4 m。如图 1.37 所示。

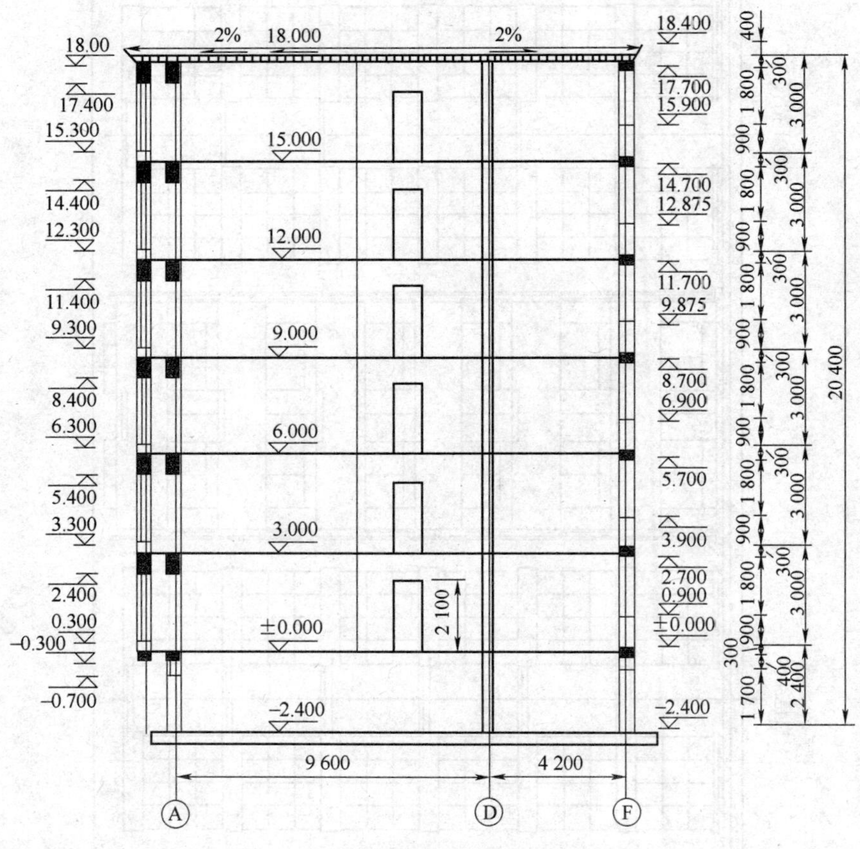

图 1.37　2－2 剖面图(高程尺寸：m；其他尺寸：mm)

5. 建筑详图

建筑平面图、立面图、剖面图表达建筑的平面布置、外部形状和主要尺寸，为了满足施工要求，对建筑的细部构造用较大的比例详细地表达出来，这样的图称为建筑详图，有时也叫做大样图，如楼梯详图、墙身详图等。详图的特点是比例大，反映的内容详尽，常用的比例有 1∶50、1∶20、1∶10、1∶5等。

下面以外墙身详图为例介绍建筑施工图中的详图。

(1)外墙身详图的内容

① 墙脚。外墙墙脚主要是指一层窗台及以下部分,包括散水(或明沟)、防潮层、踢脚、一层地面、勒脚等部分的形状、大小材料及其构造情况。

② 中间部分。主要包括楼板层、门窗过梁、圈梁的形状,大小材料及其构造情况。还应表示出楼板与外墙的关系。

③ 檐口。应表示出屋顶、檐口、女儿墙、屋顶圈梁的形状、大小,材料及其构造情况。

墙身大样图一般用1∶20的比例绘制,由于比例较大,各部分的构造如结构层、面层的构造均应详细表达出来,并画出相应的图例符号。

(2)外墙身详图的识读

如图1.38所示,为某住宅的墙身大样图,识读时应按如下顺序进行。

① 了解墙身详图的图名和比例。该图为住宅楼F轴线的大样图,比例1∶20。

② 了解墙脚构造。从图中看到,该楼墙脚防潮层采用20 mm厚1∶2.5水泥砂浆(质量比,余同),内掺3%防水粉。地下室地面与外墙相交处留10 mm宽缝,灌防水油膏。外墙外表面的防潮做法是:先抹20 mm厚1∶2.5水泥砂浆,水泥砂浆外刷1.0 mm厚聚胺酯防水涂膜,在涂膜固化前粘结粗砂,再抹20 mm厚1∶3水泥砂浆。并参见《98J3(一)标准图集》19页的2详图,散水留缝做法与地下室相同。地下室顶板贴聚苯保温板。窗过梁的做法如图。由于目前通用标准图集中有散水、地面、楼面的做法,因而,在墙身大样图中一般不再表示散水、楼,地面的做法。而是将这部分做法放在工程做法表中具体反映。

③ 了解中间节点。可知窗台高900 mm、120 mm宽的暖气槽,做法见98J3(一)标准图集的14页2详图,楼板与过梁浇筑成整体。楼板高程3.000 m、6.000 m、9.000 m、12.000 m、15.000 m表示该节点适应于二～六层的相同部位。

④ 了解檐口部位。从图1.38中可知檐口的具体形状及尺寸,檐沟是由保温层形成,檐沟处附加一层防水层,檐口顶部做法见98J5标准图集第六页A图。

6. 结构施工图

在建筑设计的基础上,对房屋各承重构件的布置、形状、大小、材料,构造及相互关系等进行设计,画出来的图样称为结构施工图(又称结构图),简称“结施”。

结构图一般包括结构设计说明、结构布置图和构件详图三部分内容。

• 结构设计说明以文字叙述为主,主要说明设计的依据,如地基情况、风雪荷载、抗震情况;选用结构材料的类型、规格、强度等级;施工要求;标准图或通用图的使用等。

• 结构布置图是房屋承重结构的整体布置图,主要表示结构构件的位置、数量、型号及相互关系。常用的结构平面布置图有基础布置平面图、楼层结构平面图、屋面结构平面图、柱网平面图等。

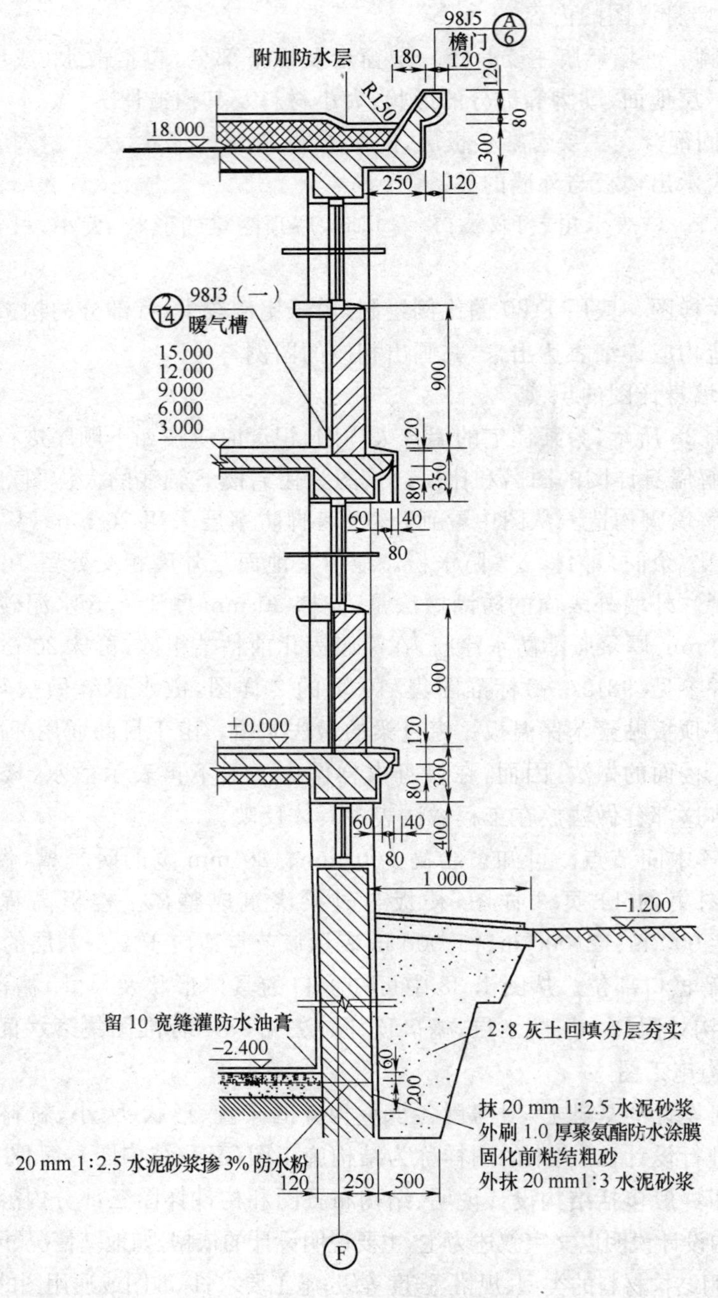

图 1.38 墙身大样图(尺寸:mm)

• 构件详图是表示单个构件形状、尺寸、材料、构造及工艺的图样，如：梁、板、柱、基础等详图。

(1)基础平面图及详图

为了把基础表达得更清楚,假想用贴近首层地面并与之平行的剖切平面把整个建筑物切开,移走上半部分,剩下下半部分,再假想把基础周围的回填土挖出使整个基础裸露出来。

基础平面图是将剖切后裸露出的基础向水平投影面作投影而得到的剖面图。

基础详图是将基础垂直切开所得到的断面图(对独立基础,有时还附单个基础的平面详图)。

① 基础平面图

基础平面图主要表达基础的平面布置情况,定位轴线及间距,基础的类型、管

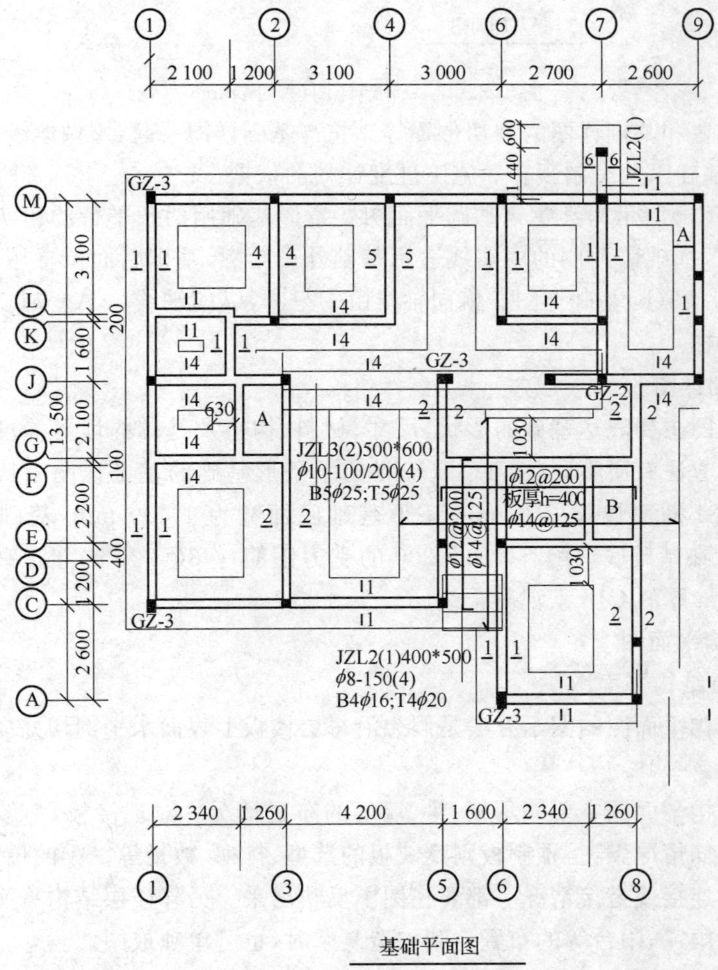

图 1.39(a) 基础平面图(尺寸:mm)

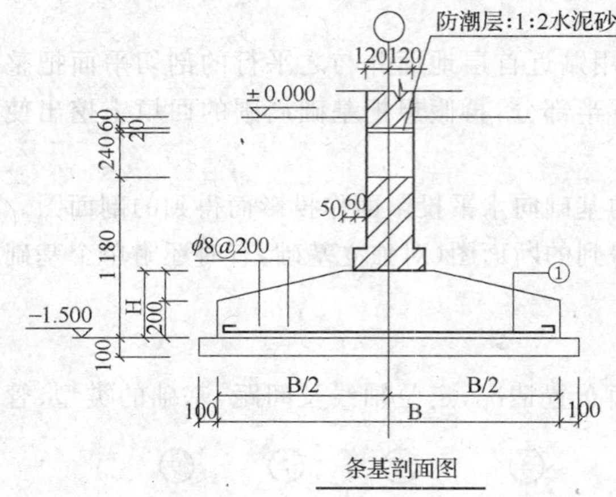

条基配筋表

基础编号	基础宽度B(mm)	H	①号筋
1-1	1 400	350	φ10@200
2-2	2 300	400	φ14@125
4-4	1 600	350	φ10@150
5-5	2 000	400	φ14@150
6-6	1 000	350	φ8@200

图 1.39(b) 基础详图(尺寸:mm)

沟的平面位置和基础详图的剖切位置等。它与基础详图一起,用做放线,挖基槽和基坑,砌筑基础以及编制预算和施工进度计划的依据。

图 1.39(a)所示为某建筑基础平面图。条形基础用两条平行的粗实线表示剖切到的墙厚,基础墙两侧的中实线表示基础外形轮廓,基础断面位置用1-1、2-2 等表示,如图 1.39(b)基础详图。横向轴线由①~⑧,纵向轴线由 A~M。图中涂黑的矩形表示柱。

② 基础详图

基础详图主要表达基础的形状、尺寸、材料、构造及基础的埋置深度等。各种基础的图示方法有所不同,图 1.39(b)举出了条形基础的基础详图。从该图中看到,基础的1-1 断面墙厚 240 mm,条形基础底面宽为 1 400 mm,基础底面标高 −1.500 m。在基础底部配有φ10@200 的受力钢筋,φ8@200 的分布钢筋。基础下有 100 mm 厚的 C10 素混凝土垫层。

(2)结构平面图

① 楼层结构平面图

楼层结构平面图的图示方法是假想沿每层楼板上表面水平剖切并向下投影得到的剖面图。

楼层结构平面图主要表示板、梁、墙等的布置情况。对现浇板,一般要在图中反映板的配筋情况,若是预制板则反映板的选型、排列、数量等。梁的位置、编号以及板梁墙的连接或搭接情况等都要在图中反映出来。另外楼层结构平面图还反映圈梁,过梁,雨篷,阳台等的布置。若构造复杂时,也可单独成图。

图 1.40 是某住宅单元地下室顶板结构平面图。本住宅有两个单元,因两个单元结构形式一样,配筋相同,所以只画一个单元。图上被剖切到的构造柱被涂黑。

板下梁在相应位置上注出（如 QL1、QL2、L-1、L-2 等），楼板配筋用粗线按规定画法画出，一种板只画一块。因每块板的板厚、标高不尽相同，所以需要一一标出。楼梯间因习惯上需另画详图，这里仅画一条对角线并标注说明。楼梯结构图的详解单独说明。

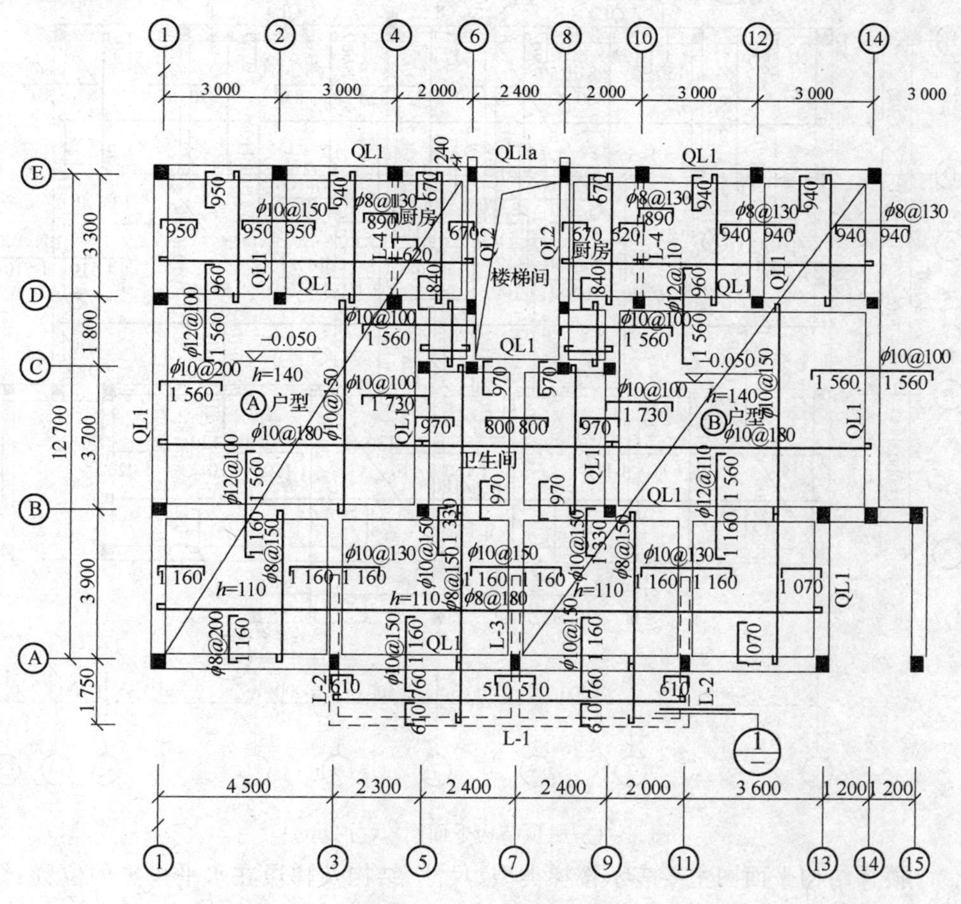

图 1.40　地下室顶板结构平面图（尺寸：mm）

② 屋顶结构平面图

屋顶结构平面图其表达的内容基本与楼层结构平面图相同。但屋顶结构形式有时会有变化（如平屋顶、坡屋顶等），在图中要用适当的方法表示出来。

图 1.41 是某住宅单元屋顶结构平面图。楼板配筋与楼层结构平面图基本相同，只增加了楼梯间上部板的配筋。

(3)楼梯结构图

楼梯结构施工图包括楼梯结构平面图和楼梯结构剖面图。

① 楼梯结构平面图

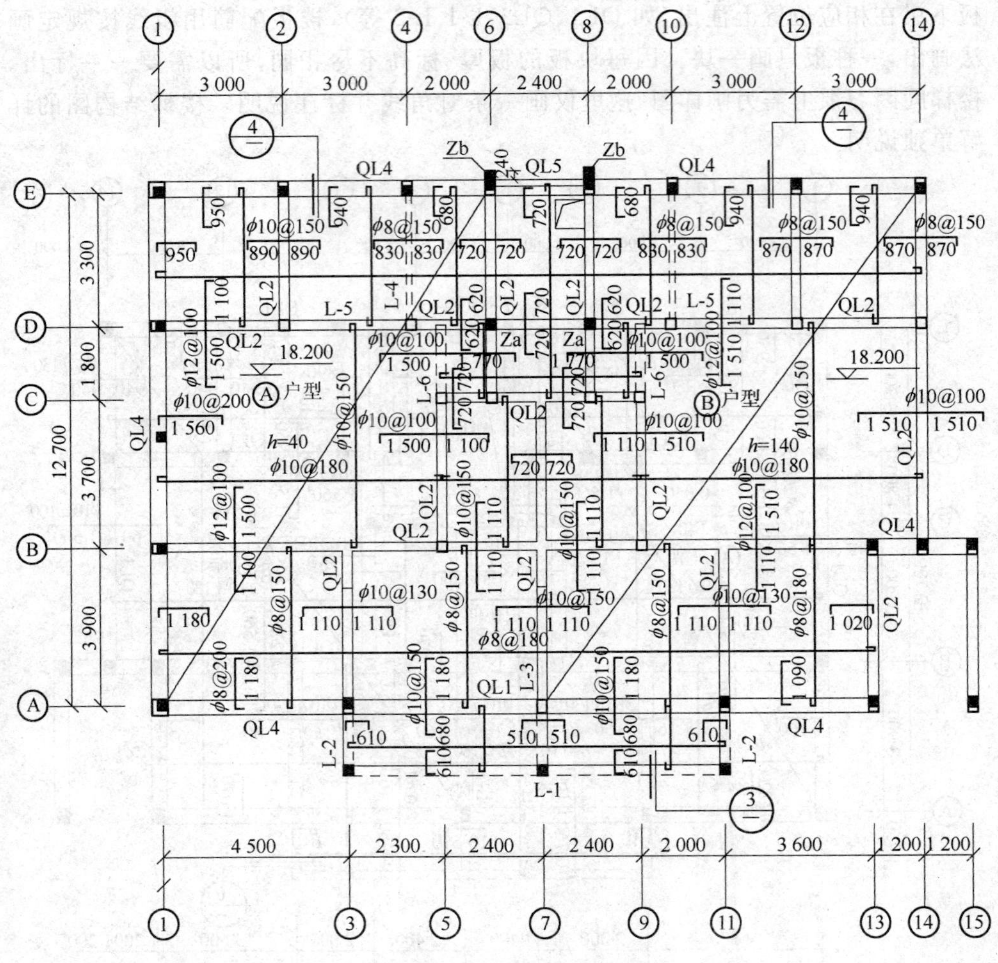

图 1.41 屋顶结构平面图(尺寸:mm)

楼梯结构平面图主要表示楼梯类型、尺寸、结构及梯段在水平投影的位置、编号、休息平台板配筋和标高等。

从图 1.42 楼梯结构平面图中看出楼梯位于 C～E 与⑥～⑧轴线间,从地下室上到第一休息平台(标高－0.900 m)共有 8 级踏步,每步宽 270 mm;TB1、TB2 分别是踏步板 1、踏步板 2 的编号,从图 1.42 中看到 TB1、TB2 的长为 1 890 mm,宽分别为 1 140 mm。TLl 表示支撑楼梯平台板的平台梁。

② 楼梯结构剖面图

楼梯结构剖面图主要表示各楼梯段、休息平台板的立面投影位置、标高、楼梯板配筋详图。

图 1.43 楼梯剖面图,主要表示了 TB、TL 在竖向的位置、标高和结构情况。

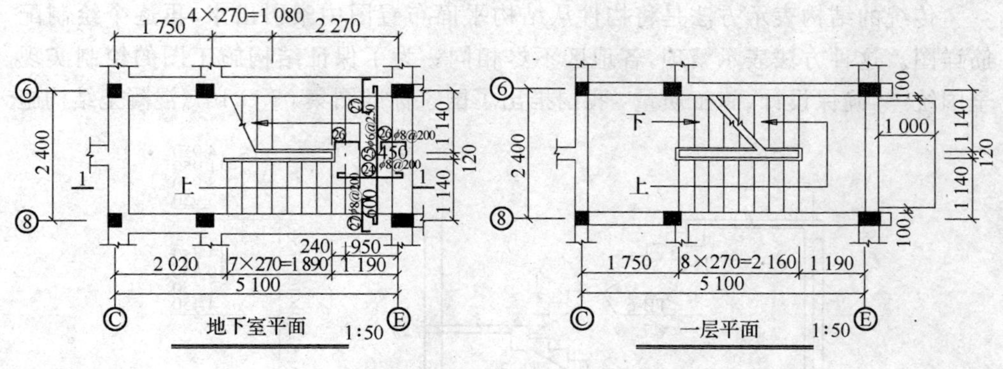

图 1.42(a)　楼梯结构平面图(尺寸:mm)

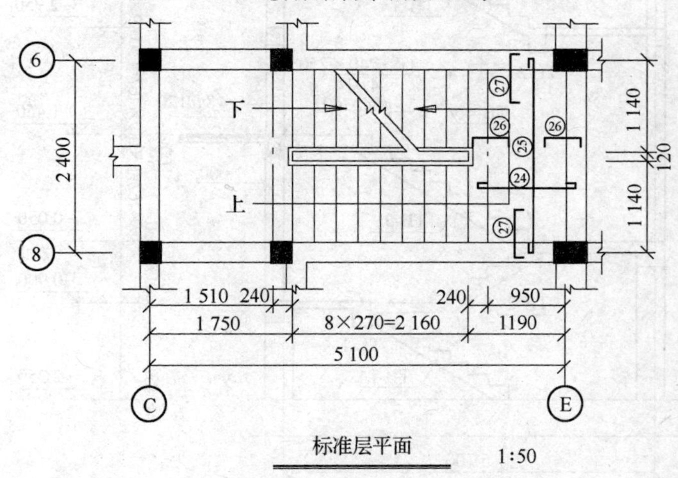

图 1.42(b)　楼梯结构平面图(尺寸:mm)

由图中看出 TB1、TB2、TB3、TB4 等及 TL1、TL2 等各构件在空间的位置。图 1.43(b)和图 1.43(c)分别为 TB1、TB2 的剖画图和平台梁 TL-1 的剖面图。从图可以看出,从地下室－2.250 m 到－0.900 m 共有 8 步,每步高 169 mm;踏步板厚 120 mm 并与平台梁 TL-1 直接相连,梯板中的配筋①ϕ 8@120 为纵向受力筋,布置在板底;②ϕ 6@250 分布筋横向布在受力筋上面,③④号为构造筋,布置在板两端的上方,两端深入平台梁内。TB2、TB3、TB4 等的构造形式与 TBl 基本相同,不同之处是踏步板厚度。平台梁 TL-1 断面图,梁宽 240 mm,梁高 350 mm,梁中受力筋㉘为 3 Φ 14,架力筋㉙为 2 Φ 14,㉚箍筋ϕ 8@200。

对于多层建筑如多层构件类型、大小、数量、布置均相同时,可只画一个标准层。其他应分层绘制。

(4)钢筋混凝土构件的平面整体表示法

传统的结构表示方法是将构件从结构平面布置图中索引出来，再逐个绘制配筋详图。这种方法表示繁琐，各地区不尽相同。为了保证结构施工图的绘制实现全国统一，确保设计、施工质量，我国推出了国家标准图集 03 G 101《混凝土结构施

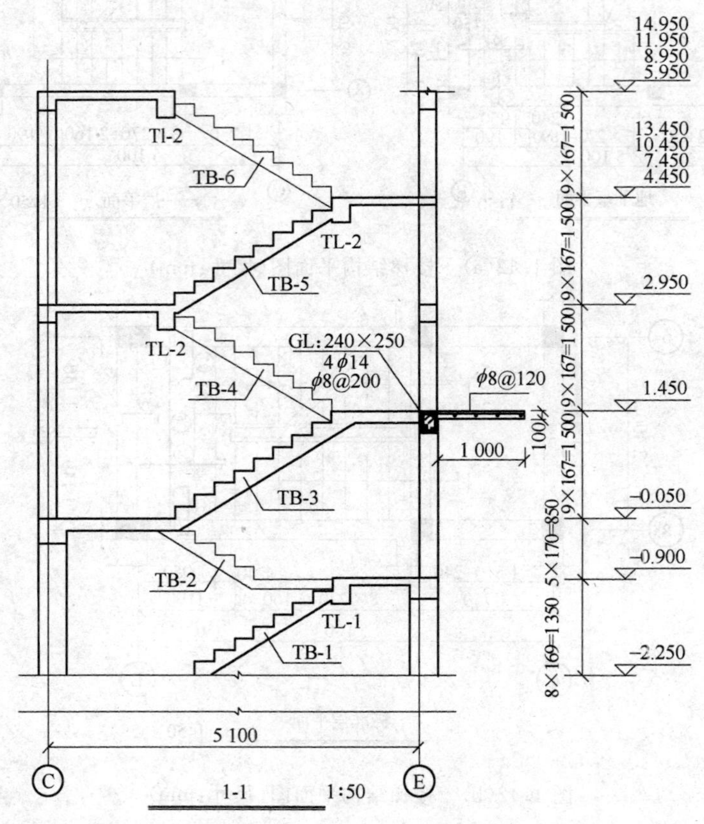

图 1.43(a) 楼梯剖面图(尺寸:mm)

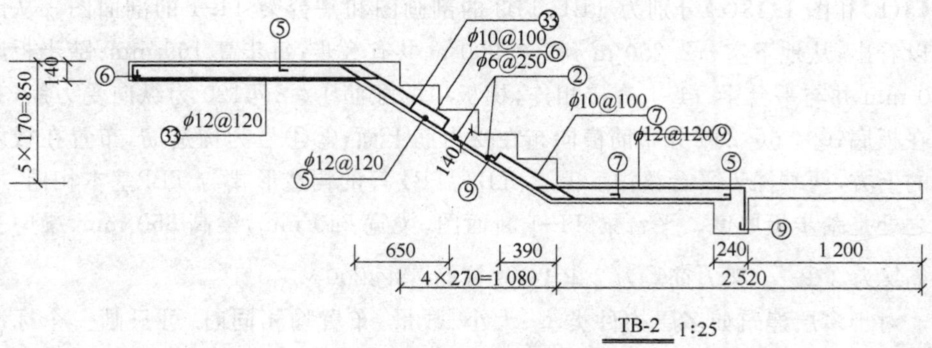

图 1.43(b) 楼梯剖面图(尺寸:mm)

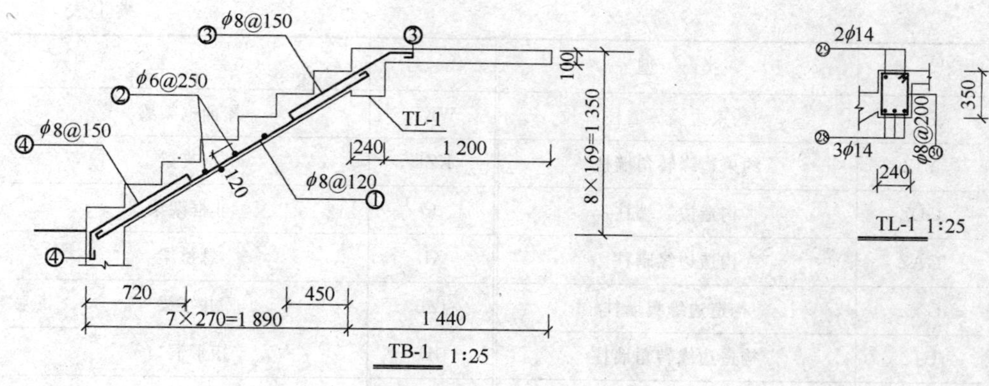

图 1.43(c) 楼梯剖面图(尺寸:mm)

工图平面整体表示方法制图规则和构造详图》简称"平面表示法"。下面重点介绍钢筋混凝土构件的平面整体表示法。

建筑结构施工图平面表示法的表达形式,概括来讲,是把结构构件的尺寸和配筋等,按照施工顺序和平面整体表示法制图规则,整体的直接表达在各类构件的结构平面布置图上,再与标准构造详图相配合,即构成一套新型完整的结构施工图。从而使结构设计方便、表达全面、准确、易随机修正,大大简化了绘图过程。"平面表示法"改革了传统表示法的逐个构件表达方式,是对我国目前混凝土结构施工图设计方法的重大改革。

该图集包括两大部分内容:平面整体表示法制图规则和标准构造详图。该方法主要用于绘制现浇钢筋混凝土结构的梁、板、柱、剪力墙等构件的配筋图。

因为板的平面配筋图与传统方法一致,所以下面仅对常用的梁、柱平面表示法进行介绍。

① 构件代号,如表 1.25 所示。

表 1.25 构件代号表

代 号	类 型	代 号	类 型
KZ	框架柱	Q	剪力墙墙身
KZZ	框支柱	LL	连梁(无交叉暗撑、钢筋)
XZ	芯 柱	LL(JA)	连梁(有交叉暗撑)
LZ	梁上柱	LL(JG)	连梁(有交叉钢筋)
QZ	剪力墙上柱	AL	暗 梁
YDZ	约束边缘端柱	BKL	边框梁
YAZ	约束边缘暗柱	KL	楼层框架梁

续上表

代　号	类　　型	代　号	类　　型
YYZ	约束边缘翼墙柱	WKL	屋面框架梁
YJZ	约束边缘转角墙柱	KZL	框支梁
GDZ	构造边缘端柱	L	非框架梁
GAZ	构造边缘暗柱	XL	悬挑梁
GYZ	构造边缘翼墙柱	JZL	井字梁
GJZ	构造边缘转角墙柱	JD	矩形洞口
AZ	非边缘端柱	YD	圆形洞口
FBZ	扶壁柱		

② 梁的配筋图画法

梁平面整体配筋图是在各结构层梁平面布置图上，采用平面注写方式或截面注写方式表达。

• 平面注写方式

平面注写方式是在梁的平面布置图上，将不同编号的梁各选一根，在其上直接注明梁代号、断面尺寸 $B\times H$（宽×高）和配筋数值。当某跨断面尺寸或箍筋与基本值不同时，则将其特殊值从所在跨中引出另注。

平面注写采用集中注写与原位注写相结合的方式标注，如图 1.44 所示。

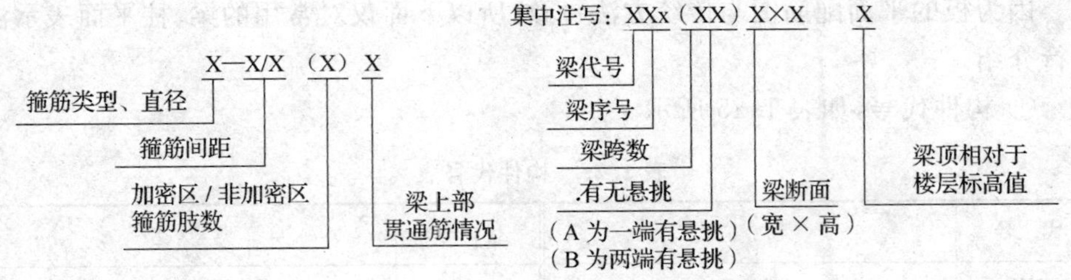

图 1.44　平面注写方式

原位注写表达梁的特殊数值。将梁上、下部受力筋逐跨注写在梁上、下位置，如受力筋多于一排时，用斜线“/”将各排纵筋自上而下分开。

如图 1.45 表达了在 B 轴线上梁的情况，引出线部分为集中标注。KL_2(2A) 300 mm×650 mm 为 2 号框架梁，有两跨，一端有悬挑、梁断面 300 mm×650 mm；ϕ8-100/200(2) 2 Φ 25 表明此梁箍筋是 ϕ 8 mm 间距 200 mm，加密区间距

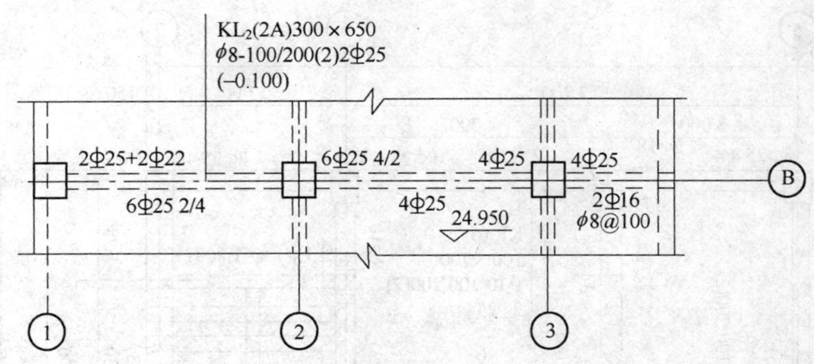

图 1.45 梁平面整体配筋图平面注写方式(尺寸:mm)

100 mm,2 Φ 25 表示在梁上部贯通直径为 25 mm 的钢筋 2 根;(−0.100)表示梁顶相对于楼层高程 24.950 m 低 0.100 m,在 B 轴与①～②轴之间梁下部中间段 6 Φ 25 2/4为该跨梁下部配筋,上一排纵筋为 2 Φ 25,下一排纵筋为 4 Φ 25 全部伸入支座。在①轴处梁上部注写的 2 Φ 25＋2 Φ 22,表示梁支座上部有 4 根纵筋,2 Φ 25放在角部,2 Φ 22 放在中部。当梁支座两边的上部纵筋相同时,可仅在一边标注配筋值,另一边省略不注,如②轴梁上端所示。当集中注写的数值中某一项(或几项)数值不适用于某跨或某悬挑部分时,则按其不同数值原位注写在该跨或该悬挑部分处,施工时,按原位标注的数值优先选用。如③轴右侧悬挑梁部分,下部标注φ 8@100,表示悬挑部分的箍筋通长都为φ 8 间距 100 的两肢箍。

梁支座上部纵筋的长度根据梁的不同编号类型,按标准中的相关规定执行。

• 截面注写方式

截面注写方式是将断面号直接画在平面梁配筋图上,断面详图画在本图或其他图上。截面注写方式既可以单独使用,也可与平面注写方式结合使用,如在梁密集区,采用截面注写方式可使图面清晰。

图 1.46 为平面注写和截面注写结合使用的图例。图中吊筋直接画在平面图中的主梁上,用引线注明总配筋值,如 L3 中吊筋 2 Φ 18。

③ 柱的配筋图画法

柱平面整体配筋图是在柱平面布置图上采用列表注写方式或截面注写方式表达。

用双比例法画柱平面配筋图,在柱所在平面位置上,将各柱断面放大后,在两个方向上分别注明同轴线的关系,将柱配筋值、配筋随高度变化值及断面尺寸、尺

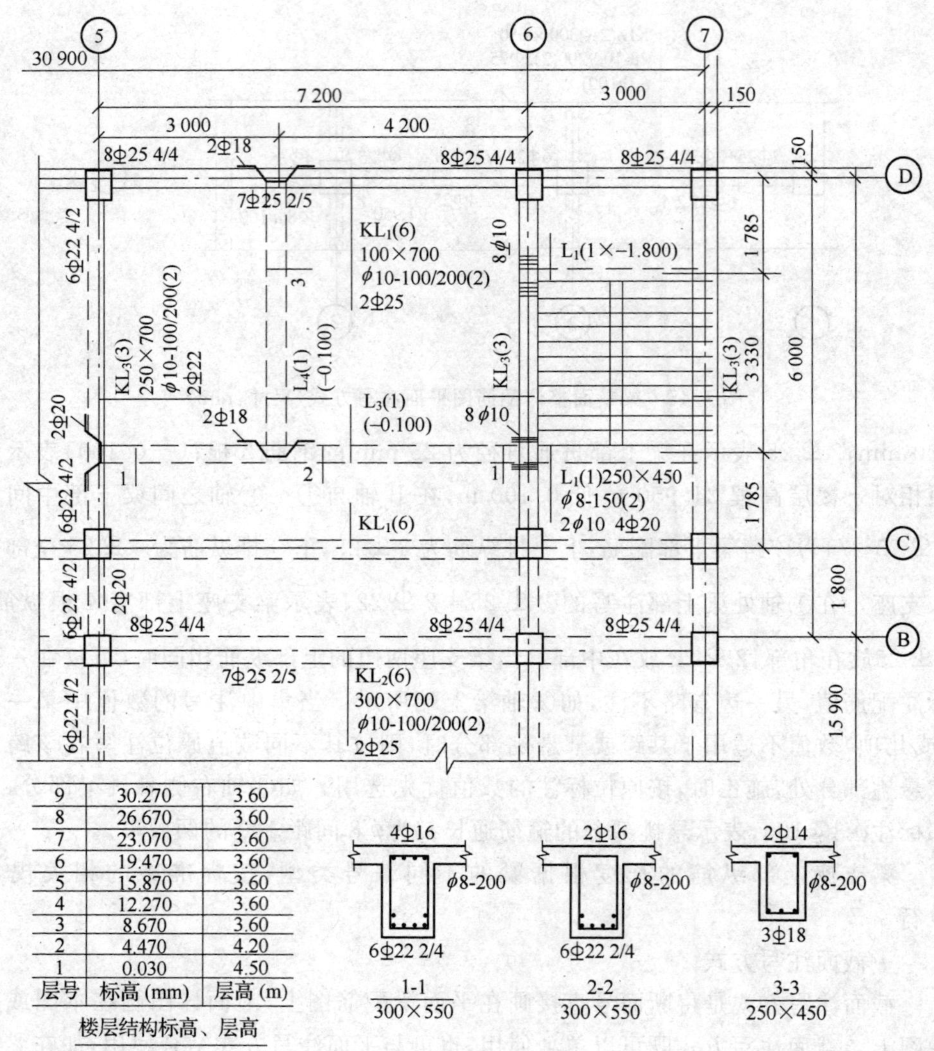

9	30.270	3.60
8	26.670	3.60
7	23.070	3.60
6	19.470	3.60
5	15.870	3.60
4	12.270	3.60
3	8.670	3.60
2	4.470	4.20
1	0.030	4.50
层号	标高 (mm)	层高 (m)

楼层结构标高、层高

图 1.46 梁平面整体配筋图举例(尺寸:mm)

寸随高度变化值与相应的柱高范围成组对应,在图上注明。柱箍筋间距加密区与非加密区间距值用"/"线分开。

在注写上述各种数值时用列表的方式注写叫列表注写方式;分别在不同编号的柱中选择一个截面直接注写的方式叫截面注写方式。

图 1.47 为列表注写方式示例。

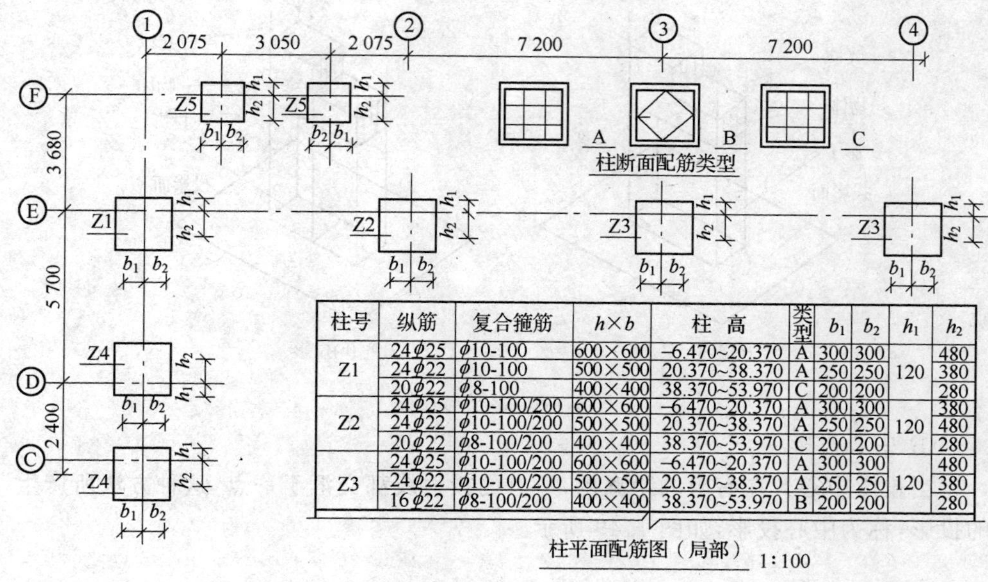

柱号	纵筋	复合箍筋	$h \times b$	柱 高	类型	b_1	b_2	h_1	h_2
Z1	24φ25	φ10-100	600×600	−6.470~20.370	A	300	300	120	480
	24φ22	φ10-100	500×500	20.370~38.370	A	250	250		380
	20φ22	φ8-100	400×400	38.370~53.970	C	200	200		280
Z2	24φ25	φ10-100/200	600×600	−6.470~20.370	A	300	300	120	380
	24φ22	φ10-100/200	500×500	20.370~38.370	A	250	250		480
	20φ22	φ8-100/200	400×400	38.370~53.970	C	200	200		280
Z3	24φ25	φ10-100/200	600×600	−6.470~20.370	A	300	300	120	480
	24φ22	φ10-100/200	500×500	20.370~38.370	A	250	250		380
	16φ22	φ8-100/200	400×400	38.370~53.970	B	200	200		280

图 1.47　柱平面整体配筋图举例(尺寸:mm)

1.6.3　工程图识图

1. 投影的概念及分类

(1)投影的概念

在日常生活中,人们经常可以看到,物体在阳光或灯光的照射下,会在地面或墙面上留下影子,这种影子的内部灰黑一片,只能反映物体外形的轮廓,不能表达物体的本来面目,如图 1.48(a)所示。

人们对自然界的这一物理现象加以科学的抽象和概括,把光线抽象为投影线,把物体抽象为形体(只研究其形状、大小、位置,而不考虑它的物理性质和化学性质),把地面抽象为投影面,即假设光线能穿透物体,而将物体表面上的各个点和线都在承接影子的平面上落下它们的影子,从而使这些点、线的影子组成能够反映物体形状的“线框图”,如图 1.48(b)所示。我们把这样形成的“线框图”称为投影。把能够产生光线的光源称为投影中心,光线称为投影线,承接影子的平面称为投影面。这种把空间形体转化为平面图形的方法称为投影法。要产生投影必须具备:投射线、形体、投影面。这就是投影的三要素。

(2)投影的分类

根据投射线之间的相互关系,可将投影分为中心投影和平行投影。

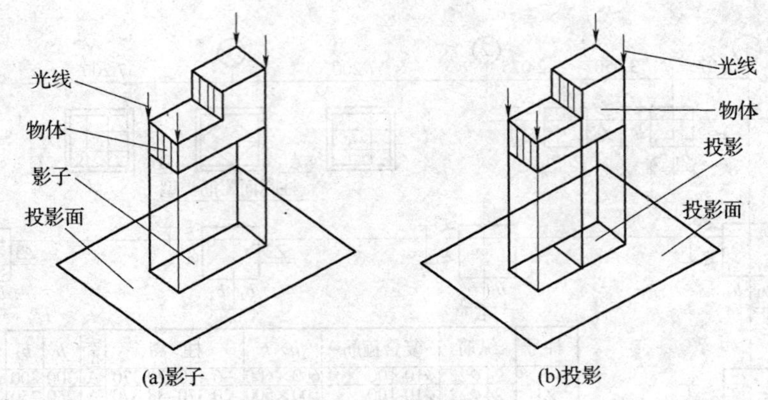

图 1.48 影子与投影

① 中心投影

当投影中心 S 在有限的距离内，所有的投射线都交汇于一点，这种方法所产生的投影，称为中心投影，如图 1.49 所示。

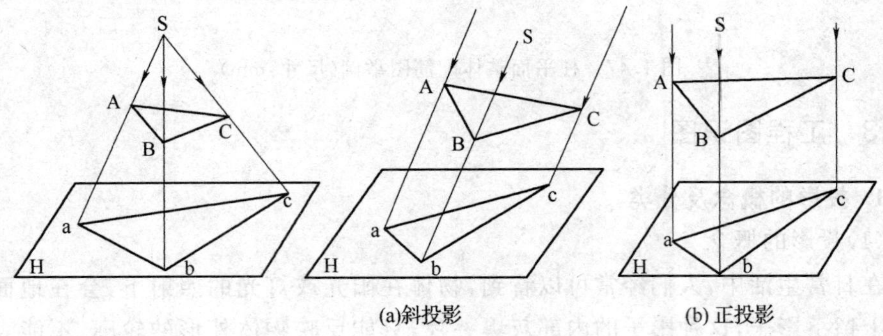

图 1.49 中心投影与平行投影

② 平行投影

把投影中心 S 移到离投影面无限远处，则投射线可视为互相平行，由此产生的投影称为平行投影。平行投影的投射线互相平行，所得投影的大小与物体离投影中心的距离无关。

根据投射线与投影面之间的位置关系，平行投影又分为斜投影和正投影两种：投射线与投影面倾斜时称为斜投影，如图 1.49(a)所示。投射线与投影面垂直时称为正投影，如图 1.49(b)所示。

2. 工程上常用的投影图

工程上常用的投影图有：正投影图、轴测投影图、透视投影图、高程投影图。

(1)正投影图

用正投影法把形体向两个或两个以上互相垂直的投影面进行投影，再按一定的规律将其展开到一个平面上，所得到的投影图称为正投影图，如图 1.50 所示。它是工程上最主要的图样。

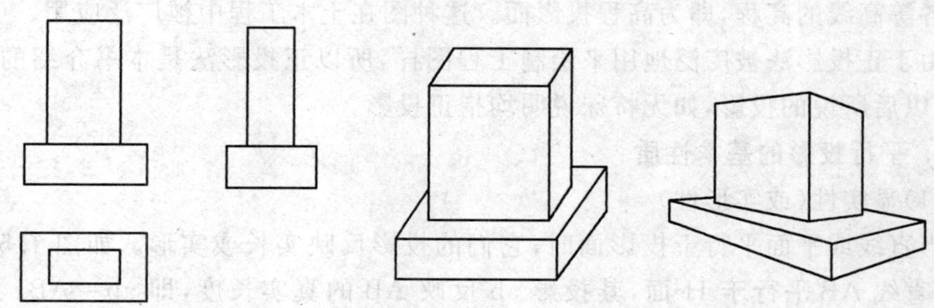

图 1.50　正投影图、斜轴测图与透视图

这种图的优点是能准确地反映物体的形状和大小，作图方便，度量性好；缺点是立体感差，不宜看懂。

(2)轴测投影图

轴测投影图是物体在一个投影面上的平行投影，简称轴测图。将物体安置于投影面体系中合适的位置，选择适当的投射方向，即可得到这种富有立体感的轴测投影图，如图 1.51 所示。这种图立体感强，容易看懂，但度量性差，作图较麻烦，并且对复杂形体也难以表达清楚，因而工程中常用作辅助图样。

(3)透视投影图

透视投影图是物体在一个投影面上的中心投影，简称透视图。这种图形象逼真，如照片一样，但它度量性差，作图繁杂，如图 1.51 所示。在建筑设计中常用透视投影来表现建筑物建成后的外貌。

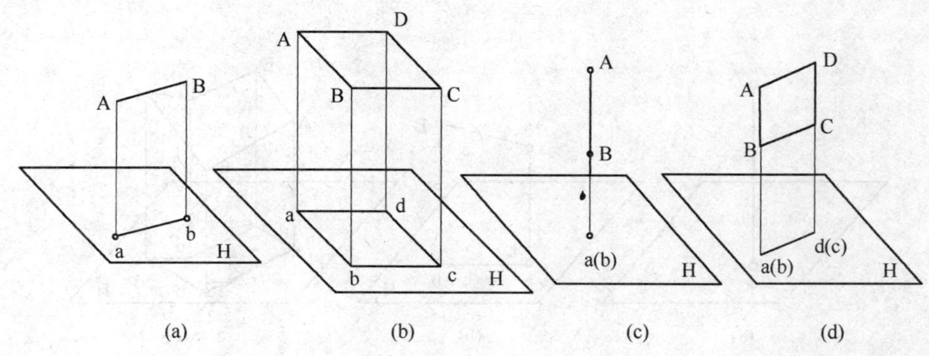

图 1.51　平行投影的显示性与积聚性

(4)高程投影图

高程投影图是一种带有数字标记的单面正投影图。它用正投影反映物体的长度和宽度，其高度用数字标注。这种图常用来表达地面的形状。作图时将间隔相等而高程不同的等高线(地形表面与水平面的交线)投影到水平的投影面上，并标注出各等高线的高程，即为高程投影面。这种图在土木工程中被广泛应用。

由于正投影法被广泛地用来绘制工程图样，所以正投影法是本书介绍的主要内容，以后所说的投影，如无特殊说明均指正投影。

3. 平行投影的基本性质

(1)显实性(或实形性)

当直线或平面平行于投影面时，它们的投影反映实长或实形。如图 1.51(a)所示，直线 AB 平行于 H 面，其投影 ab 反映 AB 的真实长度，即 ab＝AB。如图 1.51(b)所示，平面 ABCD 平行于 H 面，其投影反映实形，即□abcd≌□ABCD。这一性质称为显实性。

(2)积聚性

当直线或平面平行于投射线(在正投影中则垂直于投影面)时，其投影积聚于一点或一直线。这样的投影称为积聚投影。如图 1.51(c)所示，在正投影中，直线 AB 平行于投射线，其投影积聚为一点 a(b)；平面□ABCD 平行于投射线，其投影积聚为一直线 ad，如图 1.51(d)。投影的这种性质称为积聚性。

(3)类似性

一般情况下，直线或平面不平行于投影面，因而点的投影仍是点，如图 1.52(a)，直线的投影仍是直线，平面的投影仍是平面。当直线倾斜于投影面时，在该投影面上的投影短于实长，如图 1.52(b)；当平面倾斜于投影面时，在该投影面上的投影比实形小，如图 1.52(c)。这种情况下，直线和平面的投影不反映实长或实形，其投影形状是空间形状的类似形，因而把投影的这种性质称为类似性。

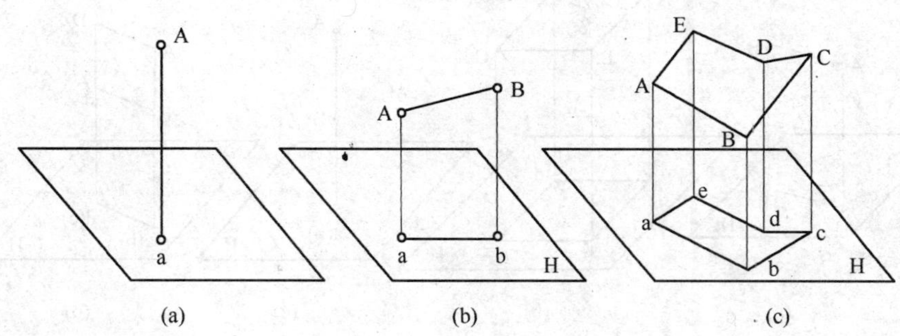

图 1.52　平行投影的类似性

(4)平行性

当空间两直线互相平行时，它们在同一投影面上的投影仍互相平行。如图1.53所示，空间两直线AB//CD，则平面ABba//平面CDdc，两平面与投影面H的交线ab、cd必互相平行。平行投影的这种性质称为平行性。

(5)从属性与定比性

点在直线上，则点的投影必定在直线的投影上。如图1.53所示，C∈AB，则c∈ab。这一性质称为从属性。

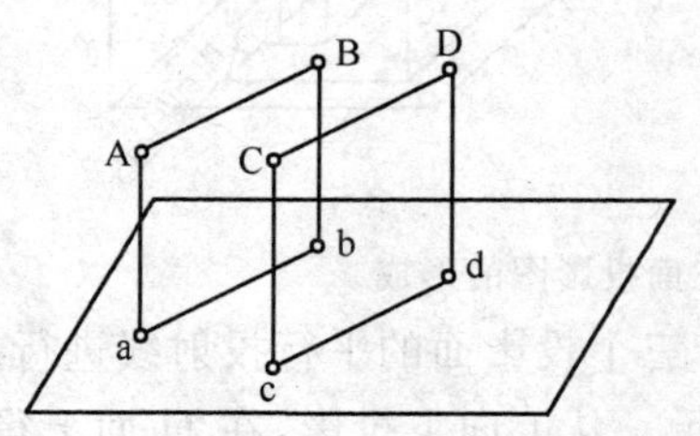

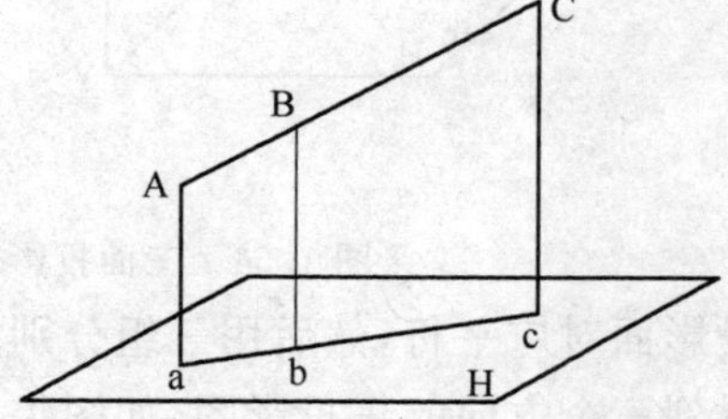

图1.53　平行投影的平行性、从属性与定比性

点分线段的比例等于点的投影分线段的投影所成的比例，如图1.53所示，C∈AB，则AC∶CB＝ac∶cb，这一性质称为定比性。

4. 正投影法基本原理

工程上绘制图样的方法主要是正投影法。这种方法画图简单，画出的图形真实，度量方便，能够满足设计与施工的需要。

用一个投影图来表达物体的形状是不够的，因为其投影只能反映它一个面的形状和大小。单凭这个投影图来确定物体的唯一形状，是不可能的。

如果对一个较为复杂的物体，只向两个投影面作其投影时，其投影也只能反映它两个面的形状和大小，亦不能确定物体的唯一形状。要凭两面的投影来区分它们的形状，是不可能的。可见，若使正投影图唯一确定物体的形状，就必须采用多面正投影的方法，为此，我们设立了三面投影体系。

(1)三面投影体系的建立

为了使正投影图能唯一确定较复杂物体的形状，我们设立了三个互相垂直的平面作为投影面，组成一个三面投影体系，如图1.54所示。水平投影面用H标记，简称水平面或H面；正立投影面用V标记，简称正立面或V面；侧立投影面用W标记，简称侧面或W面。两投影面的交线称为投影轴。H面与V面的交线为OX轴，H面与W面的交线为OY轴，V面与W面的交线为OZ轴，它们也互相垂直，并交汇于原点O。

(2)三面投影图的形成

将物体放置于三面投影体系中，并注意安放位置适宜，即把物体的主要表面与

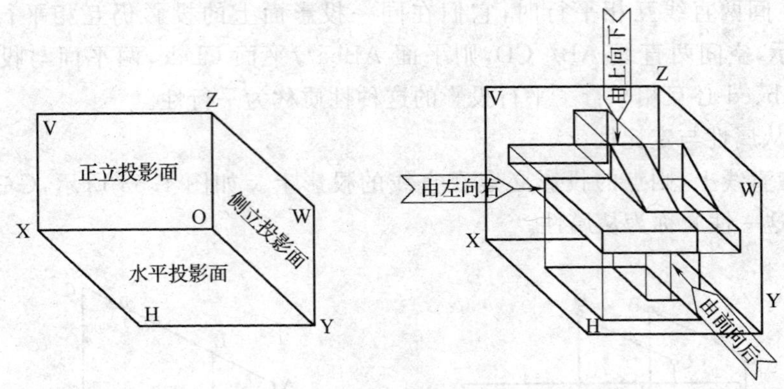

图 1.54　三面投影体系、三面投影图的形成

三个投影面对应平行，然后用三组分别垂直于三个投影面的平行投射线进行投影，即可得到三个方向的正投影图，如图 1.54 所示。从上向下投影，在 H 面上得到水平投影面，简称水平投影或 H 投影；从前向后投影，在 V 面得到正面投影图，简称正面投影或 V 投影；从左向右投影，在 W 面上得到侧面投影图，简称侧面投影或 W 投影。

为了把互相垂直的三个投影面上的投影画在一张二维的图纸上，我们必须将其展开，如图 1.55(a)所示。实际绘图时，在投影图外不必画出投影面的边框，不需注写 H、V、W 字样，也不必画出投影轴，如图 1.55(b)所示，这就是形体的三面正投影轴，简称三面投影。习惯上将这种不画投影面边框和投影轴的投影图称为"无轴投影"，工程中的图样均是按照"无轴投影"绘制的。

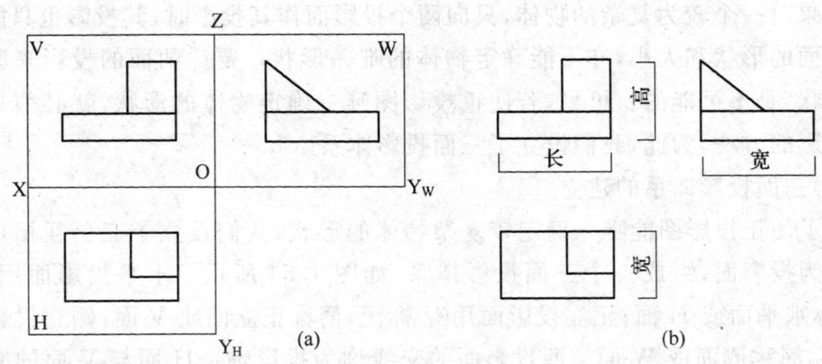

图 1.55　形体的三面投影

(3)三面投影图的投影关系

在三面投影体系中，物体的 X 轴方向尺寸称为长度，Y 轴方向尺寸称为宽度，

Z 轴方向尺寸称为高度，如图 1.55 所示。在物体的三面投影中，水平投影图和正面投影图在 X 轴方向都反映物体的长度，它们的位置左右应对正，即“长对正”。正面投影图和侧面投影图在 Z 轴方向都反映物体的高度，它们的位置上下应对齐，即“高平齐”；水平投影图和侧面投影图在 Y 轴方向都反映物体的宽度，这两个宽度一定相等，即“宽相等”。

“长对正、高平齐、宽相等”称为“三等关系”，它是形体的三面投影图之间最基本的投影关系，是画图和读图的基础。

(4)三面投影图的方位关系

物体在三面投影体系中的位置确定后，相对于观察者，它在空间就有上、下、左、右、前、后六个方位，如图 1.56(a)所示。这六个方位关系也反映在形体的三面投影图中，每个投影图都可反映出其中四个方位。V 面投影反映物体的上下、左右关系，H 面投影反映物体的前后、左右关系，W 面投影反映物体的前后、上下关系，如图 1.56(b)所示。

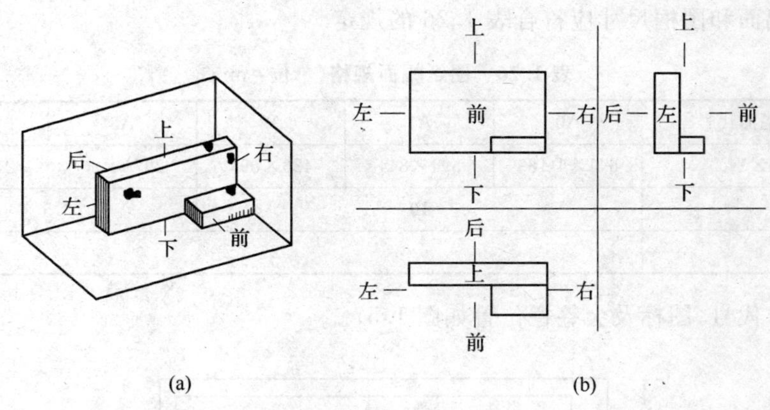

图 1.56　三面投影图的方位关系

5. 施工图纸的组成

(1)施工图纸的分类

施工图纸根据其内容和各工种不同分为：

① 施工首页图(简称首页图)包括图样目录和设计总说明。

② 建筑施工图(简称建筑)。主要用来表示建筑物的规划位置、外部造型、内部各房间的布置、内外装修、构造及施工要求等。它的内容主要包括总平面图、各层平面图、立面图、剖面图及详图。

③ 结构施工图(简称结施)。主要表示建筑物承重结构的结构类型、结构布置、构造种类、数量、大小及作法。它的内容包括结构设计说明、结构平面布置图及

构造详图。

④ 设备施工图(简称设施)。主要表示建筑物的给水排水、暖气通风、供电照明、燃气等设备的布置和施工要求等。它主要包括各种设备的布置图、系统图和详图等内容。

(2)施工图纸的编排顺序

施工图纸应按专业顺序编排,一般应为图纸目录、总图及说明、建筑图、结构图、给水排水图、电气图、动力图等。

6. 施工图纸的一般规定

为了使房屋建筑制图规格基本统一,图面清晰简明,保证图纸质量,符合设计、施工、存档的要求,以适应国家工程建设的需要,由建设部会同有关部门批准并颁布了一系列制图国家标准。该标准要求所有工程技术人员在设计、施工、管理中必须严格执行。

(1)图纸的幅面和格式

图纸幅面是指图纸本身的大小规格。图框是图纸上所供绘图的范围的边线。图纸的幅面和图框尺寸应符合表 1.26 的规定。

表 1.26　图纸幅面规格(单位:mm)

基本幅面代号	A0	A1	A2	A3	A4
b×1	841×1 189	594×841	420×594	297×420	210×297
c	10			5	
a	25				

尺寸代号、图标及会签栏位置如图 1.57。

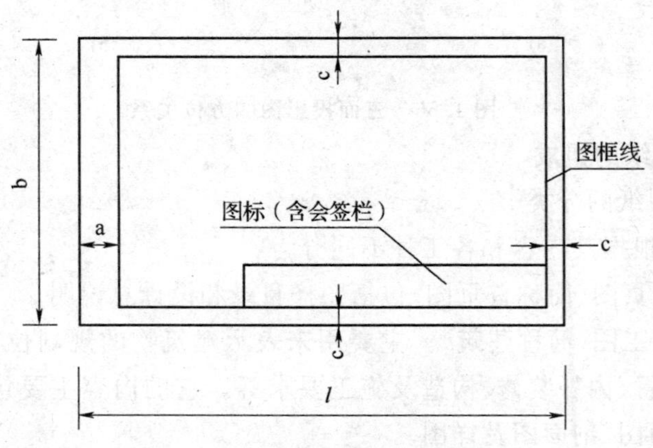

图 1.57　尺寸代号、图标及会前栏位置

图纸的图标及会签栏的内容如表 1.27 所示。

表 1.27　图纸的图标及会签栏的内容

<table>
<tr><td rowspan="4">设计单位名称区</td><td rowspan="4">注册执业章区</td><td rowspan="4">图纸会签区</td><td rowspan="4">加盖设计出图专用章区</td><td rowspan="2">工程名称区</td><td>设计编号</td><td>图　号</td></tr>
<tr><td>设计阶段</td><td>日　期</td></tr>
<tr><td>项目名称区</td><td rowspan="2" colspan="2">签字区</td></tr>
<tr><td>图　名　区</td></tr>
</table>

(2)比例

图样的比例,应为图形与实物相对应的线型尺寸之比。比例的大小是指其比值的大小,如1:50、1:100、1:200等。比例宜注写在图名的右侧,并优先选用常用比例。一般情况下,一个图样应选用一种比例。

(3)尺寸及单位

施工图中均注有尺寸,作为施工制作的主要依据。尺寸由数字及单位组成。总图以米为单位,其余均以毫米为单位。

(4)定位轴线

定位轴线是用来确定建筑物主要结构及构件位置的尺寸基准线。凡承重构件如墙、柱、梁、屋架等位置都要画上定位轴线并进行编号,施工时以此作为定位的基准。定位轴线用单点长画线表示,端部画细实线圆,直径8～10 mm。定位轴线圆的圆心应在定位轴线的延长线上或延长线的折线上。圆内注明编号。

在建筑平面上定位轴线的编号,宜标注在图样的下方或左侧。横向编号应用阿拉伯数字,从左至右顺序编写;竖向编号应用大写拉丁字母,从下至上顺序编写,如图1.58所示。大写拉丁字母中的I、O、Z三个字母不得用为轴线编号,以免与数字1、0、2混淆。

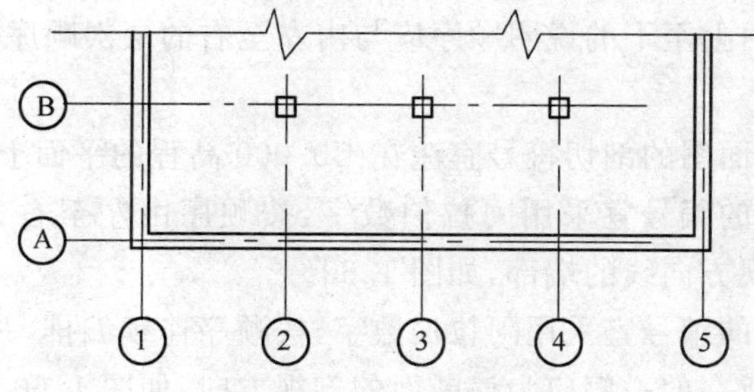

图1.58　定位轴线图

(5)高程

建筑物各部分的高度用高程表示。高程符号应以直角等腰三角形表示,表示方法用符号“▽＿＿＿＿”。下面横线为某处高度的界线,符号上面注明高程,总平面图的室外整平高程采用“▼”表示。高程单位用米(m)。高程分绝对高程和相对高程两种。

绝对高程：我国把青岛的黄海平均海平面定为绝对高程的零点，其他各地高程都以它作为基准。

相对高程：即把室内首层地面高程定为相对高程的零点，写作“±0.000”。高于它的为正，但一般不注“＋”符号，例如▽3.900。低于它的为负，必须注明符号“－”，例如▽−0.300表示比首层室内高程低 300 mm。一般在总说明中说明相对高程与绝对高程的关系，例如±0.000＝39.80 m。

(6)索引号

索引号是便于看图时查找相互有关的图纸。索引号反映基本图纸与详图、详图与详图之间、以及有关工种图纸之间的关系。索引号的注写方法，如图 1.59 所示。

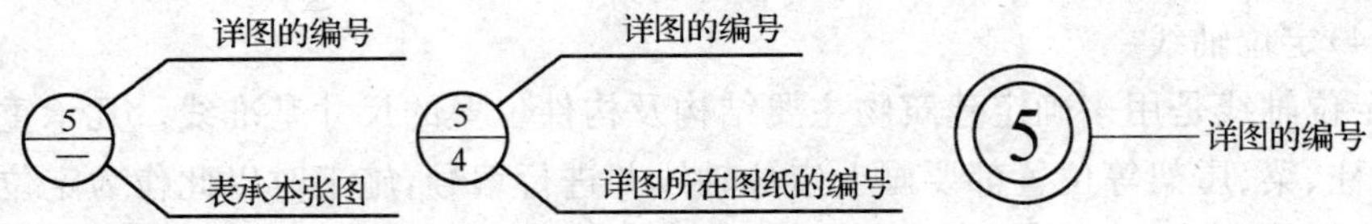

(a) 所索引的详图在本张图纸上 (b) 所索引的详图不在本张图纸上 (c) 详图的索引标志

图 1.59　索引号的注写方法

(7)多层构造引出线

多层构造引出线，应通过被引出的各层。文字说明注写在水平线的上方，或注写在水平线的端部，说明的顺序应由上至下，并应与被说明的层次相互一致；如层次为横向顺序，则由上至下的说明顺序应与由左至右的层次顺序相互一致。

(8)剖切符号

建(构)筑物剖面图的剖切符号宜注在±0.000 高程的平面上。

剖视剖切符号的编号宜采用阿拉伯数字，按顺序由左至右、由下至上连续编排，并应注写在剖视方向线的端部，如图 1.60。

断面剖切符号的编号宜采用阿拉伯数字，按顺序连续编排，并应注写在剖切位置线的一侧；编号所在的一侧应为该断面的剖视方向，如图 1.60 所示。

(9)指北针

指北针的形状如图 1.61 所示，其圆的直径为 24 mm，用细实线绘制；指针尾部的宽度宜为 3 mm，指针头部应注“北”或“N”字。

(10)其他符号

对称符号由对称线和两端的两对平行线组成，如图 1.61 所示。

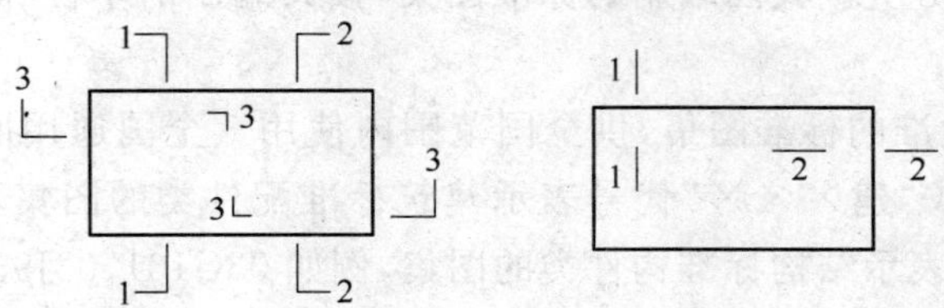

图1.60　剖视的剖切符号、断面的剖切符号

连接符号应以折断线表示需连接的部位。两部位相距过远时，折断线两端靠图样一侧应标注大写拉丁字母表示连接编号。两个被连接的图样必须用相同的字母编号，如图1.61。

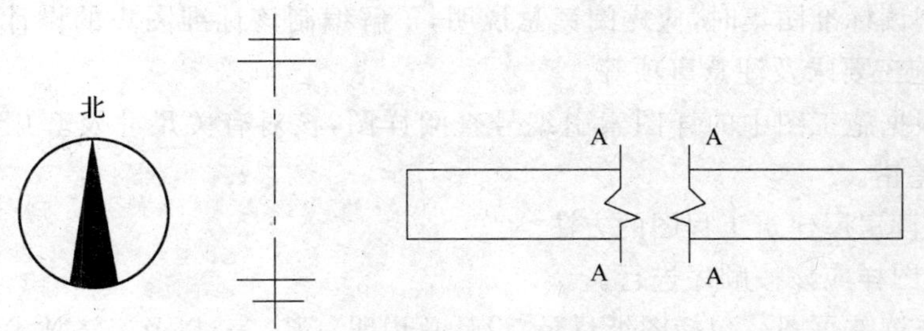

图1.61　指北针、对称符号和链接符号

(11)阅读房屋建筑工程图的方法

• 阅读房屋建筑工程图应注意的几个问题

① 施工图是根据正投影原理绘制的，用图样表明房屋建筑的设计及构造作法。所以要看懂施工图，应掌握正投影原理和熟悉房屋建筑的基本构造。

② 施工图采用了一些图例符号以及必要的文字说明，共同把设计内容表现在图样上。因此要看懂施工图，还必须记住常用的图例符号。

③ 看图时要注意从粗到细，从大到小。先粗看一遍，了解工程的概貌，然后再仔细看。细看时应先看总说明和基本图样，然后再深入看构件图和详图。

④ 一套施工图是由各工种的许多张图样组成，各图样之间是互相配合紧密联系的。图样的绘制大体是按照施工过程中不同的工种、工序分成一定的层次和部位进行的，因此要有联系地、综合地看图。

⑤ 结合实际看图。根据实践、认识、再实践、再认识的规律，看图时联系生产实践，就能比较快地掌握图样的内容。

• 标准图的阅读

在施工中有些构配件和构造作法，经常直接采用标准图集，因此阅读施工图前要查阅本工程所采用的标准图集。

标准图集的分类。我国编制的标准图集,按其编制的单位和适用范围的情况大体可分为三类:

① 经国家批准的标准图集,供全国范围内使用。全国通用的标准图集,通常采用“J×××”或“建×××”代号表示建筑标准配件类的图集,用“G×××”或“结×××”代号表示结构标准构件类的图集,例如03G101、03J930等。

② 经各省、市、自治区等地方批准的通用标准图集,供本地区使用,例如辽G107、DG811等。

③ 各设计单位编制的标准图集,供本单位设计的工程使用。

• 标准图的查阅方法

① 根据施工图中注明的标准图集名称和编号及编制单位,查找相应的图集。

② 阅读标准图集时,应先阅读总说明,了解编制该标准图集的设计依据和使用范围、施工要求及注意事项等。

③ 根据施工图中的详图索引编号查阅详图,核对有关尺寸及套用部位等要求,以防差错。

• 阅读房屋建筑工程图的方法

阅读图样应该按顺序进行。

① 先读首页图。包括图纸目录、设计总说明、门窗表、以及经济技术指标等。

② 读总平面图。包括地形地势特点、周围环境、坐标、道路等情况。

③ 读建筑施工图。从标题栏开始,依次读平面形状及尺寸和内部组成,建筑物的内部构造形式、分层情况及各部位连接情况等,了解立面造型、装修、高程等,了解细部构造、大小、材料、尺寸等。

④ 读结构施工图。从结构设计说明开始,包括结构设计的依据、材料标号及要求、施工要求、标准图选用等。读基础平面图,包括基础的平面布置及基础与墙、柱轴线的相对位置关系,以及基础的断面形状、大小、基底高程、基础材料及其他构造做法,还要读懂梁、板等的布置,以及构造配筋及屋面结构布置等,乃至梁、板、柱、基础、楼梯的构造做法。

⑤ 读设备施工图。包括管道平面布置图、管道系统图、设备安装图、工艺图等。读图时注意工种之间的联系,前后照应。

1.6.4 施工测量放样

1. 测量常用度量单位

(1)长度单位

国际单位制中法定的长度计量单位为米(m)制单位:

1 m(米)=10 dm(分米)=100 cm(厘米)=1 000 mm(毫米)

$$1\ \text{hm}(百米)=100\ \text{m}(米)$$

$$1\ \text{km}(公里或千米)=1\ 000\ \text{m}$$

在外文测量书籍、参考文献和测量仪器说明书中，还会用到英制的长度计量单位，它与米制长度单位的换算关系如下：

$$1\ \text{in}(英寸)=2.54\ \text{cm}$$

$$1\ \text{ft}(英尺)=12\ \text{in}=0.304\ 8\ \text{m}$$

$$1\ \text{yd}(码)=3\ \text{ft}=0.914\ 4\ \text{m}$$

$$1\ \text{mile}(英里)=1\ 760\ \text{yd}=1.609\ 3\ \text{km}$$

(2)面积单位

国际单位制中法定的面积单位为平方米(m^2)，大面积则用公顷(hm^2)或平方公里(km^2)；我国农业土地常用亩(mu)为面积单位。其换算关系如下：

$$1\ \text{m}^2(平方米)=100\ \text{dm}^2=10\ 000\ \text{cm}^2=1\ 000\ 000\ \text{mm}^2$$

$$1\ \text{mu}(亩)=10\ 分=100\ 厘=666.666\ 7\ \text{m}^2$$

$$1\ \text{are}(公亩)=100\ \text{m}^2=0.15\ \text{mu}$$

$$1\ \text{hm}^2(公顷)=10\ 000\ \text{m}^2=15\ \text{mu}$$

$$1\ \text{km}^2(平方公里)=100(公顷)=1\ 500\ \text{mu}$$

米制与英制的面积单位换算关系如下：

$$1\ \text{in}^2(平方英寸)=6.451\ 6\ \text{cm}^2$$

$$1\ \text{ft}^2(平方英尺)=144\ \text{in}^2=0.092\ 9\ \text{m}^2$$

$$1\ \text{yd}^2(平方码)=9\ \text{ft}^2=0.836\ 1\ \text{m}^2$$

$$1\ \text{acre}(英亩)=4\ 840\ \text{yd}^2=40.468\ 6\ \text{are}=6.07\ \text{mu}$$

$$1\ \text{mile}^2(平方英里)=640\ \text{acre}=2.59\ \text{km}^2$$

(3)体积单位

国际单位制中法定的体积计量单位为立方米(m^3)，简称“立方”或“方”。

(4)角度单位

测量工作中常用的角度单位有60进制的度分秒(DMS，Degree Minute Second)制和弧度制(Radian)制此外还有每象限100进制的新度(Grade)制。

$$1\ 圆周=360^\circ(度),1^\circ=60'(分),1'=60''(秒)$$

$$1\ 圆周=400^g(新度),1^g=100^c(新分),1^c=100^{cc}(新秒)$$

圆心角的弧度为该角所对弧长与半径之比。

$$1\ 圆周=2\pi(弧度)$$

(5)质量单位

国际单位制中的质量的法定计量单位是千克(kg)，或称公斤。

$$1\ \text{kg}(千克)=1\ 000\ \text{g}(克)$$

1 t(吨)=1 000 kg

(6)力学单位

力是物体间的互相作用,力有三要素:大小、方向、作用点,任何一个要素的改变都能改变力的作用效果。力的国际单位是牛顿(N),简称“牛”,与其他单位的换算关系如下:

1 kgf(公斤力)=9.8 N(牛顿)

1 kN(千牛顿)=102 kgf

重力是物体由于受地球吸引力而产生的,我们平时所说的吨,公斤就是指地球的吸引力。公斤力作为一种现场常用的说法暂时予以保留,但不是规范的说法。

功是物体沿着外力的方向移动的距离;功率是在单位时间内所做的功。功的国际单位是焦耳(J),简称“焦”;功率的国际单位是瓦特(W),简称“瓦”。与其他单位的换算关系如下:

1 000 W(瓦)=1 kW(千瓦)=1.359 6(马力)

一个单位面积上所受的压力就是压强。一平方米(m^2)面积上作用一个牛顿(N)就叫一帕斯卡(Pa),简称帕,它是国际标准压强单位。与其他单位的换算关系如下:

1 MPa(兆帕)=1 000 000 Pa(帕)

在材料力学中,当物体受到拉力和压力时,单位面积上所承受的力,就是应力。和压强是同一个性质,国际单位是帕(Pa),工程上常用兆帕(MPa)。

(7)电学单位

电荷有规则的定向移动就形成了电流。电流的大小定义为在单位时间内通过导体横截面的电量,其国际单位是安培(A),简称“安”。与其他单位的换算关系如下:

1 A(安)=1 000 mA(毫安)=1 000 000 μA(微安)

电路中某点的电位,是指电场力将单位正电荷从该点移动到参考点所做的功。常以大地或机壳作为参考点。电路中任意两点间的电压,是指电场力将单位正电荷从电路的一点移动到另一点所做的功,即电压就是电路中任意两点间的电位差。电源的电动势是衡量电源能量转换本领大小的物理量。电位、电压和电动势的国际单位都是伏特(V),简称“伏”。与其他单位的换算关系如下:

1 kV(千伏)=1 000 V(伏)

2. 测量学基础知识

测量学是测绘学科中的一门基础技术课,也是土木工程、交通工程、测绘工程和土地管理等专业的一门必修课。测量学的主要内容,简而言之,就是地形信息的采集、应用和工程设计的施工放样。

下面简单谈谈水准测量的原理、仪器和方法。

(1)高程系统

为了统一全国的高程系统，我国采用黄海平均海水面作为全国高程系统的基准面，即我国采用的大地水准面。在该面上的任一点，其高程为零。为确定这个基准面，在青岛设立验潮站和国家水准原点。根据青岛验潮站从 1952 年到 1979 年的验潮资料，确定黄海平均海水面为高程零点，并据此测定青岛水准原点的高程为 72.260 4 m，这个高程零点和原点高程称为“1985 国家高程基准”。根据这个基准，测定全国各地的高程，例如，2005 年国家测绘局测定珠穆朗玛峰巅的高程为8 844.43 m。

(2)水准测量的基本原理

水准测量的基本原理是：利用水准仪提供一条水平视线，对竖立在两地面点的水准尺上分别进行瞄准和读数，以测定两点间的高差；再根据已知点的高程，推算待定点的高程。

(3)水准测量和水准路线

设两点间的距离较远，或高差较大，或不能直接通视，不可能安置一次水准仪即测定其高差。此时，可沿一条路线进行水准测量，中间加设若干个临时立尺垫，称为“转点”(Turning Point，缩写为 TP)，依次安置水准仪，测定相邻点间的高差，最后取各高差的代数和，得到起、终两点间的高差。水准测量所进行的路线称为“水准路线”。

水准路线有以下几种形式：闭合水准路线、附合水准路线、支水准路线。

(4)水准尺和水准仪

水准测量所使用的仪器为水准仪，与其配套的工具为水准尺和尺垫。

水准尺的尺面上每隔 1 cm 印刷有黑、白或红、白相间的分划，每分米处注有分米数，其数字有正和倒两种，分别与水准仪的正像望远镜或倒像望远镜相配合。双面水准尺的一面为黑白分划，称为黑色面；另一面为红白分划，称为红色面。双面尺的黑色面分划的零是从尺底开始，红色面的尺底是从某一数值(一般为 4 687 mm或 4 787 mm)开始，称为零点差。水准仪的水平视线在同一根水准尺上的红、黑面读书差应等于双面尺的零点差，可作为水准测量时读数的检核。

(5)水准仪的使用

用水准仪进行水准测量的操作程序为：安置一粗平一瞄准一精平一读数。

(6)水准测量的方法

在进行连续水准测量时，若在其中任何一个测站上仪器操作有失误，都会影响高差观测值的正确性。因此，在每一个测站的观测中，为了能及时发现观测中的错误，通常用“两次仪器高法”或“双面尺法”进行水准测量。

(7)线路坡度

桥面纵向坡度不宜小于3‰,除单线桥外,多线桥桥面横向应采用双向排水坡,排水坡坡度不小于5‰。

正线线路曲线半径一般不得小于300 m。

正线线路坡度一般不得超过30‰。

3. 施工测量概述

测量地形图是以地面控制点为基础,测量出控制点至周围各地形特征点的距离、角度、高差以及测点与测点间的相互位置关系等数据,并按一定的比例将这些测点缩绘到图纸上,绘制成图。施工测量是以地面上的施工控制点为基础,根据图纸上的建、构筑物的设计尺寸,计算出各部分的特征点与控制点之间的距离、角度、高差等数据,将建、构筑物的特征点在实地标定出来,以便施工,这项工作又称“放样”。施工测量所采用的方法基本上与测图所用的方法一致,所用仪器基本相同。但施工测量也有其自身的特点和规律。

(1)施工测量的目的和内容

施工测量的目的是按照设计和施工的要求将设计的建筑物、构筑物的平面位置和高程在地面上标定出来,作为施工的依据,并在施工过程中进行一系列的测量工作,以衔接和指导各工序之间的施工。

施工测量贯穿于整个施工过程中。从场地平整、建筑物定位、基础施工,到建筑物构件安装等,都需要进行施工测量,以能使建筑物、构筑物各部分的尺寸、位置符合设计要求。其主要内容有:①建立施工控制网。②建筑物、构筑物的详细测设。③检查、验收。每道施工工序完工之后,都要通过测量检查工程各部位的实际位置及高程是否与设计要求相符合。④变形观测。随着施工的进展,测定建筑物在平面和高程方面产生的位移和沉降,收集整理各种变形资料,作为鉴定工程质量和验证工程设计、施工是否合理的依据。

(2)施工测量的特点

与测图工作相比,具有如下特点:①目的不同。测图工作是将地面上的地物、地貌测绘到图纸上,而施工测量是将图纸上设计的建筑物或构筑物测设到实地。②精度要求不同。施工测量的精度要求取决于工程的性质、规模、材料、施工方法等因素。一般高层建筑物的施工测量精度要求高于低层建筑物的施工测量精度,钢结构施工测量精度要求高于钢筋混凝土结构的施工测量精度,装配式建筑物的施工测量精度要求高于非装配式建筑物的施工测量精度。此外,由于建筑物、构筑物的各部位相对位置关系的精度要求较高,因而工程的细部放样精度要求往往高于整体放样精度。③施工测量工序与工程施工工序密切相关,某项工序还没有开工,就不能进行该项的施工测量。测量人员必须了解设计的内容、性质及其对测量工作的精度要求,熟悉图纸上的设计数据,了解施工的全过程,并掌握施工现场的变动情况,使施工测量工作能够与施工密切配合。④受施工干扰。施工场地上工种多、交叉作业频繁,并要填、挖大量土石方,地面变动很大,又有车辆等机械振动,因此各种测量标志必须埋设稳固且在不易破坏的位置。解决办法是采用二级布设方式,即设置基准网和定线网。基准网远离现场,定线网布设于现场,当定线网密度不够或者现场受到破坏时,可用基准网增设或恢复之。定线网的密度应尽可能满足一次安置仪器就可测设的要求。

(3)施工测量的原则

为了保证施工能满足设计要求,施工测量也应遵循"由整体到局部,先控制后细部"的原则,即先在施工现场建立统一的施工控制网,然后以此为基础,测设出各个建筑物和构筑物的细部位置。这样可以减少误差累积,保证测设精度,免除因建筑物众多而引起测设工作的紊乱。

此外,施工测量责任重大,稍有差错,就会酿成工程事故,造成重大损失。因此,必须加强外业和内业的检核工作。检核是测量工作的灵魂。

(4)施工测量的精度

施工测量的精度取决于工程的性质、规模、材料、施工方法等因素。因此,施工测量的精度应由工程设计人员提出的建筑限差或工程施工规范来确定。建筑限差一般是指工程竣工后的最低精度要求,它应理解为允许误差。设建筑限差为Δ,工程竣工后的中误差M应为建筑限差Δ的一半,即$M=\Delta/2$。

工程竣工后的中误差M由测量中误差m_{10}和施工中误差m_{20}组成,而测量中误差又由控制测量中误差m_{11}和细部放样中误差m_{12}两部分组成,则

$$M^2=m_{11}^2+m_{12}^2+m_{20}^2 \quad \text{式(1.1)}$$

上述各种误差之间的相互匹配要根据施工现场条件来确定,并以每一项作业工序的"难易度、成本比"大致相等为准则,既要保证工程质量,又要节省人力、物力。

一般来说,测量精度要比施工精度高。它们之间的比例关系为:

$$m_{10}=\frac{m_{20}}{\sqrt{2}} \quad \text{式(1.2)}$$

在工业场地上,控制点较密,放样点离控制点较近,因而细部放样的操作比较容易进行,误差也较小。根据这个前提,取两者的比例为:

$$m_{11}=\frac{m_{12}}{\sqrt{2}} \quad \text{式(1.3)}$$

对于桥梁和水利枢纽,放样点一般远离控制点,放样不甚方便,因而放样误差大。同时考虑到放样工作要及时配合施工,经常在有施工干扰的情况下快速进行,

不大可能用增加观测次数的方法来提高精度，而在建立施工控制网时，有足够的时间和有利条件提高控制网的精度，因此，在设计控制网时，应使控制点误差所引起的放样点误差，相对于施工放样的误差小到可以忽略不计的程度，以便为今后放样工作创造条件。

$$m_{10}=\sqrt{m_{11}^2+m_{12}^2}=m_{12}\sqrt{1+\left(\frac{m_{11}}{m_{12}}\right)^2}\approx m_{12}\left(1+\frac{m_{11}^2}{2m_{12}^2}\right)$$

若使 $m_{11}^2/2m_{12}^2=0.1$，即控制点误差的影响占测量误差总影响的10%，可忽略不计，则

$$m_{11}\approx 0.45m_{12}\approx 0.4m_{10}$$

$$m_{12}\approx 0.9m_{10}$$

综上所述，对于工业场地：

$$m_{11}\approx\frac{\Delta}{6}\approx 0.17\Delta \qquad \text{式(1.4)}$$

$$m_{12}\approx\frac{\sqrt{2}\,\Delta}{6}\approx 0.24\Delta \qquad \text{式(1.5)}$$

对于桥梁和水利枢纽工程：

$$m_{11}\approx 0.12\Delta \qquad \text{式(1.6)}$$

$$m_{12}\approx 0.26\Delta \qquad \text{式(1.7)}$$

4. 建筑施工控制测量

在工程勘测阶段已建立有测图控制网，因其未考虑施工的要求，控制点的分布、密度和精度，都难以满足施工测量的要求。此外，由于平整场地，控制点大多被破坏。因此在施工之前，必须重新建立专门的施工控制网。

在大中型建筑施工场地上，施工控制网多用正方形或矩形格网组成，称为建筑方格网。在面积不大又不十分复杂的建筑场地上，常常布置一条或几条基线，作为施工控制，称为建筑基线。

(1)建筑基线

建筑基线是建筑场地的施工控制基准线，即在场地中央测设一条或若干条与其垂直的短轴线。它适用于建筑设计总平面图布置比较简单的小型建筑场地。其布设形式是根据建筑物的分布、场地地形等因素来确定，常见的形式有“一”字形、“L”字形、“十”字形和“T”字形，如图1.62所示。建筑基线的布设要求是：①主轴线应尽量位于场地中心，并与主要建筑物轴线平行，主轴线的定位点应不少于3个，以便相互检核；②基线点位应选在通视良好和不易被破坏的地方，且要设置成永久性控制点，如设置成混凝土桩或石桩。

建筑基线的测设方法主要有以下两种：一是根据建筑红线或中线测设。建筑

红线也就是建筑用地的界定基准线，由城市测绘部门测定，它可用作建筑基线测设的依据。一般采用直角坐标法测设出建筑基线。二是利用测量控制点测设。利用建筑基线的设计坐标和附近已有测量控制点的坐标，按照极坐标测设方法计算出测设数据，然后测设。但是，在设计和施工部门，为了工作上方便，常采用一种独立坐标系统，称为施工坐标系或建筑坐标系。施工坐标系的纵轴与横轴，应与场区主要建筑物或主要道路、管线方向平行。坐标原点在总平面图的西南角，使所有建筑物和构筑物的设计坐标均为正值。建筑基线点的设计坐标在施工坐标系中，而已有测量控制点的坐标是在测量坐标系中。当施工坐标系与测量坐标系不一致时，应进行互换，以便求算测设数据。设放样点 P 在施工坐标系 AQB 中的坐标为 (A_P, B_P)，在测量坐标系中的坐标为 (x_P, y_P)。两坐标系的相对位置关系如图 1.63 所示。

若将 P 点的施工坐标转化为测量坐标，其换算公式为：

$$\left.\begin{aligned} x_P &= x_Q + A_P\cos\alpha - B_P\sin\alpha \\ y_P &= y_Q + A_P\sin\alpha + B_P\cos\alpha \end{aligned}\right\} \qquad \text{式(1.8)}$$

若将 P 点的测量坐标转化为施工坐标，其换算公式为：

$$\left.\begin{aligned} x_P &= (x_P - x_Q)\cos\alpha + (y_P - y_Q)\sin\alpha \\ y_P &= -(x_P - x_Q)\sin\alpha + (y_P - y_Q)\cos\alpha \end{aligned}\right\} \qquad \text{式(1.9)}$$

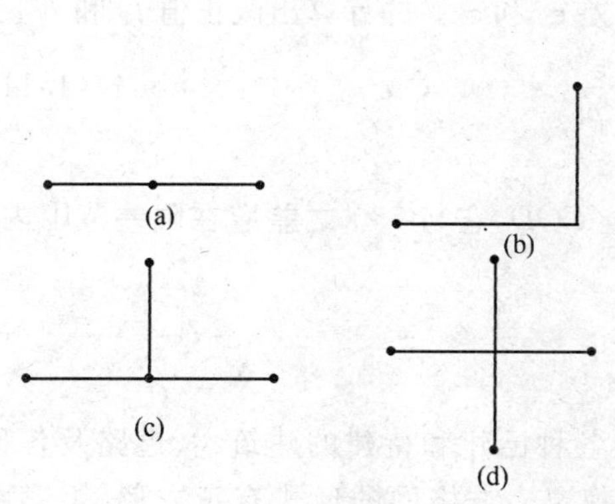

图 1.62　建筑基线布设形式

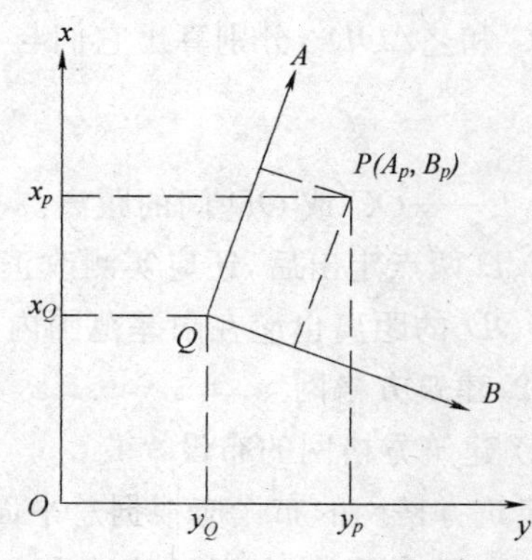

图 1.63　施工与测量坐标系的关系

今以“一”字形建筑基线为例，说明利用测量控制点测设建筑基线点的方法。如图 1.64 所示，A、O、B 为选定的建筑基线点，1、2、3 为附近已有的测量控制点。首先将 A、O、B 三点的施工坐标换算成测量坐标，再利用已知坐标反算测设数据 $\beta_1, \beta_2, \beta_3$ 和 D_1, D_2, D_3；然后，用经纬仪和钢尺按极坐标法测设 A、O、B 三点。由于测量误差，测设的基线点往往不在同一直线上，且点与点之间的距离与设计值也不完全相符，因此，需要精确测出已测设直线的折角 β' 和距离 D'（即 AO、OB 边的边长 a 和 b），并与设计值相比较。若 $\Delta\beta = \beta' - 180°$ 超限，则应对 A'、O'、B' 点在横向进行等量调整，如图 1.65 所示。调整量按下式计算：

$$\delta=\frac{ab}{a+b}\cdot\frac{\Delta\beta}{2\rho} \quad 式(1.10)$$

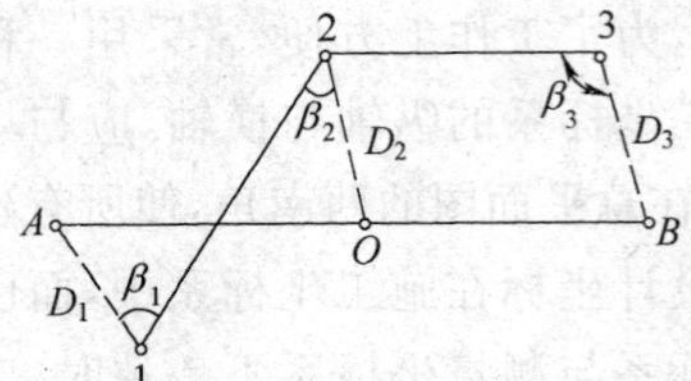

图 1.64 利用测量控制点测设建筑基线

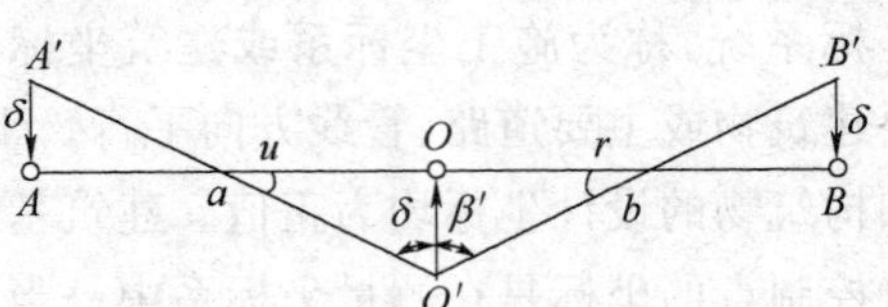

图 1.65 基线点的调整

例如 $a=100$ m，$b=150$ m，$\Delta\beta=-16''$，$\rho=206\ 265''$，则 $\delta=-0.002\ 3$ m，即 A'、B' 点向下移动 0.002 3 m，O' 点向上移动 0.002 3 m。

若测设距离超限，如 $\frac{\Delta D}{D}=\frac{D'-D}{D}>\frac{1}{10\ 000}$，则以 O 点为准，按设计长度在纵向调整 A'、B' 点。

若需要测设与 AOB 轴线垂直的 COD 直线，如图 1.66 所示，将经纬仪安置在 O 点，瞄准 A 点(或 B 点)，分别向左、向右转 90°，定出 C' 和 D' 点，再精确测出 $\angle AOC'$ 和 $\angle AOD'$，分别算出它们与 90°之差 ε_1 和 ε_2。并计算出改正值 l_1 和 l_2。

$$l=L\frac{\varepsilon''}{\rho''} \quad 式(1.11)$$

式中 L——OC' 或 OD' 间的距离。

C、D 两点定出后，还应实测改正后的 $\angle COD$，它与 180°之差应在限差范围内。OC 与 OD 的距离也应在限差范围内。

(2)建筑方格网

① 建筑方格网的布设

建筑方格网的布设应根据总平面图上各种已建和待建的建筑物、道路及各种管线的布置情况，结合现场的地形条件来确定。方格网的形式有正方形、矩形两种。当场地面积较大时，常分两级布设，首级可采用"十"字形、"口"字形、或"田"字形，然后再加密方格网。建筑方格网适用于按矩形布置的建筑群或大型建筑场地。建筑方格网的轴线与建筑物轴线平行或垂直，因此，可用直角坐标法进行建筑物的定位，测设较为方便，且精度较高。但由于建筑方格网必须按总平面图的设计来布置，测设工作量成倍增加，其点位缺乏灵活性，易被破坏，所以在全站仪逐步普及的条件下，正逐步被导线或三角网所取代。如图 1.67 所示，确定方格网的主轴线 $C-C$ 和 3—3，然后再布设方格网。

② 建筑方格网的测设

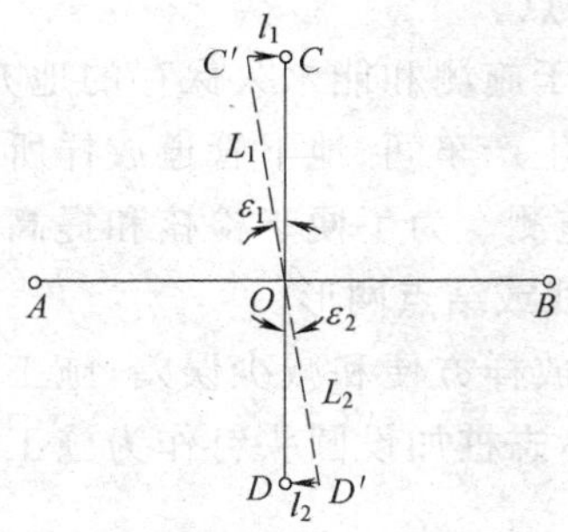

图 1.66　直角的测设与调整

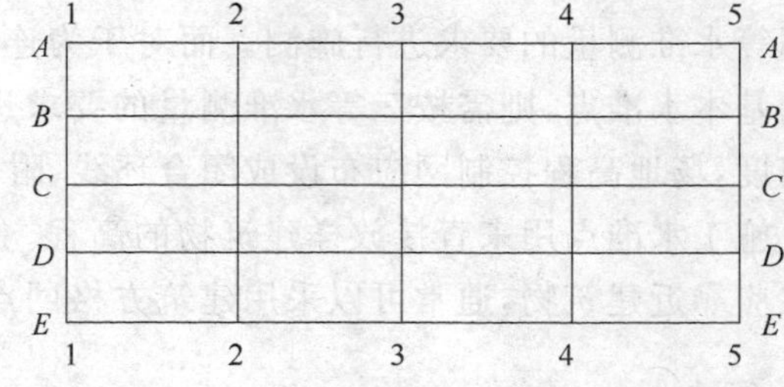

图 1.67　建筑方格网布设

• 主轴线测设

与建筑基线测设方法相似。首先，准备测设数据，然后实地测设两条相互垂直的主轴线 $C-C$ 和 3－3，如图 1.67 所示。主轴线实际上是由 5 个主点 $C1$（$C-C$ 和 1－1 轴线的交点称为 $C1$ 点，以下同）、$C3$、$C5$、$A3$ 和 $E3$ 点所组成。最后精确检测主轴线点的位置关系，并与设计值相比较。若角度较差大于 $\pm 10''$，则需要横向调整点位，使角度与设计值相符；若距离较差大于 1/15 000，则纵向调整点位使距离与设计值相符。建筑方格网的主要技术要求见表 1.28。

表 1.28　建筑方格网的主要技术要求

等级	边长(mm)	测角中误差	边长相对中误差	测角检测误差	边长检测误差
Ⅰ级	100～300	5″	1/30 000	10″	1/15 000
Ⅱ级	100～300	8″	1/20 000	16″	1/10 000

• 方格网点测设

如图 1.67 所示，主轴线测设后，分别在主轴线端点 $C1$、$C5$ 和 $A3$、$E3$ 上安置经纬仪，后视主点 $C3$，分别向左右测设直角，交会出田字形方格网点。随后再作检核，测量相邻两点间的距离，看是否与设计值相等，测量其角度是否为 90°，误差均应在允许范围内，并埋设永久标志。此后，再以田字形方格网为基础，加密方格网的其余各点。

在水利工程、道路和桥梁以及其他工程建设中，施工平面控制网往往布设成三角网或导线网，其测量方法与测图控制网的测量方法相同，后面有关章节中予以讲述。

(3)施工场地高程控制网

在建筑场地上，水准点的密度应尽可能满足安置一次仪器即可测设出所需的高程点。而测绘地形图时敷设的水准点往往是不够的，必须增设一些水准点。在一般情况下，施工场地平面控制点也可兼作高程控制点。高程控制网可分首级网和加密网，相应的水准点称为基本水准点和施工水准点。

基本水准点应布设在不受施工影响、无震动、便于施测和能永久保存的地方，按四等水准测量的要求进行施测。而对于为连续性生产车间、地下管道放样所设立的基本水准点，则需按三等水准测量的要求进行施测。为了便于检核和提高测量精度，场地高程控制网应布设成闭合环线、附合路线或结点网形。

施工水准点用来直接放样建筑物的高程。为了放样方便和减少误差，施工水准点应靠近建筑物，通常可以采用建筑方格网点的标志桩加设圆头钉作为施工水准点。

为了放样方便，在建筑物附近，还要布设±0.000 水准点(一般以底层建筑物的地坪高程为±0.000)，其位置多选在较稳定的建筑物墙、柱的侧面，用红油漆绘成上顶为水平线的“▽”形，其顶端表示±0.000 位置。

5. 施工放样概述

施工放样把设计图纸上工程建筑物的平面位置和高程，用一定的测量仪器和方法测设到实地上去的测量工作称为施工放样(也称施工放线)。测图工作是利用控制点测定地面上地形特征点，缩绘到图上。施工放样则与此相反，是根据建筑物的设计尺寸，找出建筑物各部分特征点与控制点之间位置的几何关系，算得距离、角度、高程等放样数据，然后利用控制点，在实地上定出建筑物的特征点，据以施工。

6. 民用建筑施工放样

住宅楼、商店、学校、医院、食堂、办公楼、烟囱水塔等建筑物都属于民用建筑。有单层、低层(2～3 层)、多层(4～8 层)和高层(9 层以上)。由于建筑物类型不同，其放样方法和精度也有所不同，但总的放样过程基本相同，即建筑物定位、放线、基础工程施工测量、墙体工程施工测量等。在建筑场地完成了施工控制测量工作之后，就可按照施工的各个工序展开施工放样工作，将建筑物的位置、基础、墙、柱、门、窗、楼板、顶盖等基本结构放样出来，设置标志，作为施工的依据。

(1)测设前的准备工作

① 熟悉图纸及设计资料

设计图纸及设计资料是施工测量的依据。在测设前应熟悉设计图纸及有关资料，了解施工建筑物与相邻地物的相互关系，以及建筑物的尺寸和施工的要求等，从而确定测设平面位置的方案，如图 1.68 所示为建筑总平面图。

建筑平面图给出了建筑物各定位轴线间的尺寸关系及室内地坪高程等，如图 1.69。它是测设的基础资料。

基础平面图给出了建筑物的整个平面尺寸及细部结构与各定位轴线之间的关系，从而确定测设基础轴线的必要数据。

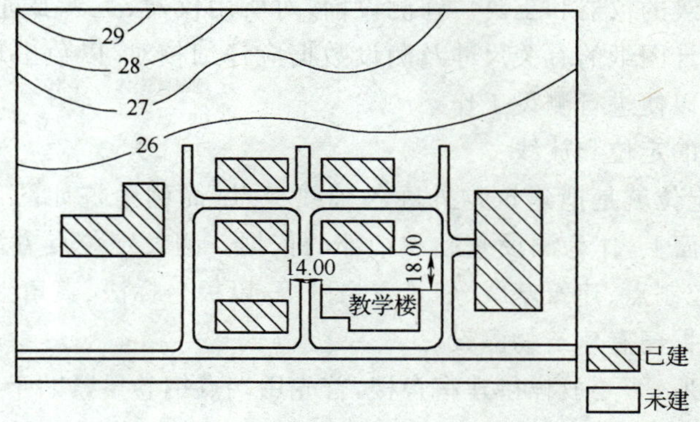

图1.68 建筑总平面图

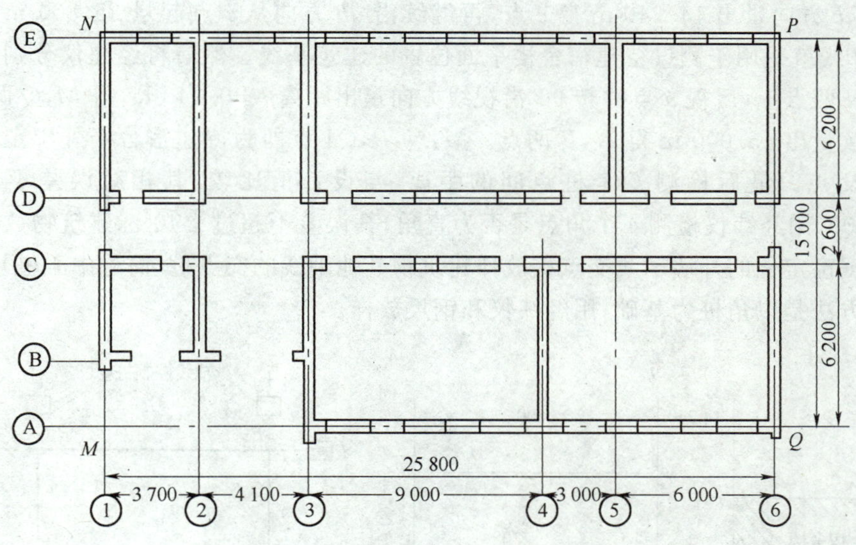

图1.69 底层平面图(尺寸:m)

基础剖面图给出了基础设计宽度、形式、基础边线与轴线的尺寸关系以及设计高程,从而确定开挖边界线和基坑底面的高程位置。另有其他各种立面图和剖面图分别给出基础、地坪、门窗、楼板、屋架和屋面等设计高程,是高程测设的主要依据。

② 现场踏勘

目的是了解现场的地物、地貌和原有测量控制点分布情况,并调查与施工测量有关的问题。

③ 拟定测设计划和绘制测设草图

测设计划包括测设数据和所用仪器、工具的准备。一般应根据测设精度的要求，选择相应等级的仪器和工具。在测设前，对所用仪器、工具要进行严格的检验和校正；对各设计图纸的有关尺寸及测设数据应仔细核对，以免出现差错；平整和清理施工现场，以便进行测设工作。

(2)建筑物的定位和放线

建筑物的定位就是把建筑物外廓各轴线交点（简称角桩如图 1.70 中 M,N,P,Q）测设到地面上，作为测设基础和细部的依据。测设定位点方法很多，如前面介绍的可根据控制点、建筑基线、建筑方格网等，以极坐标法、直角坐标法等方法放样外，还可以根据已有建筑物测设。

如图 1.70 所示，要放样待建宿舍楼，首先用端点钢卷尺紧贴于宿舍楼东、西外墙边各量出一小段距离 l（距离大小根据实地地形而定，一般为 1～4 m），得 a,b 两点，打小木桩标定（桩顶钉上铁钉标志）。将经纬仪安置于 a 点上，瞄准 b 点，并从 b 点沿 ab 方向量出 14.240 m 得 c 点，再继续沿 ab 方向从 c 点起量 25.800 m 得 d 点，cd 线就是用于测设待建宿舍楼平面位置的建筑基线。然后将经纬仪分别安置于 c、d 两点上，后视 a 点并转 90°沿视线方向量出距离 l+0.240 m，得 M,Q 两点，再继续量出 15.000 m 得 N,P 两点。M,N,P,Q4 点即为待建宿舍楼外廓定位轴线的交点。最后检测 4 个桩点间的距离，与设计值比较，其相对误差不超过 1/2 500，用经纬仪检测 4 个角点是否为直角，其误差不超过±40″。建筑物放线就是根据已定位的外墙轴线交点桩放样建筑物其他轴线的交点桩（简称中心桩）。其放样方法是以角桩为基础，用经纬仪和钢尺放样。

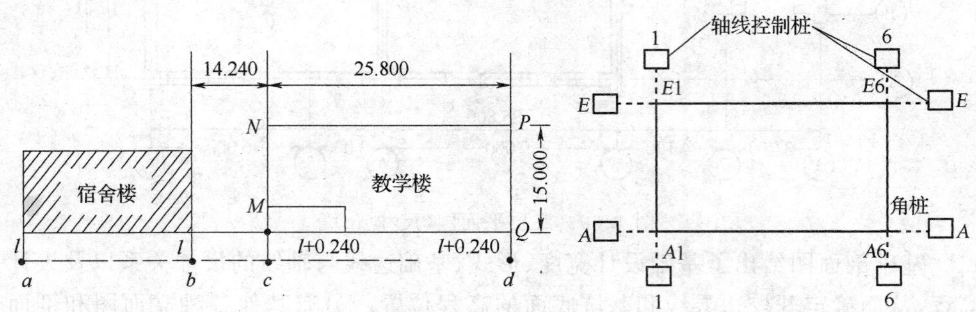

图 1.70　建筑物的定位(尺寸:m)　　图 1.71　轴线控制桩

如现场已有建筑方格网或建筑基线时，可直接采用直角坐标法进行定位。

由于基槽开挖后，所测设的角桩和中心桩将被挖掉，施工时为了能方便地恢复各轴线的位置，应把各轴线延长到基槽开挖线外安全地方，并作好标志，有设置轴线控制桩和龙门板两种形式。

轴线控制桩设置在基槽外基础轴线的延长线上，应设置半永久性标志（多数为混凝土包裹木桩)，如图 1.71 所示，作为开挖基槽后各施工阶段确定轴线位置的依据。轴线控制桩离基槽开挖线的距离视施工现场的条件而定。如果附近有已建的建筑物，也可将轴线投设在建筑物的墙上。为了保证控制桩的精度，施工中往往将控制桩与定位桩一起测设，有时先测设控制桩，再测设定位桩。

龙门板法适用于一般的小型民用建筑物。在建筑物四角与隔墙两端基槽开挖边界线以外约 1.5～2 m 处打下大木桩，使各桩连线平行于墙基轴线，用水准仪在龙门桩上测设±0.000 高程线。然后以龙门桩为依据钉设龙门板，使龙门板的上边缘高程正好为±0.000，若现场受条件所限时，也可比±0.000 高或低一个整数高程。安置仪器于各角桩、中心桩上，将轴线引测到龙门板上，作出标志，如图 1.72所示。也可用拉细线的方法将角桩、中心桩延长至龙门板上，具体方法是用锤球对准桩点，然后沿两锤球线拉紧细绳，把轴线标定在龙门板上。

(3)建筑物基础施工测量

基础开挖前，根据轴线控制桩或龙门板的轴线位置和基础宽度，并顾及到基础挖深应放坡的尺寸，在地面上标定开挖边界线，并沿此线撒下白灰线作为施工开挖线。开挖基槽时，不得超挖基底，因此必须控制好基槽的开挖深度。如图 1.73 所示，在即将挖到槽底设计高程时，用水准仪在基槽壁上每隔 3～5 m 和拐角处设置一些水平桩，使水平桩离槽底设计高程为整分米数，用以控制开挖基槽的深度和作为修平槽底、铺设垫层的依据。水平桩测设的允许误差为±10 mm。

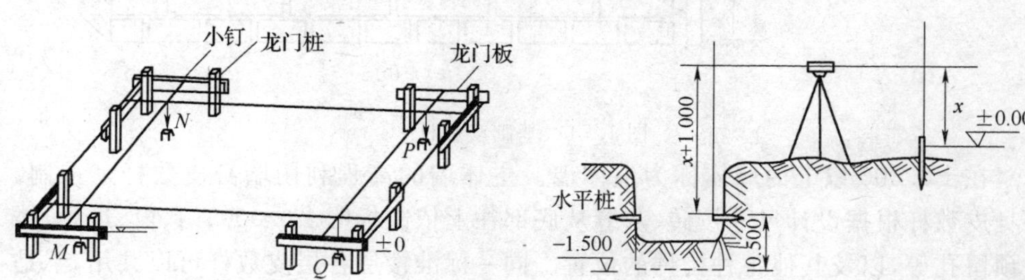

图 1.72　测设龙门板

图 1.73　基础深度施工测量(尺寸:m)

打好垫层后，先将基础轴线投影到垫层上，再按照基础设计宽度定出基础边线，并弹墨线标明。

(4)墙体施工测量

在垫层之上，±0.000 以下的砖墙称为基础墙。基础的高度利用基础皮数杆来控制。基础皮数杆是一根木制的杆子，如图 1.74 所示，在杆上预先按照设计尺寸将砖、灰缝厚度画出线条，标明±0.000、防潮层等高程位置。立皮数杆时，把皮数杆固定在某一空间位置上，使皮数杆上的高程名副其实，即使皮数杆上的±0.000位置与±0.000 桩上标定的位置对齐，以此作为基础墙的施工依据。基础和墙体顶面高程允许误差为±15 mm。

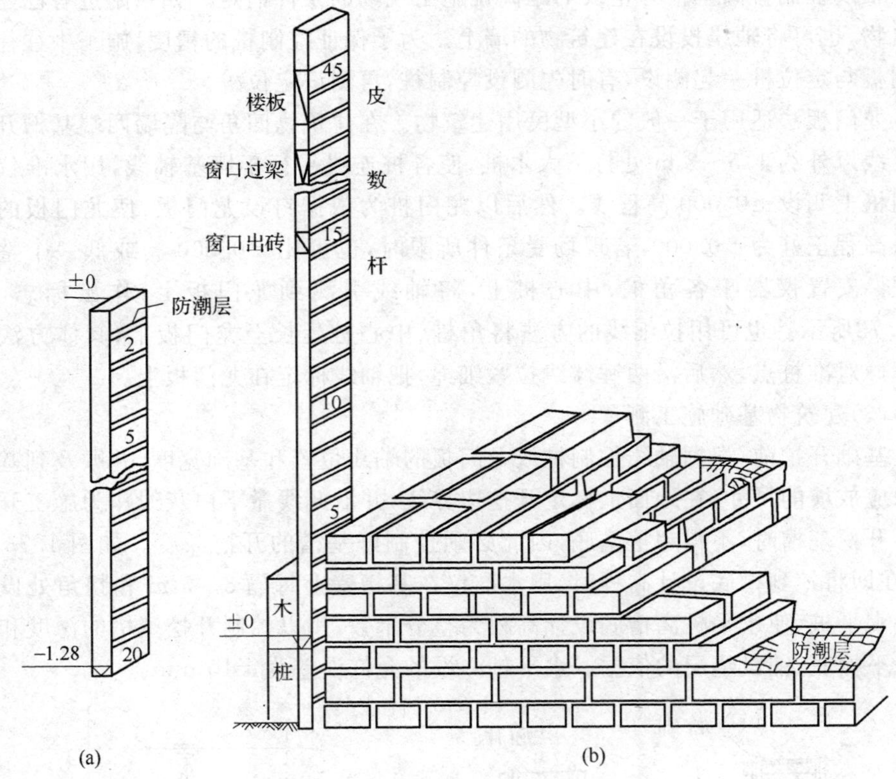

图 1.74 基础皮数杆

在±0.000以上的墙体称为主体墙。主体墙的高程利用墙身皮数杆来控制。墙身皮数杆根据设计尺寸按砖、灰缝从底部往上依次标明±0.000、门、窗、过梁、楼板预留孔等，以及其他各种构件的位置。同一标准楼层各层皮数杆可以共用，不是同一标准楼层，则应根据具体情况分别制作皮数杆。砌墙时，可将皮数杆撑立在墙角处，使杆端±0.000刻划线对准基础端标定的±0.000位置。

砌墙之后，还应根据室内抄平地面和装修的需要，将±0.000高程引测到室内，在墙上弹墨线标明，同时还要在墙上定出+0.5 m的高程线。

(5)高层建筑施工测量

高层建筑的特点是层数多、高度大，尤其是在繁华地段建筑群中施工时，场地十分狭窄，而且高空风力大，给施工测量带来较大困难。在施工过程中，对建筑物各部位的水平位移、垂直度、高程等精度要求十分严格。高层建筑施工方法很多，目前较常用的有两种，一种是滑模施工，即分层滑升逐层现浇楼板的方法，另一种是预制构件装配式施工。国家建筑施工规范中对上述高层建筑结构的施工质量标准规定如表 1.29 所示。

表 1.29　高层建筑施工质量标准

高层施工方法	竖向偏差限值(mm)		高程偏差限值(mm)	
	各　层	总　累　积	各　层	总　累　积
滑模施工	5	H/1 000(最大 50)	10	50
装配式施工	5	20	5	30

高层建筑的施工测量主要包括基础定位及建网，轴线点投测和高程传递等工作。基础定位及建网的测设工作前已论述。因此，高层建筑施工测设的主要问题是轴线投测时控制竖向偏差和层高误差，也即各层轴线如何精确地向上引测的问题。

① 轴线点投测

低层建筑物轴线投测，通常采用吊锤法，即从楼边缘吊下 5～8 kg 重的锤球，使之对准基础上所标定的轴线位置，垂线在楼边缘的位置即为楼层轴线端点位置，并画出标志线。这种方法简单易行且能保证工程质量。

高层建筑物轴线投测，一般采用经纬仪引桩投测或激光铅垂仪投测。本节主要介绍经纬仪投测法。

先在离建筑物较远处(建筑物高度的 1.5 倍以上)建立轴线控制桩，如图 1.75 所示的 A，B 位置。然后在相互垂直的两条轴线控制桩上安置经纬仪，盘左照准轴线标志，固定照准部，使望远镜仰视，照准楼边标定一点。再用盘右同样操作一次，又可定出一点，如两点不重合，取其中点即为轴线端点，如 $C_{1中}$、$C_{中}$ 点。两端点投测完之后，再弹墨线标明轴线位置。

当楼层逐渐增高时，望远镜的仰角越来越大，操作也越不方便，投测精度将随仰角增大而降低。此时，可将原轴线控制桩引测到附近建筑物的楼顶上，如 A_1 点，或更远的安全地方，如 B_1 点。再将经纬仪搬至这些点上，继续向上投测。

当建筑场地狭窄无法延长轴线时，可采用侧向借线法。如图 1.76 所示，将轴线向建筑物外侧平移出一小段距离，如 1 m，得平移轴线的交点 a，b，c，d，在施工楼层的四角用钢脚手架支出操作平台。然后将经纬仪安置在地面 c 点上，瞄准 d 点，盘左盘右取其平均值在平台上交会出 d_1 点，同法交会出 a_1、b_1、c_1 点。把地面上 a，b，c，d 四点引测到平台上，以 a_1-b_1、b_1-d_1、d_1-c_1、c_1-a_1 为准，向内量出 1 m，即可得到该楼层面的轴线位置。

② 高程传递

高程传递就是从底层±0.000 高程点沿建筑物外墙、边柱或电梯间等用钢尺向上量取。一幢高层建筑物至少要由 3 个底层高程点向上传递。由下层传递上来的同一层的几个高程点，必须用水准仪进行检核，看是否在同一水平面上，其误差不得超过 3 mm。

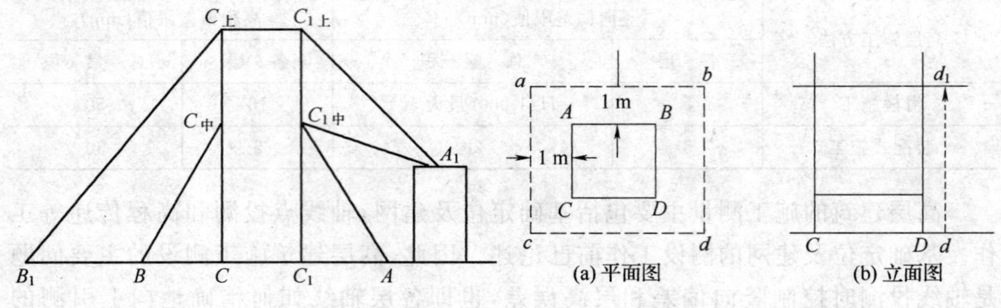

图 1.75　经纬仪引桩投测

图 1.76　侧向借线法

对于装配式建筑物，底层墙板吊装前要在墙板两侧边线内铺设一些水泥砂浆，利用水准仪按设计高程抄平其层面。在墙板吊装就绪后，应检查各开间的墙间距，并利用吊锤球的方法检查墙板的垂直度，合格后再固定墙的位置，用水准仪在墙板上测设高程控制线，一般为整数值。然后进行墙抄平层施工，抄平层是由 1∶2.5 水泥砂浆或细石混凝土在墙上、柱顶面抹成。抄平层放样是利用靠尺，将尺子下端对准墙板上弹出的高程控制线，其上端即为楼板底面的高程，用水泥砂浆抹平凝结后即可吊装楼板。抄平层的高程误差不得超过 5 mm。

滑模施工的高程传递，是先在底层墙面上测设出高程线，再沿墙面用钢尺向上垂直量取高程，并将高程测设在支承杆上，在各支承杆上每隔 20 cm 标注一分划线，以便控制各支承杆点提升的同步性。在模架提升过程中，为了确保操作平台水平，要求在每层提升间歇，用两台水准仪检查平台是否水平，并在各支承杆上设置抄平高程线。

第2章 桥梁作业

2.1 桥梁常见病害分析

2.1.1 水泥混凝土桥面铺装的病害及成因

温度应力和荷载应力超过混凝土的抗拉强度，水泥混凝土桥面板就会产生裂断。铺装的裂断有在施工期间由于混凝土的初期收缩受到阻碍而产生的拉应力超过了混凝土的抗拉强度而引起的横向裂缝；或由于板块尺寸过大所产生的温度翘曲应力超过了混凝土的抗弯强度而引起的横向裂缝；同时，由于交通荷载和复杂的环境等因素作用，桥面板亦存在表面坑槽、起沙、平整度不良等缺陷，具体种类及相应产生的原因见表2.1。

表2.1 水泥混凝土桥面铺装表面损伤的种类、原因及其对使用性能的影响

损伤形式	现象	主要原因	对使用性能的影响
铺装层表面不平	表面坑洼不平； 雨后积水	高程控制不准； 局部浇筑不当； 表面水泥浆过多	耐久性
表面龟裂	龟壳状裂缝	局部水泥浆过多； 养护不及时	耐久性
桥面裂缝	变形缝附近出现断续裂缝	连续桥面处钢筋失效； 墩台不均匀沉降； 车辆冲击	向坑槽发展； 浸水，裂缝扩大； 耐久性
表面粗糙度不一致	刻槽深度、宽度不一致	混凝土收水后没有打毛； 刻槽时集料脱落	耐久性
表面坑槽	集料剥离、脱落	集料质量不良	耐久性
表面起沙	铺装表面呈粉状； 集料外露	用细沙； 混凝土中水泥含量少	集料剥离； 形成坑槽

2.1.2 伸缩装置的病害及成因

1. 损坏原因

桥面伸缩缝由于设置在梁端部构造薄弱部位，直接承受车辆荷载的反复作用，又暴露于自然条件下，受到各种自然因素的影响，因此，伸缩缝易损坏和难以修补的部位，其原因可以分为设计原因、施工原因和外部原因，见表2.2。

表2.2　伸缩缝损坏原因

类　别	描　述
设计原因	桥面板端部刚度不足； 伸缩装置本身刚度不足； 伸缩缝装置锚固构件的强度不够； 伸缩缝伸缩计算量错误； 后浇筑材料选择有误； 较大跨度桥梁或斜、弯桥梁伸缩缝结构形式、固定方式与梁不吻合
施工原因	桥面板间伸缩间距的施工误差； 伸缩缝装置安装质量不好； 后浇筑材料施工质量不良； 桥面板施工质量不好； 伸缩缝安装时坑槽处理、清洗不彻底
外部原因	车轮荷载反复的冲击作用； 交通量增加、车辆荷载增大； 伸缩缝本身材料的老化及后浇筑材料老化； 接头前、后桥面凹凸不平； 支座、桥墩异常； 火灾、地震等异常事态的发生
养护原因	没有经常清除缝内的垃圾，养护不及时

2. 伸缩缝的缺陷与损坏

(1)伸缩缝组件的退化

伸缩缝的损坏具体应归结于每个组件产生的老化和破坏。这些组件有：伸缩缝伸缩块、伸缩缝锚具、填缝料、盖板和梳齿板、柔性排水管等。

(2)伸缩缝锚固破坏

使用了防护角钢、防护钢板或氯丁橡胶垫板的伸缩缝是通过锚固件锚固的。防护角钢或钢板以及垫板都是用焊接在角钢钢板上的钢筋锚固在混凝土中。在荷载的反复冲击作用下，焊接因疲劳而开裂。

另一种破坏模式是由于锚固钢筋的黏结长度不够造成的，通常在浇筑混凝土时角钢下存有一部分密闭空气导致此处混凝土的密实度不够，从而增加作用在钢铁上的力而加大失效的可能性。锚固一旦破坏，防护角钢就好松动甚至断掉。为此，现在通常用防护钢板代替角钢。

许多伸缩缝都是通过螺栓锚固的。由于螺栓的数量或尺寸不够，或由于螺栓的锚固力不够，都会导致锚固件在车轮荷载作用下的破坏，而膨胀的楔形圬工锚固件在不拧紧的情况下遭受荷载的冲击作用时仍能正常工作。

(3)填缝料破坏

在使用过的各种类型的填缝料中，都出现了一定程度的损坏，1～5年后填缝料就不能正常发挥其作用，其典型问题有：

① 氯丁橡胶压力填缝料在一段时间后失去了它最初的压力，在极端寒冷的条件下，可能无法膨胀到使接缝密封。这样接缝就会漏水，甚至可能脱落，碎石也可能进入填缝料与梁端伸缩块间的缝隙内，并阻止填缝料重新密封接缝。

② 氯丁橡胶带状接缝可能会被落入缝内的碎石刺穿，导致接缝漏水。

③ 多硫化物和聚氨酯类填缝料被车碾压进其软表面的碎石所损坏。这类填缝料因受到反复拉应力的作用，使填缝料从接缝的一端或两端撕裂；同时也由于受到反复的压应力作用，造成填缝料从接缝处被挤出。一般来说，聚氨酯类填缝料比多硫化物填缝料的工作性能更好。

填缝料可能受到化学物质、桥面板上的沙石或紫外线照射的损害。填缝料的早期损坏可能是由于其与砾石及其他外部物质间的热量、压力和摩擦所造成。

按伸缩缝装置形式划分的损坏见表2.3。

表2.3 伸缩缝装置损坏一览表

类　别	损坏形式
橡胶板式伸缩缝	橡胶件破坏； 橡胶剥落； 从橡胶连接部位漏水； 锚固构件损坏； 锚固螺栓松弛； 伸缩缝装置本身下陷及高出； 螺栓孔的填充料被拉离； 发生噪声
梳形钢板伸缩缝	伸缩接头活动异常； 锚固构件损坏，角钢与钢筋混凝土梁锚固不牢； 连接螺栓损坏； 排水管被土砂堵塞及损坏； 表面板焊接部位破坏，梳形齿损坏

续上表

类　别	损坏形式
毛勒伸缩缝	橡胶件部位抗滑值降低； 排水不良； 与横接缝的相互连接不好； 因左右结构物地变形差或振动差引起的伸缩缝装置本身损坏
填充式伸缩缝	填缝料局部沉陷、拥包； 温缩裂缝； 填缝材料的老化； 与桥面板连接处界面开裂
共同缺陷	在伸缩缝装置前后的后铺筑混凝土过渡段凹凸不平； 伸缩缝装置与后铺筑料凹凸不平； 漏水； 后铺筑料表面剥离； 行驶时的冲击及异常噪声； 后铺筑料龟裂； 后铺筑料全部上浮或下陷； 异常的伸缩； 桥面板端部破坏

2.1.3　支座的病害及成因

桥梁支座的病害包括支座本身的病害和支座垫块(板)的病害。

1. 桥梁支座本身的病害

各种形式的支座，其本身状况不同，病害也不相同：

① 钢支座的滑动面磨耗大、不平整，钢轴承有裂纹或切口，滚轴有偏移和下降。

② 支座螺母松动或螺栓脱落，支座地脚螺栓剪断。

③ 固定支座的固定锚栓剪断。

④ 活动支座不灵活或实际位移不正确。

⑤ 钢辊轴式支座辊轴的实际纵向位移偏大或发生横向位移。

⑥ 橡胶支座出现橡胶老化、变质现象，梁丧失自由伸缩能力。

⑦ 橡胶支座纵向剪切变形或转角位移过大，超出最大规定值，支座损坏。

⑧ 支座脱空，尤其是板梁或异性板的橡胶支座脱空，造成脱空支座的偏移和梁体受力不均。

⑨ 聚四氟乙烯支座或盆式橡胶支座的聚四氟乙烯板滑出支座，支座滑动干涩。

2. 桥梁支座垫块(板)的病害

(1)桥梁支座的底板翘起、扭曲或者断裂。

(2)支座砂浆垫块裂缝。

(3)桥梁支座座板混凝土已压坏、剥离、掉角等。

桥梁支座损坏的原因是多方面的，既有设计方面的原因，也有施工缺陷、维修养护不够等原因，具体见表 2.4。

表 2.4 桥梁支座损坏原因一览表

损坏原因	具体内容
设计时缺乏足够的考虑	形式的选定与布置错误； 材料选定错误，或者施工没有按要求执行； 支座边缘距离不够； 支座支承垫块加强钢筋不足； 对螺栓、螺母等的脱离估计不够
施工制作时不完备	铸件等材料质量管理不善，质量较差； 金属支座的油漆、防腐防锈处理不可靠； 砂浆填充不可靠，或者水泥砂浆强度不足
维修、养护、管理不善	滑动面、滚动面夹杂尘埃、异物； 因防水、排水装置的缺陷，向支座漏、溢水，使支座锈蚀； 螺母、螺栓松动、脱落，又没有及时修理
其他因素	桥台、桥墩产生的不均匀沉陷、倾斜与水平变为以及上部结构位移，影响支座的正常使用

2.1.4 混凝土梁体的病害及成因

1. 概述

混凝土梁式桥在其建造和使用过程中，由于环境因素的影响和使用条件的变化，在桥梁的不同部位会出现不同形式的损伤和病害，表现为材料退化引起的耐久性损伤和外部作用引起的结构性损伤。根据桥梁结构类型、构造形式、建造条件、使用条件、运营条件的不同，损伤产生的种类、部位和程度不同，对结构的影响程度也不相同。

混凝土梁式桥的主要病害表现为混凝土梁体裂缝和钢筋锈蚀两大主要方面。混凝土的缺陷最主要的是裂缝，同时还包括蜂窝、孔洞、露筋、剥落、白化、层析、保护层厚度不够等表层缺陷。钢筋锈蚀则主要是普通钢筋锈蚀、预应力钢筋锈蚀和预应力锚具锈蚀等。

混凝土梁式桥长期暴露在自然环境中,受各种因素的影响,病害是逐步产生和发展的。人为因素主要是超高车辆或船只撞击主梁、超载造成主梁产生裂缝;自然环境中的酸性废气、二氧化碳、较大的湿度和过多的雨水等造成混凝土的退化和钢筋的锈蚀。

导致混凝土梁式桥产生缺陷的原因不是一一对应的,而是由一个因素诱发,多个因素促进发展的过程。同时,各种病害相互影响、相互促进、共同伴生。为了做到对症下药,在发现混凝土桥出现缺陷后,必须及时对缺陷进行调查研究,分析缺陷产生的原因、现状、发展趋势,以及桥梁遭受破坏的程度,对运营使用的影响等,以便及时采取相应措施。

钢筋混凝土及预应力混凝土桥的各种病害表现和原因有:

① 裂缝。

② 钢筋及预应力筋锈蚀。

③ 混凝土剥落、剥离。

④ 混凝土层析。

⑤ 混凝土蜂窝。

⑥ 混凝土白化(钙化)。

⑦ 保护层厚度不足。

⑧ 混凝土碳化。

⑨ 膨胀性集料反应。

⑩ 构件撞损。

⑪ 梁体变位与变形。

在上述病害现象中,目视检测以裂缝及钢筋锈蚀为主,其中,裂缝是导致构件失效的主要特征。检测时可依据裂缝类型及尺寸(结合历史记录的对比结果),可大略了解构件退化的原因及程度。当难以用目视判断原因时,可利用非破坏性检测或其他方法进一步诊断。钢筋锈蚀将造成钢筋断面减少、强度降低并伴随混凝土体积膨胀,最终导致混凝土产生裂缝并将减少钢筋与混凝土间的握裹力。

2. 混凝土梁式桥的典型裂缝

混凝土梁式桥损伤开裂的原因复杂多样,主要观点认为:一是混凝土材料退化损伤引起的裂缝,如混凝土碳化,有害物质的侵蚀,碱集料反应,钢筋锈蚀等原因引起混凝土开裂。二是施工过程中引起的裂缝:混凝土水化热产生的温度应力,混凝土结硬过程中的收缩、干缩,支架不均匀沉降,模板变形,原材料质量及施工质量问题引起混凝土开裂。三是设计方法及构造上的不合理引起的裂缝:结构计算内力与实际内力不符，构造设计不合理，计算荷载考虑不全面，设计与施工方法综合考虑不周等原因引起混凝土的开裂。四是使用阶段引起的裂缝：由于超载运营，车车辆撞击、桥梁维护不当等原因引起混凝土的开裂。各种因素往往是共同作用于混凝土桥梁结构上，没有特别的主次原因之分。

混凝土开裂原因总结归纳如下：

① 车辆超载而产生梁体底部弯曲开裂和剪切开裂。

② 墩台的不均匀沉陷所引起的裂缝。

③ 支座失效，引起梁的附加应力，由此产生裂缝。

④ 混凝土施工养护不善而引起的干缩开裂或层裂。

⑤ 水灰比和振捣不实而产生的梁体收缩裂缝。

⑥ 温度变化或者冻融效应产生的裂缝。

⑦ 大体积混凝土浇筑时，水泥水化反应导致的自体收缩裂缝。

⑧ 施工接缝处混凝土龄期不同产生的裂缝。

⑨ 强风或地震等外在环境冲击力导致裂缝。

⑩ 钢筋锈蚀膨胀导致裂缝。

⑪ 预应力锚固区或牛腿部位的局部高应力产生的裂缝。

⑫ 在徐变等材料本质特性的共同作用下，混凝土的拉力与剪力和钢筋握裹力抵消后的净拉力或剪切作用力大于混凝土材料的抗拉力或抗剪强度所致。

⑬ 梁刚度不足，产生过大挠度，引起裂缝。

裂缝类型可以分为结构裂缝与非结构裂缝两种。

(1)结构裂缝：由静荷载及活荷载所造成。结构裂缝的类型包括弯曲裂缝及剪力裂缝。剪力裂缝一般发生于主梁支点附近的梁腹底部；弯曲裂缝发生于构件最大拉应力区，呈垂直状，往压力区发展，一般在构件跨中底部，如梁底或桥面板底，或连续梁在桥墩处的梁体上部，最易发现弯曲裂缝。

(2)非结构裂缝：虽不影响构件的安全，但如果裂缝深入构件内部，也可能损及构件。非结构裂缝类型有：

① 温度裂缝。温度高低变化引起的热胀冷缩裂缝。

② 干缩裂缝。混凝土养护期间造成的收缩，一般发生于预应力梁的梁腹。

③ 大体积裂缝。浇筑大体积混凝土后，混凝土内外部温差造成的裂缝。

④ 施工缝的裂缝。施工缝是混凝土施工无法避免的情形，施工缝处裂缝将随时间增加而使钢筋锈蚀，并扩大裂缝。施工缝附近，因混凝土龄期不同或不等量收缩，使此处密实性较差，腐蚀因子较易侵入，扩大缝隙。施工缝裂缝一般为应力裂缝，造成钢筋锈蚀范围也较广，也可能造成构件退化，检测时应特别注意。常见施工缝裂缝之处，有预应力梁与现浇桥面板间，桥梁护栏与桥面板间，箱型梁底板与

腹板间，预制预应力梁与现浇横隔梁间。

⑤ 钢筋锈蚀裂缝。钢筋生锈后体积膨胀，推挤混凝土，产生裂缝或扩大裂缝。

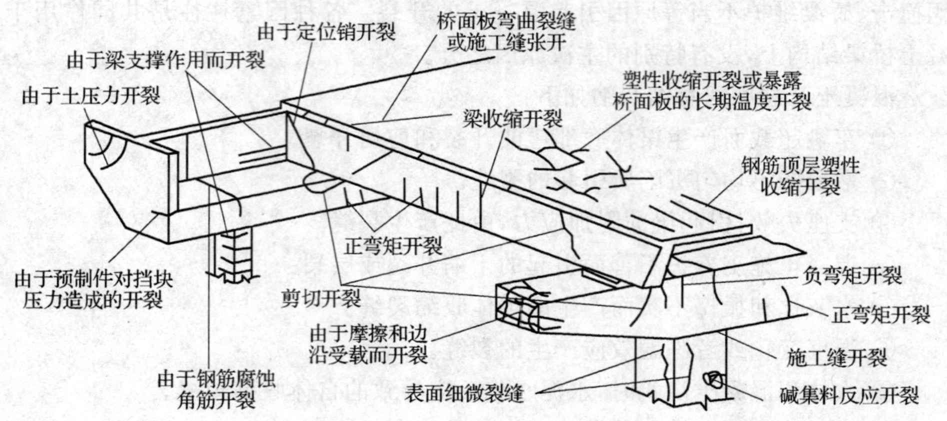

图 2.1 混凝土桥梁的各种裂缝形态

混凝土板桥常在跨中出现横向裂缝，支点附近出现斜向裂缝，板底出现纵向裂缝。产生裂缝的原因是正应力、剪应力和横向应力过大。整体式板桥横向配筋少是导致板底出现纵向裂缝的主要原因。装配式空心板桥由于横向铰缝构造薄弱，在车辆荷载反复作用下造成铰缝破坏，形成单板受力状态。由于板的跨中正应力和支点附近的剪应力过大，导致混凝土开裂，如图 2.1。

装配式混凝土肋梁桥常在跨中梁端出现横向裂缝和支点附近斜向裂缝。而梁片间横向连接薄弱导致单梁受力是出现受力裂缝的主要原因。

混凝土箱梁桥常在桥跨跨中梁端附近，腹板出现竖向裂缝并沿底板横向扩展；在桥跨支点附近，腹板出现 45°方向的斜裂缝并沿顶板横向扩展。在跨中梁段范围内，顶板底面出现相互平行的纵向裂缝；底板内侧靠近腹板处出现纵向裂缝并向腹板斜向扩展。引起箱梁各部位开裂的主要原因就是箱梁空间应力状态分析不准确、设计存在缺点，箱梁受载过程中局部应力过大引起混凝土开裂。

裂缝对钢筋混凝土梁桥的影响表现为，在潮湿的环境中，有害介质的侵蚀会加速混凝土的碳化。当碳化至钢筋位置时，钢筋开始锈蚀，钢筋锈蚀加剧了微裂缝的扩展，长期作用下，降低了梁的强度、刚度及耐久性。锈蚀膨胀的恶性循环造成梁体保护层剥落，最终导致梁体的彻底破坏。

裂缝对预应力混凝土桥梁危害更大，我国相关规范规定，全预应力混凝土桥梁不允许带裂缝工作。其原因是因为预应力混凝土梁桥中的预应力钢筋处于高应力工作状态，当期暴露于大气环境中，在一定的温度、湿度及有害介质的作用下，极易在钢筋的表面发生电化学反应，在一定环境条件下可能发生应力腐蚀，在有氢离子的参与下发生氢脆现象，其结果是导致预应力钢筋在低应力状态下发生脆断，造成混凝土桥梁结构突然破坏，且破坏前无任何征兆，危害性极大。

因此，裂缝对混凝土梁式桥的影响体现在两个方面：一是对桥梁使用性能的影响。开裂使桥梁刚度降低，变形增大，跨中挠度超标，继而影响桥梁的正常使用，严重的开裂问题导致桥梁承载力下降，直至影响桥梁的安全使用。二是对桥梁的耐久性及使用寿命的影响。裂缝会加速混凝土碳化和钢筋锈蚀，钢筋锈蚀又加速了裂缝的进一步扩展，造成桥梁使用性能趋于恶化，耐久性下降，缩短桥梁的使用寿命。

3. 钢筋及预应力筋的锈蚀病害

对于预应力混凝土构件，一般要求再正常运营状态下不出现裂缝，钢筋和预应力钢筋一般不易锈蚀，但是由于施工和严重超载，锈蚀也会发生但不易发现，一旦发现锈蚀时，则该构件已呈严重损坏状态。所以在桥梁检测时，钢筋锈蚀为检测重点之一，需要进行较为详细的记录。

钢筋锈蚀使混凝土承受拉力而裂开，使钢筋暴露于大气中，加速生锈，并造成外层混凝土的剥落。受力主筋锈蚀后，钢筋横断面积减少，主梁的承载能力急剧下降，严重影响结构物地安全性。

综上所述，造成钢筋锈蚀的主要内在原因有：一是钢筋受湿气及氧气的作用；二是混凝土中性化；三是钢筋表面氯离子含量高。造成钢筋锈蚀的主要外在原因有：一是混凝土构件开裂；二是主梁受损，混凝土剥落；三是施工时预留保护层太薄，混凝土碳化深度较大；四是后张预应力的灌浆和封锚不合格，导致锚下积水或空洞。

钢筋锈蚀可分为两种情况，一种是混凝土开裂后导致的钢筋锈蚀，即先裂后锈；一种是因为保护层太薄或露筋而引起的钢筋锈蚀。钢筋锈蚀体积膨胀导致混凝土开裂或表面混凝土成块脱落，即先锈后裂。主梁中的钢筋和预应力筋主要是先裂后锈，混凝土保护层保护作用失去后，锈蚀就很容易发展。而先锈后裂的情况较少，主要是保护层太薄或混凝土意外受损露筋，附属结构上比较多见，如防撞墙等。调查显示，有的防撞墙内侧钢筋网几乎无保护层，在大气环境作用下钢筋锈蚀得相当严重。由于钢筋锈蚀，导致表面混凝土开裂甚至成块脱落，混凝土开裂或脱落又使原来处于混凝土保护层下的钢筋暴露于空气中，如此恶性循环，如不加以维修养护，此种病害对桥梁的危害也是不可忽视的。保护层太薄或露筋，在桥梁竣工后几年内问题并不是太突出，甚至一直处于被忽视的状态，直到长期的大气作用导致钢筋严重锈蚀后才引起注意，要花费大量人力物力进行维修养护。

梁体混凝土在空气中的二氧化碳，氧气，湿度、温度，有害气体，化学侵蚀，物理作用等因素的影响下，首先使混凝土发生碳化，导致保护层破坏，水汽侵入，进而造成钢筋的锈蚀，而钢筋锈蚀又会造成混凝土的劣化与开裂，使梁体结构产生病害，影响桥梁结构的耐久性和使用寿命。随着桥梁结构损伤程度的不断发展，最终导致桥梁结构的整体破坏。因而，混凝土耐久性设计概念在混凝土桥梁结构设计中越来越受到重视。

4. 其他病害

对于钢筋混凝土和预应力混凝土梁式桥上部结构中的基本构件，其他病害主要为混凝土的表面缺陷，主要有：

蜂窝：混凝土局部疏松，砂浆少，石子多，石子之间出现空隙，形成蜂窝状孔洞。

麻面：混凝土表面局部缺浆、粗糙，或有许多小凹坑，但无钢筋外露现象。

孔洞：混凝土内部有空隙，局部没有混凝土，蜂窝特别大的现象常发生在钢筋密集处或预留孔洞和预埋件处。

露筋：主要是主梁受到意外撞击造成混凝土的崩落，使得钢筋外露。

剥落：混凝土表面水泥砂浆流失，造成粗集料外露的现象，严重者造成粗集料松脱，一般发生在混凝土表层品质较差的部位，一般不会很深。

白化：又称为游离石灰，是由内部渗出、附在混凝土构件表面的附着物，通常为呈白色的石灰类附着物。

层析：是构件受氯气或盐水侵袭，构件内的钢筋锈蚀体积膨胀，导致钢筋与外出钢筋附近的混凝土分离。

对于混凝土桥梁，由于某一缺陷日积月累的变化，加上环境的影响，有扩大的危险。例如蜂窝麻面，由于水的渗入，出事混凝土材料恶化，会引起钢筋锈蚀，钢筋锈蚀物地产生过程伴随体积膨胀，又导致混凝土表面产生锈蚀裂缝，形成恶性循环。

2.2 桥 面 作 业

2.2.1 桥面检查

检查制度主要为定期检查。

各工区应建立检查记录簿，并按规定认真填写，保证数据准确可靠，为状态分析评定和编制维护工作计划提供依据。

为保证检查的精度，应配备必要的检查工具和仪器。

对普通桥梁桥面进行检查，每季度一次，主要检查桥面铺装是否完好；泄水孔有无堵塞；钢梁上盖板是否锈蚀；电缆沟盖板是否损坏缺失；栏杆是否锈蚀或损坏；

桥面伸缩缝止水带是否脱落破损；声屏障有无锈蚀或损坏；装饰板有无锈蚀、损坏、脱落等。

对特殊桥梁（如钢梁桥、结合梁桥、系杆拱桥、斜拉桥、经常被社会车辆撞击的桥梁等）的桥面每月均检查一遍。

对桥面设备进行添乘巡视，每月一遍，及时发现不安全因素。

在秋季应对桥梁进行全面检查，据以拟定病害整治措施，安排设施改善计划，确保行车安全。

2.2.2　桥面抄平

桥面找平作业，适用于轨道交通桥梁混凝土结构基面上的找坡施工。对于每平方米的桥面找平作业，大约需要界面剂 0.25 kg、42.5R 硅酸盐水泥 50 kg、中砂 100 kg 和铁丝网 1.1 m^2。所需的工器具主要有高压风机和高压水枪。

桥面找平作业的操作程序为：

1. 定坡设计

（1）根据积水面积、现场既有坡度情况确定找坡坡度。

（2）现场进行坡度标记。

2. 基面凿毛处理

（1）维修部分边缘位路垂直切割，使垂直边缘至少有 1 cm 的接触边界；

（2）维修区域表面凿毛；

（3）用高压风机冲洗凿毛界面。基层应达到坚硬，清洁，干燥，无油脂。

3. 布设钢钉、铁丝网

（1）在处理清洁的界面上布设钢钉、用锤子直接将 2.5 cm 长的钢钉打入 1.5 cm，钢钉横竖间隔 10 cm。

（2）待基层彻底干燥后，用滚筒在界面上涂刷界面剂，对高吸收的基层可以涂刷两遍。

（3）立即铺设钢丝网，铺设面积大于找坡面积的 3/5，使其与界面剂充分接触。

（4）待表面风干即可进行下道工序的施工。

4. 找坡施工

（1）配制 1∶2水泥砂浆。

（2）用泥刀将修补砂浆涂抹到已处理完毕的待修界面上，施工时应用力压抹，确保完全粘结，防止出现蜂窝和孔洞。

（3）对垂直边缘的边角用泥刀将砂浆批往中心，并在初凝时，用干净的泥刀按要求获得相应的排水坡度。

5. 成品养护

确保在3天内进行适当的浇水养护。

桥面找平作业的质量控制要求有：

(1)施工最低气温不得低于5 ℃。

(2)界面清洁凿毛时，应确保基层达到坚硬，清洁，干燥，无油脂。

(3)适当进行成品浇水养护。

(4)避免雨天、烈日下施工。

2. 常见的防水涂料

在大规模地桥面铺装时，常见的防水涂料有：JBS环保型桥梁防水涂料，SBS改性沥青桥面防水涂料和FYT-1改进型沥青防水涂料等。

这类涂料在施工时的注意事项有：

(1)施工前应将棕刷、毛刷充分浸润，使其柔软涂刷流畅。

(2)气温低于0 ℃以下或高于35 ℃不得施工(应避免高温施工)。

(3)储运温度5 ℃～35 ℃为宜。

(4)应选择4 h内无雨雪天气施工。

(5)涂膜未干燥或未铺装沥青混凝土前，严禁踩踏和汽车行使。

(6)施工工具用完后马上用水冲洗干净，以备再用。

在桥梁的日常维修中，常用双组份水泥基防水涂料。双组份水泥基防水涂料是由专门合成的树脂乳液与掺加优级填料的水泥组成，有弹性，可涂布在任何一种基面上。其独特的化学结构使得涂层具有呼吸性，即水蒸汽可透过涂层，而水不能透过。本产品可桥接发丝状裂纹，防水，耐磨，耐气候老化，无毒，可在潮湿基面上施工，可作背水面防水层。

双组份水泥基防水涂料主要应用在

◆ 阳台，花坛；

◆ 厨房，卫生间；

◆ 地下室墙面，电梯通道；

◆ 新旧建筑物室内外的防水；

◆ 车库地面，停车场及屋顶；

◆ 靠海地区混凝土结构的防护；

◆ 可覆盖护墙板与板条之间的接缝；

◆ 大理石，瓷砖，花岗石等背面及侧面；

◆ 阳台，露天平台及路面，桥梁等混凝土的防水及维修；

◆ 饮用水箱，水库，贮藏室，水槽，水池、游泳池等处的防水层。

2.2.3 各类盖板安装标准

钢板按厚薄一般可分为薄板、中板、厚板和特厚板四种。一般将厚度在0.2～4 mm的钢板称为薄板,厚度在4～20 mm的钢板称为中板,厚度在20～60 mm的钢板称为厚板,厚度大于60 mm的钢板则需在专门的特厚板轧机上轧制,故称特厚板。

盖板主要分为电缆槽盖板和窨井盖板。安装盖板时要注重安装质量,要特别注意尺寸准确,并做到安装坚固、开启方便、外表清洁美观。

2.2.4 桥面铺装层的养护维修

1. 桥面铺装概述

桥面铺装层,亦称桥面保护层。其主要功能是保护主梁免受雨水侵蚀,防止车辆轮胎或履带直接磨耗桥面板和分布车轮的集中荷载。桥面铺装的好坏直接影响行车的舒适、畅通与安全,是桥梁日常养护工作的重点,必须认真做好桥面铺装的日常养护工作。

桥面铺装常采用水泥混凝土或沥青混凝土。随着科学技术的发展,最近几年也出现了钢纤维混凝土铺装和改性沥青与SMA铺装。水泥混凝土铺装层从上至下主要由水泥混凝土(厚6～8 cm)、钢筋网、防水层(总厚1～2 cm)、混凝土整平层等几部分组成。沥青铺装层从上至下主要由沥青混凝土(厚5～8 cm)、带钢筋网的混凝土保护层(厚3～5 cm)、防水层(总厚1～2 cm)、混凝土找平层等组成。钢纤维混凝土铺装层从上至下主要由钢纤维混凝土、钢筋网、防水层、混凝土找平层等组成。常用的改性沥青可分为两类:合成橡胶类和塑性体类。SMA是一种由沥青、纤维稳定剂、矿粉及少量的细集料组成的沥青玛蹄脂填充间断级配的粗集料骨架间隙而组成的沥青混合料。以钢桥面铺装为例,改性沥青与SMA铺装从上至下主要由铺装层上面层、粘层油、铺装层下面层、粘层油、防水层、粘结层、钢板防锈层等几部分组成。其中,最重要的是铺装层、防水层和防锈层。粘层油和粘结层不是独立的层次。

桥面铺装一般不作受力计算。为使铺装层具有足够的强度和良好的整体性(能起联系各主梁共同受力的作用),一般宜在混凝土中设置直径为4～6 mm的钢筋网,受力钢筋的保护层厚度为3～5 cm。

铁路桥隧建筑20世纪50到70年代普遍采用热沥青麻布防水层。20世纪80年代以后,丰台桥梁厂和有关单位研制成的“二布三涂”和“薄膜加筋”冷作防水层,已得到了广泛的应用,并纳入了铁标(TB 1933.1—87,TB 1933.2—87)。

热沥青防水层分为甲种防水层和乙种防水层。其适用范围及标准要求见表

2.5 和表 2.6。

表 2.5 甲种防水层适用范围及标准

适用范围	钢筋混凝土 T 梁、钢筋混凝土拱桥、预应力梁、石砌或混凝土块砌拱桥的道碴槽及桥台混凝土道砟槽	
标准要求	1. 垫　层	厚度小于 5 cm 用 100 号砂浆，厚度大于 5 cm 用贫混凝土，但混凝土用碎石粒径不大于垫层厚度的 1/4
	2. 底　层	垫层上涂沥青漆两度
	3. 防水层	按顺序铺石棉沥青一层，沥青浸制麻布一层，石棉沥青一层
	4. 保护层	铺 3 cm 厚沥青混凝土(或 1 cm 厚沥青砂胶)一层或采用 4 cm 后水泥砂浆加钢丝网保护层

表 2.6 乙种防水层适用范围及标准

适用范围	素混凝土拱桥及桥台上素混凝土道砟槽，以及西北雨水极少地区或其他在防水材料缺乏情况下，原应铺甲种防水层者	
标准要求	1. 垫　层	同甲种防水层
	2. 保护层	铺 1 cm 厚沥青砂胶一层

冷作防水层通常有两种结构的规格，一种为“二布三涂”，另一种为“薄膜加筋”。“二布三涂”为由两层中碱玻璃纤维布和三层再生橡胶沥青防水涂料组合而成；“薄膜加筋”为由聚乙烯薄膜、中碱平纹玻璃纤维布、再生橡胶沥青防水涂料经专用设备热粘复合而成的一膜一布两涂柔性防水卷材。冷作防水层最大优点，是使施工现场减少了熬制沥青的工序，改善了环境，改善了工人的劳动条件，加快了施工进度。

在城轨桥隧建筑上，水泥混凝土铺装较为普遍，其耐磨性能好，适合重载交通，但也有养生期长，修补麻烦的缺点。

2. 水泥混凝土铺装层的主要缺陷及维修方法

(1)水泥混凝土铺装层的主要缺陷有：

(2)裂缝：有网裂、纵横缝等。

(3)脱皮、露骨：表层脱皮或局部破损露骨。

(4)高低不平：在接头部位与沥青铺装层相同。

(5)磨光：铺装层被行驶的车辆磨耗，形成平滑状态。

其中，裂纹最为常见。可将裂纹分为大面积裂纹和局部裂纹两类：

大面积裂纹一般呈均匀分布的龟状细裂缝，通常是在水泥混凝土板铺装过程中，由于表面整修收水不当、气温较高、养护不周等原因，导致混凝土板表面因失水过快而引起的表面收缩裂缝，这种裂缝一般只是深入混凝土表面几毫米，不会随时间延长而发展。另外由于混凝土材料的不稳定，如采用的材料产生了碱集料反应等原因，也会引起铺装层大面积的开裂，裂缝呈不规则状况，有些会引起翘曲等。

局部裂缝一般分施工时产生的初期裂缝和使用后产生的纵横向裂缝、板角裂缝及结构附近裂缝等几种。纵横方向和板角处的裂缝均为贯通裂缝。初期裂缝产生的原因一般是水泥混凝土硬化过程中表面砂浆沉降开裂及早期混凝土塑性收缩而产生的开裂，其长度一般为数厘米到数十厘米。

当水泥混凝土铺装层出现磨光、脱皮、露骨或破裂等缺陷出现，通常可用如下方法进行维修：

原结构凿补。将原水泥混凝土铺装层的表面凿毛，并尽可能深一些，使骨料露出，用清水冲洗干净并充分湿润，再涂刷上同强度等级的水泥砂浆（或其他粘结材料），最后铺筑一层 4～5 cm 厚的水泥混凝土铺装层（在桥梁荷载能力容许的前提下）。

全部凿除，重筑铺装层。桥面铺装层如已严重损坏，可采用全部凿除，重筑铺装层的方法修补。新铺的面层可采用普通水泥混凝土，也可采用钢筋混凝土等其他材料。对于钢筋混凝土桥，一般宜用标号为 C30 的混凝土；对于预应力桥，一般宜用标号为 C40 的混凝土。桥面重新铺装的铺装层厚度宜采用 10～12 cm。

2.2.5　桥面伸缩缝的养护维修

1. 桥面伸缩缝概述

伸缩缝是为解决圬工结构热胀冷缩而设置，可保证上部结构自由伸缩，并能承受车辆荷载作用。同时，伸缩缝应具有经久耐用、良好的平整度、防水、防尘等功能，便于养护更换。

伸缩缝的构造形式，主要按跨缝材料不同来分，目前常用的有锌钢板伸缩缝、钢板伸缩缝和橡胶伸缩缝三种。

锌钢板伸缩缝是以锌铁皮为跨缝材料。施工时锌铁皮弯制成断面呈 U 形的长条，锌铁皮可以是单层也可以是双层，沿桥的横向嵌设于缝内，其两边与两侧混凝土梁或梁与桥台雉墙顶面固定在一起。U 形槽内用软性防水材料如沥青胶等填充。该伸缩缝构造简单，一般适应于中等跨径的桥梁。

钢板伸缩缝又称钢制支撑式伸缩缝，因为是用钢材装配制成的，所以能直接承受车轮荷载。钢板伸缩缝的形状，尺寸和种类较多。对于梁变形量较小的桥梁，常采用钢板叠合型，是用一块厚度约为 10 mm 的钢板覆盖在断缝上，钢板的一边焊在锚固于桥面的角钢上，另一边可沿着对面的角钢自由滑动。该伸缩缝适用于梁变形量较小的桥梁。当变形量大，交通量更大时，可采用梳形钢板伸缩缝。这种装置结构本身刚度较大，抗冲击力强，因此在工程中广泛采用。

橡胶伸缩缝是利用橡胶材料剪切模量低的原理设计制造而成的。即剪切型橡胶伸缩体设有上、下凹槽，橡胶体内埋设承重钢板和锚固板，并设有预留螺栓孔，通过螺栓与梁端连成整体。它是依靠上下凹槽之间的橡胶体剪切变形来满足梁体结构的相对位移；橡胶伸缩体内预埋钢板，跨越梁端间隙，承受车辆荷载；另外在橡胶伸缩体内两侧预埋两块锚固钢板，通过螺栓与梁端连接的受力原理形成的结构构造。

这类伸缩装置是一种具有刚柔结合的装置。它承受荷载之后，有一定的竖向刚度，所以具有跨越间隙能力大(伸缩量大)，行车平稳的优点，国外产品最大伸缩量已做到 330 mm，因此国内外均广泛采用。目前华东地区轨道交通高架桥梁的设计伸缩量在 2～6 cm。

我们在认识桥梁伸缩缝的同时，应当注意其与沉降缝的区别。伸缩缝解决由于热胀冷缩而发生的伸缩问题。沉降缝是解决圬工结构因基础不均匀沉降而发生的上下错动问题。所以沉降缝自墙身至基础都是直通的，留缝的距离也与基础地质有密切关系，如土石分界处，必须设置沉降缝。

伸缩缝和沉降缝的设置要求有：

(1)伸缩缝和沉降缝的宽度，一般为 1～2 cm，中间填塞沥青浸制的麻筋、木板或其他具有弹性的材料。

(2)沉降缝和伸缩缝的位置和构造必须符合设计要求。

(3)缝口要直，不能歪斜扭曲。否则，将起不到应有的沉降作用和伸缩作用。

(4)沉降缝和伸缩缝应具有较好的防水作用，不应有漏水或漏土现象发生。

2. 桥面伸缩缝的常见缺陷

伸缩缝的常见缺陷根据采用形式的不同而有所区别。

(1)锌铁皮伸缩缝使用多年后均有损坏现象，其形式有：

① 软性防水材料如沥青砂或聚氯乙烯胶泥等老化、脱落。

② 伸缩缝凹槽填入其他硬物，不能自由变形。

③ 锌铁皮上压填的铺装层如水泥混凝土或沥青混凝土等断裂、剥离。

④ 伸缩缝上后铺压填部分发生沉陷，高低不平。

⑤ 由于墩台下沉，出现异常的伸缩，车辆行驶时出现冲击及噪声。

(2)钢板伸缩缝(包括梳形钢板伸缩缝)的常见缺陷有：

① 角钢与钢筋混凝土锚固不牢，使钢板松动，在车辆行驶时受到冲击振动，更加速了它的破损。

② 缝内塞进石块或铁夹物，使伸缩缝接头活动异常，不能自由变形。

③ 排水管发生破坏损坏或被土砂堵塞。

④ 表面钢板焊接部位破坏损伤。

⑤ 梳形钢板伸缩缝在梳齿与承托板的焊接处出现裂缝，更严重者出现剪断现象。

(3)橡胶伸缩缝是近年来在国外广泛采用的构造。国内采用的橡胶伸缩缝构造虽不复杂，但还不适应较大变形量的要求。这类伸缩缝的常见缺陷有：

① 橡胶条破坏损伤。

② 橡胶条剥离。

③ 在橡胶嵌条连接部位漏水。

④ 锚固构件破损、锚固螺栓松脱。

⑤ 伸缩缝构造部位下陷或凸出。

⑥ 车辆行驶时不适，发生噪声。

3. 桥面伸缩缝缺陷产生的原因

伸缩缝产生缺陷的原因是多方面的，但其主要原因是：

(1)交通量增大，车辆对伸缩缝的冲击次数也显著增大，因此设计、施工上即使稍有缺陷也就成了破坏的原因。

(2)设计方面的原因：

① 有些桥梁结构，桥面板的刚度不足，当桥面板受到汽车荷载作用时，因翼板较薄，横向联系较弱，导致桥面板变形过大。

② 很多设计是将伸缩装置的锚固件置于桥面铺装层中，与主梁(板)连接的部分很少，这些锚固方法在荷载作用下容易造成开焊、脱落，而且力的分布不容易传递，微小的变形可能演变成大的位移，最终导致混凝土粘结力的失效。

③ 伸缩量计算不准确，没有考虑到伸缩装置时的实际温度对伸缩装置的影响等，在伸缩装置本身不具备或很难具备调整初始位移量，以适应于安装温度对位移的要求时，选型不当是造成伸缩装置破坏的重要原因。

④ 设计上未对伸缩装置两侧的后浇混凝土和铺装层材料选择、配合比、密实度和强度提出严格要求或规定。

⑤ 对于大跨桥、斜桥、弯桥等设计时没有形成与一般的梁(板)结构相符合的构造形式和锚固方法。

⑥ 使用粘结材料、橡胶材料等新形式的伸缩装置，错误地选定构造和材料且防水、排水设施不完善，由于漏水、，锚固件受腐蚀，梁端和支座侵蚀严重，多成为破坏的原因。

(3)施工方面的原因

① 对桥梁伸缩缝装置施工工艺要求重视程度不够，未能严格掌握施工工艺标准和安装工序进行施工。

② 锚固件焊接质量不能保证，只注意表面，忽视内部质量标准要求。

③ 后浇混凝土（或其他填充料）浇筑不密实，达不到设计的强度要求，时常出现蜂窝、空洞等，难以承受车辆荷载的强烈冲击。

④为了赶工期，草率从事，放松了伸缩装置的施工质量，甚至不按设计图纸要求施工。

⑤ 伸缩装置两侧混凝土和沥青混凝土铺装层结合不好，碾压不密实，形成两张皮，容易产生开裂、脱落，最终引起伸缩装置的破坏。

⑥ 缺乏统一的质量验收标准。

(4)管理维护的原因

① 平常对在伸缩装置的砂土、杂物未能及时认真地清扫，使原设计的伸缩量不能保证。

② 原有桥梁逐渐老化，维修又不充分，因此破坏不断扩展。

③ 桥梁超载情况不能得到有效控制，特别是夜间缺乏管理，车辆不按规定行驶，超载车辆自行上桥，对桥梁伸缩装置的有效使用和耐久性也常带来严重威胁。

4. 桥面伸缩缝的养护维修

(1)伸缩缝的日常检查

桥面伸缩缝是最容易遭破坏而又相对难以加强和修复的部位。如果置小破损与不顾，势必会发展成严重的破坏，就会严重影响交通，甚至会危及行车安全，这时就得进行修补或彻底更换。所以，注意做好日常检查、养护等工作，及时进行修补，是非常重要的。

有计划地、有组织地做好经常性的检查工作可以尽早地避免因小的损坏而演变成大的破坏。日常检查工作主要包括：伸缩缝是否堵塞、挤死、失效；各部分的构件是否完好；锚固连接是否牢固，连接件是否松动；有无局部破损；密封橡胶带是否老化、失去弹性、异常变形或开裂；伸缩缝是否有不正常的响声或异常的伸缩量；伸缩缝各基本单元间隙是否均匀；钢构件是否锈蚀、变形；伸缩缝处是否平整等。

为便于养护维修，对检查应做好记录，建立检查记录档案。

(2)伸缩缝的养护

桥面伸缩缝要经常养护，使其发挥正常作用。其日常养护工作的主要内容有清除碎石、泥土杂物；拧紧螺栓，并加油保护；修理个别损坏部分等。若有损坏或功能失效要及时修理或更换。

U 形锌铁皮伸缩缝，要防止杂物嵌入，若锌铁皮老化、开裂、断裂，应拆除并更换为新型伸缩缝。

钢板伸缩缝或钢梳齿板伸缩缝，应及时清理梳齿的杂物，拧紧连接螺栓。若钢板变形、螺栓脱落、伸缩不能正常进行时应及时拆除更换。

橡胶条伸缩缝，若橡胶条老化、脱落、固定角钢变形、松动，则应及时拆除更换。

板式橡胶伸缩缝，若橡胶板老化、预埋螺栓松脱、伸缩失效则应及时拆除更换。

(3)伸缩缝的维修

修补前应查明原因，采用行之有效的、与之相适应的修补方法。修补工作要依据缺陷的程度，或部分修补，或部分以致全部更换。

对于锌铁皮伸缩缝，当其软性填料老化脱落时，在充分扫清原缝泥土后，重新注入新的填缝料。当铺装层破坏时，要凿除重新铺筑。凿除破损部位要画线切割。清扫旧料后再铺筑新面层，当采用混凝土浇筑时，要采用快硬水泥并注意新旧接缝要保持平整，对铺筑部分要加以初期养护。

对于钢板伸缩缝，当钢板与角钢焊接破裂时，应清除污垢后重新焊牢；当梳齿断裂或出现裂缝后，也要采取焊接方法进行修补。排水沟堵塞后应及时予以清除。

伸缩缝的更换要选型合理，以满足桥跨结构对于温度、混凝土收缩和混凝土徐变的需要，使行车平稳，不漏水。对于中小跨径桥梁，当位移量小于 80 mm 时，可选用浅埋式单缘型钢伸缩缝或弹塑体伸缩缝；位移小于 50 mm 时，可选用弹塑体填充式伸缩缝；对于大位移量桥跨结构，可选用结构性能好的大位移组合伸缩缝（如毛勒缝）。

2.2.6　桥面排水设施的养护维修

1. 桥面排水设施的设置概况及要求

为了迅速排除桥面上的雨水，防止雨水渗入梁体引起锈蚀而影响桥梁的耐久性、稳固性，确保道路桥梁的正常运营，除了在桥面铺装内设置防水层外，还应设置排水设施。

桥面排水设施主要包括桥面纵横坡和一定数量的泄水管。

通常当桥面纵坡大于 2%而桥长小于 50 m 时，一般能保证雨水从桥头引道上排水，桥上就可以不设泄水管。此时可在引道两侧设置流水槽，以免雨水冲刷引道路基。

当桥面纵坡大于 2%而桥长大于 50 m 时，为防止雨水积滞桥面就需要设置泄水管，每隔桥长 12～15 m 设置一个。

当桥面纵坡小于 2%时，泄水管就需要设置更密一些，一般每隔桥长 6～8 m 设置一个。

桥面一般应保持 1.5%～3%的横坡，以利于桥面排水。

泄水管的过水面积通常按每平方米桥面上不小于 2～3 cm^2。泄水管可沿车行道两侧左右对称排列，也可交错排列。泄水管离缘石的距离为 10～50 cm。泄水管下端应露出上部结构底面 5～10 cm。轨道交通高架桥梁的泄水管管径一般不小于110 cm。

桥梁上常用的泄水管有竖向泄水管道、横向泄水管道和封闭式泄水管道等形式。制造泄水管道的材料一般为铸铁、钢、钢筋混凝土，以及塑料等。当桥长较短时，纵向排水管的出水口，可以设在桥梁两端的桥台处；对于长大桥，除了在桥台处设置出水口外，还需在某些桥墩处布置出水口，并利用竖向管道将水引到地面。纵向排水管道一般可设在箱梁中或梁肋内侧；竖向排水管道应尽可能布置在墩台壁的预留槽中或布置在桥台内部预留孔道中。

2. 桥面排水设施的常见缺陷

桥面排水设施的常见缺陷有：桥面积水管、泄水管堵塞，泄水管被截断导致水流方向改变等。对于钢筋混凝土桥梁，桥面积水将使雨水渗入混凝土的细小裂缝中，会使混凝土产生破坏而缩短使用寿命，同时水分还会使钢筋锈蚀；对于钢桥，桥面积水将会加速对梁体表面的侵蚀，使钢梁表面锈蚀。

(1)排水设施的检查

应经常检查桥面是否有坑槽，是否有积水；泄水管是否完好、畅通；泄水管的盖板是否损坏，丢失；管口是否被杂草或石块堵塞；管体有无脱落，管口处有无泥石杂物堆积，出水口是否畅通；桥头排水功能是否完好等。

(2)排水设施的养护

① 桥面要经常清扫，使其保持整洁。桥面不得有凹凸不平，如发现桥面有坑槽，应及时进行修补，避免积水。

② 泄水管盖板(进水管口处)上的杂物应及时清除，避免杂物掉入管内堵塞管道而影响排水。

③ 若发现泄水管出水口处有泥石杂物堆积，应及时清除掉。

④ 泄水管应经常进行疏通。

⑤ 当发现泄水管损坏时要及时修补，接头不牢已掉落的要重新安装接上，损坏严重的要予以更换。

2.2.7 桥面排水作业

桥面排水作业，一般采用“排管引流法”，该法主要适用于轨道交通桥梁道床积水整治的施工作业，是通过在桥面上开洞并排设引流管将水引至既有落水管的一种排水作业方法。对于每一个作业点，需要长4 m直径110 mm的PVC管2～4根、抱箍4个、束接10只、90°弯头4～6只、45°弯头3～5只、落水斗2～4只和PVC胶水若干。所需的工器具主要有金刚石钻孔机和电锤。

“排管引流法”的操作程序为：

(1)钻孔位置确定

① 分析积水现场，寻找积水最深区域或找平层放坡最低点；

② 根据梁体外侧落水口具体位置，在先前选定区域确定钻孔泄水位置。

(2)桥下脚手架搭设

① 结合桥面所确定的钻孔位置，进行桥下脚手架的搭设。

② 脚手架搭设需安全牢固。

(3)钻孔泄水

① 结合桥面所确定的钻孔位置，用金刚石钻孔机进行梁体钻孔，开孔在直径110 mm左右，方便后续落水管埋设。

② 钻孔时，利用钢筋探测器探测钻孔处钢筋位置，钻孔尽量避免损坏梁体钢筋。

③ 钻孔后进行桥面泄水，清空桥面积水。

(4)引流管排设

① 钻孔后，进行洞口接管密封处理。洞口埋设直径110 mm PVC管。

② 朝着既有落水管的方向，排设引流管道。PVC抱箍固定于梁体上，固定时尽量避开梁体钢筋位置。

③ 将引流管接入既有落水管，并做好管口密封处理。排管时要注意适当放坡，引流管放坡坡度应大于3‰。

“排管引流法”的质量控制要求有：

① 桥面钻孔区域确定时，先利用积水深浅判别坡度方向，若积水不明显可用水平尺测量，推断找平层放坡方向并确定一个或多个钻孔区域。区域选择必须满足桥面积水排放的需求，尽量做到开孔后可完全排空积水。

② 桥下钻孔时，注意钻孔位置的选择，避免因钻孔，导致梁体产生裂缝。

③ PVC管道排设时，洞口处与接头处注意密封处理，防止泄水过程中产生滴漏，影响效果。

④ 钻孔洞口密封后，对洞口周边做适当养护，提高洞口密封效果。

2.2.8 站线内伸缩缝防水作业

伸缩缝防水作业，主要有适用于站线内轨道梁的“表贴式”止水带作业法和适用于区间内桥梁的“表贴—注浆式”止水带作业法。

1.“表贴式”止水带作业法

“表贴式”止水带作业法适用于车站内站线轨道梁的窄型伸缩缝(间隙小于2 cm)，对于每米伸缩缝需要渗透结晶型防水涂料2.5 kg和玻璃纤维网格布0.5 m^2。

渗透结晶型防水涂料是一种浓缩型防水涂料。它以水泥、石英砂等为基材，掺入多种活性化学物质和辅助材料，是一种无气、无味、无毒、无公害的绿色环保材料。渗透结晶型防水材料中含有的活性化学物质在潮湿的基面上，利用混凝土结构的多孔性，通过毛细管现象，并运用它的“亲水性”本领，以水作载体渗入到混凝土结构里，一直到达混凝土内有裂缝和渗漏的地方。遇水后，它能催化硅酸钙与水泥水化反应过程中析出的 $Ca(OH)_2$ 与硅酸钙交互反映，形成了不溶于水的枝蔓状纤维结晶物，在混凝土结构内部水膨胀，使结构中的毛细孔和裂缝得到充盈密实，从而把水堵住，达到防水的目的，提高混凝土的自防水能力。

玻璃纤维网格布是以玻璃纤维机织物为基材，经高分子抗乳液浸泡涂层而成一种防水材料。它具有良好的抗碱性、柔韧性以及经纬向高度抗拉力，可被广泛用于建筑物内外墙体保温、防水和抗裂等。

“表贴式”止水带作业法所需的工器具主要有料桶 1 个、拭布 2 块、滚筒 2 把、油灰刀 2 把、凿子 1 个、剪刀 1 把和长毛刷 2 把。

“表贴式”止水带作业法的操作程序为：

(1)施工材料准备

准备好渗透结晶型防水涂料、玻璃纤维网格布、料桶、拭布、滚筒、油灰刀、凿子、剪刀、长毛刷等必要的施工器具。施工前先用剪刀把网格布按伸缩缝制作需要剪成相应尺寸，一般长为 11 m，宽为 25 cm。

(2)伸缩缝基面清理和润湿

① 施工前应对混凝土基面进行质量检查。混凝土表面的油渍、漆渍和灰尘等杂物都须清除干净。

② 新浇筑未干透的混凝土基面上可以直接施工；而干燥的混凝土基面应先将基面浇水润湿后施工，但不得有明水。

(3)保持潮湿无流水状态下涂第一层涂料

① 水泥基渗透结晶型防水涂料的调配：a. 水泥基渗透结晶型防水涂料的调配溶剂为洁净水，涂刷调配比例为水与粉料之比为 2∶5(重量比)；喷涂的比例为 3～3.5∶5；b. 水泥基渗透结晶型防水涂料调配方法是将粉料慢慢地倒入洁净水中，同时不停地搅拌到浆膏状，搅拌好的材料中不得有干粉料球；c. 混凝土堵漏时要用堵漏型半干料团，半干料团的调配比例为水与粉料之比为 1∶8(重量比)。

② 平面部分以滚涂为主，立面、阴角及小面积形状复杂处以涂刷为主。同一遍涂刷时要朝同一方向进行，各遍之间涂刷方向相互垂直以利于成型厚度均匀。

③ 渗透结晶型防水涂料调配好后可直接涂刷在湿润的混凝土基面上，材料用量为 0.8～1.2 kg/m^2，特殊部位用量为 1.5 kg/m^2，涂刷应分两遍完成，涂层厚度一般 0.8 mm。

④ 注意涂抹范围应扩大至伸缩缝旁的侧沟处。

(4)铺摊玻璃纤维网格布

① 于第一层涂料快干时铺摊玻璃纤维网格布，玻璃纤维网格布应均匀平整地铺摊在涂料上，不得有皱起、翻起等情况。

② 注意铺摊范围同样需扩大至伸缩缝旁的侧沟处以及承轨台处的泛起铺摊。

(5)涂第二层涂料

将第二层涂料均匀涂抹在之前铺摊的玻璃纤维网格布上。范围同上。

(6)施工完毕现场清理

第二层涂料施工完成后，对现场应进行清理，对现场施工人员及其携带的工器具进行清点。完毕后离开施工现场。

(7)养护

① 渗透结晶型防水涂料涂层终凝呈半干状态时开始用雾状水养护，并始终保持涂层表面潮湿，一般每天养护 4～5 次(可视具体情况而定)，连续 2～3 天；如果水分挥发较快，可在表面覆盖湿草帘养护。

② 渗透结晶型防水涂料完成后要注意保护，避免涂层受到破坏，工后 48 h 内涂层应避免雨淋、暴晒、霜冻等。在涂层外需施工 20 mm 厚 1∶2.5 水泥砂浆保护层。

"表贴式"止水带作业法的质量控制要求有：

(1)配制涂料时须按比例加入粉料，且需边加粉料边搅拌，以形成性能均匀的涂料。

(2)搅拌涂料要充分，不得有结块，根据用量随配随用，拌制成品涂料须在 30 min内用完。30 ℃以上高温条件下施工，搅拌好的料必须 20 min 内用完。

(3)渗透结晶型防水涂料应按每平方米用料量和总面积用量进行控制，这是保证施工质量的关键。涂层应薄厚均匀一致，无漏涂。

(4)玻璃纤维网格布应均匀平整地铺摊在涂料上，切不可有皱起、翻起、泛水等情况。

(5)涂料涂抹及玻璃纤维网格布铺摊范围应扩散至伸缩缝旁的侧沟处，使其在遇水状态下，水能从一旁的侧沟排出。以避免水从侧面流进伸缩缝内。

2."表贴-注浆式"止水带作业法

"表贴-注浆式"止水带作业法适用于伸缩缝间隙在 4 cm 以上或伸缩缝止水带为中埋式橡胶止水带的桥梁。对于每米伸缩缝所需材料主要有厚 3～6 mm 的平板式止水带 1.1 m、注浆管 0.5 m、18 mm×3 mm 的镀锌扁铁 2.1 m 和聚氨酯浆液2.5 kg。该作业法所需的工器具有气钉枪 1 把、打磨机 1 台、手枪钻 1 台和手动注浆泵 1 台。

"表贴-注浆式"止水带作业法的操作程序为：

(1)基面清洗

将要处理伸缩缝表面的灰尘和油污等清理干净。

(2)预埋注浆管

① 在预埋管四周填充适量麻絮材料,使之成为后注浆浆液的骨架。注浆管应尽量满布整个接缝,不必搭接和固定。

② 与预埋注浆管配套的 PVC 增强注浆导管须露头于接缝外,以便后期注浆。

(3)钻孔和校对孔位

① 用辅助板标定钢面和防水带上的孔位,孔中心距型钢内边缘 20 mm,孔径为 8 mm,孔间距暂定为 200 mm。

② 在钢面上钻孔,钻孔应垂直于钢面,孔深 20 mm。

③ 钢板和止水带上的孔位与固定螺栓须准确一致,确保止水带安装时无褶皱或变形。

(4)清洗型钢表面

① 先采用电动打磨机和钢丝刷初步清除钢表面的锈蚀层。

② 再采用专用清洗剂彻底清除钢锈。

(5)注入粘结剂

① 于迎水方向打建筑胶,(宽 5 mm,高 3 mm),具体位置见施工示意图。

② 于背水方向打环氧类胶泥(宽 5 mm,高 3 mm),具体位置见施工示意图 2.2。

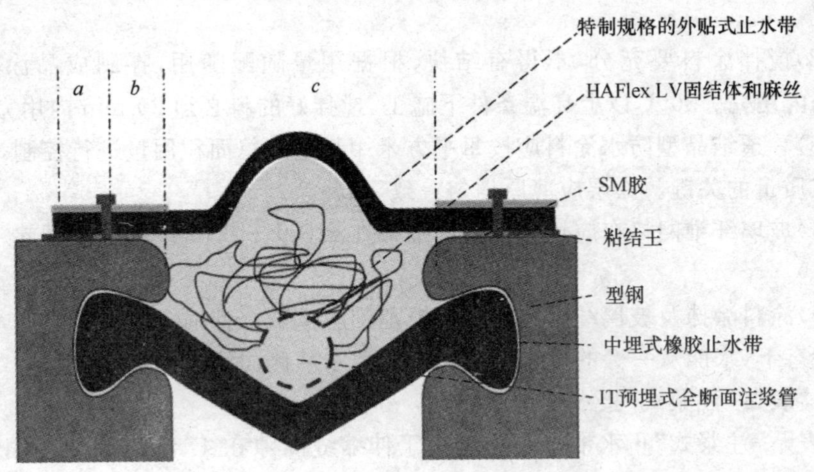

$a=20$ mm,$b=20$ mm,$c=40$ mm

(除标明的规格外,其他图示只作为位置参考,不代表长度比例)

图 2.2 止水带横断面施工示意图

(6)止水带钻孔安装

① 在安装防水带时,边铺边钻孔,以避免出现较大误差。

② 安装时应旋紧,到收头部位时应先用粘结王固定并填充,再安装止水带。

(7)接口收头处理

① 第一道:特定形状的填充物＋粘结王;第二道:橡胶界面处理剂和聚氨酯材料封闭(填充)止水带端头部位。

② 第一道特定形状的填充物＋粘结王规格为宽 40 mm,中心距止水带端头 230 mm。在最后两个螺栓安装前,布置该道应预留足够高度,使之同外贴式止水带充分接触。

③ 固定最后一个螺栓。

④ 用打磨机磨砂止水带端头粘合部位,以提高和封闭材料的粘合力。

⑤ 布置第二道防水:先涂刷橡胶粘合界面胶于待封闭部位,范围在现场确定。再用聚氨酯材料封闭并填充止水带端头部位的腔体,如图 2.3。

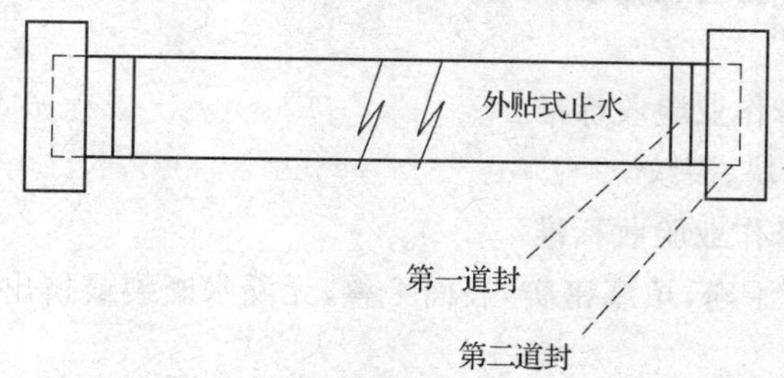

图 2.3　收头处理示意图

(8)注入聚氨酯浆液

注浆时机:如果外贴式止水带失效,水渗入中埋式注浆管所在的空腔内,则可以注入聚氨酯浆液,固化后形成闭孔弹性体。预埋好的注浆管将保持永久通畅,可以安排任何时间注浆。

"表贴-注浆式"止水带作业法的质量控制要求有:

① 注聚氨酯浆液时的最低气温不得低于 5 ℃。

② 因现场高架两侧的电缆等因素限制,注浆管的端点可以设在方便施工的位置,但应尽量延伸到整条接缝。

③ 由于锈蚀面严重影响防水系统的密封性能,所以必须彻底清理,直至露出坚实钢基面。

④ 注浆压力应控制在 15～20 kg 范围内。

⑤ 两层防水应分别达到防水标准要求。

2.2.9　作业验收

1. 铺装层维修作业验收标准

(1)桥面找平层表面应无纵横裂缝,剥落;

(2)垫层抹平无坑洼，与原圬工联牢；

(3)桥面防水层平顺密实，与边墙及泄水孔衔接严密，无渗漏现象，失效面积不大于 10 m^2；

(4)保护层厚度不小于 30 mm，坡度不小于 3%，压实抹平，无裂损和空响；

(5)泄水孔畅通、周围无渗水。

2. 声屏障维修作业验收标准

(1)声屏障螺栓或立柱锈蚀不超过 10%；

(2)螺栓齐全、无松动；

(3)屏体表面或玻璃无破损。

3. 栏杆维修作业验收标准

栏杆无锈蚀。

4. 防撞墙维修作业验收标准

墙体无露筋掉块、裂纹。

5. 伸缩缝维修作业验收标准

缝内尘土清除干净，填塞密实，表面平整，无漏水断裂或挤出。

2.3　桥跨作业

2.3.1　桥下检查

桥下检查制度主要为定期检查。

各工区应建立检查记录簿，并按规定认真填写，保证数据准确可靠，为状态分析评定和编制维护工作计划提供依据。

为保证检查的精度，应配备必要的检查工具和仪器。

对普通桥梁桥下部进行检查，每半年一次，主要检查圬工梁体或墩台有无裂纹或裂纹有无发展；钢梁是否锈蚀；跨路跨河桥的限高防护架或防撞设施是否变形或损坏；泄水管有无损坏缺失；外装饰板有无损坏、脱落等。

对特殊桥梁(如钢梁桥、结合梁桥、系杆拱桥、斜拉桥、经常被社会车辆撞击的桥梁等)的桥下每月均检查一遍。

在秋季应对桥梁进行全面检查，据以拟定病害整治措施，安排设施改善计划，确保行车安全。

2.3.2　钢结构表面清理

钢梁、钢塔架、人行道支架、吊篮、围栏等都应进行保护涂装，防止钢结构锈蚀，延长桥梁使用寿命。钢结构保护涂装在钢桥维修中占有重要地位，特大桥钢梁的保护涂装工作，一般要占全部维修工作量的50%左右。搞好钢结构保护涂装，要抓好钢表面、涂料选择和涂装工艺3个环节。

1. 钢结构锈蚀的危害性

其危害性主要表现在以下几方面：

(1)造成钢梁杆件断面削弱；

(2)造成钢结构联结松弛

(3)降低钢结构的承载能力

(4)缩短钢结构的使用年限

(5)钢结构锈蚀严重者，将危及行车安全。

2. 钢梁容易锈蚀的部位

(1)有氧化皮处

氧化皮常被人们所忽视，实际上危害很大。众所周知，钢梁上使用的钢材，一般都是热轧钢，其表面都附着一层很薄的氧化铁皮(下称氧化皮)。一般氧化皮由三层不同的氧化铁所组成，从钢铁表面开始，越往外，含氧化量越多。最外层氧化物疏松多孔，易于吸附水分及其他有害物质而加剧钢材锈蚀；最内层，即氧化铁和钢层之间，是含少量氧的混合层。如果较厚的氧化皮固着在钢材表面而不脱落，将对钢材表面起到保护作用。然而，由于钢桥的各部杆件都需经过截断、焊接、弯曲、矫正、拼装以及长期暴露在大气中使用，因此容易发生物理变化(温度变化、体积变化、塑性变化等)和化学变化(组成变化等)。氧化皮发生松弛而逐渐剥落，露出钢料表面。氧化皮剥落所露出的钢料表面和剩余的氧化皮之间发生电位差，更加速钢料锈蚀。

另外，氧化皮对钢梁油漆也不利，它会降低漆膜的附着力，使漆膜大块剥落。所以钢梁在喷涂前，一定要把氧化皮除尽。

(2)钢梁上盖板

钢梁上盖板通风不良，经常积水，不易干燥，还经常受机车车辆上洒下的各种油、酸、碱、盐等有害物质的反复侵蚀；加之车轮通过桥枕对盖板产生冲击和摩擦，使漆膜损坏；过早地失去防护能力；同时桥枕防腐油中的萘酸，也会侵蚀漆膜。由于以上原因，上盖板很容易锈蚀。所以钢桥，尤其是长大的钢桥，经常保持桥面及上盖板的清洁是很重要的。

(3)缝隙及角落隐藏处所

板束缝隙及角落隐藏处所，由于排水不良、通风不好、积尘积水、施工困难等原因，容易造成锈蚀。

(4)有害气体及电解溶液反复侵蚀处

钢桁梁的上平纵联及桥门架的顶部，常受机车排出的废气的侵袭，钢梁下翼缘易受河水蒸发的有害气体的侵袭而发生化学腐蚀；纵横梁下翼缘、肱板及下平纵联联结板等处，最易受到列车洒下的污物的侵蚀而发生电化学腐蚀。

(5)易积水和污物处

钢桁梁H形杆件、所有梁的上盖板及下翼缘朝天面与节点平面等处所，容易积水和积污物，因而也容易腐蚀。

(6)已有锈蚀处

由于锈块疏松、多孔，易于吸附水分，当锈层未除尽或已有锈蚀的处所遭受介质侵蚀时，锈蚀加速并向内层和四周扩展。

(7)施工不良处

钢料表面漆膜厚度不足或漏涂处所。例如钢料表面凹凸不平处所(凸处漆膜较厚，凹处不易涂实)和边缘、棱角等处漏涂或漆膜过薄处所都易锈蚀。

3. 钢梁锈蚀的原因

钢铁锈蚀主要是钢铁受到大气中所含的氧气、水分、盐类、二氧化碳、二氧化硫、氮的氧化物等酸性物质及具有化学活泼性物质的作用，发生化学的或电化学的作用的结果。这种现象，我们称为钢铁的腐蚀。这些变化在钢铁表面产生的松散堆积物(氢氧化三铁)，通常叫做铁锈。

钢铁腐蚀分为两种：

(1)化学性腐蚀

所谓化学性腐蚀，就是大气和工业废气中所含的氧气、硫酸气、碳酸气或非电解质的液体与钢铁表面作用而引起的变化。它是在没有电流产生的情况下发生的腐蚀。

(2)电化学腐蚀

在钢铁内部，都含有不同程度的其他金属杂质，不同的金属具有不同的电极电位，它们互相接触，在有水分和电解质存在时，就会产生电位差，由于电位差的不同而出现电流，这时失去正电荷离子的金属便被腐蚀。这种伴有电流的腐蚀过程，称为电化学腐蚀。

4. 防止钢梁锈蚀的主要方法

防止钢梁锈蚀的方法，目前广泛采用的是喷涂油漆。有时也配合以喷镀金属(如喷锌)或磷化处理(磷酸盐保护膜)等，以增强其防护能力。油漆防锈的基本原理，是使钢料与气体和水分等介质隔绝，避免化学腐蚀和电化学腐蚀的产生，从而达到防锈的目的。

油漆除有防止钢梁锈蚀的功能外，还具有如下特点：

(1)能在任何形状的钢梁表面上形成薄膜，而且附着牢固；

(2)能随钢梁因温度变化的胀缩而胀缩；

(3)漆膜不会给钢梁增加很大的质量；

(4)使用方便，既可机械喷涂，也可手工涂刷；

(5)能给钢梁表面增添协调、大方的色彩。

此外，防止钢梁锈蚀的方法还有：选择耐候、耐腐蚀的合金钢；钢料表面喷镀锡、铬、铝等金属；用化学处理钢料表面，如氧化、铬化等；钢料表面喷镀塑料、搪瓷或采用阳极保护等。但这些方法有的价格昂贵，有的施工复杂，对桥梁这样的大型建筑物是不适宜的。

5. 漆膜失效状态及检查鉴定方法

漆膜粉化、露底、裂纹、剥落、吐锈等都是失效的现象。漆膜失效的检查鉴定方法如下：

(1)肉眼观察

明显的面漆粉化、露底或龟裂、起泡、剥落、锈蚀等是容易发现的，但细小的裂纹及针尖状的吐锈等不容易被发现，可借助放大镜检查。另外，如漆膜表面有不正常的鼓起(角落部位用光照射有凹凸不平时)，下面可能有锈蚀。

(2)用手触摸

用手指揩擦漆膜表面，如有粉末沾手，表示漆膜粉化。对角落隐蔽部位如手摸感到粗糙，凹凸不平，可能有锈蚀存在。

(3)刮膜检验

对有怀疑的部位，铲除表面漆膜检查钢料是否锈蚀，对有脱皮处所，可用刮刀检查其失效范围，如用刮刀铲起漆膜，漆膜成刨花状卷起、底漆色泽鲜艳为良好，如漆膜用刮刀一触即碎或呈粉末状，底漆色泽暗淡，或一并带起，说明漆膜已经失效或接近失效。

(4)滴水检验

在漆膜表面喷水，如水珠很快流淌，无渗透现象，则漆膜完好，如水很快往里渗透或扩散，则表示漆膜粉化，渗水的深度即为漆膜失效的厚度。

6. 手工除锈与喷砂除锈

涂装前钢表面处理是涂装体系中非常重要的环节，只有钢表面处理达到标准，才能保证涂料与钢表面有良好的附着力，保证涂层与钢表面的整体性。根据TBT 1527—2004《铁路钢桥保护涂装》要求，在喷涂油漆前，对钢梁进行彻底除锈是很重要的，目前常用的方法有手工除锈和喷砂除锈两种：

(1)手工除锈

常用工具及操作方法：

① 刮刀

用弹簧钢、工具钢或合金钢头加工锻制而成。两端或一端弯成直角，薄刃。其长度、宽窄根据需要而确定。

使用时，手持刮刀腰部，刀刃与工作物成 30～50°角。当使用一端弯成半圆形的刮刀时，手稍许放平些，由前方向胸前拉或一手压住刮刀前端，一手向胸前拉(刮铆钉头时用)。

② 除锈锤

用弹簧钢或普通钢加工锻制。一头尖形，另一头平形，或两头均为平形。尖头为敲除表面不平凹陷处，平头为敲除平面锈层严重处所。敲击锈块的尖头以钝为宜，防止击伤钢板。

③ 钢丝刷

一般购置 4～6 行的钢丝刷。钢丝刷有平把、翘把、直把等形式，使用翘把钢丝刷最为方便。在除锈和铲除漆皮或氧化皮后，用钢丝刷清楚钢板上残留杂质和氧化皮，直到除尽为止。

手工除锈具有工具简单、不受条件限制、施工方便等优点，但劳动强度大、工作效率低、除锈不易彻底、质量较难保证。一般均在工作量不大，或局部除锈作业时采用。

(2)喷砂除锈

喷砂除锈方法，是目前采用的钢梁除锈方法中使用比较多、比较好的一种。

干喷砂作用压缩空气将砂粒送至专用喷嘴，以高速度喷射于钢板表面，借助砂粒的冲击和摩擦，将旧漆膜、污垢、铁锈、氧化皮等全部除去。

喷砂常用机具：

① 动力设备：空气压缩机(内燃或电动，3 m^3/min 以上)、贮风桶(风包或分配器)、送风管路(把风送到喷砂器)。

② 备砂机具：筛砂机、运砂小车、储砂库。

③ 喷砂机具：ϕ25 mm 压力橡胶皮管、油水分离器、贮风桶、盛砂设备、喷砂器、喷砂嘴及连接器、喷砂衣及其他劳动防护用品、ϕ8 mm 供风管(供工人呼吸用)、工具袋(内装面罩用备用玻璃、喷嘴、铁线、电工刀、活口扳手、克丝钳)等。

④ 喷砂用砂子的技术条件

喷砂用的砂子以洁净干燥、呈锐角颗粒的石英河砂为最好，加工筛选后颗粒为 0.5～2.5 mm 的河砂，因为这种砂在喷射时尘雾少且效率高。

喷砂操作方法：

(1)准备工作：为了提高喷砂效率，每个喷砂嘴供风量不小于 3～4 m^3/min，风压 0.4～0.6 MPa。将经筛选加工过的河砂装满喷砂桶内(每立方米河砂约可喷 20～30 m^2 的钢梁表面)。连接好管路及喷砂机具，检查其性能是否良好,连接是否牢固。高空作业搭好脚手架。为了防止喷砂损坏已做好的油漆应加以防护。

(2)喷砂操作:在风压达到 0.4 MPa 以上时,应先打开喷砂器风阀,再开砂阀(直通旋塞)即可进行喷砂作业。喷砂完毕应先关闭砂阀再关闭风阀以防堵塞。钢梁喷砂顺序一般应自上而下,由一端向另一端推进,以减少干扰。对杆件喷砂时应先喷角落及窄缝处,后喷宽敞部分;先喷边缘后喷中间;先喷铆钉头后喷平面。喷嘴与钢料表面距离以 150～250 mm、喷射角 45°～80°为宜,移动速度要均匀,使之恰好除去锈蚀和氧化皮而不伤钢板。喷砂嘴以采用ϕ 5～7 mm 的高氧化铝陶瓷者为好。使用新嘴时,喷砂器砂阀应开小一些,随着喷砂工作的不断进行,喷砂嘴口径逐渐磨大,风压也要求高一些,风、砂阀都要开得大一些。一个喷嘴约可清除钢梁旧漆膜及锈蚀的钢梁表面约 30～60 m^2。如喷砂处所在桥梁上部或离喷砂器较远时,负责调整喷砂器风、操作砂阀的工人与喷砂工人之间要加强联系,固定联络信号,以便及时调整风、砂量。采用双室喷砂器或将两个单室喷砂器串联可以使喷砂工作连续不断,不致因装砂而中断喷砂,可提高工效。喷砂完毕应用压缩空气清楚钢梁表面尘埃和积砂,必要时用手工工具进行一次找细,同时检查钢梁有无裂纹。

(3)故障处理:当喷砂过程中发现堵塞时,可用ϕ 3～5 mm 铁线弯成的钩插入喷砂嘴数次,如在砂嘴与胶管连接处堵塞即能消除,否则应检查喷砂器砂阀,再次检查喷砂管接头,一般通过上述检查处理,堵塞定能消除。

(4)施工注意事项:

① 施工人员在喷砂开始前,要穿好工作服,戴好手套,接好防护头罩内输送新鲜空气的管路,喷砂衣要有密闭,使衣内砂尘在空气内不超过 2 mg/ m^3。

湿喷砂即水喷砂,能消除矽尘对环境的污染和人体的危害。一般在水中加入少量的防锈剂(如 0.6%碳酸钠及 0.5%～3%的亚硝酸钠)使金属表面钝化,保持短期内不生锈。但效率不及干喷砂,由于极少使用故不详细介绍。

② 不准带风修理喷砂设备或更换零件。

③ 喷砂时喷嘴不能对人、对车和对船。

④ 喷砂胶管应避免弯折过剧,要加强检查,防止个别部分管壁被磨损过薄发生炸裂。

7. 钢材的锈蚀等级和除锈等级

本部分节选了中华人民共和国国家标准 GB 8923—88《涂装前钢材表面锈蚀等级和除锈等级》的内容。详细内容和典型照片请查阅该标准。

(1)锈蚀等级

钢材表面的 4 个锈蚀等级分别以 A、B、C 和 D 表示。文字叙述如下:

① A 全面地覆盖着氧化皮而几乎没有铁锈的钢材表面；

② B 已发生锈蚀，并且部分氧化皮已经剥落的钢材表面；

③ C 氧化皮已因锈蚀而剥落，或者可以刮除，并且有少量点蚀的钢材表面；

④ D 氧化皮已因锈蚀而全面剥离，并且已普遍发生点蚀的钢材表面。

(2)除锈等级

钢材表面除锈等级以代表所采用的除锈方法的字母“Sa”、“St”或“F1”表示。如果字母后面有阿拉伯零数字，则其表示清除氧化皮、铁锈和油漆涂层等附着物的程度等级。

① 喷射或抛射除锈

喷射或抛射除锈以字母“Sa”表示。

喷射或抛射除锈前，厚的涂层应铲除。可见的油脂和污垢也应清除。喷射或抛射除锈后，钢材表面应清除浮灰和碎屑。

对于喷射或抛射除锈过的钢材表面，本标准订有 4 个除锈等级。其文字叙述如下：

Sa1：轻度的喷射或抛射除锈

钢材表面应无可见的油脂和污垢，并且没有附着不牢的氧化皮、铁锈和油漆涂层等附着物。

Sa2：彻底的喷射或抛射除锈

钢材表面应无可见的油脂和污垢，并且氧化皮、铁锈和油漆涂层等附着物已基本清除，其残留物应是牢固附着的。

Sa2.5：非常彻底的喷射或抛射除锈

钢材表面应无可见的油脂、污垢、氧化皮、铁锈和油漆涂层等附着物，任何残留的痕迹应仅是点状或条纹状的轻微色斑。

Sa3：使钢材表观洁净的喷射或抛射除锈

钢材表面应无可见的油脂、污垢、氧化皮、铁锈和油漆涂层等附着物，该表面应显示均匀的金属色泽。

② 手工或动力除锈

用手工和动力工具，如用铲刀、手工或动力钢丝刷、动力砂纸盘或砂轮等工具除锈，以字母“St”表示。

手工或动力工具除锈前，厚的涂层应铲除，可见的油脂和污垢也应清除。手工或动力工具除锈后，钢材表面应清除去浮灰和碎屑。

对于手工或动力工具除锈过的钢材表面，本标准订有二个除锈等级。其文字叙述如下：

St2：钢材表面应无可见的油脂和污垢，并且没有附着不牢的氧化皮、铁锈和油漆涂层等附着物。

St3:钢材表面应无可见的油脂和污垢,并且没有附着不牢的氧化皮、铁锈和油漆涂层等附着物。除锈应比 St2 更为彻底,底材显露部分的表面应具有金属光泽。

2.3.3 钢结构保护涂装

桥梁钢梁架设在江河之上,钢铁在水面较高湿度下,加上不同自然环境条件,例如湿热霉菌、梅雨、盐雾、干寒低温、低洼盐碱、风霜雨雪以及工业区化学气体腐蚀等影响,会使桥梁钢梁遭受侵蚀锈毁。为选择钢梁涂料,首先应根据桥址环境加以研究,不能千篇一律采用某一种漆。因为涂料的性能多种多样,只有考虑涂料的一般用途和特殊用途,才能达到防止钢铁锈蚀和户外耐久性能的目的。

钢梁使用底漆,中间漆和面漆三者关系要配合好才能达到涂装效果。例如桥门架经常接触火车煤烟中的硫化氢气体;铁路纵横梁上盖板终年在阴湿之下,常年承受车辆通过时桥枕的摩擦;有些钢梁构件长期泡在水中;还有公路、铁路两用桥或混凝土与钢梁的结合梁,水泥被水溶化碱性液体将被涂的油漆皂化等;对于上述钢料只涂一种漆不行,例如单纯涂上环氧树脂漆或过氯乙烯漆,层次之间附着力不好,应采用中间层漆加以解决。配套漆的目的是使涂料取长补短,解决漆与漆之间互容性、漆与物体之间的附着力和耐久性。

1. 底漆(防锈漆)

防锈漆种类很多,它们由漆料、防锈颜料、体质颜料和一定辅助成膜物质组成。不同的防锈颜料制成的防锈漆涂到金属表面起着不同的物理和化学作用。因此,将其分为物理性防锈颜料和化学性防锈颜料。在防锈漆中,适当配合一些体制颜料(又称填充料),可以改善漆膜的附着力,调整 pH 值,抗沉降,转化某些腐蚀介质等;漆料内的一些添加剂可以改善漆膜的抗起泡性和耐候性。

常见的底漆有:红丹防锈漆,云母氧化铁防锈漆(又称云铁防锈漆),无机富锌防锈漆和有机富锌防锈漆等。

2. 面漆

钢梁经过表面处理后,预涂磷化底漆和一至三道防锈底漆,再涂中间漆或面漆。面漆是保护桥梁钢铁的第一道屏障,其遮盖力强,附着力牢,耐候性久,耐光性好,光亮度大,具有不透气性与不透水性,起到屏蔽保护钢铁的作用。

桥梁钢梁涂装采用的是户外用漆,要求耐大气性和耐久性强,要作人工老化试验和暴晒试验,检验观察面漆是否能耐户外各种条件。

常见的面漆有:醇酸树脂磁漆,酚醛树脂磁漆,环氧树脂漆和聚氨酯耐磨漆等。

3. 面漆与底漆的搭配

我国铁路桥梁钢梁，对新钢梁的初始涂装或既有钢梁整孔重新涂装，所采用的涂装体系有：

(1)钢梁大面积部位涂装体系

① 红丹酚醛底漆或红丹醇酸底漆，锌铝醇酸面积或云铁醇酸面漆；

② 环氧富锌底漆或无机富锌底漆，磷化底漆中间层或环氧云铁中间层，锌铝醇酸面漆或云铁醇酸面漆。

(2)不同腐蚀环境下，钢梁热喷锌涂装，密封锌镀层为在热喷锌后刷涂一道磷化底漆，再刷一道 C01-7 醇酸清漆。当大气环境呈酸性或碱性、金属易直接遭受化学腐蚀时，需在喷锌镀层上覆盖涂料层，即为锌黄酚醛底漆一道(亦可涂装磷化底漆或环氧云铁底漆中间层，但不得使用红丹底漆)及锌铝醇酸面漆或云铁醇酸面漆两道。

(3)纵梁、上承板梁、箱梁上盖板顶面采用的涂装体系

① 棕黄聚氨酯底漆，银灰聚氨酯面漆；

② 热喷锌，棕黄聚氨酯底漆，银灰聚氨酯面漆。

(4)铆接梁板层间涂红丹防锈漆一道。栓焊梁连接部位板层间应热喷镀铝镀层或喷涂 78－2 无机富锌漆一道。栓焊梁连接处外露部位，可按钢梁大面积部位涂装体系Ⅱ进行。

(5)箱形梁内部涂装低溶剂(溶剂含量在 20%以内)环氧沥青厚浆底漆和低溶剂环氧沥青厚浆面漆各一道，每道干膜厚度 125μ m，涂层总厚度不低于 250μ m。

总之，钢梁各部涂装体系可结合实际情况选择。

4. 涂层涂装道数及厚度要求

漆膜要有一定的厚度才能有一定的保护能力，涂一层的保护能力，没有涂多层的优良。所以目前油漆施工大多数涂装多层。现在钢梁一般采用喷涂防锈底漆两道和面漆三道，干膜总厚度为 200～250μ m，即每度约为 40～50μ m。个别易损部位(如上盖板)还要求增加度数，使总厚度更厚一些。某一种油漆，其干膜厚度与涂刷时为成膜前湿膜厚度之比，叫该油漆的成膜率，一般在 70%。

桥梁厂新制钢梁，因制造完毕到工地架设安装通车，相隔时间有的达数年之久，故在杆件出厂以前，除进行彻底除锈涂刷两度防锈底漆和一度面漆外，对铆合杆件节点板束内面，最好在拼铆前，涂红丹底漆一度，以防锈蚀。

5. 稀释剂选用

油漆的品种不同，所使用的稀释剂也各不相同。一般说，油性漆采用松香水或松节油，醇酸漆采用二甲苯或醇酸稀料，虫胶漆(即洋干漆)采用酒精，硝基漆(即喷漆)采用香蕉水，环氧树脂漆采用丙酮或环氧稀料，聚氨酯桥板漆采用二甲苯及无

水环已酮。严禁用煤油、汽油、柴油作为桥梁用漆的稀释剂。

稀释剂只在油漆过稠时使用。使用量一般应按油漆厂对该种油漆规定的限度一下掺加。但由于气候和施工方法(热喷或冷喷)的不同而不同,须视实际情况确定。因为稀释剂仅为满足施工操作需要,所以要尽量少加或不加。除油漆厂规定允许外,一般桥梁用漆,掺加稀释剂宜不超过油漆质量的 2%为好。

6. 涂装施工条件及要求

钢梁油漆涂装除要满足其技术条件外,还要达到涂装的施工条件和要求。

(1)温度不低于 5 ℃。温度太低,油漆增稠,过多加入稀料损害漆膜质量;温度过低,钢梁表面水分潮气不易蒸发,钢梁下部及缝隙更难擦干,致使漆膜与钢梁表面或漆膜间附着不牢,造成脱皮。夏季最好避免阳光直射施工物件,可在背阴处进行。

(2)有雨、雾、雪和霜时,不宜涂漆;相对湿度不大于 80%才能涂装。因为湿度过大,附着力不好,还容易造成漆膜失光等弊病。温度过低,湿度过高,还影响漆膜的干率。

(3)大风天气不宜涂漆。因风大喷涂困难,浪费油漆;漆膜无法喷匀且易粘附灰尘,造成油漆质量不良。

(4)当钢梁除锈完毕后,应在不超过 8h(湿度较大时 2～4h)内,尽速涂头度红丹底漆,并应与当日喷涂完毕。涂漆前应清扫钢梁表面,并最好用干净布蘸松节油或松香水擦拭干净。

(5)底漆充分干燥后,才允许涂次层油漆,其间隔时间,视当时施工条件和油漆性能确定。一般不应少于 48 h,同时第一第二两度红丹底漆间隔时间也不应超过 7 d,第二度红丹底漆干后,应尽快涂第一度面漆,要避免红丹长期暴露在大气中。

(6)进行次一度涂漆前,应用铲刀将表面上灰尘杂质铲除干净,然后用“00”号砂纸轻轻打磨后再喷,使每层油漆粘结牢固。第一度底漆喷涂后不得露出下面的钢料,上层喷涂后不得露出底层的油漆。

(7)为了便于检查所涂油漆的质量,二度面漆也可采用深浅不同的颜色来加以区别。每度应尽量做到喷涂均匀,不得有缺漏、皱纹、流挂,更不应有脱落揭皮的现象。

(8)在经受烟熏、落煤灰和蒸汽影响的部位,涂油作业应在较长的列车间隔时间内进行,必要时,应遮挡尚未干燥的油漆。

(9)钢梁油漆完毕应将涂装日期,施工方法、漆膜厚度以及所用油漆品种等标志在显著部位,以观察其耐久性。并恢复钢梁上原有的各种标记。

7. 手工涂装与喷射涂漆

油漆的防护效果要在干燥成膜之后才能得到。所以,只有质量优良的油漆材料和细致地进行钢梁表面处理以及掌握合适的施工条件，进行良好的涂装，才能得到理想的防护效果，所以钢梁油漆的施工涂刷必须强调质量。

(1)手工刷涂

这是一种比较古老而普遍的施工方法。它的特点是设备简单，操作方便，灵活性大。其缺点为手工劳动，生产效率低、慢，漆膜往往有粗粒及刷痕，对一些快干及涂刷性能差的油漆不适宜手工刷涂。

漆刷是刷漆施工的主要工具。根据不同的施工对象可以选择不同尺寸不同形状的漆刷。漆刷按形状大致可分为圆形、扁形和歪形 3 种；按制作材料可分为硬毛刷(以猪鬃制)、软毛刷(用狼毫、羊毛制)两类。

手工刷漆的施工质量，主要依靠操作者的熟练程度和施工技巧。一般手工刷涂的操作方法：先将油漆均匀地散涂在钢梁表面上(俗称墩油)或刷成 S 形，然后横刷、竖刷，自上而下、自左而右，先难后易(线脚、角落部位先刷)，依次刷匀。漆刷蘸漆不宜过多，蘸漆深度以刷毛的 1/3～2/3 为宜。刷涂时操作要敏捷，厚薄要均匀合适。但是一般涂刷一次切不宜过厚，否则容易发生皱皮现象。油漆施工黏度，要根据温度变化而调节，漆液太稀易流挂，盖不住底，太稠不易刷匀，影响干燥。

对钢梁的附件也可以用丝头蘸油漆用手搓刷，对栏杆扶手等，在用丝头搓涂后，可用漆刷拉平修整。

对钢梁杆件之间的狭小间隙部位和相互交叉的隐藏处所，或同一根杆件中，由于型钢铆合组拼存在的窄缝处所，因其隐藏，施工困难，要特别注意除锈和油漆质量。该处的涂油工作要根据实际情况，自行制作各种尺寸的小麻刷进行，并要防止漏涂或露底。

(2)喷涂原理和常见机具

利用压缩空气在喷枪处产生的负压，将漆流带出并分散为雾状，涂覆于钢梁表面上，这是目前最常用的一种施工方法，它的最大特点是操作比较轻便，工效高(比刷涂可快 5～10 倍)，漆膜平整光滑，适用于不同尺寸的钢梁表面。其缺点是油漆的利用率低，溶剂易挥发，不经济。喷漆时，漆雾大，影响工人健康。

热喷涂就是将油漆预热到一定温度(根据不同油漆而温度也不同)再喷涂，由于加热升温，降低油漆黏度，减少掺入油漆的稀料，因之能提高油漆质量。

喷漆油漆除供风系统外，主要机具有：

① 喷漆枪：一般使用 PQ-1 型和 PQ-2 型。由于漆罐储油量小，不适于大面积施工，可以把它除去，改由压力喷漆桶供油。喷漆枪主要可分为扁嘴式、对嘴式、压下式等三种。

② 压力喷漆桶：利用风压将已调好黏度适合的油漆，通过ϕ 8 mm 胶管送到喷漆枪上。

③ 油水分离器能去除压缩空气中的油脂和水分，保证漆膜质量。

喷涂操作方法：喷漆前，油漆要搅匀，用 140 目以上的筛子过滤去除漆皮和粗粒，根据不同品种的油漆，调整到适合的黏度，空气喷漆压力一般以 0.3～0.5 MPa 为好。喷枪与钢料表面的距离要适当，以 15～25 cm 为宜，喷枪与物面应保持正确垂直的角度。喷漆采用横喷或纵喷，每次压叠一半，喷漆速度必须前后均匀一致，不能时快时慢，每喷到两端时必须关风以防端头流挂。喷漆时要特别注意钢梁杆件边角部位及其他隐蔽处所。这些地方最易漏喷或漆膜过薄造成锈蚀产生。

2.3.4 焊缝连接

钢桥中部件的连接方法主要有铆钉连接、螺栓连接和焊接三类。其中普通螺栓连接使用最早，约从 18 世纪中叶开始使用，至今仍是安装连接的一种重要方法。19 世纪 20 年代开始使用铆钉连接。19 世纪下半叶出现焊接，20 世纪逐渐被广泛使用并取代铆钉连接，成为钢结构的主要连接方法，现已在钢桥的工地安装连接中被广泛使用。

焊接是现代钢桥最主要的连接方法，焊接的优点是对钢材从任何方位、角度和形状相交都能方便使用，一般不需要附加连接板、连接角钢等零件，也不需要在钢材上开孔，不使截面受削弱。因此，它的构造简单，节省钢材，制造方便，并易于采用自动化操作，生产效率高。此外，焊接的刚度较大，密封性较好。

焊接的缺点是焊缝附近钢材因焊接的高温作用而形成热影响区，其金相组织和机械性能发生变化，某些部位材质变脆；焊接过程中钢材受到不均匀的高温和冷却，使结构产生焊接残余应力和残余变形，影响结构的承载力、刚度和使用性能；焊缝可能出现气孔、夹渣、咬边、弧坑裂纹、根部收缩、接头不良等影响结构疲劳强度的缺陷。因此，与高强度螺栓和铆钉连接相比，焊接的塑性和韧性较差，脆性较大，疲劳强度较低。此外，工地焊接的拼装定位和操作较麻烦，通常需要用螺栓或销钉定位和临时固定，焊接后拆除；而且，工地焊接操作空间和焊接姿势往往受到限制，焊接作业和质量检验、检查困难，质量不易控制。因此，构件间的工地现场安装连接常常采用高强度螺栓连接、或设安装螺栓定位后再焊接。

1. 焊接方法

焊接方法很多，钢桥中主要采用电弧焊和栓钉焊。电弧焊用于钢板和型钢等的连接，栓钉焊仅用于栓钉的焊接。

电弧焊是利用焊条或焊丝与焊件间产生的电弧热将金属加热并熔化的焊接方法。在焊条或焊丝一端与焊件待焊部位的一定间隙间，通电激发产生高温电弧，使电弧范围内焊件边缘部位的金属迅速熔化，形成熔融金属的熔池，同时焊条或焊丝端部也不断熔化，形成球状熔滴陆续滴入熔池。这样，被连接焊件的熔化部分的金属熔融在一起，达到原子间的冶炼结合，冷却后即成为与焊件金属机械性能相近的金属焊缝，把焊件连接成整体。为保证焊缝质量，焊接过程中需要提供或产生保护气体、焊剂或熔渣将熔融金属与大气隔离。

钢桥中常采用的电弧焊有手工电弧焊、埋弧焊和气体保护焊。其中，埋弧焊和气体保护焊一般为自动或半自动焊。

(1)手工电弧焊

手工电弧焊是钢结构制造中最常用的焊接方法，其设备简单，操作灵活，适用性和可达性强，对各种焊接位置和分散或曲折短焊缝都可适用。缺点是生产效率比自动、半自动焊低，质量稍低并且变异性大，施焊时电弧焊较强。

手工焊采用药皮焊条。药皮厚约1～1.5 mm，其作用为：稳定电弧；生成保护气体使熔融金属与大气隔离；形成熔渣（清理焊缝时铲除）覆盖于熔成焊缝表面，使之与大气隔离，并使焊缝冷却缓慢以便气体和有害杂质溢出表面；脱氧成分与氧结合后析出；合金成分改善焊缝性能。

(2)埋弧焊

埋弧焊一般为自动或半自动焊，是焊接过程机械化的一种主要方法。焊丝采用成盘连续的光焊丝，焊接时按照与熔化速度相匹配的速度自动下送。焊剂为散粒状，代替手工焊条的药皮，焊接过程中自动堆落于焊接前方，从而电弧焊在焊剂层下进行，与大气完全隔离，焊完自动回收。自动焊通常采用焊车式或悬挂式焊机按规定速度自动均匀前进，适用于有规则（直线、圆环形等）的较长焊缝。半自动焊则焊接前进仍是依靠手持焊枪移动，较适用于不规则的焊缝或间断短焊缝。

埋弧焊的优点是与大气隔离保护效果好，且无金属飞溅，弧光也不外露；可采用较大电流使熔深加大，相应可减小对接焊件间隙和坡口角度；节省材料和电能，劳动条件好，生产效率高。其焊缝表面常呈均匀鱼鳞状，质量稳定可靠，塑性和韧性也较高。

(3)气体保护焊

气体保护焊是近年来发展起来的先进焊接方法，一般为自动或半自动焊，在钢桥中得到广泛应用。焊接时采用成盘光焊丝，围绕焊丝由喷嘴喷出保护气体，把电弧、熔池与大气隔离。操作可为自动或半自动，后者需要手持焊枪移动。保护气体通常采用CO_2或CO_2与氩（Ar）、氦（He）等惰性气体（Inert Gas）的混合气体。传统的混合气体为25% CO_2＋75%氩，最近逐渐采用80% CO_2＋20%氩；当对韧性要求高时采用4%～5% CO_2＋25%～30%氩＋60%～70%氦。

这种焊接的优点是：电弧在气流压缩下热量较集中，焊速较快，熔池较小，可减小焊扫层数和焊口尺寸，热影响区较窄，焊接变形较小；电弧可见，焊接对中容易，容易实现各位置焊接；焊后无熔渣或少熔渣。因而其生产率较埋弧焊高。此外，

CO_2 气体保护焊采用高猛高硅型焊丝(在高温下使部分二氧化碳分解为一氧化碳和氧起脱氧作用),具有较高的抗锈和还原能力;电弧气的含氢量较易控制,可减小冷裂缝倾向。它不仅可用于工厂焊接,而且可用于工地焊接。

它的缺点是设备稍复杂,电弧光较强,金属飞溅多,焊缝表面成型不如埋弧焊平滑。

(4)栓钉焊

栓钉是一种特制的剪力连接件,广泛应用于组合梁桥和其他钢与混凝土组合结构中。栓钉由栓头、栓杆和焊熔端三部分组成。栓头直径比栓杆大一些,焊熔端有焊剂(焊药),采用专用的焊枪焊接。因此,栓钉也被称为焊钉或俗称为大头钉,如图 2.4 所示。焊接时,将焊钉插入焊枪、焊熔端套入瓷环立于被焊钢板上,栓杆通电时,焊熔端自动离开钢板表面很小的一定距离并产生电弧使栓钉焊于钢板,焊完后将瓷环清除。栓钉焊也是电弧焊的一种,焊接瓷环的作用是保证栓钉焊缝挤出焊脚成形,虽然此焊脚不作为保证栓钉焊强度的条件,但却是焊缝内部是否熔合良好的标志。为此根据规范要求,栓钉焊缝四周 360°都应均布挤出焊脚。保证挤出焊脚成形的瓷环型腔尺寸是焊接瓷环的关键技术要求。另外,焊接瓷环还应具有保护焊缝金属不被氧化,控制飞溅和遮挡弧光等作用。为此,对瓷环的强度、抗电弧特性、线膨胀系数等也有一定要求。

图 2.4　栓钉焊

2. 焊缝连接的形式

焊缝连接中按焊体钢材的连接方式可分为对接接头、搭接接头、T 形接头、角接接头等形式(图 2.5)。

在对接接头中,如果左右被连接钢材的截面完全相同,通常称为拼接。例如钢板或型钢常因供应钢材的长度或宽度不够,而需用拼接予以接长或接宽。整个构件(如梁、柱等),也常因运输或吊装条件的限制,需要在车间内分段制造,运到工地后现场或高空位置再拼接成为整体。

连接或拼接尽可能在车间或工厂进行,易于保证质量,称为车间(工厂)连接或车间(工厂)拼接,其焊缝称为车间(工厂)焊缝。当需要在工地或安装位置进行时则称为工地连接或安装连接。

焊缝连接按焊缝本身的构造分为贴角焊(Fillet Welding)、全熔透坡口焊(Full Penetration Groove Welding)和部分熔透坡口焊(Partial Penetration Groove

Welding)等型式。

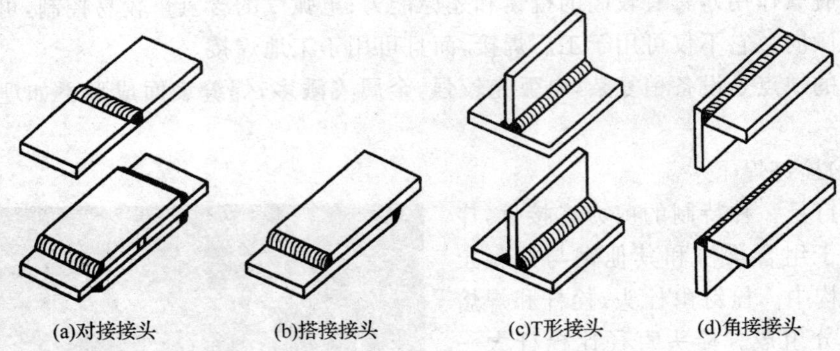

上行各图——坡口焊缝,下行各图——角焊缝

图 2.5 焊接钢材的连接方式

角焊缝如图 2.6,仅在板件的隅角处连接,焊缝表面有凸形和凹形两种(图 2.7)。凹形一般需要打磨,加工量较大,因此通常采用凸形角焊缝。但是凸形角焊缝有一定程度的应力集中,要求传力较平顺和改善受力性能时可以选用凹形角焊缝。角焊缝焊脚通常做成等边长,对传力垂直于焊缝轴线方向时,也可采用不等边,其长边顺内力方向。由于应力方向垂直于焊缝轴线时(称为端焊缝),应力集中严重,疲劳强度低。因此,在钢桥中角焊缝主要用于应力方向平行于焊缝轴线(称为侧焊缝)的情况,即焊缝受剪,端焊缝很少采用。

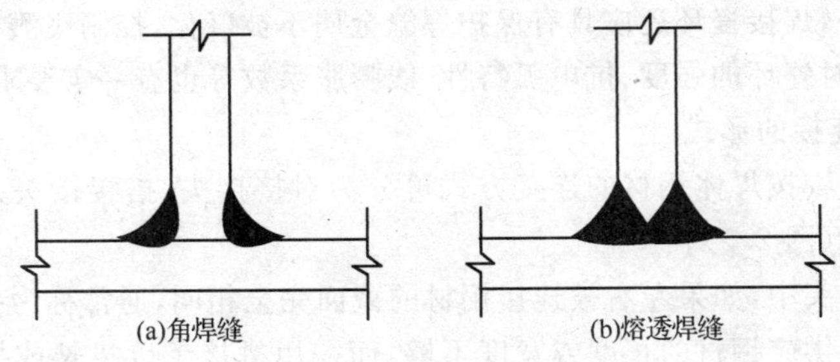

图 2.6 角焊缝和熔透焊缝

全熔透坡口焊要求板件全厚度内完全焊透,通常简称为全熔透焊。为保证焊接质量,要求下料和装配的尺寸准确,当板件达到一定厚度(通常厚度大于 9～12 mm)时,板件边缘需要加工成适当型式和尺寸的坡口,因此,制造费用较高。坡口是为了焊条有足够的运转空间,保证在板件全厚度内焊透。常用的坡口形状如图 2.8 所示,有 I 形(即不开坡口)、V 形、U 形、X 形、单边 V 形、单边 U 形(即 J 形)、K 形等,图中同时标出手工焊时不同坡口形状的适用

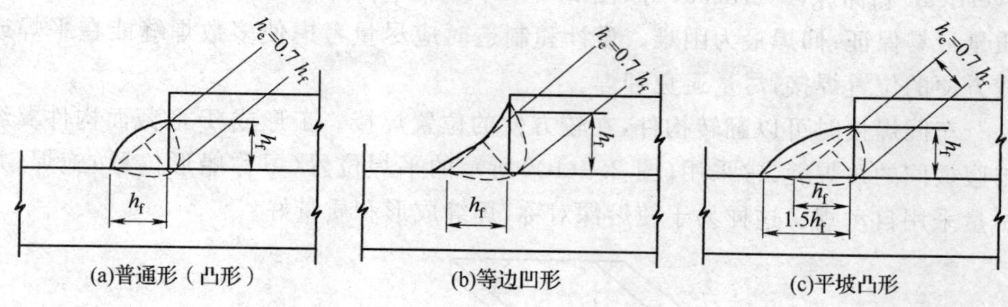

图 2.7 角焊缝的截面形式

板厚(对于埋弧焊可以适当放宽坡口形状对板厚的适用)。各种坡口中,沿板件厚度方向通常有高度为 p 间隙为 b(均约 1～3 mm)的一段不开坡口,称为钝边。焊接从钝边处(根部)开始。

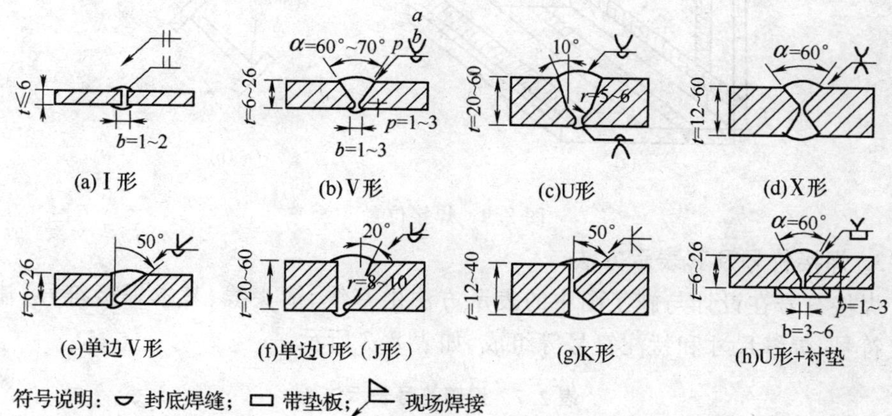

(适用于手工焊,尺寸:mm)

图 2.8 坡口焊缝

全熔透焊的焊缝处板件完全熔合成一个整体,传力均匀平顺,没有明显的应力集中,受力性能较好。钢板对接和焊缝受拉压应力时,一般采用全熔透焊,故也被称为对接焊缝。

部分熔透坡口焊不要求板件全厚度内完全焊透,一般仅在板件的单面或双面部分适焊,通常简称为部分熔透焊。部分熔透焊受力性能与角焊缝较为类似,计算方法也与脚焊缝相同,同时板边需要加工坡口,在钢板中较少采用。在斜拉桥、悬索桥的钢塔中,板件全断面受压,并且板厚很大不易完全焊透时,可以采用部分熔透焊,但是要求接头端面进行机械加工,接缝完全密贴。

按焊缝施焊时的姿态,焊缝连接可分为平焊(flat)、横焊(horizontal)、立焊

(vertical)和仰焊(overhead)等(图 2.9(a))。平焊有时称作俯焊,施焊方便,焊缝质量最易保证;仰焊最为困难。设计和制造时应尽量考虑使多数焊缝能在平焊或较方便的位置焊接,尽量避免仰焊。

车间焊接时可以翻转构件,在较方便的位置焊接。工形或T形截面构件翼缘与腹板间的角焊缝,常采用(图 2.9(b))所示的平焊位置(习称船形位置)施焊,并尽量采用自动焊。这样易于使熔深对称,焊缝成形和质量好。

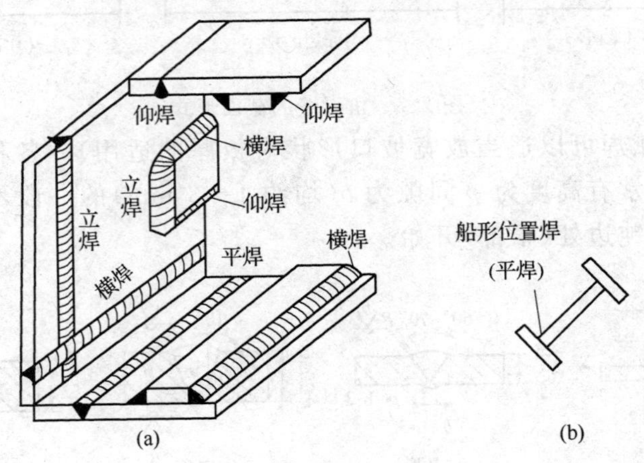

图 2.9 焊接位置

3. 焊接符号及其表示方法

焊接符号在设计与施工图中的表示方法由基线、箭头线、基本焊接符号、辅助焊接符号、焊缝尺寸和特注符号等组成,如表 2.7 所示。

表 2.7 焊缝符号表示法

基本焊接符号(BASIC WELD SYMBOLS)									
表面处理 back	角焊缝 fillet	塞焊 plug or slot	坡口焊(Groove or Butt)						
			I形焊 square	V形焊	单边V形焊 bevet	带钝边U形焊	带钝边J形焊	卷边焊缝 flare V	单边卷焊缝 flare bevel

辅助焊接符号(SUPPLEMENTARY WELD SYMBOLS)					
衬垫 backing	间断焊 spacer	围焊 weld all around	工地焊接 fied weld	辅助符号(contour)	
				焊缝表面齐平 flush	焊缝表面凸起 convex

续上表

焊接符号各元素的标准位置 (STANDARD LOCATION OF ELEMENTS OF A WELDING SYMBOL)
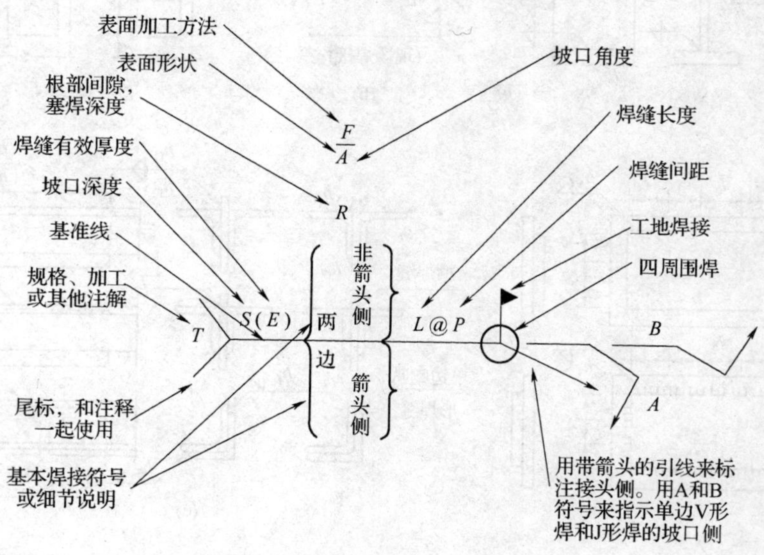

(1)角焊缝的符号表示法

钢结构图纸中标注角焊缝的主要符号如图 2.10。其中三角形符号表示角焊缝，画于引出线上方表示箭头所指处正面有角焊缝，下方表示背面有角焊缝，上下均有表示双面均有角焊缝(图 2.10(a))。需注尺寸时可在三角形符号之左注明 h_f 或 h_{f1}，以 mm 计，I 为焊缝实际长度(图 2.10(b))，正背面焊缝尺寸相同时可只注于上方即可。

图 2.10(c)是周围角焊缝的符号，箭头只需指向其中任意一段焊缝，而把周围角焊缝的全部走向轮廓(左图粗线为示例)简略地画在三角形符号和 h_f 值之左。

当焊缝分布不规则或为断续焊缝时，在标注焊缝符号的同时，宜在焊缝处加粗线(表示正面焊缝)、栅线(表示背面焊缝)或粗线和栅线(表示 正背面均有焊缝)，如图 2.10(d)所示。

钢结构中常采用单角钢或双角钢与钢板搭接，为使搭接角焊缝的表达较为简化，常常在引出线上下方分别表示角钢背和角钢尖的焊缝情况，如图 2.10(e)上图，其中箭头所指处的焊缝注在上方，另一侧焊缝注在下方。图 2.10(e)下面两图表示槽形焊缝和单边喇叭形焊缝符号，分别为钢板凹入角钢面和角钢边为圆角情况的特殊角焊缝形式。

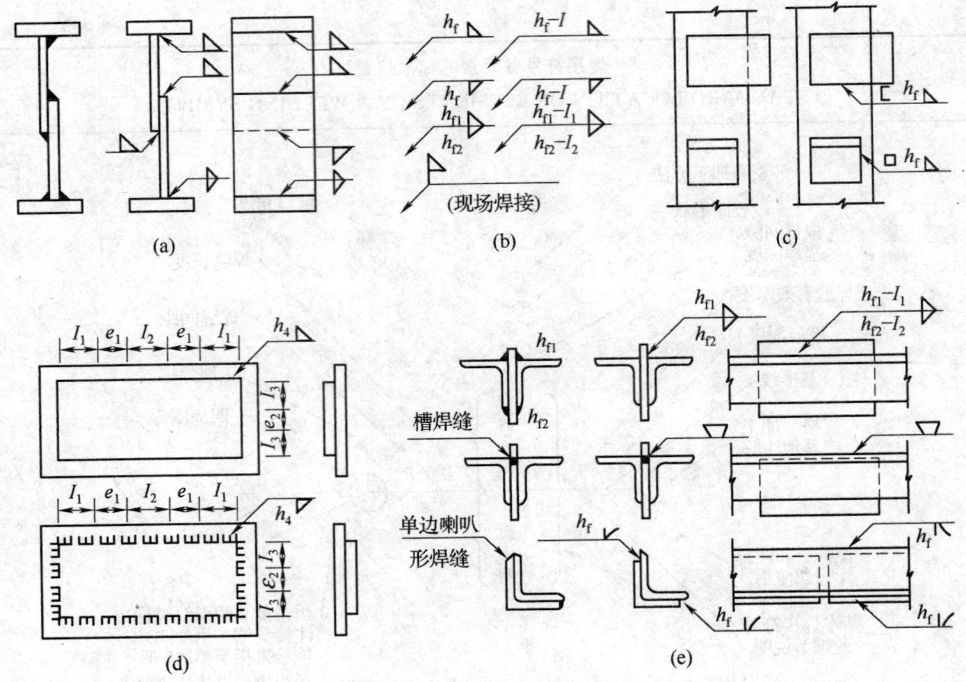

图 2.10　角焊缝的符号表示

(2)坡口焊缝符号表示法

钢桥图纸中用焊缝符号标注焊缝。坡口焊缝的主要符号如图 2.8 所示，引出线箭头与焊缝在同一侧时箭头指向坡口方向；引出线箭头指于焊缝背面时坡口符号应倒面(例如图 2.8(c))下方符号)。坡口细节尺寸(b、p、α 等)一般不标注，由制造工厂根据结构和工艺具体情况确定；须标注时可如图 2.8(b)。

4. 焊缝连接的缺陷、质量检验和焊缝级别

焊缝连接的缺陷指焊接过程中产生于焊缝金属或邻近热影响区钢材表面或内部的缺陷，常见的缺陷有裂纹、焊瘤、烧穿、弧坑、气孔、夹渣、咬边、未熔合、未焊透(不包括规定不焊透者)等(图 2.11)，以及焊缝外形尺寸不符合要求、焊缝成形不良等。裂纹对受力的危害性最大，会产生严重应力集中并易于扩展引起断裂，按规定不允许出现。

焊缝质量检验一般可用于外观检查及无损检测，前者检查外观缺陷和几何尺寸，后者检查内部缺陷。无损检验目前广泛采用超声波检验，使用灵活经济，对内部缺陷反应灵敏，但不易识别缺陷性质；钢板较薄时可用磁粉检验、荧光检验等较简单的方法；当前最明确可靠且应用较广的检验方法是 X 射线或 γ 射线透照或拍片 X 射线。

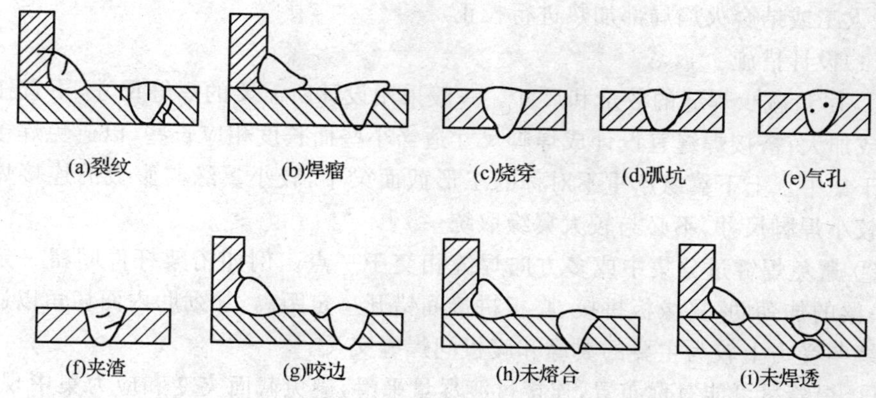

图 2.11　焊缝缺陷

焊缝按其检验方法和质量要求,《钢结构工程施工质量验收规范》(GB 50205—2001)规定将焊缝分为一级、二级和三级。三级焊缝只要求对全部焊缝作外观检查,符合三级质量标准;二级、一级焊缝还要求一定数量的超声波或射线、拍片检验并符合相应级别的质量标准。

由于三级焊缝不要求无损检测,焊接质量难以保证,《钢结构设计规范》(GB 50017—2003)规定其设计值只为母材的 85%左右。钢桥需要承受很大的活载,对疲劳性能要求较高,除角焊缝外,很少采用三级焊缝,通常要求采用二级或一级焊缝。

5. 焊接残余应力与残余变形

钢材焊接时在焊件上产生局部高温的不均匀温度场,焊接中心处可达 1 600 ℃以上。高温部分钢材要求较大的膨胀伸长但受到邻近钢材的约束,从而在焊件内引出较高的温度应力,并在焊接过程中随时间和温度而不断变化,称为焊接应力。焊接应力较高的部位将达到钢材屈服强度而发生塑性变形,因而钢材冷却后将有残存于焊件内的应力,称为焊接残余应力。在焊接和冷却过程中由于焊件受热和冷却都不均匀,除产生内应力外,还会产生变形(如焊件弯曲或扭转等)。焊接和冷却过程中焊件产生的变形称为焊接(热)变形,冷却后残存于焊件的变形称为焊接残余变形。焊接残余应力和残余变形将影响构件的受力和使用,并且是形成各种焊接裂纹的因素之一,应在焊接、制造和设计时加以控制和重视。

6. 减少焊接残余应力和残余变形的方法

构件产生过大的焊接残余应力和焊接残余变形多数是由于构造不当或焊接工艺欠妥。应力集中、复杂应力状态、直接动力荷载、低温等则加剧其对受力的不利影响。故应从设计和焊接工艺两方面采取适当措施。超过规定要求的变形应采用机械、人工或结合火焰局部加热进行校正。

(1)设计措施

① 尽量减少焊缝的数量和尺寸。一般采用设计所需要的焊缝尺寸，不宜任意增多或加大；搭接焊缝宜设计成焊脚尺寸适当小些而长度相应长些，以避免焊接热量过于集中。上下翼缘严重不对称的工形截面梁中，较小翼缘与腹板的连接焊缝需要较小焊脚尺寸，不必与较大翼缘取统一。

② 避免焊缝过分集中或多方向焊缝相交于一点。例如桁架杆件间留一定的空隙；梁的加劲肋、翼缘板拼接、腹板拼接间错开一定距离，加劲肋内面切角以避免其焊缝与受力上较为主要的翼缘和腹板间焊缝交叉。

③ 焊缝尽可能对称布置，连接过渡尽量平滑，避免截面突变和应力集中现象。例如宽度或厚度不同的钢板拼接时采用小于1:4的坡度过渡；直接承受动力荷载结构的角焊缝采用凹形或平坡形角焊缝等。

④ 搭接连接中搭接长度大于 $5t_{min}$ 及 25 mm（t_{min} 为连接板件中板厚最小者），且不应只采用一条正面角焊缝来传力。

⑤ 焊缝应布置在焊工便于到达和施焊的位置，并有合适的焊条运转空间和角度，尽量避免仰焊。

(2)焊接工艺措施

① 采用适当的焊接顺序和方向。例如采用对称焊、分段退焊（即分段焊接，每段施焊方向与焊接推进的总方向相反，如图 2.13(a)）、跳焊（图 2.13(c)）、多层多道焊（图 2.13(a)）等，使各次焊接的残余应力和变形的方向相反和互相抵消。图 2.13(a)所示钢板对接为根部、中间、表面各层Ⅰ、Ⅱ、Ⅲ各焊道采用不同划分的分段退焊。

② 先焊收缩量较大的焊缝，后焊收缩量较小的焊缝（例如对接焊缝的横向收缩比角焊缝大）；先焊错开的短焊缝，后焊直通的长焊缝（图 2.12(c)），使焊缝有较大的横向收缩余地。

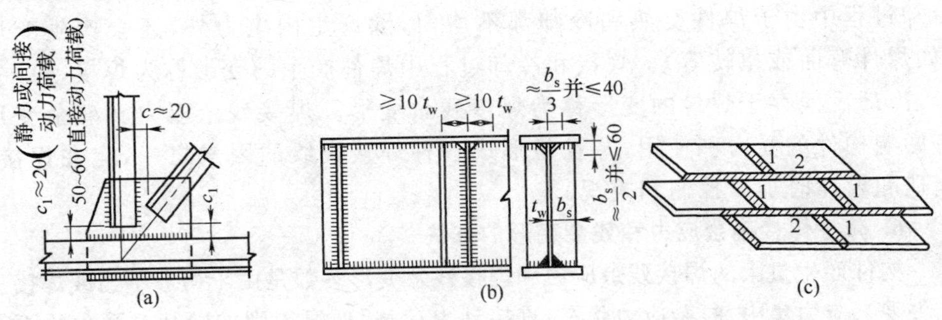

图 2.12　焊缝的布置（尺寸：mm）

③ 先焊使用时受力较大的焊缝，后焊受力较次要的焊缝，则受力较大的焊缝在焊接和冷却过程中有一定范围的伸缩余地，可减小焊接残余应力。例如焊接工形截面梁拼接如图 2.13(b)，在拼接两侧各留出一段翼缘与腹板的角焊缝不焊，先焊腹板对接焊缝，再焊受拉和受压翼缘对接焊缝，最后再补焊预留的角焊缝。

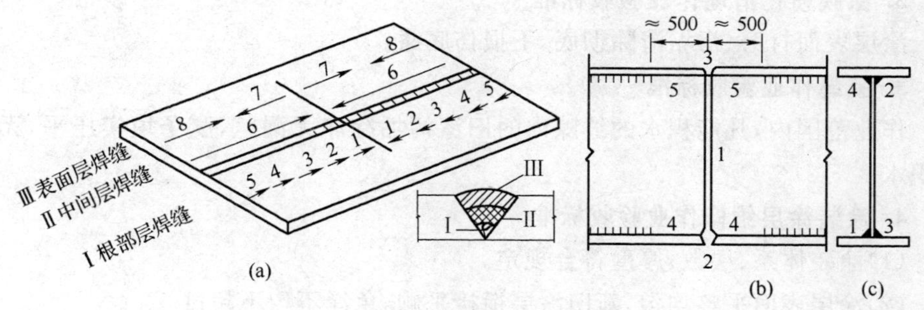

图 2.13　施焊顺序

④ 预变形。即施焊前使构件有一个与焊接残余变形相反的预变形(图 2.14)，以减小最终的总变形。常用于 V 形焊缝和角焊缝。

⑤ 预热、后热。即施焊前先将构件整体或局部预热至 100～300 ℃，焊后保湿一段时间，以减小焊接和冷却过程中温度的不均匀程度，从而降低焊接残余应力并减少发生裂纹的危险。较厚钢材或温度低于 0 ℃的情况焊接时，通常应对焊缝附近局部进行预热。

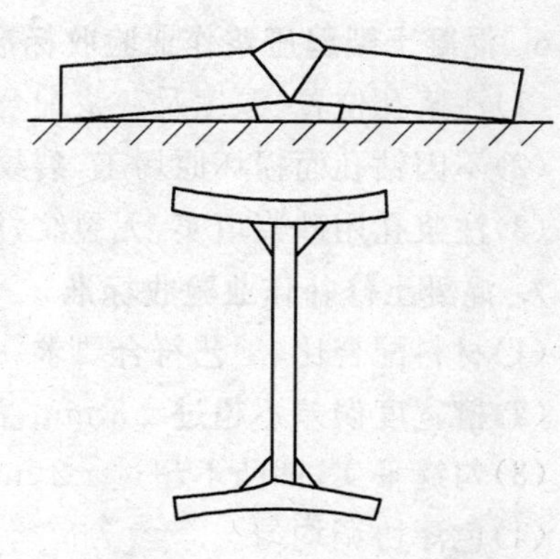

图 2.14　焊接前的预变形

⑥ 高温回火(又称消除内应力退火)。在施焊后进行高温回火，即加热至 600～650 ℃(含钒低合金钢 560～590 ℃)，保持一段时间恒温后缓慢冷却。对较小焊件可进行整体高温回火。由于加热已达钢材的热塑性温度，可消除大部分(80%～90%以上)残余应力。对某些较大焊件有时可对焊缝附近或残余应力较大部位附近进行局部高温回火，以减小残余应力(降低峰值和改善分布)。

⑦ 用头部带小圆弧的小锤轻击焊缝，使焊缝得到延展，也可降低焊接残余应力。

2.3.5 作业验收

1. 钢表面清理作业验收标准

维护涂装底漆时,钢表面清理达到 Sa2.5 级。

2. 涂膜粉化清理作业验收标准

涂层表面打磨、污垢清除彻底,不损伤底漆。

3. 腻缝作业验收标准

作业范围内,凡能积水的缝隙内的旧漆污垢除净无漏腻,腻子填实压平,无开裂积水。

4. 涂装涂层维修作业验收标准

(1)涂装体系、层数、厚度符合规定。

(2)涂层表面平整均匀,新旧涂层衔接平顺,色泽不匀不超过 5%。

(3)无剥落、裂纹。

(4)无起泡、气孔。

5. 混凝土抹面作业验收标准

抹面压实,无裂纹、空响,砂浆符合规定。

6. 混凝土裂缝压浆作业验收标准

(1)注浆孔位置、深度及灰浆配合比、水灰比符合要求。

(2)不因钻孔而损坏原圬工,裂纹和空隙内经压水冲洗,并注满浆。

(3)注浆孔用砂浆填实,无裂纹,淌出灰浆清除干净。

7. 混凝土修补作业验收标准

(1)材料配合比、工艺符合要求。

(2)槽宽度误差不超过±3 mm,深度不少于 8 mm。

(3)勾缝平实,凹凸不超过±2 mm,与圬工结合牢固,无断道。

(4)色泽协调均匀。

2.4 墩 台 作 业

2.4.1 支座及墩台检查

桥梁支座与墩台的正常使用与日常的养护维修和性能检验是分不开的。

检查制度主要为定期检查。

各工区应建立检查记录簿,并按规定认真填写,保证数据准确可靠,为状态分析评定和编制维护工作计划提供依据。

为保证检查的精度，应配备必要的检查工具和仪器。

对桥梁支座进行检查，对于结合梁、连续梁支座每半年检查一次，对于简支梁支座每一年至少抽查30%，3年全检一次。其中平板橡胶支座主要检查有无裂纹、不均匀外臌、钢板外露、剪切变形超限、位置串动等情况，限位装置是否可靠；盆式橡胶支座主要检查有无钢件裂纹、脱焊、锈蚀、聚四氟乙烯板磨损、位移转角超限等情况；支座与梁身、支承垫石间是否密贴。

各类支座还应重点检查以下内容：

1. 板式橡胶支座应重点检查：橡胶支座是否老化、变形；有无不正常的剪切外鼓变形；支座与梁身、支承垫石间是否密贴。四氟板式支座是否脏污、老化；钢板滑动支座是否干涩、锈蚀。

2. 盆式支座的固定螺栓有无剪断，螺母是否松动，电焊是否开裂，四氟板位置是否正常。

3. 辊轴（或摇轴）支座和弧形支座应定期测量其位移值和梁温，位移值不允许超过容许值。弧形支座当发现位移超过限值或固定支座不固定时，应起顶梁身检查活动支座销子有无异常、固定支座安装是否符合标准。测量辊轴（或摇轴）支座位移应安装位移指示标（尺）并检查辊轴有无变形、磨损。对使用年久、铺设无缝线路、位于长大坡道及曲线上的桥梁，应认真检查上下锚栓（特别是弧形支座）有无弯曲断裂，如有剪断，还应检查墩台有无变位。

对桥梁墩台进行检查，每半年一次。但对经常被社会车辆撞击的桥墩，每月检查一次。主要检查防排水设施失效；混凝土保护层中性化大于25 mm；混凝土梁碱—集料反应导致墩台产生裂纹；墩台恒载裂纹宽度大于表3.5规定的限值；意外事故造成墩台混凝土局部溃碎或钢筋变形、折断。

对结合梁与连续梁的桥梁伸缩缝的伸缩量每年在夏冬季节进行两次的观测记录（梁体做好标记，可结合支座检查一同进行），并对预应力梁封头端进行检查。

在秋季应对桥梁设施进行全面检查，据以拟定病害整治措施，安排设备改善计划，确保行车安全。

2.4.2　支座除锈

支座除锈作业，是对锈蚀的支座用打磨机除锈并施以油漆涂装的一种作业。对于每平方米的支座钢结构表面需要环氧富锌底漆1.5 kg和氯化橡胶面漆1.5 kg。所需工具主要有打磨机和空压机。

支座除锈作业的操作程序为：

(1)打磨机除锈，全出白。

(2)底漆分别两度，待干。

(3)面漆分别两度,待干。

支座除锈作业的质量控制有:

(1)整体除锈要全出白,局部除锈可保留底漆,现场根据具体情况确定。

(2)除锈应达到 Sa2.5 除锈标准,即钢材表面无可见的油脂污垢、氧化皮、铁锈和油漆涂层等附着物,仅残留点状或条纹状的轻微色斑。工作表面粗糙度可达 40～60μ m。

(3)除锈钢结构表面要求在 4 h 内必须干燥,并立即刷底漆,避免形成二次生锈。

(4)涂刷厚度符合设计要求,不小于 70 μm。涂刷牢固,无剥落、皱纹、气泡、针孔等缺陷。

(5)底漆干燥时间:25 ℃表干 0.5～1 h,实干 24 h,完全固化 7 天

(6)底漆涂装间隔:5 ℃最短 48 h,最长 7 天。20 ℃最短 24 h,最长 3 天。

(7)面漆干燥时间:25 ℃表干 2 h,实干 8 h,完全固化 7 天。

(8)面漆涂装间隔:0 ℃最短 24 h,最长不限。20 ℃最短 8 h,最长不限。30 ℃最短 6 h,最长不限。

2.4.3 墩台裂缝修补

墩台裂缝的修补,可用“低压注浆法”,该法主要适用于钢筋混凝土结构表面裂缝宽度为2～5 mm 裂缝的修补。对于每米裂缝需要注浆基座 4 个、SDW 环氧封闭胶1 kg、DP40 环氧 1 kg。所需工具有自动注浆器。

“低压注浆法”的操作程序为:

1. 表面处理

(1)用钢丝刷和砂轮清理裂缝两侧各 3 cm 的表面。

(2)用丙酮清除表面积油污应去,松动混凝土应用钢钎凿除,浮尘应用略湿的抹布清除,确保裂缝清洁。

(3) 确定混凝土裂缝上注浆点位置,其间距宜为 300 mm。

2. 安装注浆基座

(1)用两把干净并干燥的抹刀按 3∶1的比例分别取环氧封闭胶 A、B 组分。

(2)用抹刀将托灰板上的环氧封闭胶 A、B 组分搅拌均匀。

(3)将胶涂刮在注浆基座底部,胶体厚度不少于 2 mm,然后将注入孔对准裂缝,稍加用力按放基座使其粘住,用手固定基座再用胶包覆基座四周,至少 1 cm。

3. 裂缝密封

沿裂缝走向 6 cm 范围内用抹刀刮抹环氧粘合剂,厚度约 2 mm,尽量一次完成,对缺损的混凝土应填实。

4. 注浆

(1)将环氧浆液 A、B 组份按 100∶30 的比例混合均匀,拉动注浆器把手,将混合物吸入注浆器内,固定把手,安装至基座上,放开把手,利用压簧的压力使浆液慢慢渗入裂缝中。

(2)注浆顺序:由低到高;一侧向另一侧逐渐靠近。尽量做到后一个基座冒浆时再安装注浆器,对进浆量大的基座应及时补充浆液。

5. 固化判断和修饰

(1)固化时间与气温有很大关系,具体时间可通过拉动注浆器把手来判断,必须在确定固化的情况下才能拆除注浆器。

(2)固化后拆除注浆器,敲除基座,必要时用砂轮打磨封胶,使施工面光洁平整。

6."低压注浆法"的质量控制要求有:

(1)清理裂缝表面时油污应用丙酮除去,松动混凝土应用钢钎除去,浮尘应用略湿的抹布清除。

(2)选择注浆点时原则上要求相邻二个注浆点的间距不超过裂缝本身的深度。

(3)在封闭胶固化过程中应防止其接触水。

(4)注浆须在封胶 12 h(20 ℃)后进行,随天气的气温升降可增减注浆时间,但一定要达到封闭胶固化;

(5)注浆顺序应由低到高,由一侧向另一侧逐渐靠近。尽量做到后一个基座冒浆时再安装注浆器,对进浆量大的基座应及时补充浆液。

2.4.4　运营线路桥梁支座更换

1. 搭设支架、施工平台

(1)桥台支座更换利用桥台作为施工平台,对空间不够部位采用支架措施,以确保施工的安全实施。

(2)对于桥墩支座的更换,采用特制钢挂架固定于墩身或盖梁上作为施工平台。

2. 台帽、盖梁顶面清理

(1)清理台帽或盖梁顶面沉积的土石块及混凝土块,必要时可采用钢纤对混凝土垃圾进行清理。

(2)用钢丝刷或对台帽或盖梁顶面进行清洁,保证支座更换时作业面干净整洁。

(3)清理伸缩缝内沉积的垃圾和杂物,以防止顶升内梁体间互相挤压。

3. 支座调查与复检

(1)对要更换的支座部位进行确认和检查,现场记录支座位置、编号、病害情况，并拍照记录，照片应拍摄完整的施工工序即原状、更换过程及更换完成情况，妥善保存检查记录，作为交工文件之一。

(2)复核原支座型号与设计院提供的型号是否一致，并根据支座的设计承载力确定顶升重量及千斤顶的型号和数量。

(3)测量梁底高程，并根据设计图纸提供的梁底高程进行复核，并将复核情况详细记录并妥善保存，作为交工文件之一。

(4)根据测量记录确定支座垫石顶面高程的调整高度。对于需要将普通支座更换为四氟滑板支座的情况，应根据要更换的四氟滑板支座的型号、高度确定支座垫石改造后的顶面高程，以保证支座更换后桥面高程符合设计要求。

4. 千斤顶、百分表安放与设置

(1)千斤顶数量应与每个桥台下的支座数量相同。

(2)布设百分表：为精确测量顶升高度并在梁体顶升过程中控制梁体姿态，需在梁台两侧布设百分表，顶升过程中应有专人负责记录百分表读数。

5. 顶升系统调试

6. 试顶

(1)试顶前的检查

① 千斤顶安装是否垂直牢固；

② 影响顶升的设施是否已全部拆除；

③ 顶升部分结构与其他结构的连接是否已全部去除。

(2)顶升系统启动后现场各组人员各就各位，密切观察桥梁是否有异常状况出现，设备、仪表是否正常工作，显示读数是否在合理范围内。

(3)控制顶升速度不超过 1 mm/min，最大顶升高度不超过 5 mm。

(4)顶升就位后，持荷 10 min，观察梁体及设备状况。如有异常情况，应立即回油、落梁，问题解决后再进行试顶，直至梁体受力及设备运行正常。

(5)顶升就位后，根据控制系统显示的顶升重量复核支座型号及各支座承受的压力，如有异常，则应考虑调整支座型号。

(6)试顶正常后，应平稳落梁。

7. 梁体同步顶升

(1)顶升过程中以每顶升 2 mm 为一步，分级顶升，各顶高差严格控制在 0.5 mm范围内，全程采用位移传感器监测梁体顶升位移情况。实时监测整个千斤顶间位移传感器升量高差，若高差超过控制值时，必须进行适时调整后才进入下一个顶升周期，达到同步顶升的目的。

(2)箱梁二侧布设百分表监测箱梁转动的情况，同时也作为位移传感器的对比验证数据，箱梁每顶升一级百分表读数一次。观测人员随时根据监测值反馈致控制室，指导操作人员进行操作。

(3)顶升时梁每升高 5～6 mm，临时支撑加垫一块钢板。

(4)同步顶升高度为可拆除既有支座和安装新支座所需的工作空间，约为 10～15 mm。

(5)顶升到位后将梁体由千斤顶转落至临时支撑上。

8. 支座更换

(1)用铁勾或人工取出旧支座，如旧支座已与垫石粘结而较难取出可用钢纤、铁锤敲击松动后取出。取出旧支座前应拍照记录其缺陷状况。

(2)用人工配合钢丝刷清洁支座垫石表面，如有支座下钢板，则应打磨去除铁锈。

(3)测量垫石顶面高程，如顶不平整，则用环氧砂浆抹平。垫石顶面如需加高，则应采用环氧砂浆加高至设计高程并抹平；垫石顶面如需降低，则应钢纤凿除部分混凝土至设计高程并用环氧砂浆抹平。支座垫石顶面高程允许偏差不超过 ±2 mm，顶面四角高差不超过 1 mm，轴线偏位不超过 5 mm。

(4)在支承垫石上根据设计图纸标出支座位置中心线，同时在橡胶支座上也标出十字交叉中心线，将橡胶支座安放在垫石上，使支座的中心线与墩台的设计位置中心线重合，支座就位准确。

(5)所有支座更换完毕后，再对安装的新支座进行全面检查，确保各项指标满足设计及规范要求。

9. 落梁

(1)落梁前在梁体两侧的桥台或桥墩挡块与梁体间加塞木板，防止落梁时梁体发生水平位移。

(2)开启同步顶升系统，平稳降落梁体。

(3)梁体就位后检查支座上下钢板与垫石、梁底之间的密贴情况，应尽量保证支座上下面全部密贴。如果支座出现偏心受压、不均匀支承或脱空的现象，则应重新顶升梁体，并在支座下钢板下加设抄垫钢板进行微调(厚度规格为 1～3 mm)，直至支座上下面全部密贴。

(4)支座检查合格后拆除千斤顶、临时支承钢板等顶升设备。

(5)取出梁体与挡板间木板，清理施工废物及垃圾。

2.4.5 作业验收

1. 支座整平修正作业验收标准

(1)各部分清洁，无灰渣，无锈蚀，活动端涂固体油脂或擦石墨涂擦均匀，无缺漏。

(2)支座位置平整密实,各部分相互密贴。

(3)锚栓无松动、缺少、锈蚀。

(4)排水良好,无翻浆、流锈。

2. 捣垫砂浆作业验收标准

(1)原圬工面凿毛洗净。水灰比、砂浆配合比符合规定,拌和均匀,捣固密实,周围抹面平整,无裂纹空响。

(2)与座板间缝隙小于 0.5 mm,深度小于 30 mm。

(3)排水良好。

3. 混凝土抹面作业验收标准

抹面压实,无裂纹、空响,砂浆符合规定。

4. 混凝土裂缝压浆作业验收标准

(1)注浆孔位置、深度及灰浆配合比、水灰比符合要求。

(2)不因钻孔而损坏原圬工,裂纹和空隙内经压水冲洗,并注满浆。

(3)注浆孔用砂浆填实,无裂纹,淌出灰浆清除干净。

5. 混凝土修补作业验收标准

(1)材料配合比、工艺符合要求。

(2)槽宽度误差不超过±3 mm,深度不少于 8 mm。

(3)勾缝平实,凹凸不超过±2 mm,与圬工结合牢固,无断道。

(4)色泽协调均匀。

2.5 桥梁附属设施作业

2.5.1 声屏障

声屏障是一种专门设计的立于噪声源和受声点之间的声学障板,是降低噪声的一种重要设施。声屏障通常是针对某一特定声源和特定保护位置(或区域)设计的。

1. 声屏障的结构形式

声屏障结构形式主要有直立型、圆筒型、逆 L 型和 Y 型。我国目前建成的声屏障以直立型和逆 L 型为主。轨道交通多采用直立型。

声屏障结构形式对降噪效果有直接影响。降噪效果最弱的是直立型;降噪效果最好的是 Y 型。

2. 声屏障的降噪效果

根据《城市区域噪声标准》,城市区域内的交通干线两侧区域的昼间噪声标准限值为 70 dB,夜间噪声标准限值为 55 dB。昼间是指 6:00 至 22:00 之间的时段,夜间是指 22:00 至次日 6:00 的时段。对于超限的区域,若适合安装声屏障,应及时安装。

当测量对象的声信号不存在时,在参考点位置或受声点位置测量的噪声。测量时,背景噪声级应至少比测量值低 10 dB。如果测量值和背景噪声值相差 3～9 dB,则可以对测量结果进行修正。当差值小于 3 dB,则不符合测试条件,不能进行测量。

一般声屏障对距离声源 100 m 范围内有良好的降噪效果。一个合理的声屏障可以对于声影区的受声点降噪 5～12 dB。当身屏障降噪要求大于 12 dB 时,应同时采取其他降噪措施。

另外,实践证明,设于线路两侧且高度低于 2.5 m 的声屏障降噪效果并不明显。

3. 声屏障的声学设计

我们把在保持噪声源、地形、地貌、地面和气象条件不变情况下安装声屏障前后在某特定位置上的声压级之差称为声屏障的插入损失。插入损失越大,降噪效果越好。

当噪声源发出的声波遇到声屏障时,它将沿着三条路径传播:一部分越过声屏障顶端绕射到达受声点,这称为绕射路径;一部分穿透声屏障到达受声点,这称为透射路径;一部分在声屏障壁面上产生反射,这称为反射路径。声屏障的插入损失主要取决于声源发出的声波沿这三条路径传播的声能分配。

通常,我们用隔声量来衡量声屏障防止声音透射的效果。隔声量是指墙或间壁的入射声功率级与另一面的透射声功率级之差。一般选用的声屏障材料在实验室测试的平均隔声量应不小于 25 dB。

4. 声屏障的材料

声屏障材料选用总的原则是降噪效果良好、结构安全可靠,材料价格经济、安装成本低,经久耐用、美观大方。最常见的声屏障材料质地为金属类。一般选用的声屏障材料在实验室测试的平均隔声量应不小于 25 dB。

吸声材料是指具有较强的吸收声能、减低噪声性能的材料。吸声材料按吸声机理分为:依靠从表面至内部许多细小的敞开孔道使声波衰减和依靠共振作用吸声两类。吸声材料的吸声性能不应受到户外恶劣气候环境的影响。铝纤维是一种适宜室外露天使用的吸声材料。

5. 声屏障的安装

声屏障的设置位置应接近线路,但应符合限界要求。当双侧安装声屏障时,应在朝向声源一侧安装吸声结构。

声屏障一般采用装配式施工以缩短施工时间。

2.5.2 桥梁装饰板

轨道交通高架桥梁上的装饰板作为一种安全防护设施,是桥梁上部结构一个不可缺少的组成部分。桥梁装饰板一般采用金属板类材质,最常见的连接方式是螺栓连接。

桥梁装饰板必须始终处于完好的状态,如有损坏、变形或腐蚀,应迅速采用相应的措施进行修复。在需要加固装饰板时,一般采取钻孔后用耐候性好的金属丝绑扎的加固方案,不用焊接进行加固。采用铁丝加固连接装饰板时,最适宜的季节是夏天。

2.5.3 防撞设施

轨道交通高架桥梁上的防撞设施,主要是龙门架、柔性防撞设施、防撞挡板、反光警示柱、限高牌、限速牌和减速提示标志。

2.5.4 检查设施

轨道交通高架桥梁上的检查设施,主要是安装在桥墩和上的钢爬梯和钢围栏。制作检查设施的材料需具有防锈、耐磨、抗腐蚀、抗曝晒等特点。在利用检查设施对土建结构进行检查的同时,也要注意对检查设施本身的维护保养,譬如及时消除锈迹,剪除缠绕在检查设施上的植物等。

2.5.5 桥台锥体护坡

1. 桥台锥体护坡放样

桥台锥体护坡,一般是顺线路方向为1∶1的坡,垂直线路方向为1∶1.5的坡,锥体底部为1/4的椭圆形。桥台锥体护坡每6 m应设置变坡。当桥台锥体护坡的高度大于6 m而小于12 m时,则需在向下超过6 m处变坡,顺线路方向由1∶1变为1∶1.25,垂直线路方向由1∶1.5变为1∶1.75。以此类推。

桥台护坡在高出设计洪水位0.5 m以下部分应根据设计流速不用采用块、片石砌筑。

常用的桥台锥体护坡放样方法有:放样架放线法,切线支距法和纵横等分线相交法等。其中纵横等分线相交法是桥头锥体护坡放样最简单方便的方法。有了锥体高度和顺线路方向与垂直方向的坡度,直接可以放出锥体的坡脚线。具体放线方法是:根据锥体高度和纵横向坡度要求作出AC和BC,然后将AC和BC等分成相同的等分,并将各等分点如图所示编号和连接,作出的线A—Ⅰ—Ⅱ—…—Ⅶ—B即为坡脚线。

2. 桥台锥体护坡的加固

桥台锥体护坡的加固，一般采用喷射混凝土，并可视情况增设锚杆或钢筋网。

锚杆宜采用 16Mn 或 5 号钢钢筋，也可采用 3 号钢钢筋，直径 16～22 mm，长度一般为 2.0～3.5 m，系统布置的锚杆，间距不宜超过锚杆长度的 1/2。锚杆眼孔宜比锚杆直径大 15～20 mm。

钢筋网一般采用 3 号钢钢筋，直径 10～12 mm，网络间距一般为 15～25 cm，保护层厚度不小于 2 cm。

灌筑锚杆用的砂浆应拌合均匀，随拌随用，孔眼在灌浆前应用风吹净；灌浆时应从孔底开始，连续均匀地进行。用吸水式锚固包锚固锚杆将更为方便迅捷。

作锚杆用的钢筋，应在安装前除锈娇直；安装位置宜居孔眼中心，钢筋插入深度不得小于设计要求的 90%，安装后不得敲击、碰撞。

当岩层面有可能松动脱落时，宜先喷一层混凝土后，在进行锚杆施工。

2.6 桥梁维护管理及质量评定

2.6.1 桥梁的维护管理

1. 维护组织

(1)桥梁设施维护工作实行综合维修和保养相结合的方式，以保证设施状态完好，确保行车安全。

(2)公司应根据实际情况确定综合维修和保养的周期，编制年度、分月计划，经上级部门批准后实施；各车间根据规定的检查、保养、维修周期和管辖的桥涵建筑物实际状态，编制月度保养、检查、维修计划，经公司批准后下达给相应工区实施。

(3)桥涵维修长度的计算标准如下：

① 跨度 40 m 及以上的结合梁、钢管拱桥、斜拉桥等桥梁维修长度每米折合 2.0 桥涵换算米。

② 跨度 40 m 及以下的结合梁维修长度每米折合 1.5 桥涵换算米。

③ 声屏障维修面积每平米折合 0.25 桥涵换算米。

④ 涵洞维修长度每米折合 0.5 桥涵换算米。

⑤ 车站人行天桥维修长度每米折合 1.5 桥涵换算米。

⑥ 限高防护架、防撞架等，每座折合 500 桥涵换算米。

上文中提到的维修长度指需要维修的桥涵建筑物长度。单线桥梁等于全长，双线或多线桥梁等于各线全长之和；单孔涵洞等于全长，双孔及以上涵洞等于各孔轴长之和。桥梁全长指两桥台边墙外端间的距离，两边墙不相等时以短边计，曲线桥为中心线上墩台之间各段折现之和；涵洞全长指两端墙外端间的中心轴线长度。

2. 综合维修

(1)桥梁设施的综合维修应以整座设施进行，按照“预防为主，防治结合，有病治病，治病除根”的原则，做到全面维修，项目齐全。通过对桥梁设施适时预防性的修理和病害整治，恢复各部件的功能，保持整座设施质量均衡完好；

(2)桥梁设施的综合维修周期定为4年，即每年综合维修的数量应占设施总数的25%左右；

(3)综合维修主要工作范围：

① 梁部：结合梁桥、拱桥钢结构局部维护性涂装、死角防锈、更换失效螺栓，进人孔盖板更换；混凝土梁裂纹露筋修补、修理局部失效防水层、排水系统局部整修和部分增设、梁端伸缩缝整修。

② 支座：整平、修正、涂油和捣垫砂浆，处理折断锚栓，支座钢质部分除锈油漆。

③ 墩台基础：病害墩台整治，裂纹缺损修补，顶面排水处理，基础防护整修等。

④ 涵洞：裂纹整治、砌体勾缝、抹面、小量喷浆和压浆，排水设备修理和部分增设。淤积清理疏通，进出口铺砌整修等。

⑤ 声屏障、装饰板的更换。

⑥ 附属设备：

• 各种防护设备的砌体勾缝修补，各类栏杆设备整修加固、更换；

• 防撞墙、作业通道、安全检查设备、抗震设施局部整修；

• 各种桥梁标志的增设、修理和更换；

• 桥梁限高防护架整治修复。

3. 保养

(1)通过对桥梁设施的保养，及时发现和消灭超限处所和临近超限处所，保持桥梁设施状态经常均衡完好，确保行车安全平稳；

(2)保养工作根据当月检查情况逐月编制，按6个月周期安排处理。在做好适时保养的同时，还应加强预防性的周期保养，使设施质量经常控制在保养修合格状态；

(3)保养主要工作范围：

① 桥面各部位过水孔疏通；

② 伸缩缝清理；

③ 声屏障构件防腐，加固；

④ 装饰板加固；

⑤ 各种连接铁件、螺栓涂油；
⑥ 钢梁清扫和补充、拧紧少量高强度螺栓，小量油漆涂装；
⑦ 各种标志的刷新和补充；
⑧ 修补圬工梁、墩台及护坡勾缝，清除梁端石碴，疏通泄水管；
⑨ 涵洞少量清淤；
⑩ 及时消除可能危及行车安全的任何病害。

2.6.2　综合维修验收

桥梁综合维修作业质量的验收，要严格执行分级把关，控制质量的原则。

作业过程中，应在作业中及收工前进行质量验收，发现不符合标准的项目应及时返修达标。应对钢梁涂装、圬工维修等隐蔽工程项目认真检查把关，做到每项作业勤检细修一次达标，每次检查的情况都应填记在日计划完成表或施工记录上。

每座设施综合维修作业全部完成后，应按《桥梁设施综合维修作业验收标准》(表 2.8)的有关规定，进行综合维修作业质量验收评定，并填写《桥梁综合维修验收单》。综合维修作业质量评定分为优良、合格、不合格三个等级，扣分在 15 分之内即评为“优良”，扣分在 15 至 40 分之内为“合格”，否则为“不合格”，若出现不合格处所，经返修复验合格，只能评为“合格”。综合维修作业应严格按照作业标准进行，实行质量控制，保证达到规定的质量要求。

表 2.8　桥梁设施综合维修作业验收标准

分类	工作项目	质量标准		
		验收标准	单位	扣分
一、维修桥面	1. 修理及安装各种螺栓	(1)螺杆、螺帽及垫圈除锈彻底，沾油厚度适宜或经镀锌处理	处	5
		(2)螺栓拧紧无松动	处	5
		(3)垫圈符合标准无缺少	处	5
	2. 维修防水层	(1)垫层抹平无坑洼，与原圬工联牢	处	5
		(2)防水层平顺密实，与边墙及泄水孔衔接严密，无渗漏现象	处	5
		(3)保护层厚度不小于 30 mm，坡度不小于 3%，压实抹平，无裂损和空响	处	5
	3. 防撞墙	(1)无露筋掉块、裂纹	处	5
	4. 维修伸缩缝	缝内尘土清除干净，填塞密实，表面平整，无漏水断裂或挤出	处	5

续上表

分类	工作项目	质量标准		
		验收标准	单位	扣分
二、维修钢结构	1. 钢表面清理	维护涂装底漆时，钢表面清理达到Sa2.5级	处	5
	2. 涂膜粉化清理	涂层表面打磨、污垢清除彻底，不损伤底漆	处	5
	3. 腻缝	作业范围内，凡能积水的缝隙内的旧漆污垢除净无漏腻，腻子填实压平，无开裂积水	处	5
	4. 涂装涂层	(1)涂装体系、层数、厚度符合规定	处	5
		(2)涂层表面平整均匀，新旧涂层衔接平顺，色泽不匀不超过5%	处	5
		(3)无剥落、裂纹	处	5
		(4)无起泡、气孔	处	5
三、维修圬工梁拱及墩台	1. 抹面	抹面压实，无裂纹、空响，砂浆符合规定	处	5
	2. 压浆	(1)注浆孔位置、深度及灰浆配合比、水灰比符合要求	处	5
		(2)不因钻孔而损坏原圬工，裂纹和空隙内经压水冲洗，并注满浆	处	5
		(3)注浆孔用砂浆填实，无裂纹，淌出灰浆清除干净	处	5
	3. 修补	(1)材料配合比、工艺符合要求	处	5
		(2)槽宽度误差不超过±3 mm，深度不少于8 mm	处	5
		(3)勾缝平实，凹凸不超过±2 mm，与圬工结合牢固，无断道	处	5
		(4)色泽协调均匀	处	5
	4. 维修更换泄水管	(1)管内畅通，无杂物堵塞	处	5
		(2)外露部分无损坏	处	5
		(3)排水不污染梁体	处	5
四、维修支座	1. 支座整平修正	(1)各部分清洁，无灰渣，无锈蚀，活动端涂固体油脂或擦石墨涂擦均匀，无缺漏	处	5
		(2)支座位置平整密实，各部分相互密贴	处	5
		(3)锚栓无松动、缺少、锈蚀	处	5
		(4)排水良好，无翻浆、流锈	处	5
	2. 捣垫砂浆	(1)原圬工面凿毛洗净。水灰比、砂浆配合比符合规定，拌合均匀，捣固密实，周围抹面平整，无裂纹空响	处	5
		(2)与座板间缝隙小于0.5 mm，深度小于30 mm	处	5
		(3)排水良好	处	5

续上表

分类	工作项目	质量标准		
		验收标准	单位	扣分
五、维修涵洞	1. 整修涵洞	(1)清除淤泥、排水通畅;节缝无漏水、漏土(备注:混凝土部分标准参照圬工梁拱及墩台)	处	5
六、维修附属设施	1. 更换声屏障	(1)声屏障材料质量符合规定	处	5
		(2)固定螺栓紧固,位置正确,封头平整无蜂窝麻面	处	5
		(3)屏体与立柱及屏体间的缝隙必须密实	处	5
	2. 更换装饰板	(1)装饰板质量符合要求	处	5
		(2)与固定组件联结牢固,无松动脱落	处	5
	3. 维修栏杆	(1)栏杆构件无缺少、裂损、锈蚀	处	5
		(2)栏杆平直、联结牢固、无扭曲	处	5
	4. 维修增设桥梁标志、限高防撞架	(1)桥梁标志尺寸字样准确、标志清晰	处	5
		(2)限高防撞架无损坏、锈蚀	处	10

每月的综合维修作业全部结束后,维修部门应对综合维修后的设施进行整体验收,公司进行抽验。验收标准参照《桥梁设施质量状态评定表》,根据扣分的情况来评定综合维修整体质量的优劣。

2.6.3　保养验收

桥梁保养质量验收由保养作业实施部门进行,公司进行抽验。

每座桥梁设施的保养质量评定,均应填写《桥梁保养质量评定记录表》,以备抽查。桥梁设施的保养质量是按照《桥梁设施保养质量评分标准》(表 2.9)的规定,根据扣分的情况来评定保养质量的优劣。每座设备扣分的总和,除以该设备的维修长度(取整数)即为该设备的保养质量平均分,保养质量每米平均分在 5 分及以下且无单项质量扣 10 分者为合格,否则为不合格。

表 2.9　桥梁设施保养质量评分标准

分　类	保养项目	扣　分　条　件	单位	扣分
一、桥面	1. 铺装层	1—1 桥面找平层表面有纵横裂缝,剥落	处	5
		1—2 桥面防水层失效面积大于 10 m^2	处	5
		1—3 泄水孔堵塞、周围渗水	处	5

续上表

分　　类	保养项目	扣　分　条　件	单位	扣分
一、桥面	2. 声屏障	1—4 声屏障螺栓或立柱锈蚀超过 10%	处	5
		1—5 螺栓缺少、松动	处	5
		1—6 屏体表面或玻璃破损	处	5
	3. 装饰板	1—7 装饰板连接松动	处	5
		1—8 装饰板锈蚀面积大于 10 m^2	处	5
	4. 栏杆	1—9 栏杆锈蚀、损坏严重	处	5
二、梁拱及墩台	1. 表面	2—1 表面掉块露筋	处	5
	2. 梁端	2—2 缝内有石渣、杂物，影响梁体伸缩	处	5
	3. 泄水管	2—3 泄水管堵塞、损坏或缺失	处	5
三、钢梁	1. 梁体	3—1 梁体有灰渣，尘土堆积	处	5
	2. 螺栓	3—2 高强度螺栓松动、缺少	处	5
	3. 涂层	3—3 局部锈蚀大于 25 cm^2	处	5
	4. 腻缝	3—4 腻缝开裂、脱落、锈蚀	处	5
四、支座	1. 支座	4—1 支座钢件锈蚀	处	5
		4—2 上下各部分不密贴	处	10
		4—3 支座不洁，活动部分摩擦附有灰尘或污物	处	5
	2. 螺栓	4—4 螺栓或螺帽缺少、松动、折断	处	5
	3. 排水	4—5 支座积水、翻浆、流锈	处	5
五、涵洞	1. 排洪	5—1 涵内淤积，影响排洪	处	10
	2. 管节	5—2 接缝脱落	处	5
		5—3 漏土	处	10
	3. 表面	5—4 剥落掉块致使露筋	处	5
六、其他	1. 抗震设施	6—1 失修损坏	处	5
	2. 防撞设施	6—2 涂装失效	处	5
		6—3 被撞损坏	处	10
	3. 检查设施	6—4 涂装失效	处	5
		6—5 失修损坏	处	5
	4. 各类标志	6—6 各类标志缺少、破坏、不清晰	处	5

2.6.4　桥梁质量评定

对于桥梁的质量评定，采用"只要达到任意一条失格标准，即判为质量不合格"的方法。具体的标准见表 2.10。桥梁设施质量状态评定见表 2.11 所示。

表 2.10　桥梁评定标准

分　类	病害项目	失格标准类别
1. 圬工梁拱	1－1 裂纹	预应力混凝土梁、钢筋混凝土梁、拱裂纹超过限值且未处理
	1－2 承载能力不足	检定承载系数 $K<1$
	1－3 梁拱漏水	通过结构内部漏水未处理
	1－4 梁不能自由伸缩	相邻两孔圬工梁端之间顶死，使梁不能自由伸缩
2. 钢结构	2－1 保护涂装失效	(1)整孔钢梁涂装失效达 50%及以上； (2)钢梁上盖板锈蚀达 50%及以上
	2－2 焊缝裂纹	因受力而有发展的焊缝裂纹未处理或加固
	2－2 承载能力不足	检定承载系数 $K<1$
	2－4 梁不能自由伸缩	相邻两孔钢梁梁端之间顶死，使梁不能自由伸缩
3. 支座	3－1 未按规定安装	(1)应安装支座而未安装支座； (2)支座类型或活动、固定支座安装不合规定
	3－2 橡胶支座不良	板式橡胶支座达到以下状态： (1)支座压溃，周围出现明显不规则的凹凸、弯曲或扭曲； (2)支座剪切变形过大，活载作用时剪切变形≥24°，无活载作用时永久剪切变形≥15°； (3)橡胶剥落掉块，导致加劲钢板表面或周围外露长度>100 mm； (4)橡胶裂纹宽度≥2 mm，且连续长度达周边长度的 50%以上； (5)支座串动大于相应边长的 25%。 盆式橡胶支座达到以下状态： (1)盆环开裂或脱焊； (2)聚四氟乙烯板磨耗严重，外露厚度不足 0.5 mm； (3)位移或转角超限，位移量≥10 mm，转角超过设计值的 20%； (4)锚栓剪断数量超过 25%
4. 墩台	4－1 严重腐蚀及松动断裂	混凝土及钢筋混凝土严重腐蚀未处理
	4－2 裂损与不稳定	(1)混凝土及钢筋混凝土裂纹超过限值未处理 (2)墩台出现下沉，倾斜，滑动、冻害等现象

续上表

分　类	病害项目	失格标准类别
5. 涵渠	5－1 变形损坏	涵身严重变形、断裂冻害影响排水或造成路基下沉
	5－2 基底淘空	洞身基底冒水、潜流造成基底淘空未加整治
	5－3 孔径不足	涵渠孔径不足及净空不能安全通过规定洪水 泥石流淤积严重影响排洪而未整治
6. 附属设施	6－1 未按规定安装栏杆	应设未设
	6－2 抗震设施缺少、失效	无抗震设施或失效

表 2.11　桥梁设施质量状态评定表　　　　年　月　日

结构分类	病害类型	单位	扣分标准	——墩-——墩	——墩-——墩	——墩-——墩	——墩-——墩	——墩-——墩	——墩-——墩	——墩-——墩	——墩-——墩	——墩-——墩	——墩-——墩
桥面结构	1. 找平层开裂/空鼓/低洼	处	0.2										
	2. 止水带破/裂	条	1										
	3. 落水口堵塞	处	0.2										
	4. 钢管拱锈蚀	m^2	3										
	5. 检查口盖板破损	处	1										
	6. 钢焊缝脱焊	处	7										
	7. 挡墙破损	处	4										
	8. 吊杆锚头(具)锈蚀	处	3										
	9. 吊杆保护层破裂	处	2										
桥下结构	1. 梁缝顶死	处	7										
	2. 梁体纵/横向贯穿裂缝	条	7										
	3. 梁体普通裂缝(宽度 0.2 mm 以上)	条	3										
	4. 梁体普通裂缝(宽度 0.2 mm 以下)	条	1										
	5. 梁底渗水析白	处	5										
	6. 梁/翼缘底露筋	处	3										
	7. 梁底蜂窝/麻面/混凝土剥落	处	3										
	8. 支座、限位锈蚀	只	2										
	9. 钢梁锈蚀	座	4										
	10. 钢梁涂装层失效	座	7										

续上表

结构分类	病害类型	单位	扣分标准	——墩—— ——墩	——墩—— ——墩	——墩—— ——墩	——墩—— ——墩	——墩—— ——墩	——墩—— ——墩	——墩—— ——墩	——墩—— ——墩	——墩—— ——墩	——墩—— ——墩
桥下结构	11. 钢焊缝脱焊	条	7										
	12. 钢螺栓/钢构件松脱	处	4										
	13. 支座螺栓．螺帽缺失	根	4										
	14. 支座上下板变形/吊空	只	2										
	15. 支座螺栓顶死	只	4										
	16. 支座变形过大	只	5										
	17. 支座钢盆开裂	只	7										
	18. 墩/台/垫石裂缝	条	2										
	19. 落水管缺/损	处	1										
附属设施	1. 声屏障立柱/螺栓锈蚀	处	0.2										
	2. 声屏障屏体碎裂	块	2										
	3. 装饰板锈蚀	块	1										
	4. 装饰板翘/缺	处	1										
	5. 检查平台锈蚀/破损	根	1										
	6. 人行护栏混凝土剥落	处	1										
	7. 栏杆围栏锈蚀/松动	处	0.1										
	8. 电缆盖板缺/损	处	0.2										
	9. 地面窨井盖缺	块	1										
	10. 防撞/限高设施损坏	处	2										
扣分合计													
维修长度(km)													
扣分折算值(合计扣分值/维修长度)													
质量评定													

说明：1. 有一处扣分值为 7 分的病害出现时，该区间桥梁评定为失格桥；

2. 最后扣分折算值在 0～15 分为优良桥，16～40 分为合格桥，41 分及以上为失格桥。

第3章 隧道作业

3.1 隧道病害及原因分析

3.1.1 隧道常见病害

1. 渗漏水病害

(1)湿渍

由管片接缝处防水不密闭引起,在管片表面接缝或螺栓附近可见的明显色泽变化的潮湿斑。

(2)渗水

由管片接缝处防水不密闭引起,在管片表面接缝或螺栓附近可见的明显的流挂水膜。

(3)滴漏

由管片接缝处防水不密闭引起,当渗漏水部位在隧道顶部时发生的滴落现象,滴落速度至少每分钟一滴。

(4)线漏

一般由管片接缝处防水严重损失引起,当渗漏水部位在隧道顶部时,在管片表面接缝或螺栓附近形成连续的渗漏水现象。

(5)积水

一般指隧道内结构渗漏水或废水因排水沟排水坡度原因不能及时排出,在道床上蓄积形成局部明水的现象。

(6)漏泥砂

一般指隧道或地下车站内结构渗漏水中含有一定量细小砂粒的现象,大多数出现在严重渗漏水位置。

(7)锈蚀

一般指地铁区间的钢结构构件或隧道钢管片上出现的各种锈迹。

2. 隧道衬砌劣化

隧道衬砌(钢筋混凝土管片或钢管片等)裂损的类型主要有衬砌变形、衬砌移动和衬砌开裂三种,是隧道衬砌在运营过程中物理力学性质逐渐劣化的主要表现形式。

(1)衬砌变形

一般指在水土压力作用下,隧道衬砌(钢筋混凝土管片或钢管片等)结构的横向变形和纵向变形,其中以横向变形为主要变形。

(2)衬砌移动

一般指在水土压力作用下,隧道衬砌(钢筋混凝土管片或钢管片等)结构的整体或其中一部分出现转动(倾斜)、平移和下沉(上抬)等变化,也分纵向移动和横向移动。

(3)衬砌开裂

一般指在水土压力作用下,隧道衬砌(钢筋混凝土管片或钢管片等)结构的表面出现裂纹(或龟裂)和裂缝(宽度较大),是衬砌过量变形的必然结果。衬砌开裂一般包括张裂、压溃和错台三种。

① 张裂

一般指在水土压力作用下,隧道衬砌(钢筋混凝土管片或钢管片等)结构在弯曲受拉区域或偏心受拉引起的裂缝,其特征是裂纹、裂面与应力方向正交,裂缝宽度由表及里逐渐变窄。

② 压溃

一般指在水土压力作用下,隧道衬砌(钢筋混凝土管片或钢管片等)结构在弯曲受压区域或偏心受压区引起的裂缝,其特征是裂纹边缘呈压碎状,严重时受压区表面产生碎片剥落掉块等现象。

③ 错台

一般指在水土压力作用下,隧道衬砌(钢筋混凝土管片或钢管片等)结构由剪切力引起的沿裂缝或环纵缝方向的错动,即形成错台。

④ 错缝

一般指隧道内环缝或纵缝在交接面上出现位移的现象。

⑤ 松动

一般指地铁区间内固定在结构上的附属设备或设施的固定螺栓等出现松动的现象。

⑥ 嵌缝条脱落

一般指隧道内环缝与纵缝的嵌缝条在地铁列车振动或其他原因下,出现的松脱掉落现象。

3.1.2　隧道病害原因分析

上海地铁隧道所处的底层多属于淤泥质软粘土,是饱和含水的流塑或软塑粘性土层,这类土层具有中高压缩性和较大的流变性特点,土层一经扰动,其强度明显降低，而且在较长的时间内发生固结和次固结沉降。这就使得地铁隧道会随周围土层位移和应力场的变化持续产生变形。

地铁隧道结构发生较大变形后，即伴随存在大面积漏水、喷涌、涌沙等险情发生的可能。隧道变形对于运营安全影响极大，可能导致设备限界变化，导致轨行区域异物侵入，轨道线路发生变形，影响钢轨的平顺性，进而影响车辆的安全运行。仔细分析发现渗漏水一般集中发生在下列区段：车站端头井、旁通道、弯道、事故段或险情发生段，还有地质条件突变、砂性土层等。渗漏水主要发生部位在“缝和孔”的部位，环缝和纵缝及因施工导致的新开裂缝是主要渗漏水的途径，注浆孔和螺栓孔以及其他用途而发生的渗漏水相对数量少，只有注浆孔与隧道外壁相连，纵缝和环缝是两种主要渗漏水途径，其他渗漏水、漏泥及漏砂均都是通过这两种渗漏水路径联系发生。隧道下部的渗漏水多位于环缝及拱底块两侧的纵缝，十字缝或 T 型缝相对较多。究其原因主要有以下几方面：

(1)施工阶段产生的裂缝，拼缝不平整形成错台或张开，弹性密封垫质量、橡胶止水带与管片的粘结等施工阶段产生的问题；

(2) 隧道所处的软弱粘土层长期变形与砂性土层水土流失等特殊地质条件问题；

(3)施工期间曾经发生过漏水漏砂或其他施工险情的区段；

(4)邻近隧道一定范围内大量项目的加卸载活动影响，尤其是“深大近难险”的基坑工程及大口径隧道上下穿越施工，对隧道纵向、横向变形产生影响，进而引起渗漏水；

(5)建设强度大，设计施工技术力量及管理水平较难以跟上要求，以及其他管理方面存在程度不同的问题。

3.2 隧道检查

1. 隧道结构设施检查分类

隧道结构设施检查分为年度检查、月度检查及不定期检查三个层次。

(1)隧道年度检查：

每年秋季对隧道设备定期进行全面、全方位检查的工作称为年检(即秋检)。年检是对本年度设备进行全面鉴定、评估并为编制次年设备维修计划提供依据。

(2)隧道月度检查：

隧道月度检查工作每月进行一次，作为次月生产计划工作内容确定的依据。

(3)隧道不定期检查：

根据隧道在运营年限中的沉降变形资料及相关重点病害区段的变化状态，开展不定期检查及时获取隧道质量状态信息。

2. 隧道结构设施检查的主要内容

(1)隧道顶部滴漏、侧面渗水现象。

(2)隧道底部渗水。

(3)管片、混凝土破损现象。

(4)道床与管片间是否产生脱离现象。

(5)隧道内渗砂、漏泥现象。

(6)嵌缝条脱落现象。

(7)钢管片锈蚀、钢管片和结构连接处漏水现象。

(8)浮置板道床两侧防尘装置破损现象。

(9)人防门是否符合规范要求。

(10)其他附属物是否缺损。

3. 检查工具

工具主要包括记录类、照明类以及量测类三部分。

(1)记录类

包括纸板夹、笔、记录单、数码相机等。

其中记录用笔应备有红黑两色，当病害在同一区域重叠时，可采用不同颜色区分，由于部分隧道内照明存在问题，记录用笔如带微型小灯，则可提高隧道检查效率。

数码相机像素不宜低于400万，且带闪光功能，由于多数现象须拍照，最好备用一块电池，存储卡容量不应小于2G。

(2)照明类

包括小手电、探照灯等。

(3)量测类

包括废纸、计时器、钢尺、普通三角尺等。

其中废纸可用于判断病害属于湿迹还是渗水类型，计时器可用于滴漏频率，钢尺与普通三角尺可用于测量病害特征尺寸。

4. 隧道检查的技术要求

为确保病害检查成果的有效性，便于后期资料的汇总统计及分析，病害检查应保证一定的准确性，检查过程应规范化、标准化。

病害检查主要按照如下流程进行，如图3.1所示。

表观检查依靠目测，初步确定病害类型，某些较难界定的病害通过一定检查方法加以分析判断，类型确认后，对病害特征进行量化，最后记录检查结果，并拍摄登

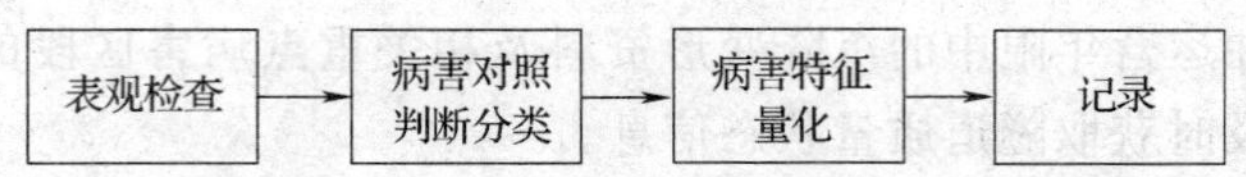

图 3.1 病害检查流程

记影像资料。以下针对各类病害,详细叙述各检查内容。

(1)渗漏水检查

管片渗漏水大多发生在管片接缝或注浆孔等部位,渗漏水检查重点关注的是水从通道渗出后所形成的分布。

① 检查目标

应区分出渗漏水病害类型,明确渗漏水位置(接缝、注浆孔、手孔或裂缝)、范围(结合展开图要素加以确定)及特征(具体量化指标),对于滴漏应通过秒表确定滴水频率。

② 判别方法

• 湿迹

对于湿迹现象,水分蒸发速度快于渗入量,用于手触摸有潮湿感,但无水分浸润感觉,在隧道内常规通风条件下,潮湿现象可能会消失。

管片腰部以上区域无法用手触摸,仅能依靠目测判断。

• 渗水

渗水现象在加强人工通风的条件下也不会消失,用干手触摸,明显沾有水分,如用废报纸贴于渗水处,废纸将会被浸湿变色,对于腰部以上区域,可通过灯光照射,有无反光,辅助判断是否为渗水。

某些情况下,病害可能介于湿迹与渗水之间,较难区别,此时应多种检查方法并用,只要一种检查结果为渗水,则应按不利原则考虑归为渗水病害。

• 滴漏

滴水现象与其他渗漏水病害较容易区分,但由于滴漏速度有快慢,当检查速度较快时,容易漏检。在检查过程中,可注意道床表面是否有水迹或小量积水,如存在,极有可能是隧道顶部滴漏的结果。

• 漏泥砂

漏泥现象较易判断,通常漏泥时,渗水量相对较大,且夹带新鲜泥沙,导致渗出物浑浊。

• 病害标志说明(表 3.1)。

(2)管片损伤检查

① 检查目标

管片裂缝与缺角主要通过目测进行检查,明确隧道结构损伤的类型、位置和程度等信息。

表 3.1　渗漏水病害标志

病害		标志符号	符号解释	记录要求
渗漏水	湿迹		虚线填充的闭合曲线	曲线边界依据实际湿迹分布确定
	渗水		斜线填充的闭合曲线	曲线边界由实际渗水分布确定
	滴漏	6	由竖线、椭圆以及数字三部分组成，数字表示滴水频率（滴水数/min）	①当小于 1 滴/min 时，椭圆内应标注<1 ②当大于 60 滴/min 时，可认为滴漏已形成线流，此时应按照渗流标注∞
	漏泥		点及小三角填充的闭合曲线	曲线边界依据实际漏泥边界确定

注：① 对于湿迹仅局限于裂缝，呈窄条状分布时，为提高检查效率，可不予以记录；

② 如渗水现象明显，肉眼能观察到明显水流，则应在备注栏予以补充说明。

当管片裂缝发展到一定程度，与管片接缝贯通形成三维封闭体系时，会出现较罕见的混凝土成块碎裂现象，检查中如发现，应准确记录碎裂的三维尺寸（面积与深度），并留存全面的影像资料。

② 判别方法

因管片损伤病害较为直观，管片裂缝与缺角主要通过目测进行检查。管片裂缝通常表现为颜色略深于管片内表面本色的细缝。管片缺角部位因表层混凝土缺失，缺角颜色同样会深于管片表面本色。

③ 病害标志说明（表 3.2）

表 3.2　管片损伤病害标志

病害		定　义	标志符号	解　释
管片损伤	裂缝	表层混凝土裂开		①曲线或折线，以裂缝实际线形为依据，当裂缝宽度可量测时，应予以备注 ②当裂缝较为严重，甚至出现混凝土碎裂的现象时，应特别予以备注，并留存详细的影像资料
	缺角	管片端部混凝土缺失		将实际缺角范围填实，管片缺角深度可量测时，同样予以备注
	缺损	管片纵缝两侧混凝土片状缺失		竖线代表发生缺损的纵缝，交叉线所代表区域与发生缺损区域一致

(3)管片错台检查

① 检查目标

应明确错台位置及错台量。

② 判别方法

管片错台初步判断通过目测进行,对疑似处可通过手触确认,也可将探照灯平贴于管片朝疑似错台处照明,如存在错台现象,则光束在错台处会出现明显明暗对比。

错台量可通过钢尺进行量测。

③ 病害标志说明表(3.3)

表3.3 错台标志

病害	定义	标志符号	解释
管片错台	管片间在环面或纵向接触面内发生相对错动的现象	6 |	直线与错台处接缝垂直并交叉,数字表示错台量

注:① 错台量标志于相对朝隧道内的分块。对于环间错台情况,道床一侧可找出错台量最大处予以标注,无需连续标注;

② 错台量通过钢尺垂直于管片进行测量。

根据地铁盾构隧道纵向变形分析,当超过错台量超过 8 mm 时,将会影响到止水条防水性能。为提高检查效率,当错台量小于 8 mm 时,不予记录。

对于单环相邻管片间错台情况,可在对应纵缝位置中部量测错台量。因检查条件的限制,通常只能检查到落底块(D)与标准块(B)间错台情况。

(4)管片接缝张开检查

① 检查目标

应明确管片张开所在接缝,如张开处可目测出螺栓,应在备注栏予以明确说明。

② 判别方法

管片接缝张开初步判断通过目测进行,对于张开幅度较大处,灯光照射后能发现螺栓。具体接缝张开大小,需采用登高车实地量测。

目前,接缝张开基本发生在顶部纵缝位置。

③ 病害标志说明(表3.4)

(5)道床与管片脱开检查

① 检查目标

对于整体式道床,由于两侧排水沟混凝土后于轨枕区域道床浇筑,管片脱开通常表现为两种形式:包括排水沟混凝土与管片脱开以及轨枕区域道床与管片脱开。在脱开现象较为明显区域,道床混凝土可能会出现横向裂缝,对于此类情况,应在备注栏予以说明,必要时拍摄影像。

表 3.4　接缝张开标志

病害	定　义	标志符号	解　释
管片接缝张开	顶部纵缝两侧管片未密贴，局部应力集中，出现倒 V 形空隙，即接缝张开	╱╲	受外界影响，导致隧道受力状态发生变化，进而出现横鸭蛋等现象，严重处能目测到环向螺栓，导致顶部纵缝张开

注：交点位置标于管片张开所在接缝处。

道床与管片脱开检查应明确脱开位置。

② 检查方法

道床与管片脱开主要通过目测进行检查，对于疑似处，可通过插硬卡片的方式确认两者是否脱开。

③ 病害标志说明（表 3.5）

表 3.5　道床与管片脱开标志

病害	定　义	标志符号	解　释
道床与管片脱开	道床与管片间存在间隙，纵向上明显存在	◡	标志记录于道床与管片连接处

将道床与管片脱开病害现象记录于管片平面展开图中，符号标记于脱开位置，并要求道床与管片脱开位置进行拍照存档。

(6)其他病害

此部分病害因较特殊，甚至从未出现过，无法对检查内容提出具体要求，但是发现后，必须对病害的位置、范围以及特征进行详细的文字记录，并留存全面的照片及录像资料备查。

5. 成果记录要求

(1)标志记录

病害记录以管片展开图为基础，图中包括管片基本要素，比如接缝、注浆孔、螺栓孔，各要素相对位置关系与实际一致。

病害记录应详实且准确，结合管片展开图，明确位置、特征，如病害存在范围，则应在展开图上进行等比例标示。

对于现象重叠区域，为区分现象标志，可采用不同颜色加以区分，如红色与黑色等。

(2)影像记录

原则上所有病害现象均应拍摄照片留存，个别情况下，当病害具有明显动态特征，照片不能完整反映时，应拍摄录像。

数码照片编号可按 Px(P 表示照片，x 表示顺序号)记录；录像编号可按 Vx 表示(V 表示录像，x 表示顺序号)。

各照片内应以所记录病害所处环及块为主，不宜包含过多环，以免引起混淆，且病害影像应在照片内居中，照片边界应平行于纵、环缝。照片编号直接标记于病害标志旁。

照片以 1 600×1 200 像素为宜，一般文件可控制在 500 k 左右。

如现象连续多环相似，比如道床与管片脱开，可不重复拍照，取典型照片即可。对于轻微错台等照片较难展示的现象，可不拍照。

(3)其他信息

在检查过程中，应在备注栏对隧道基本信息予以记录，包括小转弯半径、旁通道或泵站钢管片以及道床类型等，此部分信息有助于建立全面的隧道数据库。

6. 隧道设施质量评定

(1)隧道巡检的目的

隧道月检主要对设施存在的病害进行检查，为日常维修提供依据，因此不对设施状态进行评定；综合维修的隧道区间需进行状态质量评定，年检除了对全线设施的质量状态进行评定，作为对一年来维修工作质量的评价和考核的依据，还为编制次年的维修计划提供依据。

(2)隧道质量评定办法：

① 隧道设施以单个区间上行线或下行线为状态评定单位，隧道设施以公里为设施数量单位(精确至 0.01)。

② 隧道质量评定分为“优良”、“合格”、“不合格”三个等级。

隧道的合格标准是：

- 隧道及旁通道允许有少量漏水点但不得有线流和漏泥砂；
- 单个湿渍面积不大于 0.3 m^2；
- 单个漏水点的漏水量不大于 2.5 L/d；
- 任意 100 m^2 湿渍面积不超过 7 处。

隧道的优良标准是：

- 隧道及旁通道平均渗水量不大于 0.05 L/(m^2·d)；
- 任意 100 m^2 渗水量不大于 0.15 L/(m^2·d)；
- 隧道顶部不予许滴水，侧面允许有少量、偶见湿迹；
- 隧道内表面潮湿面积不大于 2/1 000 的总内表面积；
- 任意 100 m^2 防水面积上的湿渍不超过 3 处，任意湿迹面积不大于 0.2 m^2。

隧道的不合格标准是：

- 任意 100 m^2 防水面积的平均漏水量大于 4 L/(m^2·d)；
- 隧道内出现涌砂、线流或漏泥砂，侧墙出现连续渗流；
- 道床与管片产生脱离现象。

7. 其他

(1)安全事宜

检查工作应严格遵守隧道内作业规定,下隧道前应先在车控室进行要点,按规定进行登记,在获得允许进入隧道的指令后方能下隧道检查;检查过程中不得触碰除结构外的设施设备,且不得随意遗留任何物体;在作业完成后,应确认人员、机具、材料已全部撤出区间,并在指定车站消点,获得许可后,可离开轨道交通区域。

(2)保密事项

因隧道使用状况关系到运营安全,较为敏感,检查人员不应将任何成果资料提供或透露给非地铁监护工作人员,避免引起公众不必要的猜测或恐慌。

3.3 防水施工作业

3.3.1 防水材料

防水材料是指防止地下水、工业和民用的给排水、腐蚀性液体等侵入地下构筑物的材料。

防水材料品种繁多,按物态的不同可分为刚性防水材料和柔性防水材料。

1. 刚性防水材料

刚性防水材料是指以水泥、砂石为原材料,或其内掺入少量外加剂、高分子聚合物等材料,通过调整配合比,抑制或减少孔隙率,改变孔隙特征,增加各原材料界面间的密实性等方法,配制成具有一定抗渗透能力的水泥砂浆混凝土类防水材料,主要包括防水砂浆和防水混凝土。

刚性防水层所用的主要原材料有水泥、砂石、外加剂等。

刚性防水材料按其胶凝材料的不同可分为两大类:

(1)以硅酸盐水泥为基料,加入无机或有机外加剂配制而成的防水砂浆、防水混凝土,如外加气防水混凝土,聚合物砂浆等。

(2) 以膨胀水泥为主的特种水泥为基料配制的防水砂浆、防水混凝土,如膨胀水泥防水混凝土等。

刚性防水材料,在其形成防水层后,有很高的抗压、抗渗能力,但不具有延伸性,抵抗结构拉伸变化的能力也不高。

2. 柔性防水材料

柔性防水材料指在相对于刚性防水材料如防水砂浆和防水混凝土等而言的一种防水材料形态,以其与基层附着的形式包括防水涂膜、防水卷材和密封材料等。

按防水材料粘贴位置的不同,分为外防水(外包防水)和内防水(内包防水)两种。卷材防水材料必须铺贴在具有足够刚度的基层上，粘贴前要涂抹找平层，防水层的外面应加保护层，并要作好柔性材料的转角、接茬和收头的处理，以确保防水层的连续性和密封性。

柔性防水材料具有较好的弹塑性、延伸性，能适应结构的部分变形，但易老化、分解。

3.3.2 防水混凝土

1. 防水混凝土所用的材料应符合下列规定：

(1)水泥品种应按设计要求选用，其强度等级不应低于 32.5 级，不得使用过期或受潮结块水泥；

(2)碎石或卵石的粒径宜为 5～40 mm，含泥量不得大于 1.0%，泥块含量不得大于 0.5%；

(3)砂宜用中砂，含泥量不得大于 3.0%，泥块含量不得大于 1.0%；

(4) 拌制混凝土所用的水，应采用不含有害物质的洁净水；

(5)外加剂的技术性能，应符合国家或行业标准一等品及以上的质量要求；

(6) 粉煤灰的级别不应低于二级，掺量不宜大于 20%；硅粉掺量不应大于 3%，其他掺合料的掺量应通过试验确定。

2. 防水混凝土的配合比应符合下列规定：

(1)试配要求的抗渗水压值应比设计值提高 0.2 MPa；

(2)水泥用量不得少于 300 kg/m^3；掺有活性掺合料时，水泥用量不得少于280 kg/m^3；

(3)砂率宜为 35%～45%，灰砂比宜为 1:2～1:2.5；

(4)水灰比不得大于 0.55；

(5)普通防水混凝土坍落度不宜大于 50 mm，泵送时入泵坍落度宜为 100～140 mm。

3. 混凝土拌制和浇筑过程控制应符合下列规定：

(1)拌制混凝土所用材料的品种、规格和用量，每工作班检查不应少于两次。每盘混凝土各组成材料计量结果的偏差应符合表 3.6 的规定。

表 3.6 混凝土组成材料计量结果的允许偏差（%）

混凝土组成材料	每盘计量	累计计量
水泥、掺合料	±2	±1
粗、细骨料	±3	±2
水、外加剂	±2	±1

(2)混凝土在浇筑地点的坍落度，每工作班至少检查两次。

混凝土实测的坍落度与要求坍落度之间的偏差应符合表 3.7 的规定。

表 3.7　混凝土坍落度允许偏差

要求坍落度	允许偏差(mm)
≤40	±10
50～90	±15
≥100	±20

3.3.3　水泥砂浆防水层

1. 于混凝土或砌体结构的基层上宜采用多层抹面的水泥砂浆防水层。

2. 普通水泥砂浆防水层的配合比应按表 3.8 选用；掺外加剂、掺合料、聚合物水泥砂浆的配合比应符合所掺材料的规定。

表 3.8　普通水泥砂浆防水层的配合比

名　称	配合比(质量比)		水灰比	适用范围
	水泥	砂		
水泥浆	1	—	0.55～0.60	水泥砂浆防水层的第一层
水泥浆	1	—	0.37～0.40	水泥砂浆防水层的第三、五层
水泥砂浆	1	1.5～2.0	0.40～0.50	水泥砂浆防水层的第二、四层

3. 水泥砂浆防水层所用的材料应符合下列规定：

(1)水泥品种应按设计要求选用，其强度等级不应低于 32.5 级，不得使用过期或受潮结块水泥；

(2)砂宜采用中砂，粒径 3 mm 以下，含泥量不得大于 1%，硫化物和硫酸盐含量不得大于 1%；

(3)水应采用不含有害物质的洁净水；

(4)聚合物乳液的外观质量，无颗粒、异物和凝固物；

(5)外加剂的技术性能应符合国家或行业标准一等品及以上的质量要求。

4. 水泥砂浆防水层的基层质量应符合下列要求：

(1)水泥砂浆铺抹前，基层的混凝土和砌筑砂浆强度应不低于设计值的 80%；

(2)基层表面应坚实、平整、粗糙、洁净，并充分湿润，无积水；

(3)基层表面的孔洞、缝隙应用与防水层相同的砂浆填塞抹平。

5. 水泥砂浆防水层施工应符合下列要求：

(1)分层铺抹或喷涂，铺抹时应压实、抹平和表面压光；

(2)防水层各层应紧密贴合，每层宜连续施工，必须留施工缝时应采用阶梯坡形槎，但离开阴阳角处不得小于 200 mm；

(3)防水层的阴阳角处应做成圆弧形；

(4)水泥砂浆终凝后应及时进行养护，养护温度不宜低于 5 ℃并保持湿润，养护时间不得少于 14 d。

3.3.4 涂料防水层

1. 于受侵蚀性介质或受振动作用的地下工程主体迎水面或背水面宜涂刷涂料防水层。

2. 涂料防水层应采用反应型、水乳型、聚合物水泥防水涂料或水泥基、水泥基渗透结晶型防水涂料。

3. 防水涂料厚度选用应符合表 3.9 的规定：

表 3.9 防水涂料厚度(mm)

防水等级	设防道数	有机涂料			无机涂料	
		反应型	水乳型	聚合物水泥	水泥基	水泥基渗透结晶型
1级	三道或三道以上设防	1.2～2.0	1.2～1.5	1.5～2.0	1.5～2.0	≥0.8
2级	二道设防	1.2～2.0	1.2～1.5	1.5～2.0	1.5～2.0	≥0.8
3级	一道设防	—	—	≥2.0	≥2.0	—
	复合设防	—	—	≥1.5	≥1.5	—

4. 涂料防水层的施工应符合下列规定：

(1)涂料涂刷前应先在基面上涂一层与涂料相容的基层处理剂；

(2)涂膜应多遍完成，涂刷应待前遍涂层干燥成膜后进行；

(3)每遍涂刷时应交替改变涂层的涂刷方向，同层涂膜的先后搭茬宽度宜为 30～50 mm；

(4)涂料防水层的施工缝(甩槎)应注意保护，搭接缝宽度应大于 100 mm，接涂前应将其甩茬表面处理干净；

(5)涂刷程序应先做转角处、穿墙管道、变形缝等部位的涂料加强层，后进行大面积涂刷；

(6)涂料防水层中铺贴的胎体增强材料，同层相邻的搭接宽度应大于100 mm，上下层接缝应错开 1/3 幅宽。

3.3.5 隧道防水细部构造

以下规定适用于防水混凝土结构的变形缝、施工缝、后浇带、穿墙管道、埋设件等细部构造。

1. 防水混凝土结构的变形缝、施工缝、后浇带等细部构造，应采用止水带、遇水膨胀橡胶腻子止水条等高分子防水材料和接缝密封材料。

2. 变形缝的防水施工应符合下列规定：

(1)止水带宽度和材质的物理性能均应符合设计要求，且无裂缝和气泡；接头应采用热接，不得叠接，接缝平整、牢固，不得有裂口和脱胶现象；

(2)中埋式止水带中心线应和变形缝中心线重合，止水带不得穿孔或用铁钉固定；

(3)变形缝设置中埋式止水带时，混凝土浇筑前应校正止水带位置，表面清理干净，止水带损坏处应修补；顶、底板止水带的下侧混凝土应振捣密实，边墙止水带内外侧混凝土应均匀，保持止水带位置正确、平直，无卷曲现象；

(4)变形缝处增设的卷材或涂料防水层，应按设计要求施工。

3. 施工缝的防水施工应符合下列规定：

(1)水平施工缝浇筑混凝土前，应将其表面浮浆和杂物清除，铺水泥砂浆或涂刷混凝土界面处理剂并及时浇筑混凝土；

(2)垂直施工缝浇筑混凝土前，应将其表面清理干净，涂刷混凝土界面处理剂并及时浇筑混凝土；

(3)施工缝采用遇水膨胀橡胶腻子止水条时，应将止水条牢固地安装在缝表面预留槽内；

(4)施工缝采用中埋止水带时，应确保止水带位置准确、固定牢靠。

4. 后浇带的防水施工应符合下列规定：

(1)后浇带应在其两侧混凝土龄期达到42 d后再施工；

(2)后浇带应采用补偿收缩混凝土，其强度等级不得低于两侧混凝土；

(3)后浇带混凝土养护时间不得少于28 d。

5. 穿墙管道的防水施工应符合下列规定：

(1)穿墙管止水环与主管或翼环与套管应连续满焊，并做好防腐处理；

(2)穿墙管处防水层施工前，应将套管内表面清理干净；

(3)套管内的管道安装完毕后，应在两管间嵌入内衬填料，端部用密封材料填缝。柔性穿墙时，穿墙内侧应用法兰压紧；

(4)穿墙管外侧防水层应铺设严密，不留接茬；增铺附加层时，应按设计要求施工。

6. 埋设件的防水施工应符合下列规定：

(1)埋设件端部或预留孔(槽)底部的混凝土厚度不得小于250 mm；当厚度小于250 mm时，必须局部加厚或采取其他防水措施；

(2)预留地坑、孔洞、沟槽内的防水层，应与孔(槽)外的结构防水层保持连续；

(3)固定模板用的螺栓必须穿过混凝土结构时，螺栓或套管应满焊止水环或翼环；采用工具式螺栓或螺栓加堵头做法，拆模后应采取加强防水措施将留下的凹槽封堵密实。

7. 密封材料的防水施工应符合下列规定：

(1)检查粘结基层的干燥程度以及接缝的尺寸，接缝内部的杂物应清除干净；

(2)热灌法施工应自下向上进行并尽量减少接头，接头应采用斜槎；密封材料熬制及浇灌温度，应按有关材料要求严格控制；

(3)冷嵌法施工应分次将密封材料嵌填在缝内，压嵌密实并与缝壁粘结牢固，防止裹入空气。接头应采用斜槎；

(4)接缝处的密封材料底部应嵌填背衬材料，外露密封材料上应设置保护层，其宽度不得小于 100 mm。

3.3.6 防水施工的质量验收

地下建筑防水工程的质量应符合如下要求：

(1)防水混凝土的抗压强度和抗渗压力必须符合设计要求；防水混凝土应密实，表面应平整，不得有露筋、蜂窝等缺陷；裂缝宽度应符合设计要求；

(2)水泥砂浆防水层应密实、平整、粘结牢固，不得有空鼓、裂纹、起砂、麻面等缺陷；防水层厚度应符合设计要求；

(3)卷材接缝应粘结牢固、封闭严密，防水层不得有损伤、空鼓、皱折等缺陷；

(4)涂层应粘结牢固，不得有脱皮、流淌、鼓泡、露胎、皱折等缺陷；涂层厚度应符合设计要求；

(5)塑料板防水层应铺设牢固、平整，搭接焊缝严密，不得有焊穿、下垂、绷紧现象；

(6)金属板防水层焊缝不得有裂纹、未熔合、夹渣、焊瘤、咬边、烧穿、弧坑、针状气孔等缺陷；保护涂层应符合设计要求；

(7)变形缝、施工缝、后浇带、穿墙管道等防水构造应符合设计要求。

(8)复合式衬砌等防水构造应符合设计要求。

(9)注浆工程的质量要求：

① 注浆孔的间距、深度及数量应符合设计要求；

② 注浆效果应符合设计要求；

③ 地表沉降控制应符合设计要求。

(10)止水带安装的质量要求：

① 基面找平到位，基层应坚固、密实，没有起砂、裂缝、蜂窝麻面等现象。否则应将基层表面用 1∶2水泥砂浆整平，允许空隙不应大于 2 mm(用 2 m 直尺检查平整度)。

② 止水带接口应留在顶部。

防水施工质量验收应按照隧道设施维修规程进行验收，实行生产维护部门及公司二级验收实施。

③ 隧道防水施工验收。

隧道防水施工验收要严格执行分级验收、控制质量的原则，质量验收人员必须为车间主管工程师及以上技术人员。

3.4　防水堵漏工艺工法

3.4.1　安装表贴式止水带施工

1. 适用于矩形隧道变形缝渗漏水。

2. 所需材料和工器具

(1)所需材料

序号	名　称	规　格	单　位	数　量	备　注
1	双快水泥	快凝快干	kg/m	2.5	
2	橡胶止水带		m/m	1.05	特殊情况依据现场确定
3	钢　板	300×3	m/m	1.05	
4	角　铁	L140×100×10	m/m	2.10	
5	角　铁	L30×5	m/m	2.10	
5	圆　钢	ϕ12	m/m	5	
6	嵌缝胶		kg/m	5	
7	化学锚栓				

(2)所需工器具

序号	名　称	规　格	单　位	数　量	备　注
1	冲击钻		个	2	
2	拖线盘	220 V	盘	2	
3	太阳灯	1 000 W	盏	2	
4	铝合金脚手架		套	1	
5	钢丝钳		把	2	
6	扳　手		把	2	
7	喷　壶		个	1	
8	榔　头		把	1	
9	凿　子		个	1	

3. 操作程序

(1)针对堵漏后的基面进行找平处理。

(2)根据止水带、角铁尺寸进行放样定位。

(3)安装角铁架。

(4)将圆钢焊接至角铁架上。

(5)钻孔安装压板螺栓。

(6)安装止水带,并固定压板(图 3.2)。

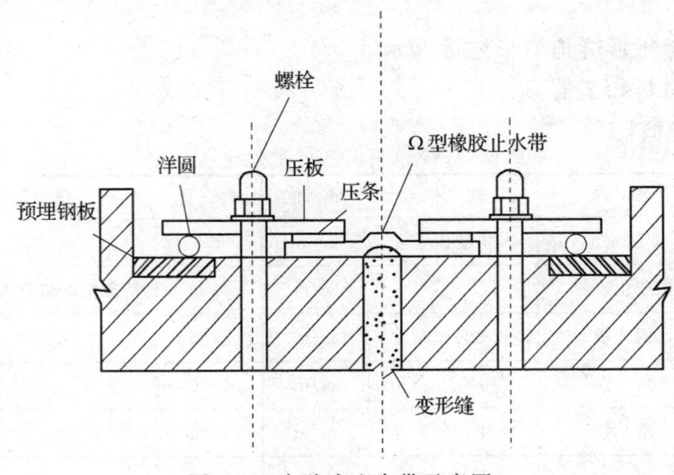

图 3.2 表贴式止水带示意图

4. 质量控制

(1)基面找平到位,基层应坚固、密实,没有起砂、裂缝、蜂窝麻面等现象。否则应将基层表面用 1∶2水泥砂浆整平,允许空隙不应大于 2 mm(用 2 m 直尺检查平整度)。

(2)止水带接口应留在顶部。

3.4.2 引排水施工作业

为了确保正常的运营安全,故在时间、现场环境等客观因素的限制性,需采用引排水施工这一临时措施。

1. 引水施工作业的常用工法

目前在隧道区间内的引水施工作业主要采用排管(槽)引水法。

2. 排管(槽)引水法

(1)排管(槽)引水法适用于站线及矩形隧道顶板渗漏水。

(2)排管(槽)引水法所需材料和工器具

① 所需材料

序号	名称	单位	数量	备注
1	PVC管	m/m	1.5	
2	铅丝	m/m	2.0	
3	不锈钢条	m/m	1.5	不锈钢引水槽

② 所需工器具

序号	名称	单位	数量	备注
1	电锤	台	1	
2	拖线盘	盘	1	
3	钢丝钳	把	1	
4	扶梯	套	2	

(3)排管(槽)引水法的操作程序及要领

① 操作程序图(如右图)

② 操作程序详细介绍

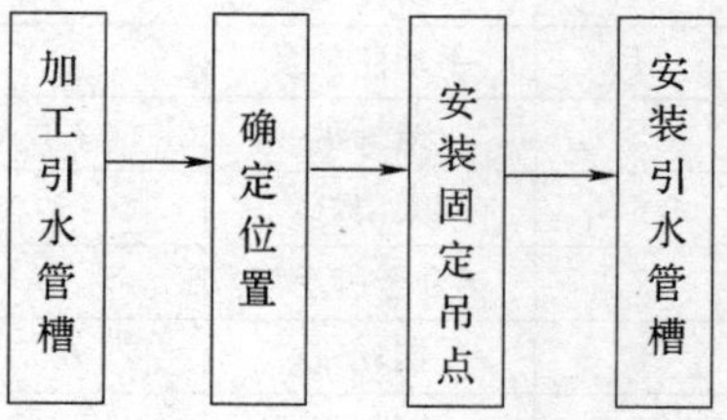

- 加工PVC管材(不锈钢引水槽)。
- 确定安装位置。
- 安装固定吊点。
- 安装引水管槽。

(4)排管(槽)引水法的质量控制

① 引水管槽坡度不得小于5‰。

② 不得将引水管槽固定在其他管线上。

(5)排管(槽)引水法的安全措施

① 施工人员必须穿戴工作服和手套等劳防用品。

② 登高人员,必须配带安全带。

③ 施工完毕后,必须清理现场,做到工完料清。

3. 引排水法作业验收

(1)能正确找出水源、漏水点。

(2)施工作业符合相关的质量控制要求。

(3)采用排管(槽)引水法,必须确保引水管(槽)安装牢固、排水通畅,且无漏水点在引水管(槽)外。

3.4.3 堵漏施工作业

1. 堵漏的工艺

堵漏施工的常用工艺:凿缝埋管灌浆堵漏法、钻孔灌浆堵漏施法、环氧树脂管片注浆堵漏法、聚氨酯壁后注浆堵漏法。

2. 凿缝埋管灌浆堵漏法

(1)凿缝埋管灌浆堵漏法适用于矩形隧道变形缝渗漏水和钢筋混凝土结构不规则裂缝渗漏水。

(2)凿缝埋管灌浆堵漏法所需材料和工器具

① 所需材料

序号	名称	规格	单位	数量	备注
1	双快水泥	快凝快干	kg/m	5	
2	聚氨酯	油溶性或水溶性	kg/m	25	

② 所需工器具

序号	名称	规格	单位	数量	备注
1	冲击钻		台	2	
2	电锤		台	2	
3	电动注浆泵		台	2	
4	手动注浆泵		台	2	
5	拖线盘	220 V	盘	2	
6	太阳灯		盏	2	
7	铝合金脚手架		套	2	
8	钢丝钳		把	2	
9	割刀		把	2	
10	榔头		个	1	
11	凿子		个	1	
12	扳手		把	1	
13	喷壶		个	1	
14	漆刷		把	1	
15	水桶		个	2	
16	注浆管		m	35	

(3)凿缝埋管灌浆堵漏法的操作程序及要领

① 操作程序图

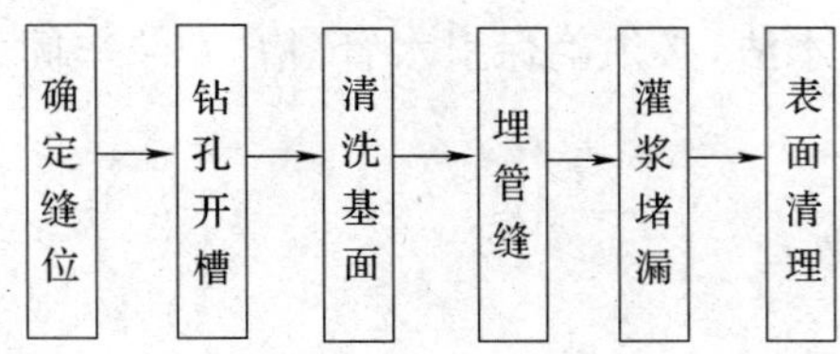

② 操作程序详细介绍

- 现场确定具体病害(裂缝)位置。
- 病害位置开设 V 字槽(深度/宽度=1/2)。
- 清洗孔位及 V 字槽。
- 将注浆嘴预埋至孔内,并用双快水泥封缝。
- 对封堵的水泥进行浇水养护。(5 min)
- 待水泥达到强度后,按比例配制浆液进行灌浆。
- 待浆液完全固化后去除注浆管,清理现场。

(4)凿缝埋管灌浆堵漏法的质量控制(图 3.3 和图 3.4)

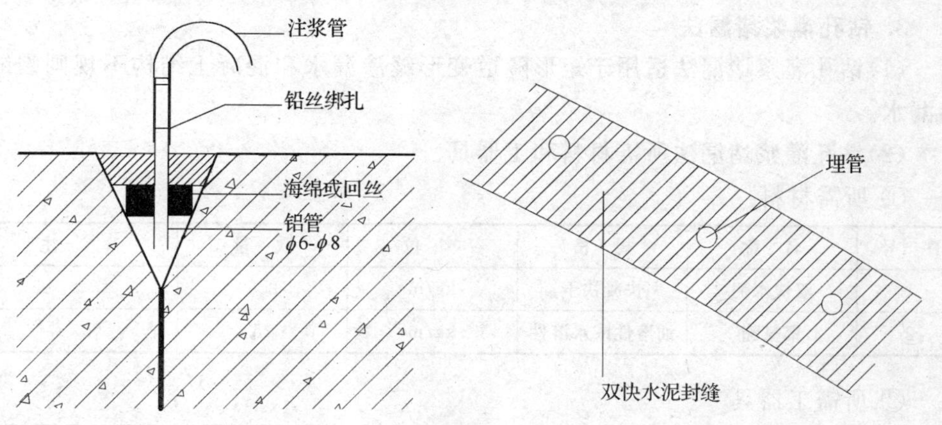

图 3.3 凿缝埋管注浆法 1

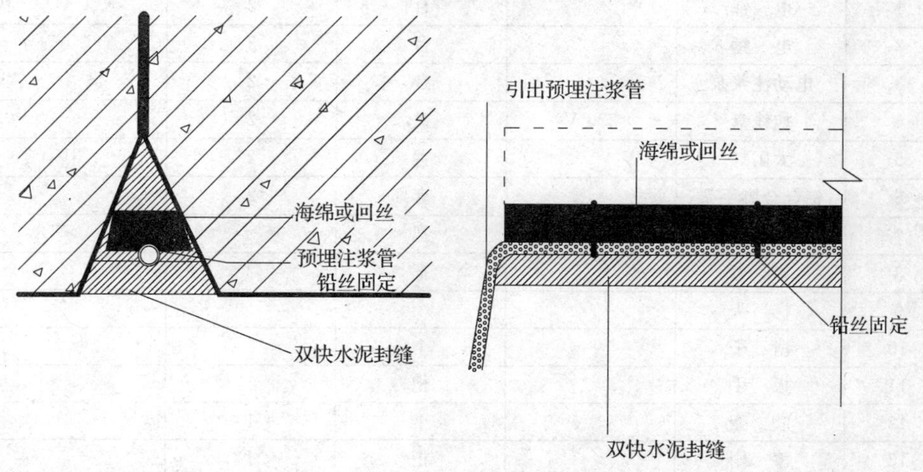

图 3.4 凿缝埋管注浆法 2

① 封堵孔位及 V 字槽时不得留有任何间隙。

② 确保封堵水泥达到设计强度(一定的养护时间)后再注浆。

③ 配制浆液时，搅拌时间不得少于 10 min。

④ 灌浆时应观察周边情况，一旦出现漏浆、爆浆现象，应立即停止灌浆。

(5)凿缝埋管灌浆堵漏法的安全措施

① 施工人员必须穿戴工作服和手套等劳防用品。

② 登高人员，必须配带安全带。

③ 灌浆时必须对注浆孔进行遮掩。

④ 施工现场不得堆放易燃易爆物品。

⑤ 施工完毕后，必须清理现场，做到工完料清。

3. 钻孔灌浆堵漏法

(1)钻孔灌浆堵漏法适用于矩形隧道变形缝渗漏水和混凝土结构不规则裂缝渗漏水。

(2)钻孔灌浆堵漏法所需材料和工器具

① 所需材料

序　号	名　称	规　格	单　位	数　量	备　　注
1	双快水泥	快凝快干	kg/m	2.5	
2	聚氨酯	油溶性或水溶性	kg/m	25	

② 所需工器具

序　号	名　称	规　格	单　位	数　量	备　　注
1	电　锤		台	2	
2	电　锤		台	2	
3	电动注浆泵		台	2	
4	拖线盘	220 V	盘	2	
5	太阳灯		盏	2	
6	铝合金脚手架		套	2	
7	钢丝钳		把	2	
8	割　刀		把	2	
9	榔　头		个	1	
10	凿　子		个	1	
11	扳　手		把	1	
12	喷　壶		个	1	
13	漆　刷		把	1	
14	水　桶		个	2	
15	注浆管		m	30	

(3)钻孔灌浆堵漏法的操作程序及要领

① 操作程序图

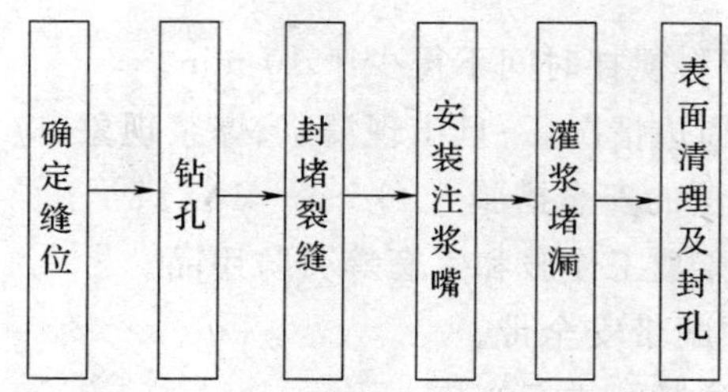

② 操作程序详细介绍

- 现场确定具体病害(裂缝)位置。
- 针对具体病害(裂缝)类型,选择钻孔方式(布斜孔,骑缝布孔)。
- 选用双快水泥或环氧胶泥封堵裂缝。
- 安装并紧固注浆嘴。
- 待封堵材料达到强度后,按配合比配置浆液进行灌浆堵漏。
- 当灌浆材料完全固化后,除去注浆嘴,留下的注浆孔可以用双快水泥封闭。

(4)钻孔灌浆堵漏法的质量控制(图 3.5 和图 3.6)

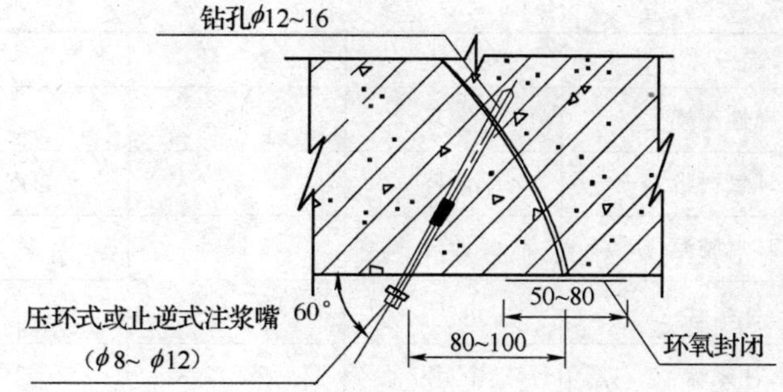

图 3.5 钻斜孔注浆封缝细部构造图(尺寸:mm)

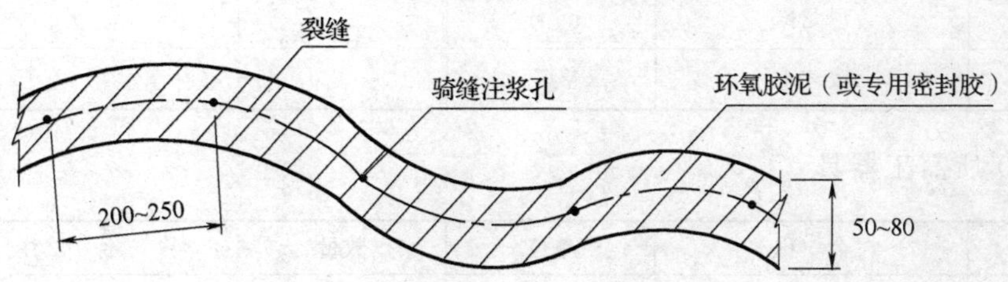

图 3.6 骑缝注浆封缝布孔图(尺寸:mm)

① 孔位应交错布置在裂缝周围,确保布设的斜孔切割裂缝。

② 裂缝延伸方向基本与衬砌表面垂直的裂缝可以布设骑缝孔。

③ 埋入注浆嘴深度应不小于注浆嘴总长的 2/3，灌浆孔孔距控制在 200～250 mm范围内。

④ 配制浆液时，配料搅拌时间不得少于 10 min。

⑤ 灌浆时应观察周边情况，一旦出现漏浆、爆浆现象，应立即停止灌浆。

(5)钻孔灌浆堵漏法的安全措施

① 施工人员必须穿戴工作服和手套等劳防用品。

② 登高人员，必须配带安全带。

③ 灌浆时必须对注浆孔进行遮掩。

④ 施工现场不得堆放易燃易爆物品。

⑤ 施工完毕后，必须清理现场，做到工完料清。

4. 管片节点注浆堵漏法

(1)管片节点注浆堵漏法适用于圆形隧道管片封顶块与邻接块拼缝处滴漏、圆形隧道管片邻接块与标准块拼缝处渗水、圆形隧道管片标准块与拱底块拼缝处渗水和圆形隧道管片环缝拼缝处渗水。

(2)管片节点注浆堵漏法所需材料和工器具

① 所需材料

序　号	名　称	单　位	数　量	备　　注
1	弹性环氧	kg/环	20	
2	环氧树脂	kg/环	5	(DENEEF DP40)
3	环氧胶泥	kg/环	20	
4	注浆管	m/环	12	
5	注浆嘴	个/环	6～12	
6	铁　丝	m/环	2	
7	尼龙棒	m/环	2	
8	胶　带	卷/环	4	

② 所需工器具

序号	名　称	单位	数量	备　　注
1	电　锤	台	2	钻头直径宜小于 12 mm
2	电动式注浆泵	台	2	
3	手动式注浆泵	台	2	

续上表

序号	名　称	单位	数量	备　注
4	拖线盘	盘	2	
5	太阳灯	盏	2	
6	平板车	台	1	
7	钢丝钳	把	2	
8	活络扳手	把	2	
9	榔　头	把	2	
10	喷　壶	个	1	
11	SM胶枪	把	1	
12	切割机	台	1	
13	油灰刀	把	4	
14	毛　刷	把	4	
15	清孔器	个	1	
16	美工刀	把	2	
17	烘干枪	把	2	

(3)管片节点注浆堵漏法的操作程序及要领

① 操作程序图

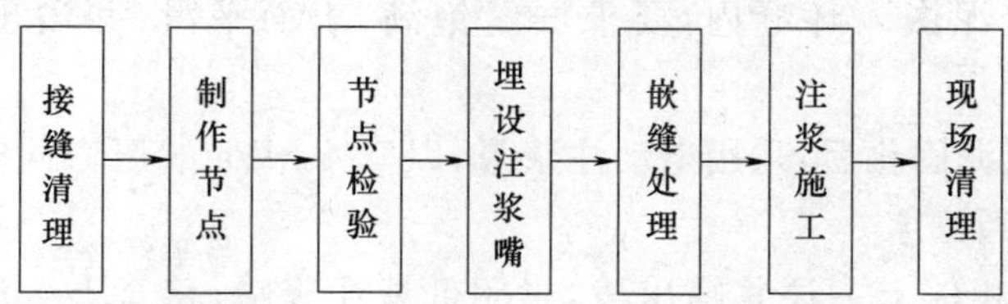

② 操作程序详细介绍

- 根据实际情况，确定现场病害是否适用本施工工艺整治。
- 针对所确定的病害范围，进行必要的清理。
- 根据治理范围制作隔断节点。
- 用水试压节点附近的注水口，检验节点隔断效果。
- 在病害环缝内安装注浆嘴。
- 对病害环缝进行嵌缝处理。
- 将弹性环氧进行配制，对灌浆孔由下而上进行灌浆。

• 铲去粘贴于管片上的胶带和多余环氧胶泥。

(4)管片节点注浆堵漏法的质量控制

① 环缝内的嵌缝水泥须彻底凿除。

② 要用毛刷清理环缝内的粉尘，如不清理干净将会影响后续嵌缝的密封效果。

③ 节点应设置在封顶块、邻接块、标准块、拱底块的拼缝处；每处作为一个节点组，每组制作节点 2 个，注水孔 1 个。注水孔布置在两个节点的中间位置，最外侧节点离环缝中心距不得大于 200 mm。每环须制作 12 个节点组。

④ 每个节点直径为 18 mm、深度为 270 mm，节点内先用环氧胶泥填充满，再塞入直径为 15 mm、长度为 250 mm 的尼龙棒，增加节点内的填充度，提高节点的隔断效果。

⑤ 待环氧胶泥固化后，将注水孔与手动泵连接，用清水进行试压。如果压力表显示有压力，压不进水，并且节点处无水溢出，则说明该节点已起到隔断效果，可进行下一道工序；如有水溢出，则须重做节点。

⑥ 每块管片各设 3 个注浆嘴，均匀分布(如遇渗水量较大，可适当增加注浆嘴数量)。注浆孔深度为 150 mm，直径为 14 mm；封顶块相邻两侧注浆孔深度要求为 250 mm，埋设塑料软管，伸入深度为 200 mm。目的是为了能使顶部环缝内更密实的填充满浆液，起到堵漏效果。

⑦ 在环缝两侧各 30 mm 处沿环缝方向粘贴胶带。

⑧ 胶带粘贴后，在环缝表面涂上环氧树脂。前后工序不能颠倒，否则胶带将无法粘贴于管片上。

⑨ 将环氧胶泥嵌入环缝内，要求嵌缝饱满、表面平滑，并溢出环缝檐口宽 30 mm，厚 2 mm。

⑩ 待环氧胶泥固化后，采用电动注浆泵，以 0.4 MPa 的压力同时从隧道两侧最低处注浆嘴进行灌浆。

⑪灌浆灌到相邻上一注浆嘴出浆，封闭低处注浆嘴，移至上一注浆嘴继续灌浆，依此类推，直至最后一个注浆管(顶部塑料软管)压力达到 0.4 MPa 并保持 10 min不变，完成灌浆。

(5)管片节点注浆堵漏法的安全措施

① 施工人员必须穿戴工作服和手套等劳防用品，登高作业须佩戴保险带。

② 灌浆时必须对注浆孔进行遮掩。

③ 施工现场不得堆放易燃易爆物品，并配备防火设备。

④ 施工完毕后，必须清理现场，做到工完料清。

5. 聚氨酯壁后注浆堵漏法

(1)聚氨酯壁后注浆堵漏法适用于圆形隧道盾构单圆通缝、单圆错缝及双圆隧道壁后防水堵漏。

(2)聚氨酯壁后注浆堵漏法所需材料和工器具

① 所需材料

序　号	名　称	规　格	单　位	数　量	备　　注
1	球　阀		个	1/孔	
2	生料带		卷	0.1/孔	
3	聚氨酯		kg	30～50/孔	

注:聚氨酯是一种以多异氰酸酯与多羟基化合物制备的预聚体为主剂的双组份型高分子注浆堵漏材料。浆液遇水后会发泡膨胀快,膨胀率大(大于2 000%),强度好,有弹性,对渗水量大的地下工程堵漏效果良好,能加固地基。固结体有良好的抗渗性,在水中永久保持原形,并具有耐低温性。与水具有良好的混溶性,诱导时间可以通过配比进行调节(10－1 200 s)。推荐使用油溶性聚氨酯堵漏剂、Z-BH聚氨酯。

② 所需工器具

序　号	名　称	规　格	单　位	数　量	备　　注
1	变频器		台	2	
2	齿轮泵		台	2	
3	电　锤		台	2	
4	五坑钻头		组	8	钻头直径32 mm
5	注浆管	直径大于30 mm	m	10	
6	回流管	直径大于30 mm	m	6	
7	进浆管	直径大于30 mm	m	6	

(3)聚氨酯壁后注浆堵漏法的操作程序及要领

① 操作程序图

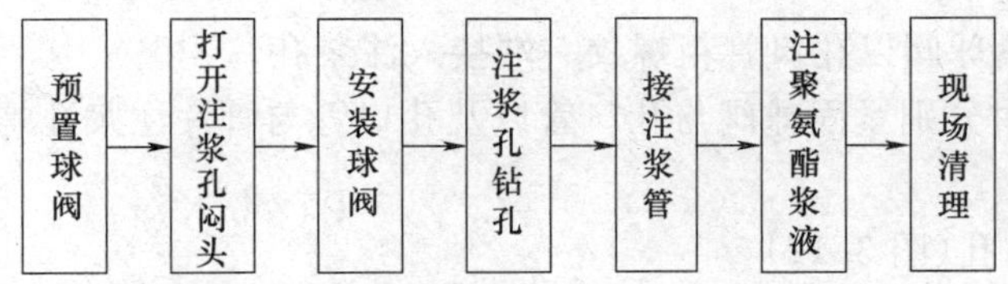

② 操作程序详细介绍

• 预置球阀(图3.7、图3.8和图3.9)

a. 准备好两寸球阀、生料带、两寸孔口管,孔口管为球阀与管片连接的媒介。

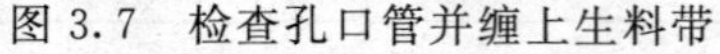

图 3.7 检查孔口管并缠上生料带

图 3.8 检查球阀

b. 施工前应对球阀及孔口管进行质量检查。

c. 分别于孔口管两头以顺时针方向充分缠上生料带,并把细螺纹一头接入球阀。

• 注浆孔清理(图 3.10)

图 3.9 预置完毕的球阀

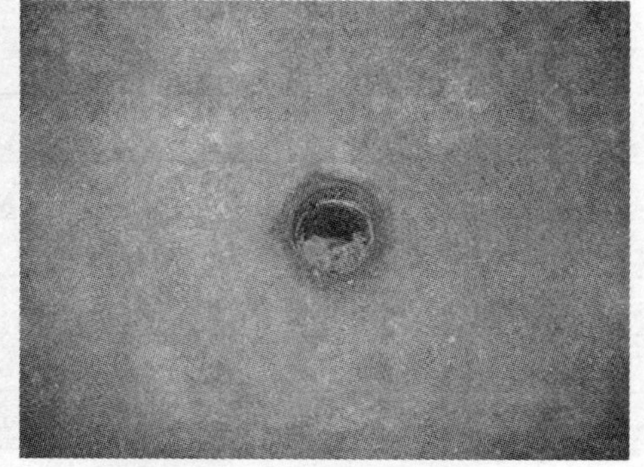

图 3.10 清理注浆孔

a. 打开管片预留注浆孔闷头;

b. 清理注浆孔内部杂物;

c. 注浆孔螺纹检查。

• 安装球阀(图 3.11)

a. 将已预置球阀以孔口管粗螺纹一端接入注浆孔;

b. 用管子钳分别紧固球阀与孔口管以及孔口管与管片注浆孔螺纹间的连接。

c. 关闭球阀。

• 注浆孔钻孔(图 3.12)

a. 打开管片注浆孔上球阀。

b. 用冲击钻通过球阀沿注浆孔打穿管片。

c. 抽出钻头,并关闭球阀。

图 3.11　安装球阀

图 3.12　注浆孔钻孔

• 接注浆管及注浆(图 3.13 和图 3.14)

a. 组装好变频器、齿轮泵、注浆管、吸浆管及回流管。

b. 将注浆管接入球阀及紧固。

打开电源,启动变频器控制齿轮泵。当浆液进入齿轮泵时关闭回流管阀门,并且同时打开注浆管与球阀的阀门,使得浆液通过注浆管及球阀注入管片壁后。注浆结束后,同时关闭球阀及注浆管的阀门,打开回流管阀门,再打开注浆管阀门进行卸压。

c. 卸除注浆管

图 3.13　接注浆管

图 3.14　注浆

• 施工完毕后现场清理

a. 待聚氨酯固化后清除管片、球阀上残留物。

b. 清洗齿轮泵、注浆管、吸浆管和回流管,以免残留浆液固化堵塞管道。

(4)聚氨酯壁后注浆堵漏法的质量控制:

① 齿轮泵压力应进行控制。

② 每孔注浆量应进行控制。

③ 注浆顺序:隧道纵向上,“做一跳二”即每次隔两环注浆一环;横向上,“先下后上”,即根据注浆孔分布情况,从下向上依次注浆。

④ 经过多次注浆后须达到一定止水效果。

(5)聚氨酯壁后注浆堵漏法安全措施：

① 建立安全生产责任制，责任落实到人。

② 岗前须进行安全教育，掌握本施工安全生产的基本知识和技能。

③ 施工人员必须戴好防护用具、穿戴工作服、防护眼镜和口罩。

④ 建立安全防护制度，并在施工中严格执行。

⑤ 为防止漏浆，所有注浆作业须在接触网停电、验电及做接地保护后进行。

⑥ 无法安装孔口管的注浆孔须采用特殊工法封孔。

⑦ 安装的球阀必须满足限界要求。

⑧ 球阀注浆前后均应处于关闭状态，每次注浆撤场前须专人进行状态确认。

⑨ 施工现场严禁烟火，禁止吸烟，且须配备灭火器具。

⑩ 施工完成后，须工完料清，经安全负责人现场确认后方可消点。

6. 堵漏作业的验收

① 能正确找出水源、漏水点。

② 采用正确的堵漏施工作业的工法。

③ 施工作业符合相关的质量控制要求。

④ 浆液配比正确，调配均匀。

⑤ 注浆顺序由下而上，并正确控制注浆压力，观察周边情况，一旦出现漏浆、爆浆现象，应立即停止灌浆。

⑥ 水泥封堵不起鼓，水泥砂浆抹平平整光滑。

⑦ 环氧胶泥嵌缝要求嵌密、压实、批平，表面平整一致。

3.5 加固作业

3.5.1 纤维布粘贴

1. 芳纶纤维片材加固基本要求

(1)采用粘贴芳纶纤维片材对混凝土结构加固时，应使用聚丙烯青基(PAN 基)12 k 或 12 k 以下的小丝束纤维片材、配套的改性环氧树脂胶粘剂和表面防护材料。

(2)加固用材料应具有质检部门的产品安全性能检测报告和产品合格证，芳纶纤维片材及配套胶粘剂应具有符合本规程第 3.3 节规定的安全性能；对配套胶粘剂还应提供耐湿热老化性能指标及施工和使用环境要求。

(3)本规程所列芳纶纤维片材的安全性能指标是对单向芳纶纤维片材的要求。

(4)混凝土、钢筋和其他材料的有关设计指标应按国家现行有关标准采用。

(5)采用粘贴芳纶纤维片材加固混凝土结构时，应通过配套的改性环氧树脂胶粘剂将芳纶纤维片材粘贴于构件表面，使芳纶纤维片材承受拉力，并与混凝土变形协调，共同受力。

(6)芳纶纤维片材可采用下列方式对混凝土结构构件进行加固：

① 在梁、板构件的受拉区粘贴芳纶纤维片材进行受弯加固，纤维方向与加固部位的受拉方向一致。

② 采用环形箍U形箍对梁、柱构件进行受弯加固，纤维方向宜与构件轴向垂直。

③ 采用环向围束粘贴对柱进行抗震加固，纤维方向应与柱轴向垂直。

(7)采用粘贴芳纶纤维片材加固混凝土结构时，应按本规程规定的极限状态设计法进行承载能力极限状态计算和正常使用极限状态验算。钢筋和混凝土材料宜根据检测得到的实际强度，按国家现行有关标准确定其相应的材料强度设计指标。芳纶纤维片材应根据构件达到极限状态时的应变，按线弹性应力应变关系确定其相应的应力。

(8)芳纶纤维片材应取置信水平为0.99、保证率为95%的极限抗拉强度作为抗拉强度标准值 f_{cfk}。芳纶纤维片材的极限拉应变 ε_{cfu} 应取其抗拉强度标准值 f_{cfk} 除以弹性模量 E_{cf}。

(9)当采用粘贴碳纤(芳纶)维片材对结构或构件进行加固时，应考虑加固后对结构中其他构件或构件的其他性能可能产生的影响。

(10)采用粘贴芳纶纤维片材进行结构加固时，宜卸除作用在结构上的活荷载。如不能在完全卸载条件下进行加固，应考虑二次受力的影响。

(11)在受弯加固和受剪加固时，被加固混凝土结构和构件的实际混凝土强度等级不应低于C15。

(12)加固设计时，应采取措施使原结构、构件不致因芳纶纤维片材加固部位意外失效而导致坍塌。

2. 芳纶纤维加固适用范围

适用轨道交通钢筋混凝土结构表面粘贴芳纶纤维提高承载力的加固。详见《GW/ZYZDS-JG-0026 芳纶纤维加固施工作业指导书》。

3. 芳纶纤维加固所需材料和工器具

(1)所需材料

序　号	名　称	单　位	数　量
1	芳纶纤维布	m^2/m^2	1.5
2	浸渍树脂	kg/m^2	1.5

(2)所需工器具

序　号	名　称	单　位	数　量
1	护目镜	副	4
2	防尘口罩	个	4
3	角向砂轮机	台	1
4	扁　铲	个	1
5	金刚石磨片	片	30
6	搅拌器	台	1
7	滚　筒	个	2
8	手　套	双	8
9	锤　子	个	1
10	拖线板	盘	2

4. 芳纶纤维加固操作程序及要领

(1)操作程序图

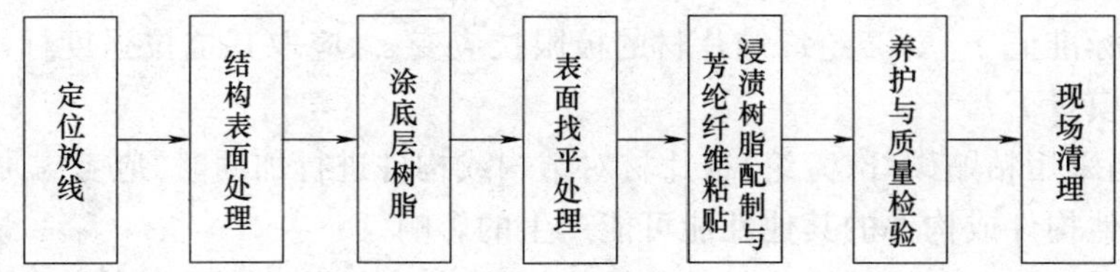

(2)操作程序详细介绍

① 定位与放线

先现场根据施工图确定加固范围,然后弹出加固范围线。

② 结构表面处理

• 清除被加固构件表面的浮渣、装饰层及剥落、疏松、腐蚀等劣化混凝土,露出混凝土结构层,并用修复材料将表面修复平整。

• 若结构存在裂缝须进行灌缝或封缝处理。

• 转角处须进行倒角处理成圆弧状,圆弧半径不应小于 20 mm。

• 将打磨过的构件表面,用无油压缩空气吹除粉尘,并保持表面清净。

• 对于湿度较大的混凝土构件,应先进行人工干燥处理,然后再进行下道工序。

③ 配制并涂刷底层树脂

• 采用人工或机械搅拌方法,按照材料规定的比例,将树脂组分混合在一起并搅拌均匀。

• 用滚筒将底层树脂均匀涂抹于清洁的混凝土表面,不得漏刷。

④ 找平处理

• 在底层树脂表面指触干燥时，就可以对基层进行找平处理。

• 按树脂材料使用比例，进行找平材料的配制。

• 混凝土表面凹陷处用找平材料填补平整。

• 转角处应用找平材料修复为光滑的圆弧，半径不小于 20 mm。

• 待找平材料表面指触干燥时即可进行下一步工序施工。

⑤ 浸渍树脂的配制与芳纶纤维布的粘贴

• 按树脂材料使用比例将浸渍树脂配制好。

• 按设计尺寸裁剪好芳纶纤维布。

• 将浸渍树脂液均匀地涂抹于所要粘贴芳纶纤维布的结构表面。

• 用滚筒沿纤维方向多次滚压，挤除气泡，并使浸渍树脂充分浸透芳纶纤维布。

• 重复上述步骤可以粘贴多层芳纶纤维布。

• 在最后一层芳纶纤维布表面均匀涂抹一层浸渍树脂。

⑥ 养护、检验

• 树脂固化前，须避免对已粘贴好的芳纶纤维布扰动。

• 施工期间，若温度太低，应采取加温措施，以加速固化。

• 质量检验允许误差：尺寸位置偏差≤20 mm，粘贴空鼓率≤5%，且单个空鼓面积≤100 cm^2，若大于 100 cm^2，须重新粘贴芳纶纤维布。

• 必要时可在现场进行正拉粘结强度试验。

• 必要时可对芳纶纤维布和配套树脂类粘结材料进行现场产品质量检验。

• 在特殊环境下的结构采用芳纶纤维布加固修复混凝土结构时，应对芳纶纤维布加固系统采取必要的保护措施。

5. 芳纶纤维加固质量控制

(1)施工时最低气温不得低于 5 ℃。

(2)放线定位尺寸位置偏差≤20 mm。

(3)粘贴空鼓率≤5%，且单个空鼓面积≤ 100 cm^2，若大于 100 cm^2，须重新粘贴芳纶纤维布。

(4)避免雨天、烈日下施工。

6. 芳纶纤维加固安全措施

(1)建立健全安全生产责任制，责任落实到人。

(2)工人上岗前进行安全教育，针对本工程的特点，定期进行安全生产教育，培养安全生产必备的基本知识和技能。

(3)建立安全防护制度，施工中严格执行安全相关制度，关键工序施工时，技术人员、安全员跟班作业，现场监督。

(4)施工人员必须戴好防护用具、穿工作服。

(5)应做到工完料清，施工使用的材料器具在施工结束后全部撤除现场，由现场施工负责人确认后方可消点。

7. 芳纶纤维加固环保措施

(1)大气、噪声等污染

① 多余树脂和芳纶纤维布等材料应及时回收处理，不可乱扔。

② 包装袋、空桶和用后手套等固定废弃物应回收。

(2)人员健康

作业时需带口罩，防止细小粉尘与有毒气体吸入。

8. 纤维布粘贴验收标准

(1)纤维布加固区树脂涂刷范围和纤维布加固边界须规整和美观，不得在边界随意涂刷树脂。

(2)加固范围纤维布表面应平整，表层树脂涂刷应均匀，表面没有明显不平和树脂缺涂面。

(3)加固须位置准确，尺寸位置偏差≤20 mm。

(4)加固范围应与基层粘结牢固，一般不得有空鼓现象，特殊情况可适当放宽，但空鼓率须≤5%，且单个空鼓面积≤ 100 cm^2，若大于 100 cm^2，须重新粘贴纤维布。

(5)必要时可在现场进行正拉粘结强度试验。

(6)必要时可对纤维布和配套树脂类粘结材料进行现场取样的产品质量检验。

施工范围无加固材料污损的道床、钢轨和地坪，且没有遗留施工垃圾。

3.5.2 整体道床轨道支撑块加固作业

1. 整体道床轨道支撑块加固作业适用与整体道床轨道支撑块开裂、破损。

2. 整体道床支撑块加固作业所需材料和工器具

(1)所需材料

序号	名称	规格	单位	数量	备注
1	双快水泥	快凝快干	kg/m	4	
2	环氧树脂		kg/m	6～15	
3	铅丝		m/m	3	

(2)所需工器具

序　号	名　称	规　格	单　位	数　量	备　　注
1	电　锤		台	1	
2	手动式注浆泵		台	1	
3	注浆管	8 mm	m	5	
4	拖线盘		盘	2	
5	太阳灯		盏	2	
6	钢丝钳		把	2	
7	喷　壶		个	1	

3. 整体道床支撑块加固作业的操作程序及要领

(1)操作程序图

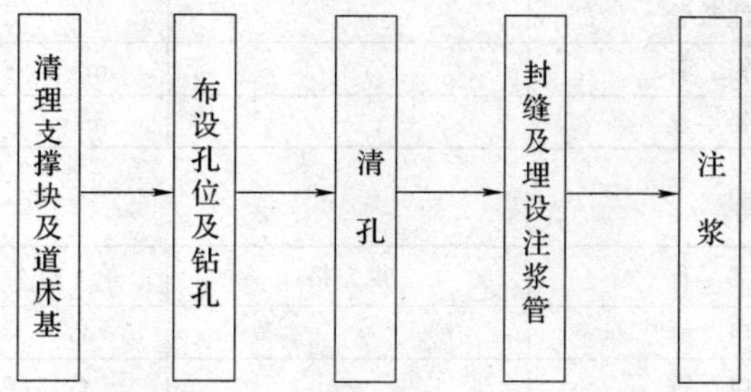

(2)操作程序详细介绍

① 清理支撑块及周边道床基面。

② 布设孔位及钻孔。

③ 清孔,清洗孔内粉尘。

④ 封缝及埋设注浆管。

⑤ 进行注浆。

4. 整体道床支撑块加固作业的质量控制

(1)清理时需将支撑块及周边道床表面浮层清楚干净。

(2)注浆材料需按配合比进行调合。

(3)封缝时应封堵密实,注浆时不得出现跑浆。

(4)注浆时应注意低压缓注,压力需控制在0.2～0.4 MPa。

(5)注浆结束,注浆管结扎牢固。

5. 整体道床支撑块加固作业的安全措施

(1)施工人员必须穿戴工作服和手套等劳防用品。

(2)灌浆时必须对注浆孔进行遮掩。

(3)施工现场不得堆放易燃易爆物品。

(4)施工完毕后,必须对现场进行清理,做到工完料清。

3.5.3 整体道床结构注浆补强加固作业

1. 整体道床结构注浆补强加固作业适用于整体道床结构开裂、整体道床与排水沟结合部位开裂、整体道床与隧道管片拱底块脱离或存在空隙、轨枕与整体道床间脱开和其他混凝土结构开裂。

2. 整体道床结构注浆补强加固作业所需材料和工器具

(1)所需材料

序号	名称	规格	单位	数量
1	双快水泥	快凝快干	kg/m	4
2	环氧树脂		kg/m	6～15
3	注浆管		m/m	5
4	铝管		m/m	1.5
5	铅丝		m/m	3

(2)所需工器具

序号	名称	规格	单位	数量
1	电锤		台	2
2	电锤		台	2
3	手动式注浆泵		台	2
4	拖线盘		盘	2
5	太阳灯		盏	2
6	平板车		辆	1
7	钢丝钳		把	2
8	割刀		把	2
9	喷壶		个	1

3. 整体道床结构注浆补强加固作业的操作程序及要领

(1)操作程序图

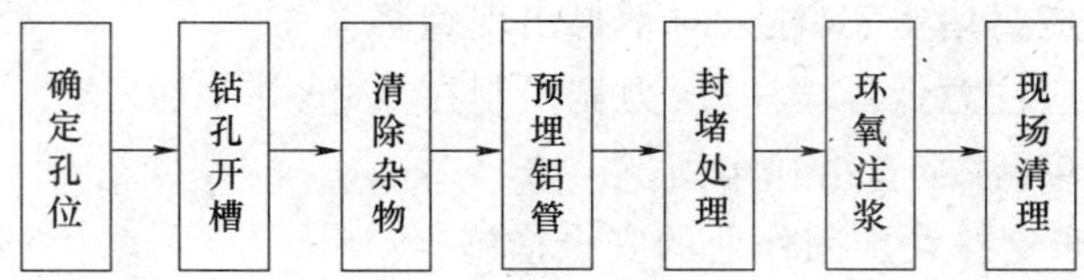

(2)操作程序详细介绍

① 现场确定具体病害(裂缝)位置。

② 针对所确定病害位置进行钻孔。

③ 清除钻孔及 V 字槽内杂物。

④ 将铝管预埋至孔内，并用双快水泥封堵。

⑤ 封堵的水泥进行养护。

⑥ 待水泥达到强度后，连接塑料注浆管至注浆泵。

⑦ 环氧树脂按 1:3比例配制，充分搅拌后进行灌浆加固。如图 3.15 和图 3.16 所示。

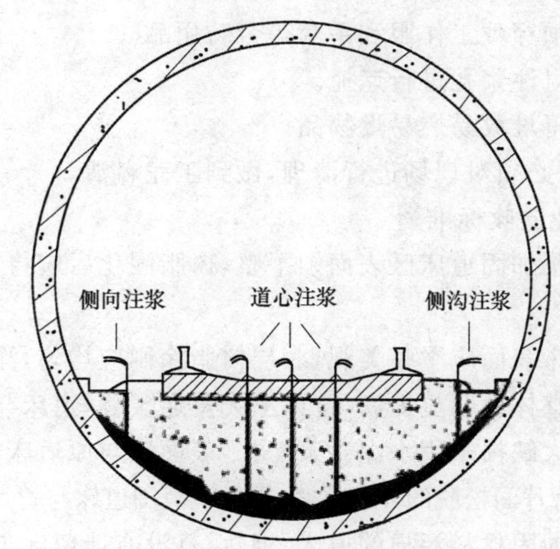

图 3.15　混凝土整体道床加固剖面图

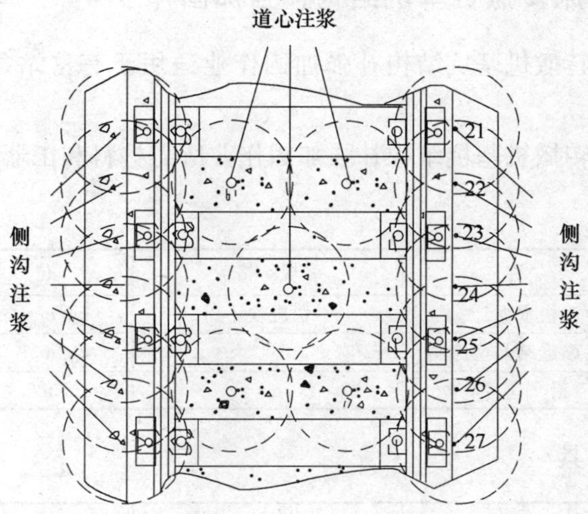

图 3.16　混凝土整体道床加固平面图

4. 整体道床结构注浆补强加固作业的质量控制

(1)封堵孔位时不得留有任何间隙。

(2)确保对封堵水泥的养护时间。

(3)环氧树脂按比例配制后，应对浆液进行充分搅拌，不得低于10分钟。

(4)灌浆压力不得大于0.4 MPa。

(5)灌浆时应观察周边情况，一旦出现漏浆、爆浆现象，应立即扎管，停止灌浆。

5. 整体道床结构注浆补强加固作业的安全措施

(1)施工人员必须穿戴工作服和手套等劳防用品。

(2)灌浆时必须对注浆孔进行遮掩。

(3)施工现场不得堆放易燃易爆物品。

(4)施工完毕后，必须对现场进行清理，做到工完料清。

6. 整体道床作业验收标准

(1)环氧树脂注浆加固道床区表面须平整，树脂固化后应将突出表面的封堵水泥和注浆管清除。

(2)加固范围道床表面应平整美观，表层树脂涂刷应均匀，涂刷面应规整。

(3)加固后道床整体性明显提高，道床上无贯通裂缝，道床与管片间无松脱。

(4)加固范围较大缺损须用水泥砂浆修补，表面须与原道床在同一平面内。

(5)处理道床与管片间松脱的环氧注浆，须松脱范围道床与管片间缝隙充满环氧。

(6)施工范围无加固材料污损的道床、钢轨，且没有遗留施工垃圾。

3.5.4 整体道床转撤机基坑结构补强加固作业

1. 整体道床转撤机基坑结构补强加固作业适用于有岔站岔区转折基坑结构开裂、破损。

2. 整体道床转撤机基坑结构补强加固作业所需材料和工器具

(1)所需材料

序号	名称	规格	单位	数量
1	双快水泥	快凝快干	kg/m	4
2	水泥基渗透结晶型涂料		kg/m	1
3	铅丝		m/m	3

(2)所需工器具

序号	名称	规格	单位	数量
1	电锤		台	1
2	拖线盘		盘	2
3	太阳灯		盏	2
4	喷壶		个	1

3. 整体道床转撤机基坑结构补强加固作业的操作程序及要领

(1)操作程序图

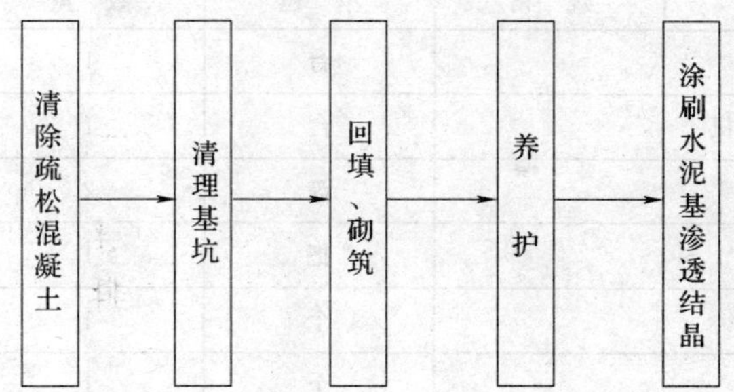

(2)操作程序详细介绍

① 清除基坑坑底及周边疏松混凝土;

② 清理基坑;

③ 用快封水泥进行回填、砌筑;

④ 养护;

⑤ 在基坑坑底及周边涂刷水泥基渗透结晶型涂料。

4. 整体道床转撤机基坑结构补强加固作业的质量控制

(1)清除疏松混凝土时,如基坑两侧排水沟有积水情况,需做好围堰。

(2)清理时,应注意将基坑坑底浮层清除干净。

(3)回填、砌筑应保持原基坑形状及尺寸。

(4)养护时间要充分,以免表面产生细缝。

(5)需涂刷水泥基渗透结晶型涂料二遍。

5. 整体道床转撤机基坑结构补强加固作业的安全措施

(1)施工人员必须穿戴工作服和手套等劳防用品。

(2)施工现场不得堆放易燃易爆物品。

(3)施工完毕后,必须对现场进行清理,做到工完料清。

3.5.5 排水沟作业

1. 排水沟作业适用排水沟结构开裂、破损。

2. 排水沟作业所需材料和工器具。

(1)所需材料

序　号	名　称	规　格	单　位	数　量	备　注
1	普通水泥		kg/m		根据现场情况确定
2	双快水泥		kg/m		根据现场情况确定
3	黄　砂		kg/m		根据现场情况确定

(2)所需工器具

序号	名称	规格	单位	数量	备注
1	凿破机		台	1	
2	石材切割机		台	1	
3	拖线盘		盘	2	
4	榔头		把	1	
5	凿子		个	1	
6	喷壶		个	1	
7	泥工工具		组	1	

3. 排水沟作业的操作程序及要领

(1)操作程序图

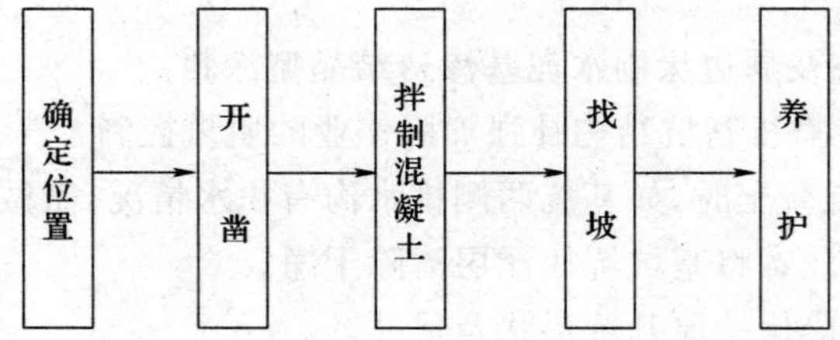

(2)操作程序详细介绍

① 确定修补位置；

② 开凿部分损坏水沟；

③ 拌制混凝土；

④ 沟内找坡；

⑤ 混凝土养护。

4. 排水沟作业的质量控制

(1)开凿处的基面清理干净。

(2)混凝土充分搅拌。

(3)沟内的坡度，不得小于5‰。

(4)新修补的混凝土不能有开裂现象。

5. 排水沟作业的安全措施

(1)开凿排水沟时应注意其他管线走向，不得影响其他管线正常使用。

(2)施工人员必须穿戴工作服和手套等劳防用品。

(3)施工完毕后，必须清理现场，做到工完料清。

6. 排水沟作业验收标准

(1)排水沟作业范围边界须规整和美观。

(2)作业范围表面应与道床齐平，且与原道床粘结牢固。

(3)原破损、松散混凝土应凿除彻底 。

(4)排水沟内表面光滑流畅，具有适当排水坡度，一般不得小于 5‰。

(5)新施工排水沟混凝土表面无开裂现象。

(6)施工范围无水泥污损的道床、钢轨和地坪，且无遗留施工垃圾。

3.5.6　双液微扰动注浆加固作业

1. 双液微扰动注浆加固作业适用由于邻近隧道建筑活动的加卸载引起隧道不均匀沉降；由于隧道在渗漏条件下经受列车长期振动而发生振陷；隧道穿越不均匀而又极软弱地层，在盾构施工扰动下发生较大施工期沉降和工后沉降；隧道渗漏造成地基水土流失引起的不均匀沉降；隧道进出洞及旁通道处冻结法施工引起的融沉和区域不均匀的大地沉降引起的隧道不均匀沉降等。

微扰动注浆治理方法的概念是沿隧道治理段纵向以合理间距布设注浆孔，对每个注浆孔通过分阶段地、少量多次地自隧道底部向下分层叠加注浆，每次注浆量要定量地控制到适当小，并采取减少注浆对地层扰动的措施，使每次注浆引起的隧道上抬量 ΔV 总大于或等于隧道自然沉降加上地基由于每次注浆引起的超孔隙水压力部分消散而产生的固结沉降量之和 ΔS(如图 3.17～图 3.23)。一般在开始注浆阶段，要使治理段隧道抬升至一定的预期值，为此在初始阶段的抬升注浆过程中，适当减少各次注浆之间的间隔时间 ΔT，从而增大每次注浆有效抬升量。当初始阶段各次注浆所引起的隧道总抬升量 $\sum(\Delta V-\Delta S)$ 达到预期值，注浆即暂停一段时间，使隧道下卧土层因注浆引起的超孔隙水压消散殆尽，隧道地基得到一定的抬升。

2. 双液微扰动注浆加固作业所需材料和工器具

(1)所需材料

序　号	名　称	规　格	单　位	数　量
1	水　泥		kg	依现场情况而定
2	水玻璃	水玻璃波美度为 45Be	kg	同上

(2)所需工器具

序　号	名　称	规　格	单　位	数　量
1	注浆泵		台	1

续上表

序　号	名　称	规　格	单　位	数　量
2	混合器		台	1
3	流量计		个	1
4	注浆前端装置		套	1
5	注浆管	外径 28 mm，内径 16 mm	根	1
6	下管器		台	1
7	拔管器		台	1

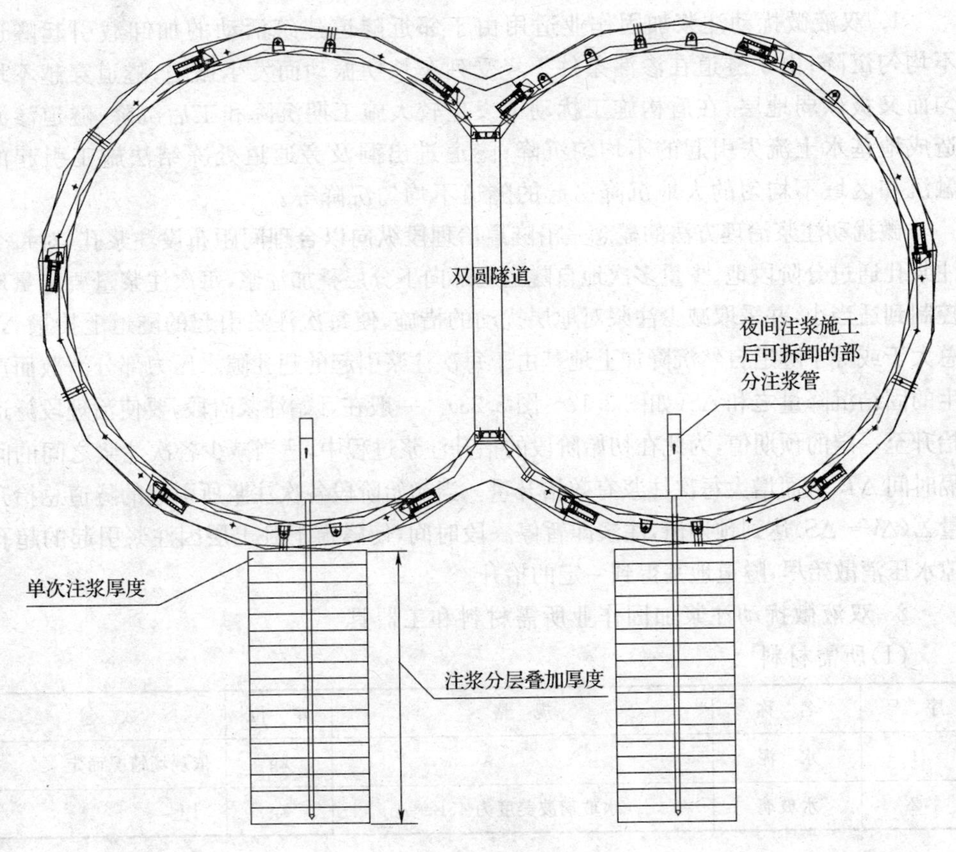

图　3.17

图 3.18　水泥螺杆注浆泵

图 3.19　水玻璃齿轮泵流速调节器

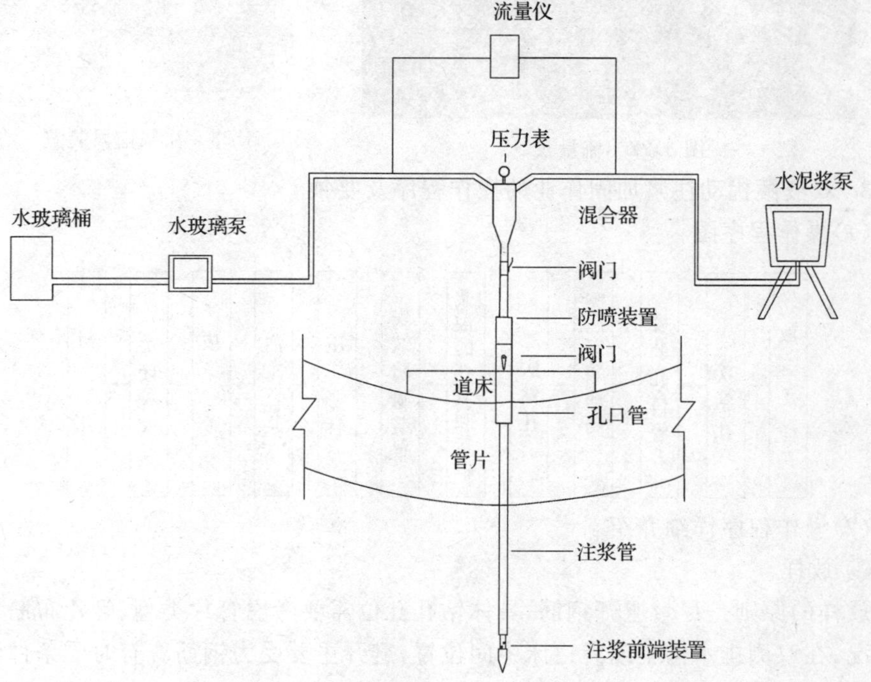

图 3.20　注浆设备示意图

图 3.21　水玻璃齿轮泵

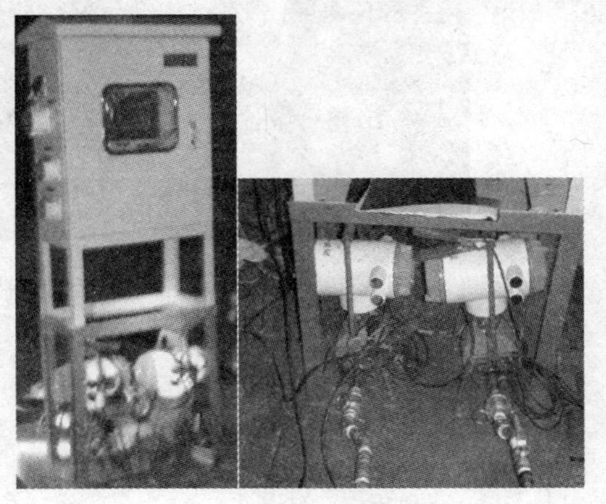

图 3.22　流量仪

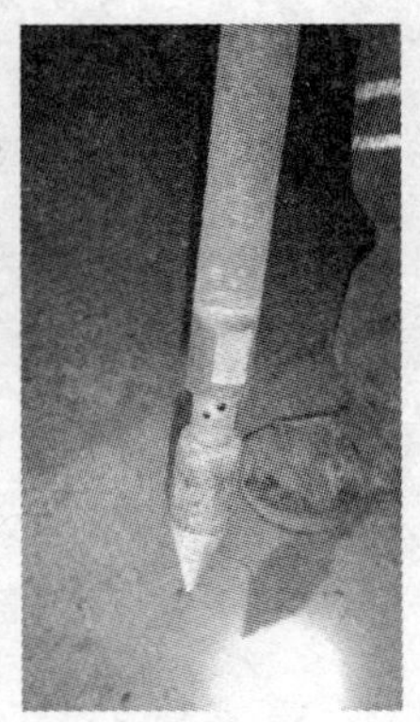

图 3.23　注浆前段装置

3. 双液微扰动注浆加固作业的操作程序及要领

(1)操作程序图

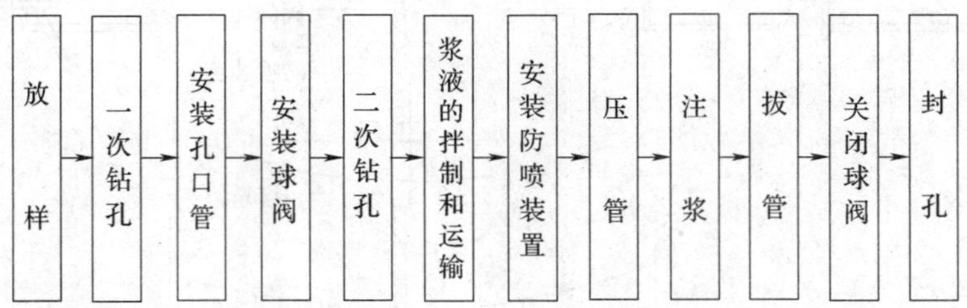

(2)操作程序详细介绍

① 放样

放样的原则是尽量避开钢筋，具体钻孔孔位需要考虑管片类型、管片布筋等不同情况，在双侧排水沟中或者道床中间位置，避开主要受力钢筋。有时受条件限制可能破坏箍筋，但一定要确保主筋不受损害。放样是开孔的第一步操作，放样的精度直接影响到注浆孔能不能避开钢筋。

② 一次钻孔(图 3.24)

由于运营隧道内夜间施工时间有限，第一次钻孔不能将管片钻穿，待全部打孔工作完成后，开始注浆时，对当晚注浆的位置进行二次开孔，以确保隧道的安全，防止泥浆和砂涌入隧道。

第一次钻孔直接影响到钻孔位置的精确度，因此钻孔设备的选择和设备的固定、定位十分关键。

③ 安装孔口管(图 3.25)

孔口管安装时，其管壁和和隧道管片之间的空隙必须充分填满粘结剂。

④ 安装球阀(图 3.26)

球阀的安装时其撕口应进行适当处

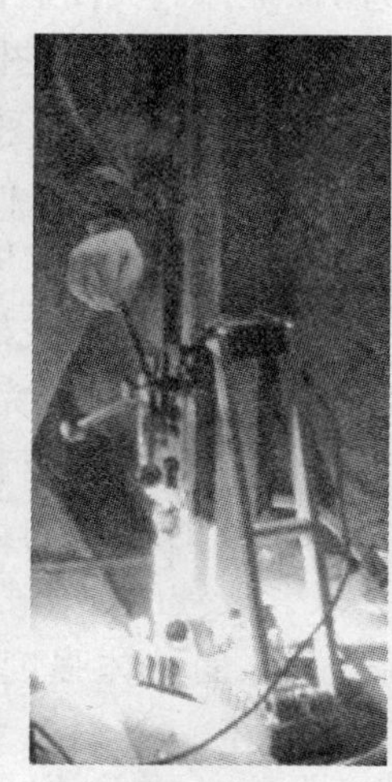

图 3.24　一次钻孔

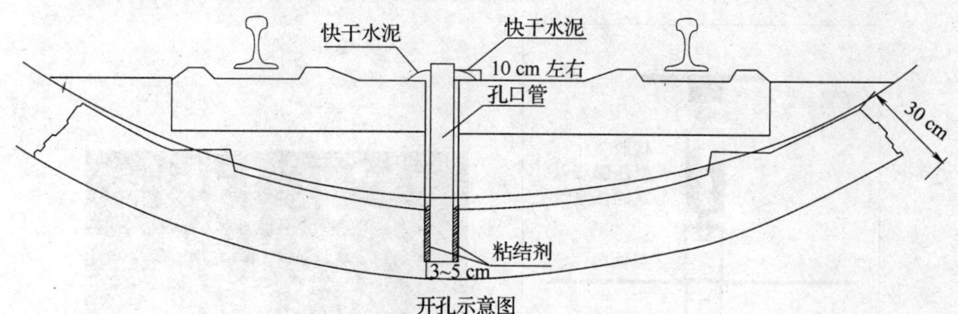

图 3.25　孔口管安装的示意图

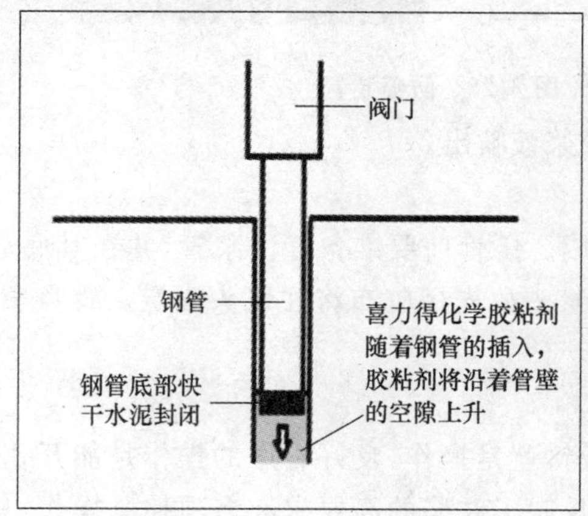

图 3.26　安装球阀

理，保证球阀关闭后的密水性。

⑤ 二次钻孔(图 3.27)

二次钻孔一般采用冲击钻，直接将管片剩余厚度打穿。值得注意的是二次开孔只对当天作业的点实施，在上下行隧道对称地打开球阀，按照工艺要求打穿管壁，直至计划深度，完成二次钻孔。

图 3.27 二次钻孔

⑥ 浆液的拌制和运输

浆液的拌制和运输应满足施工续接要求。浆液的配比要综合考虑流动性、凝固时间、固结体强度等情况，还要避免堵管的发生。

⑦ 安装防喷装置(图 3.28)

防喷装置是在每次注浆前安装在球阀上，防止注浆时压力较大导致浆液喷出。

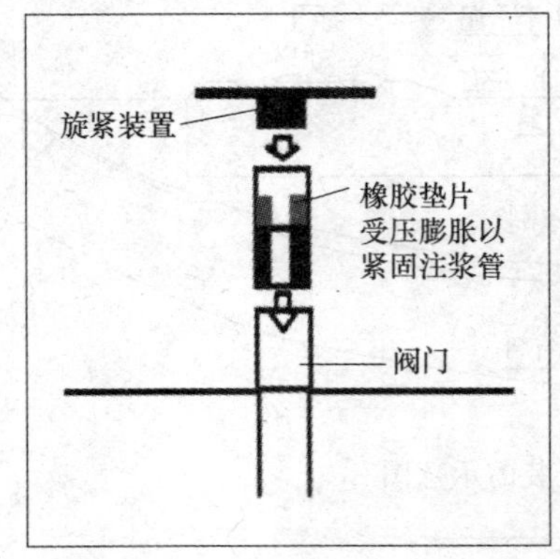

图 3.28 防喷装置

⑧ 压管(图 3.29)

注浆管由注浆头及管身组成。压管前要准备好注浆管，并在其底部连接喷浆头。为防止插入过程中堵塞注浆头故先用胶布将注浆头固定。管身长 1 m，按照注浆深度的不同可接长。

⑨ 注浆(图 3.30)

当参数设定好后，注浆的关键就是操作，良好有序的操作是能开孔，注好浆的保证。注浆过程中的终止条件反映了注浆的高要求和多项控制操作，只有严格多项控制，才能保证运营隧道的安全。

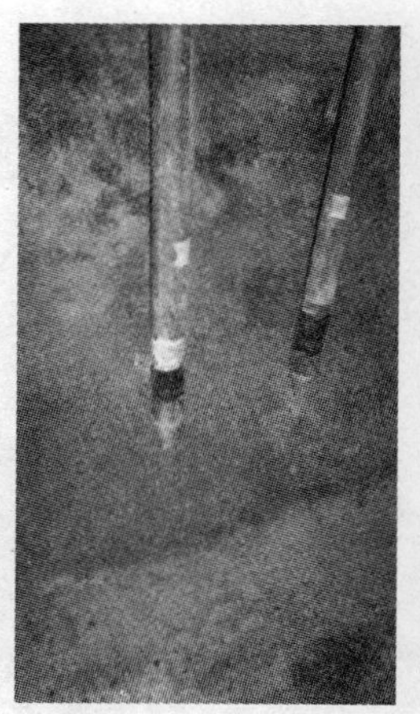
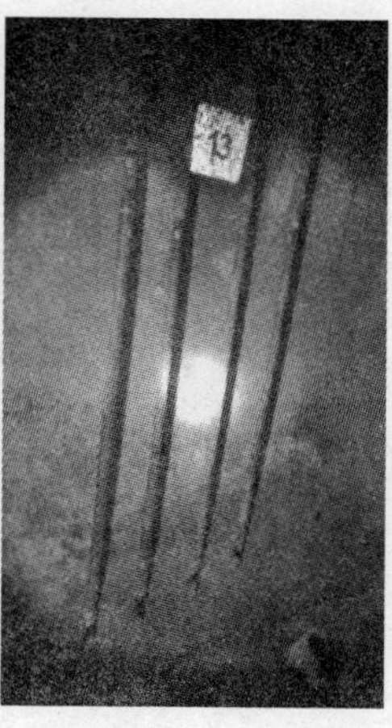

图 3.29 用胶布包好的注浆头

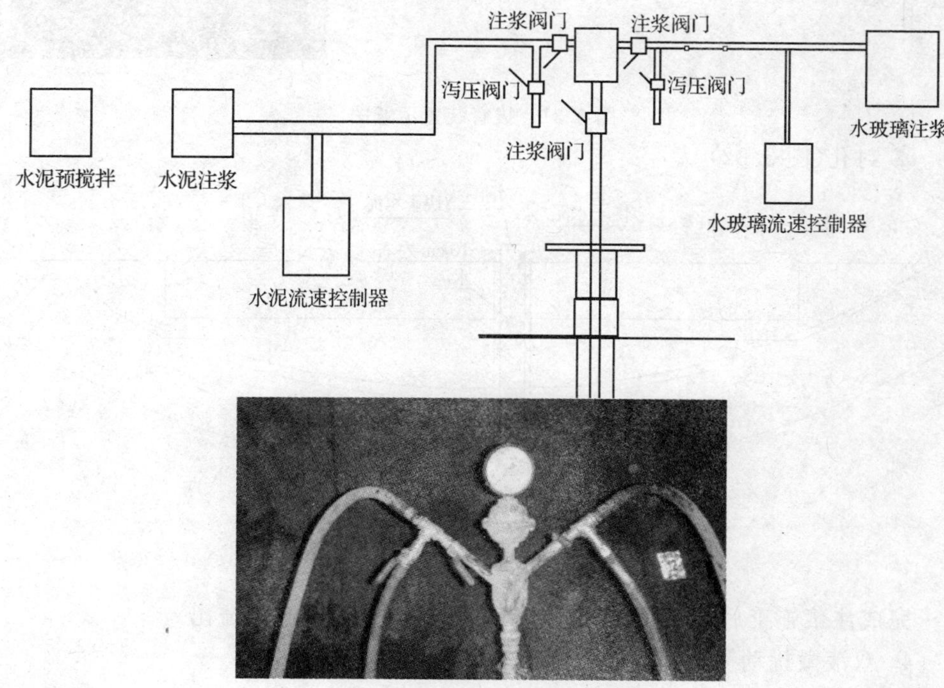

图 3.30 双液注浆示意图

⑩ 拔管(图 3.31)

拔出注浆管应有专门的拔管设备。

⑪ 关闭球阀

注浆结束后,关闭球阀,拆除防喷装置。

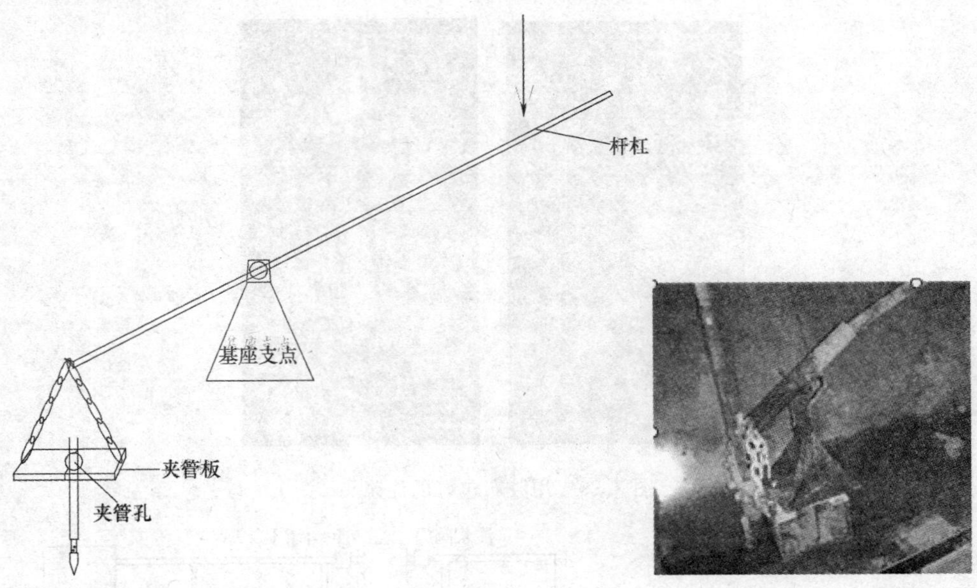

图 3.31　拔管装置示意图

⑫ 封孔(图 3.32)

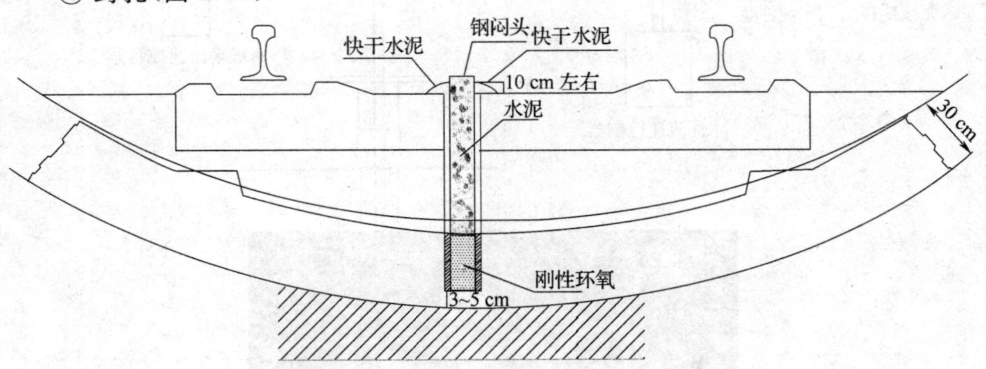

图 3.32　封孔示意图

完成注浆施工后，应进行良好封孔，避免水土从注浆孔内流出。

4. 双液微扰动注浆加固作业的安全措施

(1)施工人员必须严格穿带工作衣、防护手套、防护镜等劳防用品。

(2)施工现场不得堆放易燃易爆物品。

(3)施工完毕后，必须对清理现场，做到工完料清。

3.5.7　衬砌裂缝补强注浆

1. 本节适用于衬砌裂缝渗漏水采用的堵水注浆处理。裂缝注浆应待衬砌结构基本稳定和混凝土达到设计强度后进行。

2. 防水混凝土结构出现宽度小于2 mm的裂缝可视为无害裂缝，如产生渗漏水可采用水泥基结晶渗透型材料涂抹施工；宽度大于2 mm的混凝土裂缝产生渗漏水应采用化学注浆处理，注浆材料宜采用环氧树脂、聚氨酯、丙烯酸盐等浆液；除堵漏外，对需要补强的结构要考虑注浆的补强效果，注浆材料宜采用超细水泥、改性水泥浆液或特殊化学浆液。

3. 裂缝注浆所选用水泥的细度应符合表3.10的规定。

表3.10 裂缝注浆水泥的细度表

项　目	普通硅酸盐水泥	磨细水泥	湿磨细水泥
平均粒径(D50,μm)	20～25	8	6
比表面(cm^2/g)	3 250	6 300	8 200

4. 衬砌裂缝注浆应符合下列规定：

(1)浅裂缝应骑槽粘埋注浆嘴，必要时沿缝开凿“V”槽并用水泥砂浆封缝；

(2)深裂缝应骑缝钻孔至裂缝深部，孔内埋设注浆管，间距应根据裂缝宽度而定，但每条裂缝至少有一个进浆孔和一个排气孔；

(3)注浆嘴及注浆管应设于裂缝的交叉处、较宽处及贯穿处等部位。对封缝的密封效果应进行检查；

(4)采用低压低速注浆，化学注浆压力宜为0.2～0.4 MPa，水泥浆灌浆压力宜为0.4～0.8 MPa；

(5)注浆后待缝内浆液初凝而不外流时，方可拆下注浆嘴并进行封口抹平。

5. 衬砌裂缝补强注浆验收标准

(1)补强后的裂缝表面须清洁美观，无浆液溢流污损。

(2)补强范围表面应平整，无凸凹不平的水泥封堵面。

(3)注浆管和注浆嘴注浆后浆液完全固化后须彻底清理。

(4)补强施工过程注浆嘴安埋尽可能骑缝进行，无明显次生损坏结构现象。

(5)补强后裂缝无明显渗漏水，尤其影响触网、钢轨和转辙机等设备的渗漏水。

(6)施工范围无补强材料污损道床、钢轨或地坪现象，且没有遗留施工垃圾。

3.6 隧道的维护及质量评定

3.6.1 隧道的维护

隧道结构设施维护分为综合维修和保养。

1. 隧道综合维修

(1)综合维修的定义:有计划、按周期地对隧道(含附属设备)已发生和可能发生的破损、病害,进行整个区间的维修,保持隧道设备经常处于良好状态,延长使用寿命。

综合维修的原则是"预防为主,防治结合。"应做到全面维修,项目齐全。

根据隧道设备状态,安排好综合维修计划,每年综合维修的数量应占设备总数的20%左右,计五年一个周期。隧道人防门的综合维修周期不受五年一个周期的限制,但不能大于五年一个周期。

(2)综合维修主要工作内容:

① 对于圆形隧道:

• 管片本体:渗漏处理;裂缝修补处理;杂质处理;钢管片锈蚀、漏水现象。

• 管片环纵缝:嵌缝条全面修补处理;环纵缝渗漏水处理;环缝纵缝张开现象和错台错缝现象。

• 管片注浆孔:注浆孔螺帽缺损更换;注浆孔堵漏。

• 管片螺栓孔:管片螺栓孔渗漏处理;管片螺栓孔封堵。

• 端头井:端头井圈渗漏处理;地下连续墙渗漏处理。

• 中间风井:混凝土墙体渗漏处理;顶板、立柱、梁渗漏处理;变形缝渗漏处理。

② 对于矩形隧道:

• 地下连续墙:渗漏处理;结构补强;砂浆修补;涂抹防水层;杂质清除。

• 顶板:渗漏处理;结构补强;砂浆修补;涂抹防水层;杂质清除。

• 变形缝渗漏处理;止水带脱落治理。

• 导水管、槽松动脱落整治。

③ 道床与管片间脱离治理。

④ 整体道床开裂、轨枕与道床间裂隙处理。

⑤ 浮置板道床两侧防尘装置破损处理。

⑥ 隧道内碳素纤维等补强材料的脱落抽丝现象及时处理。

⑦ 隧道内防火板松动及脱落整治。(多发生在双圆隧道中隔墙和事故段隧道内)。

⑧ 旁通道排水管、口堵塞治理。

⑨ 其他附属设施病害的整治。

2. 隧道保养

(1)保养的定义:根据生产调度的报修及上月巡检的病害资料,根据隧道设施病害的特点,有计划地对综合维修计划外的隧道设施进行维修;掌握隧道设施技术状态,及时、主动地消除病害,以防止病害扩大,按期做好季节性工作,确保使用安全。

(2)保养主要工作内容:

① 对于圆形隧道:

- 管片本体裂缝修补。
- 管片环纵缝零星嵌缝条修补;管片环纵缝滴漏及滴漏以上处理。
- 注浆孔缺损螺帽更换。
- 管片螺栓孔零星砂浆封堵。
- 端头井圈滴漏及滴漏以上处理。
- 中间风井混凝土墙体、顶板、立柱、梁、变形缝滴漏及以上处理。

② 对于矩形隧道:

- 地下连续墙滴漏及滴漏以上处理;墙体缺损部位砂浆修补。
- 顶板滴漏及滴漏以上处理;顶板缺损部位砂浆修补。
- 变形缝滴漏及滴漏以上处理。

③ 隧道人防门零小病害修复:

④ 隧道内管片编号的油漆。

⑤ 隧道清洗车每季清洗隧道一遍。

⑥ 掌握隧道设施的质量状态,发现影响结构安全和运营安全的病害及时处理和上报。

⑦ 做好季节性工作的应急处理和观测工作。

3.6.2 隧道结构综合维修验收标准

隧道综合维修作业质量的验收,要严格执行工区自验,生产维护部门、公司联合验收制,分级把关,控制质量。

每天应在作业中及收工前进行质量自检、互检和回检,发现不符合标准的项目应及时返修达标。

每次检查的情况都应填记在日计划完成表或施工记录上。

综合维修验收主要内容:

(1)隧道病害综合维修应以消除渗漏水和漏泥砂、管片开裂、整体道床开裂及旁通道病害为主,综合维修过程中对结构的改变应尽量恢复。

(2)综合维修后隧道区间应消除管片开裂破损、漏水、漏泥砂、嵌缝条脱落、道床开裂、螺栓脱落缺失、注浆孔螺帽缺失、各种附属设施的松动脱落等病害。

(3) 隧道整体状态达到 2 级防水标准,即不允许漏水,结构表面可有少量湿渍;湿渍总面积不大于总防水面积的 2/1 000,单个湿渍面积不大于 0.2 m^2,任意 100 m^2 防水面积不超过 3 处;平均渗漏水量不大于 0.05 $L/(m^2 \cdot d)$,任意 100 m^2 防水面积的渗漏水量不大于 0.15 $L/(m^2 \cdot d)$。

(4)相邻管片环向错台≤15 mm,径向错台≤10 mm。

(5)混凝土管片、钢管片注浆口螺栓要严格按设计要求拧紧,不得缺失。

(6)验收后需填写相关质量验收表和状态评定表,建立相应台账。

3.6.3 隧道结构保养验收标准

(1)隧道保养质量的验收频次为各保养施工独立验收。

(2)隧道保养质量的验收由工区、生产维护部门、公司三方共同进行。隧道保养质量的验收通过工区自验,生产维护部门质量评定,公司质量验收的方式进行。

(3)隧道病害保养应以不损坏原有结构为基础,在此基础上使渗漏水、漏泥砂、混凝土开裂等影响结构安全的病害得以治理,达到保护结构的目的。

(4)隧道结构保养质量评定是根据该设备各部分存在的问题,按照《隧道结构保养质量评分标准》的规定,根据扣分的情况来评定保养的优劣,验收标准详见隧道结构单项作业验收标准。

3.6.4 隧道质量评定标准

隧道质量分为"优良"、"合格"和"不合格"三个等级评定。见附表1～附表3。

(1)优良等级的隧道结构质量应符合以下规定:

① 隧道顶部无滴漏

② 单个区间隧道,隧道内表面潮湿面积不大于2/1 000的总内表面积。

③ 单个区间隧道,单个湿迹面积不大于0.2 m^2。

④ 单个区间隧道,任意100 m^2 渗水量不大于0.15 L/(m^2·d)。

⑤ 单个区间隧道,任意100 m^2 防水面积上的湿渍不超过3处。

⑥ 单个区间隧道,平均渗水量不大于0.05 L/(m^2·d)。

(2)合格等级的隧道结构质量应符合以下规定:

① 无泥砂或线漏。

② 单个区间隧道,单个湿渍面积不大于0.3 m^2。

③ 单个区间隧道,单个漏水点的漏水量不大于2.5 L/d。

④ 单个区间隧道,任意100 m^2 防水面积上的湿渍不超过7处。

(3)不合格等级的隧道结构质量应符合以下规定:

① 单个区间隧道,任意100 m^2 防水面积的平均漏水量大于4 L/(m^2·d)。

② 隧道内出现涌砂、线流或漏泥砂,侧墙出现连续渗流。

③ 单个区间隧道,道床与管片产生脱离现象。

附表1　　**隧道结构状态评定表**

部门：　　　　区间：　　　　日期：

序号	评定等级	评定标准	病害类型	单位	车间质量评定	公司质量评定
					病害数量	病害数量
一	优良	无漏泥砂或线漏	漏泥砂或线漏	处		
		单个湿迹面积不大于0.2 m^2	单个湿迹面积大于0.2 m^2	处		
		任意100 m^2 防水面积上的湿渍不超过3处	任意100 m^2 防水面积上的湿渍	处		
		任意100 m^2 渗水量不大于0.15 L/(m^2·d)	任意100 m^2 渗水量大于0.15 L/(m^2·d)	处		
		平均渗水量不大于0.05 L/(m^2·d)	平均渗水量大于0.05 L/(m^2·d)			
		隧道顶部无滴漏	隧道顶部滴漏			
		隧道内表面潮湿面积不大于2/1 000的总内表面积	隧道内表面潮湿面积大于2/1 000的总内表面积			
二	合格	无漏泥砂或线漏	漏泥砂或线漏	处		
		单个湿渍面积不大于0.3平方米	单个湿渍面积大于0.3 m^2	处		
		单个漏水点的漏水量不大于2.5 L/d	单个漏水点的漏水量大于2.5 L/d	处		
		任意100 m^2 防水面积上的湿渍不超过7处	任意100 m^2 防水面积上的湿渍	处		
三	不合格	任意100 m^2 防水面积的平均漏水量大于2.5 L/(m^2·d)	任意100 m^2 防水面积的平均漏水量大于2.5 L/(m^2·d)	处		
		隧道内发生涌砂、线流或漏泥砂，侧墙无连续渗流	隧道内出现涌砂、线流或漏泥砂，侧墙出现连续渗流	处		
		道床与管片产生脱离现象	道床与管片产生脱离现象	处		
		混凝土结构(包括管片、地下连续墙、顶板、底板及整体道床)发生贯穿性裂缝或严重破损	混凝土结构发生贯穿性裂缝或严重破损	处		
		管片发生严重错台错缝或环纵缝张开超过1 cm	管片发生严重错台错缝或环纵缝张开超过1 cm			
四	评定质量等级					
五	评定人及日期					

说明：每个评定等级只要有一项未达到要求即下降一个等级直至到不合格为止

附表 2 隧道结构综合维修质量评定表

部门： 区间： 日期：

维修项目	扣分条件																				车间质量评定		公司质量评定	
	裂缝堵漏				变形缝堵漏，安装止水带				道床加固		防水砂浆抹面				引水板引水施工									
	封堵表面不平整		封堵处有湿渍、渗漏点		出现渗漏水		止水带安装不密贴		道床与排水沟脱离，渗水		抹面表层不平整		抹面表层有湿渍		抹面表层空鼓、不密实		引水板安装出现倒落水		引水板安装有松动、出现移动					
	每处扣3分		每处扣10分		每处扣21分		每处扣3分		每处扣8分		每处扣2分		每处扣5分		每处扣3分		每处扣41分		每处扣10分					
	单位处	扣分	单位处	扣分	单位处	扣分	单位处	扣分	单位处	扣分	单位处	扣分	单位处	扣分	单位处	扣分	单位处	扣分	单位处	扣分	扣分合计	等级	扣分合计	等级
平均合格率%																								
平均优良率%																								
评定人																								

说明：满分为 100 分标准．扣除缺点分后，80～100 分为优良；60～80 分以下为合格；60 分以下为失格。

附表 3

隧道结构保养质量评定表

部门：　　　　　　区间：　　　　　　　　　　　　日期：

<table>
<tr><td rowspan="4">维修项目</td><td colspan="20">扣分条件</td><td colspan="2" rowspan="3">车间质量评定</td><td colspan="2" rowspan="3">公司质量评定</td></tr>
<tr><td colspan="4">裂缝堵漏</td><td colspan="4">变形缝堵漏，安装止水带</td><td colspan="2">道床加固</td><td colspan="4">防水砂浆抹面</td><td colspan="6">引水板引水施工</td></tr>
<tr><td colspan="2">封堵表面不平整</td><td colspan="2">封堵处有湿渍、渗漏点</td><td colspan="2">出现渗漏水</td><td colspan="2">止水带安装不密贴</td><td colspan="2">道床与排水沟脱离，渗水</td><td colspan="2">抹面表层不平整</td><td colspan="2">抹面表层有湿渍</td><td colspan="2">抹面表层空鼓、不密实</td><td colspan="2">引水板安装出现倒落水</td><td colspan="2">引水板安装有松动、出现移动</td></tr>
<tr><td colspan="2">每处扣 3 分</td><td colspan="2">每处扣 10 分</td><td colspan="2">每处扣 21 分</td><td colspan="2">每处扣 3 分</td><td colspan="2">每处扣 8 分</td><td colspan="2">每处扣 2 分</td><td colspan="2">每处扣 5 分</td><td colspan="2">每处扣 3 分</td><td colspan="2">每处扣 41 分</td><td colspan="2">每处扣 10 分</td><td rowspan="2">扣分合计</td><td rowspan="2">等级</td><td rowspan="2">扣分合计</td><td rowspan="2">等级</td></tr>
<tr><td></td><td>单位处</td><td>扣分</td><td>单位处</td><td>扣分</td><td>单位处</td><td>扣分</td><td>单位处</td><td>扣分</td><td>单位处</td><td>扣分</td><td>单位处</td><td>扣分</td><td>单位处</td><td>扣分</td><td>单位处</td><td>扣分</td><td>单位处</td><td>扣分</td><td>单位处</td><td>扣分</td></tr>
<tr><td></td><td></td><td></td><td></td><td></td><td></td><td></td><td></td><td></td><td></td><td></td><td></td><td></td><td></td><td></td><td></td><td></td><td></td><td></td><td></td><td></td><td></td><td></td><td></td><td></td></tr>
<tr><td></td><td></td><td></td><td></td><td></td><td></td><td></td><td></td><td></td><td></td><td></td><td></td><td></td><td></td><td></td><td></td><td></td><td></td><td></td><td></td><td></td><td></td><td></td><td></td><td></td></tr>
<tr><td></td><td></td><td></td><td></td><td></td><td></td><td></td><td></td><td></td><td></td><td></td><td></td><td></td><td></td><td></td><td></td><td></td><td></td><td></td><td></td><td></td><td></td><td></td><td></td><td></td></tr>
<tr><td>平均合格率%</td><td colspan="20"></td><td colspan="2"></td><td colspan="2"></td></tr>
<tr><td>平均优良率%</td><td colspan="20"></td><td colspan="2"></td><td colspan="2"></td></tr>
<tr><td>评定人</td><td colspan="20"></td><td colspan="2"></td><td colspan="2"></td></tr>
</table>

说明：满分为 100 分标准．扣除缺点分后，80～100 分为优良；60～80 分以下为合格；60 分以下为失格。

第4章 安全防护知识

4.1 安全防护概述

安全生产是一项系统工程。企业中任何一个人的工作和任何一个生产环节，都会不同程度、直接或间接地影响着安全工作。因此，必须把企业所有人员的积极性充分调动起来，上自企业高层领导，下至班组工人，人人关心安全，全体参加安全管理，通过各方面的共同努力，做好安全管理工作。

1. 安全生产法规

安全生产法规在安全生产中扮演了重要的角色。安全生产法规是指调整在生产经营活动中发生的同从业人员的安全健康，以及生产资料和社会财富安全保障相联的各种社会关系的法律规范的总和。安全生产法规是党和国家的安全生产方针政策的集中表现。安全生产法规具有较强的科技性、广泛的社会性以及强制性的特征。同时，还有确保从业人员的合法权益，调动从业人员的积极性，促进生产和经济发展和促进社会稳定等作用。

2002年6月29日全国人大常委会第二十八次会议通过了《中华人民共和国安全生产法》(以下简称《安全生产法》)，并于2002年11月1日施行。

《安全生产法》共七章九十七条，主要包括总则、生产经营单位的安全生产保障、从业人员的权利和义务、安全生产的监督管理、生产安全事故的应急救援与调查处理、法律责任和附则七个方面。

《安全生产法》第三章"从业人员的权利和义务"中，具体规定了生产经营单位从业人员在安全生产方面的权利和义务。

从业人员有八项权利：

(1)知情权，即有权了解其作业场所和工作岗位存在的危险因素、防范措施和事故应急措施；

(2)建议权，即有权对本单位的安全生产工作提出建议；

(3)批评权、检举权和控告权，即对本单位安全生产管理工作中存在的问题提出批评、检举和控告；

(4)拒绝权，即有权拒绝违章作业指挥和强令冒险作业；

(5)紧急避险权，即发现直接危及人身安全的紧急情况时，有权停止作业或者在采取可能的应急措施后撤离作业场所；

(6)依法向本单位提出要求赔偿的权利；

(7)获得符合国家标准或者行业标准劳动防护用品的权利；

(8)获得安全生产教育和培训的权利。

从业人员有三项义务：

(1)自律遵规的义务，即从业人员在作业过程中，应当遵守本单位的安全生产规章制度和操作规程，服从管理，正确佩戴和使用劳动防护用品；

(2)自觉学习安全生产知识的义务，要求掌握本职工作所需的安全生产知识，提高安全生产技能，增强事故预防和应急处理能力；

(3)险情报告义务，即发现事故隐患和不安全因素及时向有关部门报告。

2. 安全生产责任制和三级安全教育

安全生产责任制是企业岗位责任制的一个重要组成部分，是企业安全管理中最基本的一项制度。安全生产责任制根据“管生产必须管安全”、“安全生产，人人有责”的原则，明确规定了各级领导、各职能部门和各类人员在生产活动中应负的安全职责。有了安全生产责任制，就能把安全与生产从组织领导上结合起来，把管生产必须管安全的原则从制度上固定下来，从而增强了各级管理人员的安全责任心，真正使安全管理纵向到底，横向到边，专管成线，群管成网，协调配合，责任明确。

在生产经营活动中，生产经营单位还应特别注意提高从业人员的安全意识和安全操作水平，对新进单位的从业人员必须做好公司、车间和班组三级安全教育，真正把国家“安全第一，预防为主”的安全生产管理方针落到实处。

3. 职业病的防治与诊断

《中华人民共和国职业病防治法》中规定：职业病是指企业、事业单位和个体经济组织的劳动者在职业活动中，因接触粉尘、放射性物质和其他有毒、有害物质等因素而引起的疾病。职业病的分类和目录由国务院卫生行政部门会同国务院劳动保障行政部门规定、调整并公布。

职业病防治工作坚持预防为主、防治结合的方针，实行分类管理、综合治理。用人单位应当为劳动者创造符合国家职业卫生标准和卫生要求的工作环境和条件，并采取措施保障劳动者获得职业卫生保护。用人单位应当建立、健全职业病防治责任制，加强对职业病防治的管理，提高职业病防治水平，对本单位产生的职业病危害承担责任。

用人单位应当采取下列职业病防治管理措施：

(1)设置或者指定职业卫生管理机构或者组织，配备专职或者兼职的职业卫生专业人员，负责本单位的职业病防治工作；

(2)制定职业病防治计划和实施方案；

(3)建立、健全职业卫生管理制度和操作规程;

(4)建立、健全职业卫生档案和劳动者健康监护档案;

(5)建立、健全工作场所职业病危害因素监测及评价制度;

(6)建立、健全职业病危害事故应急救援预案。

劳动者享有下列职业卫生保护权利:

(1)获得职业卫生教育、培训;

(2)获得职业健康检查、职业病诊疗、康复等职业病防治服务;

(3)了解工作场所产生或者可能产生的职业病危害因素、危害后果和应当采取的职业病防护措施;

(4)要求用人单位提供符合防治职业病要求的职业病防护设施和个人使用的职业病防护用品,改善工作条件;

(5)对违反职业病防治法律、法规以及危及生命健康的行为提出批评、检举和控告;

(6)拒绝违章指挥和强令进行没有职业病防护措施的作业;

(7)参与用人单位职业卫生工作的民主管理,对职业病防治工作提出意见和建议。

用人单位应当保障劳动者行使前款所列权利。因劳动者依法行使正当权利而降低其工资、福利等待遇或者解除、终止与其订立的劳动合同的,其行为无效。

职业病诊断应当由省级以上人民政府卫生行政部门批准的医疗卫生机构承担。劳动者可以在用人单位所在地或者本人居住地依法承担职业病诊断的医疗卫生机构进行职业病诊断。职业病诊断标准和职业病诊断、鉴定办法由国务院卫生行政部门制定。职业病伤残等级的鉴定办法由国务院劳动保障行政部门会同国务院卫生行政部门制定。

职业病诊断,应当综合分析下列因素:

(1)病人的职业史;

(2)职业病危害接触史和现场危害调查与评价;

(3)临床表现以及辅助检查结果等。

没有证据否定职业病危害因素与病人临床表现之间的必然联系的,在排除其他致病因素后,应当诊断为职业病。承担职业病诊断的医疗卫生机构在进行职业病诊断时,应当组织三名以上取得职业病诊断资格的执业医师集体诊断。职业病诊断证明书应当由参与诊断的医师共同签署,并经承担职业病诊断的医疗卫生机构审核盖章。

4. 劳动防护用品的配备和使用

劳动防护用品也叫个体防护装备,英文简称为 PPE。生产经营单位应当安排用于配备劳动防护用品、进行安全生产培训的经费。生产经营单位必须为从业人员提供符合国家标准或者行业标准的劳动防护用品，并监督、教育从业人员按照使用规则佩戴、使用。从业人员在作业过程中，应当严格遵守本单位的安全生产规章制度和操作规程，服从管理，正确佩戴和使用劳动防护用品。

4.2　防护原则

各种施工必须严格按规定设置防护，未设好防护禁止开工。不得擅自变更防护办法。作业未完、机具没有全部下道，线路未恢复到准许放行列车的条件时，不得撤除防护。

防护员必须由责任心强、视听能力良好，并熟悉管内地形和列车运行情况，熟知防护知识，经培训考试合格且有两年以上工龄的职工担任。

施工负责人要携带施工背包，内装3副信号旗、3个号角、12个响墩(单线6个响墩)、1个扳手以短路连接线。凡防护使用的信号备品、通讯设备，要保证在使用时性能良好。

施工防护信号的设置与撤除，由施工负责人决定。

4.3　防护员标准化作业

防护员必须按规定身着防护服装，带齐防护信号备品，坚守岗位、精神集中、注意瞭望，持证按章防护。如因事暂时离开岗位时，应有防护合格人员代替。

驻站联络员和工地防护员每天上班前必须与车站运转室校对钟表，并带齐良好的通讯器材和信号备品。

驻站联络员必须在与车站值班员核对确认封锁命令的令号、区间、里程、起止时间及办理有关承认手续后，方可向施工负责人发出准许施工或轻型车辆上道的通知。

驻站联络员必须随时询问车站值班员，勤看控制台的信号显示，切实掌握列车运行情况，及时准确地把列车车次及开车时分通知工地防护员。工地防护员要随时将人员、机械上道时分通知驻站联络员。通话内容双方均需及时登记在施工防护记录簿内。

防护员必须严格执行复诵、定时通话(每3～5 min一次)和通话三确认制度(确认对方姓名、确认对方听清、确认机具上道、下道完毕等)。

工地防护员必须及时准确地传达施工负责人的指示命令和驻站联络员的通知。如遇电话发生故障，工地防护员必须立即通知施工负责人将机具撤出线路，在上述工作未完成前,不得撤除停车信号防护。

防护员必须在施工前或机具下道后的时间内,经施工负责人同意才能转移和拆除电话。

4.4 高处作业安全防护

1. 高处作业概述

高处作业是指在坠落基准面 2 m 以上(含 2 m)有可能坠落的高处进行的作业。生产施工中的高处作业主要包括临边、洞口、攀登、悬空、交叉等五种基本类型,这些类型的高处作业是高处作业伤亡事故可能发生的主要地点。

临边作业是指:施工现场中,工作面边沿无围护设施或围护设施高度低于 80 cm时的高处作业。下列作业条件属于临边作业:

(1)基坑周边,无防护的阳台、料台与挑平台等;

(2)无防护楼层、楼面周边;

(3)无防护的楼梯口和梯段口;

(4)井架、施工电梯和脚手架等的通道两侧面;

(5)各种垂直运输卸料平台的周边。

洞口作业是指:孔、洞口旁边的高处作业,包括施工现场及通道旁深度在 2 m 及 2 m 以上的桩孔、沟槽与管道孔洞等边沿作业。

建筑物的楼梯口、电梯口及设备安装预留洞口等(在未安装正式栏杆,门窗等围护结构时),还有一些施工需要预留的上料口、通道口、施工口等。凡是在 2.5 cm以上,洞口若没有防护时,就有造成作业人员高处坠落的危险;或者若不慎将物体从这些洞口坠落时,还可能造成下面的人员发生物体打击事故。

攀登作业是指:借助建筑结构或脚手架上的登高设施或采用梯子或其他登高设施在攀登条件下进行的高处作业。

在建筑物周围搭拆脚手架、张挂安全网,装拆塔机、龙门架、井字架、施工电梯、桩架,登高安装钢结构构件等作业都属于这种作业。

悬空作业是指:在周边临空状态下进进行高处作业。其特点是在操作者无立足点或无牢靠立足点条件下进行高处作业。

建筑施工中的构件吊装,利用吊篮进行外装修,悬挑或悬空梁板、雨棚等特殊部位支拆模板、扎筋、浇混凝土等项作业都属于悬空作业,由于是在不稳定的条件下施工作业,危险性很大。

交叉作业是指:在施工现场的上下不同层次,于空间贯通状态下同时进行的高处作业。

现场施工上部搭设脚手架、吊运物料、地面上的人员搬运材料、制作钢筋，或外墙装修下面打底抹灰、上面进行面层装饰等等，都是施工现场的交叉作业。交叉作业中，若高处作业不慎碰掉物料，失手掉下工具或吊运物体散落，都可能砸到下面的作业人员，发生物体打击伤亡事故。

2. 高处作业安全防护用品使用常识

由于建筑行业的特殊性，高处作业中发生的高处坠落、物体打击事故的比例最大。许多事故案例都说明，由于正确佩戴了安全帽、安全带或按规定架设了安全网，从而避免了伤亡事故。事实证明，安全帽、安全带、安全网是减少和防止高处坠落和物体打击这类事故发生的重要措施，常称之为“三宝”。

作业人员必须正确使用安全帽，调好帽箍，系好帽带；正确使用安全带，高挂低用。

安全帽是对人体头部受外力伤害（如物体打击）起防护作用的帽子。使用时要注意：

(1)选用经有关部门检验合格，其上有“安鉴”标志的安全帽；

(2)使用戴帽前先检查外壳是否破损，有无合格帽衬，帽带是否齐全，如果不符合要求立即更换。

(3)调整好帽箍、帽衬(4～5 cm)，系好帽带。

(4)一般，玻璃钢安全帽的使用期为3年半；塑料安全帽的使用期为2年半。

安全带指高处作业人员预防坠落伤亡的防护用品。使用时要注意：

(1)选用经有关部们检验合格的安全带，并保证在使用有效期内。

(2)安全带严禁打结、续接。

(3)使用中，要可靠地挂在牢固的地方，高挂低用，且要防止摆动，避免明火和刺割。

(4)2 m以上的悬空作业，必须使用安全带。

(5)在无法直接挂设安全带的地方，应设置挂安全带的安全拉绳、安全栏杆等。

安全网系用来防止人、物坠落或用来避免、减轻坠落及物体打击伤害的网具。使用时要注意：

(1)要选用有合格证的安全网；

(2)安全网若有破损、老化应及时更换。

(3)安全网与架体连接不宜绷得太紧，系结点要沿边分布均匀、绑牢。

(4)立网不得作为平网使用。

(5)立网必须选用密目式安全网。

3. 高处作业安全要求

施工前,应逐级进行安全技术教育及交底,落实所有安全技术措施和个人防护用品,未经落实时不得进行施工。

高处作业中的安全标志、工具、仪表、电气设施和各种设备,必须在施工前加以检查,确认其完好,方能投入使用。

悬空、攀登高处作业以及搭设高处安全设施的人员必须按照国家有关规定经过专门的安全作业培训,并取得特种作业操作资格证书后,方可上岗作业。

从事高处作业的人员必须定期进行身体检查,诊断患有心脏病、贫血、高血压、癫痫病、恐高症及其他不适宜高处作业的疾病时,不得从事高处作业。

高处作业人员应头戴安全帽,身穿紧口工作服,脚穿防滑鞋,腰系安全带。

高处作业场所有坠落可能的物体,应一律先行撤除或予以固定。所用物件均应堆放平稳,不妨碍通行和装卸。工具应随手放入工具袋,拆卸下的物件及余料和废料均应及时清理运走,清理时应采用传递或系绳提溜方式,禁止抛掷。

遇有六级以上强风、浓雾和大雨等恶劣天气,不得进行露天悬空与攀登高处作业。台风暴雨后,应对高处作业安全设施逐一检查,发现有松动、变形、损坏或脱落、漏雨、漏电等现象,应立即修理完善或重新设置。

所有安全防护设施和安全标志等。任何人都不得损坏或擅自移动和拆除。因作业必须临时拆除或变动安全防护设施、安全标志时,必须经有关施工负责人同意,并采取相应的的可靠措施,作业完毕后立即恢复。

施工中对高处作业的安全技术设施发现有缺陷和隐患时,必须立即报告,及时解决。危及人身安全时,必须立即停止作业。

凡是临边作业,都要在临边处设置防护栏杆,一般上杆离地面高度一般为1.0~1.2 m,下杆离地面高度为0.5~0.6 m;防护栏杆必须自而下用安全网封闭,或在栏杆下边设置严密固定的高度不低于18 cm的挡脚板或40 cm的挡脚笆。

对于洞口作业,可根据具体情况采取设防护栏杆、加盖板、张挂安全网与装栅门等措施。

进行攀登作业时,作业人员要从规定的通道上下,不能在阳台之间等非规定通道进行攀登,也不得任意利用吊车车臂架等施工设备进行攀登。

进行悬空作业时,要设有牢靠的作业立足处,并视具体情况设防护栏杆,搭设架手架、操作平台,使用马凳,张挂安全网或其他安全措施;作业所用索具、脚手板、吊篮、吊笼、平台等设备,均需经技术鉴定方能使用。

进行交叉作业时,注意不得在上下同一垂直方向上操作,下层作业的位置必须处于依上层高度确定的可能坠落范围之外。不符合以上条件时,必须设置安全防护层。

结构施工自二层起,凡人员进出的通道口(包括井架、施工电梯的进出口),均应搭设安全防护棚。高度超过 24 m 时，防护棚应设双层。

建筑施工进行高处作业之前，应进行安全防护设施的检查和验收。验收合格后，方可进行高处作业。

补充知识：登高 10 不准

1. 患有登高禁忌症者，如患有高血压、心脏病、贫血、癫痫等的工人不登高。
2. 未按规定办理高处作业审批手续的不登高。
3. 没有戴安全帽、系安全带，不扎紧裤管和无人监护不登高。
4. 暴雨、大雾、六级以上大风时，露天不登高。
5. 脚手架、跳板不牢不登高。
6. 梯子撑脚无防滑措施不登高；采用起重吊运、攀爬脚手架、攀爬设备等方式不登高。
7. 穿着易滑鞋和携带笨重物件不登高。
8. 石棉瓦和玻璃钢瓦片上无牢固跳板不登高。
9. 高压线旁无遮拦不登高。
10. 夜间照明不足不登高。

4. 脚手架搭架材料质量安全要求

钢管脚手架应用外径 48～51 mm，壁厚 3～3.5 mm 的钢管，长度以 4～6.5 m 和 2.1～2.3 m 为宜。有严重锈蚀、弯曲、压弯成裂纹的不得使用。扣件应有出厂合格证明，凡是有脆裂、变形、滑丝的禁止使用。

钢制的脚手板应采用 2～3 mm 的低碳优质钢板，长度为 1.5～3.5 m，宽度为 230～250 mm，肋高以 50 mm 为宜，两端应有边界装置，版面应钻有防滑孔。

木杆应采用剥皮杉木和其他坚韧硬木。严禁使用杨木、柳木、桦木、油松和腐朽、折裂、枯节等易折木杆。

木脚手立杆有效部分的小头直径不得小于 70 mm，大横杆、小横杆（排木）有效部分的小头直径不得小于 80 mm（60～80 mm 之间的可双杆合并成单根加密使用）。竹脚手的立杆、大横杆、剪刀撑、支杆等有效部分的小头直径不得小于 75 mm，小横杆不得小于 90 mm（60～90 mm 之间的可双杆合并成单根加密使用）。青嫩、枯脆、裂纹、虫蛀的竹杆不得使用。

木质桥板应用厚度不小于 50 mm 的杉木或松木板，宽度以 200～300 mm 为宜。凡是腐朽、扭曲、斜纹、破裂和大横透节的不得使用。板的两端 80 mm 处应用 8＃镀锌铁丝箍绕 2～3 圈或用铁皮钉牢。竹片脚板，板厚不得小于 50 mm，螺栓孔也不得大于 10 mm，螺杆必须拧紧。竹编脚手板，其两边的竹杠直径不得小于 45 mm，长度一般以 2.2～3 m，宽度以 400 mm 为宜。

脚手架的绑扎材料可用8＃镀锌铁丝或直径不小于10 mm的麻绳或竹篾。

5. 脚手架搭设安全技术要求

脚手架基础应平整夯实，并有排水措施，以保证地基具有足够的承受能力，避免脚手架整体或局部沉降失稳。脚手架底部必须垫不小于5 cm×15 cm×200 cm的通板，内外立杆加绑扫地杆。杉篙立杆埋深50 cm，加绑扫地杆。

结构脚手架立杆间距不得大于1.5 m，大横杆间距不得大于1.2 m，小横杆间距不得大于1 m。装修脚手架立杆间距杉篙不大于1.8 m，钢管不得大于1.5 m，大横杆间距不大于1.8 m，小横杆间距不大于1.5 m。

脚手架必须按层与结构拉结牢固，拉结点垂直距离不得超过4 m，水平距离不得超过6 m。拉结所用的材料强度不得低于双股8＃铅丝的强度，在拉结点处设可靠支顶。高大架子不得使用柔性材料进行拉结。

脚手架的操作面应铺满脚手板，离墙面距离不得大于20 cm，不得有空隙、探头板和飞跳板，脚手板下层设水平网。脚手板对接应设双排小横杆，两小横杆间距不大于30 cm。

脚手架操作面外侧应设两道护身栏和一道挡脚板或设一道护身栏，立挂安全网，下口封严，防护高度为1.5 m。严禁用竹笆作脚手架。

凡高度在20 m及以上的外脚手架纵向应设置剪刀撑，剪刀撑应随架子同步支搭，以保证架子的稳定性。架子的剪刀撑应从脚手架纵向两端和山墙处搭起，搭设宽度为6根立杆，每隔6根立杆设一组。剪刀撑与水平面的夹角为45°～60°。剪刀撑的底部要插到垫板处，与立杆相交点加扣件。剪刀撑搭接长度不少于60 cm，且在搭接处加至少两个扣件。

• 脚手架高度在20 m以下时可设置正反斜支撑。

• 脚手架各杆件相交伸出的端头均应大于10 cm，以防止杆件滑脱。

• 脚手架操作面的端头处应绑两道防护栏杆。

• 脚手板非作业层不铺板时，小横杆可部分拆除，要求每步保留，相间抽拆，上下两步错开。抽拆后小横杆的距离为：结构架子不大于1.5 cm，装修架子不大于3 m。

因施工需要，立杆不能伸到基础时，经计算在断杆处加八字撑，将此断杆处的力分卸到两侧架子上。

建筑物顶部脚手架需高于坡屋面的挑檐板1.5 m，高于平屋面女儿墙顶1 m，高出部分要绑两道护身栏，并立挂安全网。

特殊脚手架和高度在20 m(含)以上的高大脚手架，应有设计方案。高度10～20 m的脚手架搭设前应有措施和交底。

结构用的里外承重脚手架，使用时荷载不得超过2 646 N/m^2；装修用的里外脚手架使用荷载不得超过 1 960 N/m²。

脚手架具的外侧边缘与外电架空线路的边线之间因特殊情况无法保持安全操作距离时，必须采取有效可靠的防护措施。

6. 脚手架拆除安全技术要求

脚手架拆除时应划分区，周围设绳绑围栏或竖立警戒标志；地面设专人指挥，禁止非作业人员入内。

作业人员戴安全帽、系安全带、穿软底鞋才允许上架作业。

拆除时要统一指挥、上下呼应、动作协调，当解开与另一人有关的结扣时，应先通知对方，以防坠落。

应遵守由上而下，先搭后拆、后搭先拆的原则，严禁上下同时进行拆除作业。

拆立杆时，先抱住立杆再拆开后两个扣，拆除大横杆、斜撑、剪刀撑时，应先拆中间扣，然后托住中间，再解端头扣。

连墙杆应随拆除进度逐层拆除，拆抛撑前，应采用临时支撑柱，然后才能拆抛撑。

大片架子拆除后所预留的斜道、上料平台、通道等，应在大片架子拆除前先进行加固，以便拆除后确保其完整、安全和稳定。

拆除时严禁撞碰附近电源线，以防事故发生。

拆除时不能撞碰门窗、玻璃、水落管、房檐瓦片、地下明沟等。

拆下的材料应用绳索拴住，利用滑轮放下，严禁抛掷。

在拆架过程中，不能中途换人，如必须换人时，应将拆除情况交待清楚后方可离开。

4.5　油漆防火安全知识

1. 一般要求

在油漆作业中应严格遵守操作规程和程序。油漆工不能穿易产生静电的工作服。接触涂料、稀释液的工具应采用防火花型的。浸有涂料、稀释剂的破布、纱团、手套、工作服和使用中能分解、发热自燃的物料，应及时清理，防止因化学反应而生热，发生自燃。

2. 油漆现场防火要求

喷漆、涂漆的场所应有良好的通风，禁止一切火源，采用防爆的电器设备，防止形成爆炸极限浓度，引起火灾或爆炸。

禁止与焊工同时间、同部位的上下交叉作业。

使用脱漆剂时，应采用不燃性脱漆剂。若因工艺或技术上的要求，使用易燃性脱漆剂时，一次涂刷脱漆剂量不宜过多，控制在能使漆膜起皱膨胀为宜，清除掉的漆膜要及时妥善处理。

3. 油漆料库和调料间的防火要求

油漆料库与调料间应分开设置，油漆料库和调料间与散发火花的场所应保持一定的防火间距。性质相抵触、灭火方法不同的品种，应分库存放。涂料和稀释剂的存放和管理，应符合《仓库防火安全管理规则》的要求。

调料间应有良好的通风，并应采用防爆电器设备，室内禁止一切火源，调料间不应存放超过当日加工所用的原料，不能兼做更衣室和休息室。调料人员应穿不易产生静电的工作服，不带钉子的鞋。使用开启涂料和稀释剂包装的工具，应采用不易产生火花的工具。

4.6 施工现场清理知识

在车站公共区域内施工完毕后现场不得堆放任何材料、工器具及垃圾，在高架桥下区域内施工完毕后，如需第二天连续施工，可将材料及工器具统一堆放，用雨布覆盖，并安排人员看守，材料堆放高度不得超过 1.5 m，需远离行车道路边缘 5 m。

搬运或装卸重物时，应尽量使用机械作业。装卸材料时，卸车时不得偏卸，卸下物料不得侵入本线或邻线界限。时速大于 200 km 区段的两线间不得推放料具，大件物料严禁在运行中装卸。

在桥面施工完毕后，对现场进行清理清洁，要求施工后垃圾装袋出场，现场不得有遗留材料、垃圾及工器具。

4.7 施工作业登记、消点知识

进入高架桥桥面作业时，必须提前申请施工计划。桥面施工作业必须在规定的时间区段内完成。若需接触网停电施工作业的，必须提前申请停电施工计划。具体细则如下：

第一条 计划编制原则

运营线路每周确保 2 天人工作业日，遇人工作业日，不安排动车类施工。

第二条 计划申报、审批流程

1. 季度计划申报

各计划申报单位每季度最后 10 个工作日前向上级计划管理部门提交下一季度日常、专项与大修作业需求，该需求应包含作业频次、施工内容、施工组织方案、安全措施、影响情况等，由上级计划管理部门进行统筹备案。

2. 周计划申报

(1)各单位根据设施设备的日常作业与专项与大修作业要求，结合本单位工作实际，制定本周六至下周五的一周施工作业计划，并提交维保中心/项目公司进行统筹、归并、平衡、评估、协调编制工作；

(2)每周二上午9:00，各计划申报单位至总调度所申报各线一周核心施工计划。核心施工是指下一施工周期中优先安排的施工，一般指列车调试、信号调试和专项与大修作业，核心计划一经排定不再变更，各单位应确保核心计划的执行。

(3)施工计划会上，计划申报向总调度所施工计划员提交《一周核心施工计划汇总单》。

(4)总调度所施工计划员对各计划申报单位核心计划进行协调，最终确定下一周核心施工计划。核心计划一经排定不再变更，各单位应确保核心计划的执行。

(5)施工计划会后，各计划申报单位根据确定的一周核心施工计划，上网填写《施工检修申请单》正式申报一周核心计划，申报截止时间为每周三上午9:00，总调所施工计划员应在每周三12:00前完成一周核心计划的批复、发布工作。

(6)核心计划发布完毕后，各计划申报单位进行其他一周日常检修计划申报，申报截止时间为每周四12:00，总调所施工计划员需在每周五上午12:00前完成施工申请的审批工作，并发布《一周施工检修计划通告》，对不符合要求的施工计划申请注明原因后退回。

第三条 抢修施工的申报、审批流程

1. 运营期间的下线路紧急抢修，故障设备单位的施工负责人凭总调度所发布的抢修令，可直接到相应车站办理登记要点手续，抢修单位应说明下线路的人数、拟采取措施、对运营的可能影响、需提供的运营配合，经总调所当班调度长同意后下线路施工；

2. 运营结束后进行的抢修施工，抢修单位施工计划员填写《抢修施工申请单》，经申报单位副总审定后，向总调度所相关线路控制中心的当班调度长申请，当班调度长审批后发还计划申请单位，并通知相关配合单位配合抢修施工，发布抢修令。

第四条 施工检修作业计划变更

1. 施工检修作业周计划原则上不可变更。

2. 因施工组织等原因，需取消施工、变更施工负责人、取消动车、缩小施工时间、作业区段、降低安全措施、防护要求等，计划申报单位应填写《施工计划变更申请单》，经申报单位施工计划管理部门审定后，在施工当日16:00前，向总调度所提出计划内容变更申请，在得到总调度所同意批复后，由计划申报单位将变更内容通

知相关配合单位。

3. 因抢修产生计划变更，由总调度所计划管理员进行统筹安排，及时通知相关单位。

第五条 计划实施过程中各岗位职责

1. 调度员的职责：负责按照施工检修计划组织实施；负责监督施工的实施情况；负责按照施工要求进行设备停送电操作；负责发布施工及动车的调度命令；

2. 施工负责人的职责：负责办理施工登记、注销手续；负责施工开始前的作业交底、安全交底，作业过程中的组织、指挥；负责施工作业前安全措施的落实、撤除、检查、签认；完工后，确保现场无工具遗留，人员全部撤离，现场处于安全状态；负责作业过程中与值班员、调度员联系作业有关事项；

3. 车站/运转值班员的职责：负责按照施工检修计划组织施工的实施；负责监督施工的实施情况；负责在站控情况下排列相关列车进路；负责审核施工登记人员的资质；负责办理施工登记、注销手续；负责作业过程中与值班员、调度员联系作业有关事项。

第六条 施工登记、注销作业程序

1. 施工检修作业的登记、注销手续，原则上在同一地点办理。

2. 施工申请单上注明的施工负责人应于施工前15 min到达车站，若该项施工作业由多方配合，则配合单位人员也必须同时到达车站。施工负责人核对人员和准备工作全部到位后，凭有效证件(工作证)及已批复的施工申请单原件向车站值班员要点。

3. 车站值班员在确认施工负责人的身份以及施工申报单上所有项目与施工检修通告一致后，要求施工负责人在车站施工登记簿上进行统一登记。

4. 车站值班员在施工负责人登记结束后，应将登记内容与施工通告再次核对，确认无误后向调度员申请施工要点。

5. 总调度所调度员在接到车站值班员的汇报后，应根据施工检修计划通告的安排，确认具备施工条件，发布许可作业的施工令号。

6. 如遇需触网停电的施工，调度员在发布施工令号前需确认相关区段的触网已停电完毕。

7. 在得到施工令号后，行车值班员确认施工负责人登记内容无误后，在登记簿内填写施工令号，并向施工负责人明确本项施工作业所在线路区域范围(含触网供电情况)，在得到施工负责人知晓的答复后，方可同意施工开始；同时车站值班员通知该项施工涉及区段的两端车站，做好记录及防护。

8. 施工负责人在接到车站值班员的施工许可通知后，凭车站许可的施工作业单，经车站人员确认后，进入线路。施工作业负责人应确认作业起止时间及作业范围,在采取必要的安全防护措施后施工作业方可开始。

9. 施工检修作业应在规定时间内进行注销作业,注销前施工负责人应确认工完场清、现场无遗留的施工机具、施工防护措施撤除、具备正常行车作业条件,若施工检修作业中动用了与运营有关的设备,需在施工结束后通知该设备管理单位和使用单位检查确认,试验完好恢复正常运营状态后方可办理施工注销手续。

10. 施工负责人向车站值班员申请注销,车站值班员确认施工结束试验正常后向总调度所汇报,由总调度所发布施工注销命令号码。接到注销命令号码后,施工负责人方可离开。登记站值班员应同时通知两端防护站值班员。

11. 因特殊情况不能按时完工时,施工负责人应在原定施工检修截止时间前20 min,通过车站值班员与总调度所联系,得到批准后方可延长到许可的作业时间。施工时间的延长仍沿用原施工令号,值班员及调度员应做好施工延长的标注。

12. 所有施工单位应严格按照批复的施工计划起、止时间办理施工登记、注销手续,超过规定时间进行登记的施工,调度员有权取消该施工作业。

第七条 异地注销施工的规定

1. 异地注销站必须为实际施工区段内的车站。

2. 如需办理异地注销作业,施工负责人应在施工登记时向登记站值班员说明施工注销地点。施工登记站值班员在向调度员进行施工要点时,需将异地注销情况告知调度员,在得到调度员同意施工的施工令号后,登记站行车值班员应通知注销点行车值班员,两站均须做好施工登记记录。

3. 施工结束后,施工负责人到注销站向值班员申请注销,经调度员同意后下达施工注销号,注销站值班员负责将注销号通知登记站值班员。

第八条 调试/工程车施工的作业办法

1. 需相关单位提供车辆或司机配合的动车类施工,配合单位应严格按照配合要求按时提供司机及车况良好的车辆。

2. 正线调试/工程车施工负责人需在动车发车点前20分钟做好所有的出发准备工作,通过值班员与调度员确认联系方式、施工时间、地点、内容、动车路径以及施工登记、注销站,行调确认具备动车条件后立即发布列车动车命令,如施工方未按规定时间与调度员联系,当班调度员可取消该施工动车计划。

3. 调试/工程车在进入运营线前,施工负责人必须按规定对列车技术状态进行全面检查,以确保行车和设备安全。

4. 调试/工程车应严格根据调度命令的要求及时发车。如在接到调令后15 min不动车,施工负责人应向调度员说明情况,无故不动车或严重影响其他施工的执行,当班调度员可发令取消该施工动车计划。调试/工程车在到达登记点前的运行途中,应严格按照申报计划中的区间运行时分运行,不得延误。

5. 调试/工程车的开行按电话闭塞法或根据调度命令办理，施工单位必须确保调试/工程车按计划运行时间到达施工作业点。动车作业中原则上不得擅自解编。推进运行时须在列车前部设专人引导，遇异常情况立即通知司机停车。调试/工程列车在地面线路运行限速 60 km/h，隧道内限速 45 km/h，进站限速 15 km/h，侧向过岔限速 30 km/h。

6. 调试/工程车在到达施工登记站后，由施工负责人至车站控制室办理要点手续，施工结束后，动车需至注销站待命，由施工负责人至车站控制室办理注销手续，后按调令办理。

7. 外单位工程车、转线/转场列车运行必须由所经线路的运营公司的工程车/调试车司机添乘带道。

8. 动车作业必须加强“站调、车调联控”，严格按照调度命令限定的范围运行，动车司机必须加强瞭望，确认线路的运行条件。

9. 动车施工中的配合单位，应严格按照配合要求，按时提供车辆或司机。

第九条 施工安全防护

1. 接触网停电施工要求

(1)距离接触网小于 1 m 的施工检修作业须申请接触网停电；

(2)行车管理权接管后，接触网停电施工的配合单位为维保中心具有相应资格的人员，做到持证上岗，配合人员与施工负责人之间应执行接地线挂、拆作业的书面签认制度。

(3)需维保中心配合的接触网停电施工，施工负责人在得到行调同意的施工登记号后应书面通知维保人员进行相关区段的触网验电、挂接地线；

(4)施工负责人在确认施工所需的触网验电、挂接地线等安全措施全部完成后，方可开始施工。

(5)接地线应挂在施工作业面两端施工人员可视范围之内，不得超过施工区段范围。

(6)施工结束后，施工负责人应及时通知维保配合人员拆除接地线，在确认所有防护措施撤除后，方可办理施工注销手续。

(7)停电施工作业过程中发生跳闸短路现象，应保护现场，并立即撤离施工人员。

2. 施工作业过程中如要进行动火作业，必须按照集团相关动火管理规定办理施工动火审批，严禁在无动火证的情况下进行动火作业。

3. 凡需进入线路的施工必须为 2 人及以上，设置专人防护，作业人员必须穿着反光背心，在作业点两端设置安全警示标志，并根据作业性质及作业要求使用其他安全防护用品。

4. 动车作业区域原则上不安排其他施工检修作业。两列或两列以上动车在同一线路同时作业时，相邻动车的安全防护距离至少为两站一区间或一站两区间。

5. 动车作业与人工作业在同一线路同时作业时，人工作业与动车作业的安全防护距离至少为一站一区间。

6. 高架、地面或地下线路中，若相邻线路间无永久性隔离设施，且人工施工作业面距离邻线动车线路中心线小于 4 m，则动车作业区域邻线不安排人工作业。

7. 电客车作业与接触网停电在同一线路同时作业时，电客车作业所在的供电区段与接触网停电区段的安全防护距离至少为一个供电区段。

8. 在线路安全防护要求与接触网安全防护要求同时存在的情况下，应选取较大值。

遇特殊施工需突破相关安全防护原则的，施工单位在申报计划前向运管中心提出，经(副)总调度长批准后方可实施。

参 考 文 献

1 王如路．上海地铁盾构隧道渗漏水治理与变形控制[J]. 地下工程与隧道 2011 增刊2,2011.

2 谭复兴,高伟君．城市轨道交通系统概论[M]. 北京:中国水利水电出版社,2007.

3 何宗华,汪松滋,何其光．城市轨道交通土建设施运营与维修[M]. 北京:中国建筑工业出版社,2006.

4 李自林．桥梁工程[M]. 武汉:华中科技大学出版社,2008.

5 闵涛．道路与桥隧工程概论[M]. 北京:人民交通出版社,2008.

6 罗荣凤．桥隧工[M]. 北京:中国铁道出版社,2010.

7 王彤,于忠涛．桥隧检测与评定[M]. 北京:中国水利水电出版社,2010.

8 陈建勋,朱汉华．隧道施工技术[M]. 北京:人民交通出版社,2011.

9 沈春林．防水工程手册[M]. 北京:中国建筑工业出版社,2006.

10 张凤祥,傅德明．盾构隧道施工手册[M]. 北京:人民交通出版社,2005.

11 王毅才．隧道工程[M]. 北京:人民交通出版社,2009.

12 地下工程防水技术规范 GB 50108—2008[S]. 北京:中国建筑工业出版社,2008.

13 吴贤国. 建筑工程概预算(第 2 版)[M]. 北京:中国建筑工业出版社,2007.

14 周旭．钢筋翻样及加工[M]. 北京:机械工业出版社,2008.

15 莫章金,建筑工程制图[M]. 北京:中国建筑工业出版社,2006.

16 宋莲琴,娄隆厚等．建筑制图与识图[M]. 北京:清华大学出版社,1995.